Data Science do Zero

Noções Fundamentais com Python

SEGUNDA EDIÇÃO

Data Science do Zero

Noções Fundamentais com Python

Joel Grus

ALTA BOOKS
EDITORA
Rio de Janeiro, 2021

Data Science do Zero - 2ª Edição
Copyright © 2021 da Starlin Alta Editora e Consultoria Eireli. ISBN: 978-85-508-1176-5

Impresso no Brasil — 2ª Edição, 2021 — Edição revisada conforme o Acordo Ortográfico da Língua Portuguesa de 2009.

Publique seu livro com a Alta Books. Para mais informações envie um e-mail para autoria@altabooks.com.br

Obra disponível para venda corporativa e/ou personalizada. Para mais informações, fale com projetos@altabooks.com.br

Produção Editorial
Editora Alta Books

Gerência Editorial
Anderson Vieira

Gerência Comercial
Daniele Fonseca

Produtor Editorial
Illysabelle Trajano
Thiê Alves

Assistente Editorial
Leandro Lacerda

Coordenação de Eventos
Viviane Paiva
comercial@altabooks.com.br

Assistente Comercial
Filipe Amorim
vendas.corporativas@altabooks.com.br

Equipe de Marketing
Livia Carvalho
Gabriela Carvalho
marketing@altabooks.com.br

Editor de Aquisição
José Rugeri
j.rugeri@altabooks.com.br

Equipe Editorial
Ian Verçosa
Luana Goulart
Maria de Lourdes Borges
Raquel Porto
Rodrigo Ramos
Thales Silva

Equipe de Design
Larissa Lima
Marcelli Ferreira
Paulo Gomes

Equipe Comercial
Daniana Costa
Daniel Leal
Kaique Luiz
Tairone Oliveira
Thiago Brito

Tradução
Welington Nascimento

Copidesque
Igor Farias

Revisão Gramatical
Fernanda Lutfi
Kamila Wozniak

Revisão Técnica
Ronaldo d'Ávila Rocnick
Engenheiro de Eletrônica pelo Instituto Militar de Engenharia (IME)

Diagramação
Luisa Maria Gomes

Dados Internacionais de Catalogação na Publicação (CIP) de acordo com ISBD

G892d Grus, Joel

Data science do Zero: Noções Fundamentais com Python / Joel Grus ; traduzido por Welington Nascimento. - 2. ed. - Rio de Janeiro : Alta Books, 2021.
416 p. ; 17cm x 24cm.

Tradução de: Data Science from Scratch
ISBN: 978-85-508-1176-5

1. Data Science. 2. Dados. 3. Python. I. Nascimento, Welington. II. Título.

2020-42 CDD 005.13
CDU 004.62

Elaborado por Vagner Rodolfo da Silva - CRB-8/9410

ALTA BOOKS EDITORA
Rua Viúva Cláudio, 291 — Bairro Industrial do Jacaré
CEP: 20.970-031 — Rio de Janeiro (RJ)
Tels.: (21) 3278-8069 / 3278-8419
www.altabooks.com.br — altabooks@altabooks.com.br
www.facebook.com/altabooks — www.instagram.com/altabooks

ASSOCIADO CBL Câmara Brasileira do Livro

Sumário

Sobre o Autor .... **xiii**

Prefácio à Segunda Edição .... **xv**

Prefácio à Primeira Edição .... **xxi**

Capítulo 1: Introdução **1**

A Ascensão dos Dados 1
O Que É Data Science? 1
Motivação Hipotética: DataSciencester 3
  Encontrando Conectores-Chave 3
  Cientistas de Dados Que Você Talvez Conheça 6
  Salários e Experiência 9
  Contas Pagas 11
  Tópicos de Interesse 12
  Em Frente 13

Capítulo 2: Um Curso Intensivo de Python **15**

O Zen do Python 15
Iniciando no Python 16
Ambientes Virtuais 16
Formatação de Espaço em Branco 18
Módulos 19
Funções 20
Strings (Cadeias de Caracteres) 21
Exceções 22
Listas 22
Tuplas 24
Dicionários 25
  defaultdict 26
Contadores 27

Conjuntos 27
Fluxo de Controle 28
Veracidade 29
Classificação 30
Compreensões de Listas 31
Testes Automatizados e asserção 31
Programação Orientada a Objetos 32
Iteráveis e Geradores 34
Aleatoriedade 36
Expressões Regulares 37
Programação Funcional 38
zip e Descompactação de Argumento 38
args e kwargs 39
Anotações de Tipo 40
Como Escrever Anotações de Tipo 42
Seja bem-vindo à DataSciencester! 44
Materiais Adicionais 44

Capítulo 3: Visualizando Dados 45
matplotlib 45
Gráficos de Barras 47
Gráficos de Linhas 50
Gráficos de Dispersão 51
Materiais Adicionais 54

Capítulo 4: Álgebra Linear 55
Vetores 55
Matrizes 59
Materiais Adicionais 63

Capítulo 5: Estatística 65
Descrevendo um Conjunto de Dados 65
Tendências Centrais 67
Dispersão 69
Correlação 71
O Paradoxo de Simpson 73
Mais Alertas sobre a Correlação 75
Correlação e Causalidade 75
Materiais Adicionais 76

Capítulo 6: Probabilidade 77
Dependência e Independência 77

Probabilidade Condicional 78
O Teorema de Bayes 80
Variáveis Aleatórias 81
Distribuições Contínuas 82
A Distribuição Normal 83
O Teorema do Limite Central 86
Materiais Adicionais 88

Capítulo 7: Hipótese e Inferência ... 89

Teste Estatístico de Hipóteses 89
Exemplo: Lançando Uma Moeda 89
p-Values 92
Intervalos de Confiança 94
p-Hacking 95
Exemplo: Executando um Teste A/B 96
Inferência Bayesiana 98
Materiais Adicionais 101

Capítulo 8: Gradiente Descendente ... 103

A Ideia Central do Gradiente Descendente 103
Estimando o Gradiente 104
Usando o Gradiente 107
Escolhendo o Tamanho Correto do Passo 108
Usando o Gradiente Descendente para Ajustar Modelos 108
Minibatch e Gradiente Descendente Estocástico 110
Materiais Adicionais 112

Capítulo 9: Obtendo Dados ... 113

stdin e stdout 113
Lendo Arquivos 115
- Noções Básicas sobre Arquivos de Texto 115
- Arquivos Delimitados 116

Extraindo Dados da Internet 118
- HTML e Análise de Dados 119
- Exemplo: Monitorando o Congresso 121

Using APIs 123
- JSON e XML 124
- Usando uma API Não Autenticada 124
- Encontrando APIs 126

Exemplo: Usando as APIs do Twitter 126
- Obtendo Credenciais 126

Materiais Adicionais 130

Capítulo 10: Trabalhando com Dados **131**
Explorando os Dados 131
Explorando Dados Unidimensionais 131
Duas Dimensões 133
Muitas Dimensões 134
Usando NamedTuples 136
Dataclasses 138
Limpando e Estruturando 139
Manipulando Dados 141
Redimensionamento 143
Um Comentário: tqdm 145
Redução de Dimensionalidade 146
Materiais Adicionais 152

Capítulo 11: Aprendizado de Máquina **153**
Modelagem 153
O Que É Aprendizado de Máquina? 154
Sobreajuste e Subajuste 155
Correção 158
O Dilema Viés-Variância 161
Extração e Seleção de Recursos 162
Materiais Adicionais 163

Capítulo 12: k-Nearest Neighbors **165**
O Modelo 165
Exemplo: O Conjunto de Dados Iris 167
A Maldição da Dimensionalidade 170
Materiais Adicionais 174

Capítulo 13: Naive Bayes **175**
Um Filtro de Spam Muito Estúpido 175
Um Filtro de Spam Mais Sofisticado 176
Implementação 178
Testando o Modelo 180
Usando o Modelo 181
Materiais Adicionais 184

Capítulo 14: Regressão Linear Simples **185**
O Modelo 185
Usando o Gradiente Descendente 188
Estimativa por Máxima Verossimilhança 189
Materiais Adicionais 190

Capítulo 15: Regressão Múltipla **191**
O Modelo 191
Mais Hipóteses do Modelo dos Mínimos Quadrados 192
Ajustando o Modelo 193
Interpretando o Modelo 195
Qualidade do Ajuste 195
Digressão: O Bootstrap 196
Erros Padrão dos Coeficientes de Regressão 198
Regularização 200
Materiais Adicionais 202

Capítulo 16: Regressão Logística **203**
O Problema 203
A Função Logística 206
Aplicando o Modelo 208
Qualidade do Ajuste 209
Máquinas de Vetores de Suporte 210
Materiais Adicionais 214

Capítulo 17: Árvores de Decisão **215**
O Que É Uma Árvore de Decisão? 215
Entropia 217
A Entropia de uma Partição 219
Criando uma Árvore de Decisão 220
Montando Tudo 223
Florestas Aleatórias 226
Materiais Adicionais 227

Capítulo 18: Redes Neurais **229**
Perceptrons 229
Redes Neurais Feed-Forward 231
Retropropagação 234
Exemplo: Fizz Buzz 237
Materiais Adicionais 239

Capítulo 19: Aprendizado Profundo **241**
O Tensor 241
A Abstração de Camadas 244
A Camada Linear 245
Redes Neurais como Sequências de Camadas 248
Perda e Otimização 249
Exemplo: Voltando ao XOR 251

Outras Funções de Ativação 252
Exemplo: Voltando ao FizzBuzz 253
Softmaxes e Entropia Cruzada 254
Dropout 257
Exemplo: MNIST 258
Salvando e Carregando Modelos 262
Materiais Adicionais 263

Capítulo 20: Agrupamento ... 265

A Ideia 265
O Modelo 266
Exemplo: Meetups 268
Escolhendo k 270
Exemplo: Agrupando Cores 271
Agrupamento Hierárquico de Baixo para Cima 273
Materiais Adicionais 278

Capítulo 21: Processamento de Linguagem Natural ... 279

Nuvens de Palavras 279
Modelos de Linguagem n-Gram 281
Gramáticas 284
Um Aparte: Amostragem de Gibbs 286
Modelagem de Tópicos 288
Vetores de Palavras 293
Redes Neurais Recorrentes 302
Exemplo: Usando uma RNN em Nível de Caractere 305
Materiais Adicionais 309

Capítulo 22: Análise de Redes ... 311

Centralidade de Intermediação 311
Centralidade de Autovetor 316
  Multiplicação de Matrizes 317
  Centralidade 319
Grafos Dirigidos e PageRank 320
Materiais Adicionais 323

Capítulo 23: Sistemas Recomendadores ... 325

Curadoria Manual 326
Recomendando as Opções Mais Populares 326
Filtragem Colaborativa Baseada no Usuário 327
Filtragem Colaborativa Baseada em Itens 330

Fatoração de Matrizes 332
Materiais Adicionais 337

Capítulo 24: Bancos de Dados e SQL **339**

CREATE TABLE e INSERT 339
UPDATE 342
DELETE 343
SELECT 344
GROUP BY 346
ORDER BY 349
JOIN 349
Subconsultas 352
Índices 352
Otimização de Consulta 353
NoSQL 354
Materiais Adicionais 354

Capítulo 25: MapReduce **355**

Exemplo: Contagem de Palavras 356
Por que o MapReduce? 357
Uma Visão Mais Geral do MapReduce 358
Exemplo: Analisando as Atualizações de Status 360
Exemplo: Multiplicação de Matrizes 361
Um Aparte: Combiners 363
Materiais Adicionais 364

Capítulo 26: Ética de Dados **365**

O Que É a Ética de Dados? 365
Agora, vamos lá: O Que É a Ética de Dados? 366
Por Que a Ética de Dados É Importante? 366
Criando Produtos Ruins com Dados 367
Equilibrando Precisão e Justiça 368
Colaboração 370
Interpretabilidade 370
Recomendações 371
Dados Tendenciosos 371
Proteção de Dados 372
Resumindo 373
Materiais Adicionais 373

Capítulo 27: Vá em Frente e Pratique o Data Science **375**
IPython 375
Matemática 376
Sem Partir do Zero 376
NumPy 376
pandas 376
scikit-learn 377
Visualização 377
R 378
Aprendizado Profundo 378
Encontre Dados 378
Pratique o Data Science 379
Hacker News 379
Caminhões de Bombeiros 379
Camisetas 380
Tuítes em um Globo 381
E Você? 381

Índice **383**

Posfácio **389**

Sobre o Autor

Joel Grus atua como engenheiro pesquisador no Allen Institute for Artificial Intelligence. Anteriormente, trabalhou como engenheiro de software no Google e como cientista de dados em diversas startups. Mora em Seattle e sempre comparece aos eventos de pesquisadores de data science na cidade. De vez em quando, ele posta textos em seu blog (*joelgrus.com*), mas passa o dia inteiro no Twitter (*twitter.com/joelgrus/*).

Prefácio à Segunda Edição

Estou muito orgulhoso da primeira edição do *Data Science do Zero*. O livro saiu exatamente como eu esperava. Mas todos esses anos de avanços no data science, no ecossistema Python e no aspecto pessoal, como desenvolvedor e educador, *mudaram* minha visão sobre um livro de introdução ao tema.

Na vida real, não podemos refazer as coisas, mas os livros podem ter segundas edições.

Portanto, reescrevi o código e os exemplos usando o Python 3.6 (e muitos dos seus novos recursos, como as anotações de tipo). Destaquei no texto a importância de escrever um código limpo. Substituí alguns dos exemplos da primeira edição por outros mais realistas, usando conjuntos de dados "reais". Incluí novos materiais sobre tópicos como aprendizado profundo, estatística e processamento de linguagem natural, temas muito importantes para os cientistas de dados atualmente. (Além disso, retirei materiais menos relevantes.) Passei um pente-fino no livro, consertando bugs, reescrevendo explicações que não estavam tão claras e atualizando algumas piadas.

Se a primeira edição já era muito boa, esta edição é ainda melhor. Aproveite a leitura!

Joel Grus
Seattle, WA
2019

Convenções Adotadas Neste Livro

As seguintes convenções tipográficas foram adotadas neste livro:

Itálico

Indica termos novos, URLs, e-mails e nomes e extensões de arquivos.

`Monoespaçada`

Indica listagens e, nos parágrafos, os elementos dos programas, como nomes de variáveis e funções, bancos de dados, tipos de dados, variáveis de ambiente, declarações e palavras-chave.

`Monoespaçada em negrito`

Indica comandos e textos que devem ser digitados pelo usuário.

`Monoespaçada em itálico`

Indica um texto que deve ser substituído por valores definidos pelo usuário ou determinados pelo contexto.

Esse ícone aponta uma dica ou sugestão.

Esse ícone aponta uma observação geral.

Esse ícone aponta um aviso ou alerta.

Exemplos de Código

Você pode baixar o material complementar (exemplos de código, exercícios etc.) no site da Editora Alta Books. Procure pelo título ou ISBN do livro. Este conteúdo também está disponível em *https://github.com/joelgrus/data-science-from-scratch*. Todos os sites mencionados nesta obra estão em inglês, e a editora não se responsabiliza pela sua manutenção nem pelo seu conteúdo.

O objetivo deste livro é ajudá-lo com o seu trabalho. De modo geral, você pode usar os exemplos de código em seus programas e documentações sem pedir permissão, salvo se um volume expressivo do código for reproduzido. Por exemplo, não é preciso pedir permissão para escrever um programa com vários blocos do código citado neste livro, mas é necessário obter autorização para vender e distribuir CD-ROMs com os exemplos citados nos livros da Alta Books. Não é preciso pedir permissão para responder uma pergunta citando este livro ou um dos seus exemplos, mas é necessário obter autorização para incorporar uma quantidade significativa de exemplos de códigos citados neste livro na documentação do seu produto.

Se achar que está usando os exemplos de código de modo contrário à permissão mencionada acima, entre em contato conosco pelo site da Alta Books.

Agradecimentos

Primeiro, eu gostaria de agradecer a Mike Loukides por ter aceitado minha proposta de escrever este livro (e por ter insistido que o texto fosse reduzido de modo razoável). Para ele, teria sido muito mais fácil dizer: "Quem é esse cara que vive me mandando e-mails com amostras de capítulos e como faço para me livrar dele?" Agradeço por ele não ter feito isso. Também gostaria de agradecer a minha editora, Marie Beaugureau, por ter me orientado no processo editorial e gerado um livro muito melhor do que eu teria feito por conta própria.

Eu não poderia ter escrito este livro se não tivesse estudado data science e, provavelmente, não teria aprendido nada se não fosse pela influência de Dave Hsu, Igor Tatarinov, John Rauser e o resto da turma do Farecast. (Isso foi há tanto tempo que ninguém falava em data science na época!) A galera da Coursera e do DataTau também merece meus agradecimentos.

Também quero agradecer aos meus leitores beta e revisores. Jay Fundling encontrou toneladas de erros e muitas explicações que não estavam claras; o livro está muito melhor (e mais correto) graças a ele. Debashis Ghosh é um herói por ter conferido todas as minhas estatísticas. Andrew Musselman sugeriu que eu pegasse mais leve nos trechos do tipo "as pessoas que preferem a R ao Python são moralmente reprováveis", o que acabou se revelando um ótimo conselho. Trey Causey, Ryan Matthew Balfanz, Loris Mularoni, Núria Pujol, Rob Jefferson, Mary Pat Campbell, Zach Geary, Denise Mauldin, Jimmy O'Donnell e Wendy Grus também contribuíram com suas valiosas opiniões. Os erros remanescentes são de minha exclusiva responsabilidade.

Sou muito grato à comunidade #datascience do Twitter, onde fui exposto a toneladas de novos conceitos, conheci muitas pessoas excelentes e me senti tão atrasado que escrevi um livro para correr atrás do tempo perdido. Um agradecimento especial para Trey Causey (novamente) por (sem querer) ter me lembrado de incluir um capítulo sobre álgebra linear e para Sean J. Taylor por (sem querer) ter apontado lacunas expressivas em um dos capítulos.

Acima de tudo, um imenso agradecimento a Ganga e Madeline. Mais difícil do que escrever um livro é conviver com alguém que está escrevendo um. Eu não teria conseguido sem o apoio deles.

Prefácio à Primeira Edição

Data Science

O trabalho dos cientistas de dados já foi chamado de "o emprego mais sexy do século XXI" (*https://hbr.org/2012/10/data-scientist-the-sexiest-job-of-the-21st-century*), algo que provavelmente veio de alguém que nunca visitou um quartel do corpo de bombeiros. De qualquer forma, o data science é um campo que está em alta e crescendo; não é necessário procurar muito para encontrar analistas prevendo que, nos próximos dez anos, precisaremos de bilhões e bilhões de cientistas de dados.

Mas o que é data science? Afinal de contas, não é possível produzir cientistas de dados sem nenhuma definição da área. De acordo com o diagrama de Venn (*http://drewconway.com/zia/2013/3/26/the-data-science-venn-diagram*), bem popular no campo, o data science está na interseção dos seguintes fatores:

- Habilidades de hacker;
- Conhecimentos de estatística e matemática;
- Experiência substancial.

Inicialmente, eu planejava escrever um livro sobre esses três fatores, mas logo percebi que seriam necessárias dezenas de milhares de páginas para uma abordagem completa ao tema "experiência substancial". Portanto, optei por priorizar os dois primeiros itens. Meu objetivo é ajudá-lo a desenvolver as habilidades de hacker necessárias para iniciar a prática do data science. Além disso, quero introduzir as noções matemáticas e estatísticas que formam a base do campo.

Essa é uma grande ambição para um livro. A melhor forma de aprender a hackear é hackeando. Ao ler o texto, você compreenderá a minha maneira de hackear as coisas, que talvez não seja a melhor para você. Conhecerá as ferramentas que eu uso, que talvez não sejam as melhores para você. Verá a forma como eu abordo os problemas com dados, que talvez não seja a melhor para você. Quero (e espero) que meus exemplos o inspirem a experimentar e a fazer as coisas do seu jeito.

Para começar, use o código e os dados citados neste livro, disponíveis no GitHub (*https://github.com/joelgrus/data-science-from-scratch*).

Do mesmo modo, a melhor forma de aprender matemática é praticando. Certamente, esta obra não é um livro de matemática e, na maior parte do tempo, não faremos "cálculos". No entanto, você não pode praticar o data science sem *nenhum* conhecimento de probabilidade, estatística e álgebra linear. Ou seja, quando necessário, abordaremos detalhadamente equações, intuições, axiomas e resumos bem-humorados de grandes ideias matemáticas. Espero que você tope embarcar nessa viagem comigo.

Ao longo do livro, também espero que você perceba como brincar com dados é divertido, porque, bem, é muito divertido! (Especialmente quando comparamos isso com fazer declarações fiscais e extrair carvão em minas.)

Do Zero

Existem várias bibliotecas, estruturas, módulos e kits de ferramentas de data science que implementam de modo eficiente os algoritmos e técnicas mais comuns (e também os menos comuns). Quando se tornar um cientista de dados, você conhecerá bem o NumPy, o scikit-learn, o pandas e muitas outras bibliotecas. Elas são ótimas para desenvolver e começar a praticar o data science sem entender de fato o que ele é.

Neste livro, abordaremos o data science do zero. Ou seja, desenvolveremos as ferramentas e implementaremos os algoritmos manualmente para entendê-los melhor. Dediquei muito tempo para criar implementações e exemplos claros, bem explicados e legíveis. Na maioria dos casos, as ferramentas que desenvolveremos serão didáticas, mas ineficientes. Elas funcionarão bem com pequenos conjuntos de dados, mas não com volumes como as escalas da web.

Ao longo do texto, indicarei as bibliotecas que você poderá usar para aplicar essas técnicas em conjuntos de dados maiores. Porém, não as usaremos aqui.

Há um debate saudável em torno da melhor linguagem para o estudo do data science. Muitos acham que é a linguagem de programação estatística R. (Essas pessoas estão *erradas*.) Outros sugerem Java ou Scala, contudo, Python é obviamente a melhor opção.

O Python tem vários recursos que o torna mais viável para o aprendizado (e a prática) do data science:

- É gratuito;
- É relativamente simples programar nele (e, principalmente, compreendê-lo);
- Dispõe de muitas bibliotecas úteis relacionadas ao data science.

Não sei dizer se o Python é minha linguagem de programação favorita. Acho outras linguagens mais agradáveis, bem projetadas e até mais divertidas de trabalhar, mas, ainda assim, a cada novo projeto de data science, acabo usando o Python. Sempre que preciso fazer rapidamente um protótipo eficaz, escolho o Python. E, sempre que quero demonstrar conceitos de data science de maneira precisa e acessível, uso Python. Por isso, o Python é utilizado neste livro.

O objetivo desta obra não é ensinar a programar em Python. (Mesmo que, obviamente, você aprenda um pouco dessa linguagem durante a leitura.) Há um capítulo com um curso intensivo, destacando os recursos mais importantes para os nossos propósitos, mas, se você não souber nada sobre programação em Python (ou sobre programação em geral), talvez seja melhor complementar este livro com um tutorial do tipo "Python para Iniciantes".

A outra parte desta introdução ao data science seguirá essa mesma abordagem — entrando em detalhes quando o tema for essencial ou didático, ou deixando que você se aprofunde na matéria por conta própria (procurando na Wikipédia, por exemplo).

Ao longo dos anos, formei um grande número de cientistas de dados. Nem todos se tornaram ninjas e rockstars na área, mas, ao final do curso, eles sempre eram profissionais melhores. Agora, acredito que qualquer pessoa com alguma aptidão para matemática e alguma habilidade em programação pode praticar o data science. Basta ter uma mente curiosa, vontade de trabalhar bastante e um livro. Este livro, no caso.

CAPÍTULO 1
Introdução

"Dados! Dados! Dados!", esbravejou, impaciente. "Não posso fazer tijolos sem barro."
—Arthur Conan Doyle

A Ascensão dos Dados

Vivemos em um mundo cada vez mais imerso em dados. Na web, os sites rastreiam todos os cliques dos usuários. Seu smartphone registra sua localização e velocidade a cada segundo. Os mais fanáticos usam aparelhos turbinados que monitoram continuamente seus batimentos cardíacos, movimentos, dieta e sono. Carros inteligentes registram padrões de direção, casas inteligentes registram padrões domésticos e publicitários inteligentes registram padrões de compra. A Internet é um imenso diagrama de conhecimento e contém (entre outras coisas) uma enorme enciclopédia com referências cruzadas: bases com dados específicos sobre filmes, músicas, esportes, máquinas de pinball, memes e coquetéis; e muitas estatísticas (algumas delas são quase exatas!) produzidas por tantos governos que chega a dar vertigem.

Embaixo desses dados, estão as respostas para inúmeras perguntas que nunca foram feitas. Neste livro, aprenderemos a encontrá-las.

O Que É Data Science?

Aí vai uma piada: o cientista de dados entende mais de estatística do que um cientista da computação e mais de ciência da computação do que um estatístico. (Eu não disse que a piada era boa.) Na verdade, alguns cientistas de dados são — para todos os efeitos — estatísticos; outros são, na prática, engenheiros de software. Alguns são experts em aprendizado de máquina; outros acham que isso é um novo fliperama. Alguns são PhDs com um currículo cheio de artigos importantes; outros nunca leram nenhum trabalho acadêmico (o que é pior para eles). Resumindo, qualquer que seja sua definição de data science, você sempre encontrará praticantes que discordarão total e absolutamente dela.

No entanto, isso não nos impedirá de formular uma definição. Digamos que o cientista de dados extrai conhecimento de dados desorganizados. Atualmente, o mundo está cheio de gente empenhada em transformar dados em conhecimento.

Por exemplo, o site de namoro OkCupid faz milhares de perguntas aos seus membros a fim de encontrar os parceiros mais adequados para eles. Mas a página também analisa esses resultados para definir perguntas aparentemente inócuas que podem determinar a possibilidade de sexo no primeiro encontro (*https://theblog.okcupid.com/the-best-questions-for-a-first-date-dba6adaa9df2*).

O Facebook pede que você informe sua cidade natal e sua localização atual para que, supostamente, seus amigos o encontrem e adicionem com mais facilidade. Porém, a página também analisa esses dados para identificar padrões de mobilidade global (*https://www.facebook.com/notes/facebook-data-science/coordinated-migration/10151930946453859*) e a localização das torcidas dos clubes de futebol americano (*https://www.facebook.com/notes/facebook-data-science/nfl-fans-on-facebook/10151298370823859*).

Uma grande empresa varejista, a Target registra as compras e interações dos clientes nas lojas online e físicas e usa esses dados em um modelo preditivo (*https://www.nytimes.com/2012/02/19/magazine/shopping-habits.html*) para encontrar clientes grávidas e otimizar suas ofertas de artigos infantis.

Em 2012, a campanha de Barack Obama contratou dezenas de cientistas de dados para analisar a situação e encontrar formas de identificar os eleitores que precisavam de mais atenção, otimizar os programas de captação de recursos junto a doadores específicos e direcionar as iniciativas de incentivo ao voto para os pontos mais críticos. Em 2016, a campanha de Donald Trump testou uma incrível variedade de anúncios online (*https://www.wired.com/2016/11/facebook-won-trump-election-not-just-fake-news/*) e analisou os dados para determinar os mais eficientes.

Agora leia isto antes de largar o livro: às vezes, os cientistas de dados também usam suas habilidades para o bem — por exemplo, para aumentar a eficiência das ações governamentais (*https://www.marketplace.org/2014/08/22/tech/beyond-ad-clicks-using-big-data-social-good*), ajudar os sem-teto (*https://dssg.uchicago.edu/2014/08/20/tracking-the-paths-of-homelessness/*) e melhorar a saúde pública (*https://plus.google.com/communities/ 109572103057302114737*). Entretanto sua carreira não sofrerá nenhum abalo se você só quiser fazer os usuários clicarem nos anúncios.

Motivação Hipotética: DataSciencester

Parabéns! Você acabou de ser contratado para coordenar o setor de data science da DataSciencester, *a* rede social dos cientistas de dados.

> Na primeira edição, eu achava que "uma rede social para cientistas de dados" era só uma hipótese divertida e meio ingênua. De lá para cá, essas redes foram mesmo criadas e captaram muitos recursos de empresas de capital de risco, bem mais dinheiro do que eu ganhei com o livro. Essa talvez seja uma lição valiosa sobre a relação entre hipóteses divertidas e meio ingênuas e o mercado editorial.

Apesar do seu *público-alvo*, a DataSciencester nunca investiu no seu setor de data science. (Na verdade, a DataSciencester também nunca investiu no seu produto principal.) Esse será seu trabalho! Ao longo do livro, aprenderemos os conceitos do data science resolvendo problemas comuns à prática profissional. Analisaremos os dados fornecidos expressamente pelo usuário, os gerados em suas interações com um site e os obtidos nos experimentos que desenvolveremos.

E, como a DataSciencester sofre da síndrome do "não inventado aqui", construiremos as ferramentas do zero. Ao final, você terá compreendido bem os fundamentos do data science e poderá aplicar essas habilidades em uma empresa com uma proposta menos duvidosa ou em outros problemas do seu interesse.

Seja bem-vindo e boa sorte! (Calças jeans estão liberadas às sextas, e o banheiro fica no final do corredor, à direita.)

Encontrando Conectores-Chave

No seu primeiro dia na DataSciencester, o vice-presidente de Networking lhe faz várias perguntas sobre os usuários. Agora que você está aqui, ele está muito empolgado.

Especificamente, ele quer que você identifique os "conectores-chave" entre os cientistas de dados e, para isso, lhe dá um data dump da rede da DataSciencester. (Na vida real, você geralmente não recebe os dados necessários. O Capítulo 9 explica como obtê-los.)

Como é esse data dump? Trata-se de uma lista em que cada usuário é representado por um `dict`, que contém o seu `id` (um número) e seu `name` (os nomes foram extraídos do catálogo internacional de nomes aleatórios):

```
users = [
    { "id": 0, "name": "Hero" },
    { "id": 1, "name": "Dunn" },
    { "id": 2, "name": "Sue" },
    { "id": 3, "name": "Chi" },
    { "id": 4, "name": "Thor" },
    { "id": 5, "name": "Clive" },
    { "id": 6, "name": "Hicks" },
    { "id": 7, "name": "Devin" },
    { "id": 8, "name": "Kate" },
    { "id": 9, "name": "Klein" }
]
```

Você também recebe os dados de "amizades ", reunidos em uma lista de pares de IDs:

```
friendship_pairs = [(0, 1), (0, 2), (1, 2), (1, 3), (2, 3), (3, 4),
                    (4, 5), (5, 6), (5, 7), (6, 8), (7, 8), (8, 9)]
```

Por exemplo, a tupla `(0, 1)` indica que o cientista de dados com o `id` 0 (Hero) e o cientista de dados com o `id` 1 (Dunn) são amigos. A Figura 1-1 representa a rede.

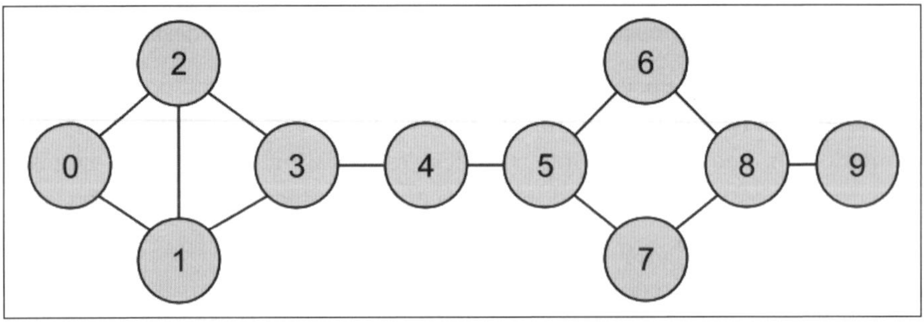

Figura 1-1. A rede da DataSciencester

Representar as amizades em uma lista de pares não é muito eficiente. Para encontrar todas as amizades do usuário 1, você precisa iterar todos os pares em busca dos que contêm o 1. Se houver um grande número de pares, isso levará muito tempo.

Em vez disso, criaremos um `dict` no qual as chaves serão os `id`s dos usuários e os valores serão listas com os `id`s dos seus amigos. (É muito rápido pesquisar em um `dict`.)

Não se apegue demais aos detalhes do código agora. No Capítulo 2, teremos um curso intensivo de Python. Por enquanto, tente captar a ideia central do exemplo.

Ainda precisamos conferir todos os pares para criar o `dict`, mas só uma vez; depois, teremos pesquisas eficientes:

```
# Inicialize o dict com uma lista vazia para cada id de usuário:
friendships = {user["id"]: [] for user in users}

# Em seguida, execute um loop pelos pares de amigos para preenchê-la:
for i, j in friendship_pairs:

friendships[i].append(j) # Adicione j como amigo do usuário i
friendships[j].append(i) # Adicione i como amigo do usuário j
```

Agora que colocamos as amizades em um `dict`, podemos facilmente fazer perguntas ao nosso grafo, como: "Qual é o número médio de conexões?"

Primeiro, determinamos o número *total* de conexões somando os tamanhos de todas as listas de `friends`:

```
def number_of_friends(user):
    """"Quantos amigos tem o _user_?""""
    user_id = user["id"]
    friend_ids = friendships[user_id]
    return len(friend_ids)

total_connections = sum(number_of_friends(user)
                        for user in users)          # 24
```

Em seguida, basta dividir pelo número de usuários:

```
num_users = len(users)                           # tamanho da lista de usuários
avg_connections = total_connections / num_users  # 24 / 10 == 2.4
```

Também é fácil encontrar as pessoas mais conectadas — as que possuem o maior número de amigos.

Como o número de usuários não é muito grande, podemos colocá-los em ordem decrescente, dos que têm "mais amigos" para os que têm "menos amigos":

```
# Crie uma lista (user_id, number_of_friends).
num_friends_by_id = [(user["id"], number_of_friends(user))
                     for user in users]

num_friends_by_id.sort(                                # Classifique a lista
      key=lambda id_and_friends: id_and_friends[1],    # por num_friends
      reverse=True)                                    # do maior para o menor

# Cada par é (user_id, num_friends):
# [(1, 3), (2, 3), (3, 3), (5, 3), (8, 3),
#  (0, 2), (4, 2), (6, 2), (7, 2), (9, 1)]
```

Pense nisso como um modo de identificar as pessoas que são, de certa forma, centrais para a rede. Na verdade, acabamos de computar uma métrica da rede chamada *centralidade de grau* (Figura 1-2).

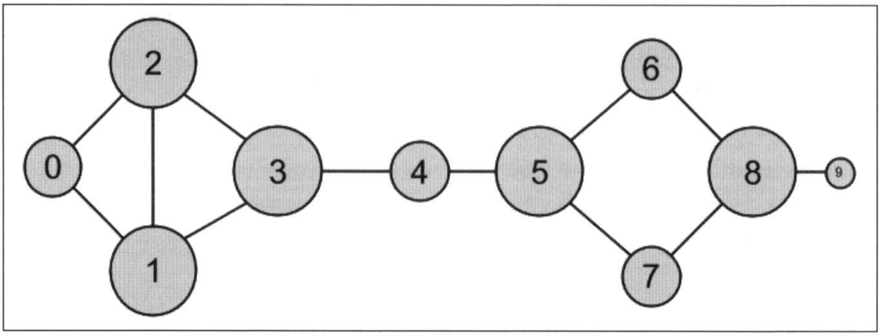

Figura 1-2. A rede DataSciencester dimensionada de acordo com o grau

Apesar de ser fácil de calcular, essa operação nem sempre gera os resultados desejados ou esperados. Por exemplo, Thor (`id` 4) tem duas conexões e Dunn (`id` 1), três. Mas, se observarmos a rede, temos a impressão de que Thor deveria estar mais centralizado. No Capítulo 22, analisaremos minuciosamente as redes e veremos noções de centralidade mais complexas, que podem ou não seguir nossa intuição.

Cientistas de Dados Que Você Talvez Conheça

Enquanto você está preenchendo os papéis de admissão, a vice-presidente de Relações Internas vai à sua mesa. Ela quer incrementar as conexões entre os membros do site e pede que você desenvolva um sugestor do tipo "Cientistas de Dados Que Você Talvez Conheça".

Sua primeira ideia é sugerir que os usuários podem conhecer os amigos dos seus amigos. Então, você escreve o código para iterar os amigos e coletar os amigos dos amigos:

```
def foaf_ids_bad(user):
    """foaf significa "friend of a friend" [amigo de um amigo] """
    return [foaf_id
            for friend_id in friendships[user["id"]]
            for foaf_id in friendships[friend_id]]
```

Quando chamamos `users[0]` (Hero), obtemos o seguinte:

```
[0, 2, 3, 0, 1, 3]
```

O resultado traz o usuário 0 duas vezes, pois Hero também é amigo dos seus amigos. Também traz os usuários 1 e 2, apesar de eles já serem amigos de Hero. E traz o usuário 3 duas vezes, pois Chi é acessível por meio de dois amigos:

```
print(friendships[0])  # [1, 2]
print(friendships[1])  # [0, 2, 3]
print(friendships[2])  # [0, 1, 3]
```

Como essas informações sobre quem é amigo de quem parecem ser interessantes, vamos gerar uma contagem de amigos em comum, porém excluindo as pessoas que o usuário já conhece:

```
from collections import Counter                    # não é carregado por padrão

def friends_of_friends(user):
    user_id = user["id"]
    return Counter(
      foaf_id
      for friend_id in friendships[user_id]        # Para cada amigo meu,
      for foaf_id in friendships[friend_id]        # encontre os amigos deles
      if foaf_id != user_id                        # que não sejam eu
      and foaf_id not in friendships[user_id]      # e não sejam meus amigos.
    )


print(friends_of_friends(users[3]))                # Counter({0: 2, 5: 1})
```

Essa operação informa corretamente a Chi (`id` 3) que ela possui dois amigos em comum com Hero (`id` 0), mas só um amigo em comum com Clive (`id` 5).

Como cientista de dados, talvez você queira encontrar usuários com interesses similares. (Esse é um bom exemplo do fator "experiência substancial" do data science). Então, depois de suar um pouco a camisa, você obtém os seguintes dados, reunidos como uma lista de pares (`user_id, interest`):

```
interests = [
    (0, "Hadoop"), (0, "Big Data"), (0, "HBase"), (0, "Java"),
    (0, "Spark"), (0, "Storm"), (0, "Cassandra"),
    (1, "NoSQL"), (1, "MongoDB"), (1, "Cassandra"), (1, "HBase"),
    (1, "Postgres"), (2, "Python"), (2, "scikit-learn"), (2, "scipy"),
    (2, "numpy"), (2, "statsmodels"), (2, "pandas"), (3, "R"), (3, "Python"),
    (3, "statistics"), (3, "regression"), (3, "probability"),
    (4, "machine learning"), (4, "regression"), (4, "decision trees"),
    (4, "libsvm"), (5, "Python"), (5, "R"), (5, "Java"), (5, "C++"),
    (5, "Haskell"), (5, "programming languages"), (6, "statistics"),
    (6, "probability"), (6, "mathematics"), (6, "theory"),
    (7, "machine learning"), (7, "scikit-learn"), (7, "Mahout"),
    (7, "neural networks"), (8, "neural networks"), (8, "deep learning"),
    (8, "Big Data"), (8, "artificial intelligence"), (9, "Hadoop"),
    (9, "Java"), (9, "MapReduce"), (9, "Big Data")
]
```

Por exemplo, Hero (`id` 0) não possui amigos em comum com Klein (`id` 9), mas os dois se interessam por Java e Big Data.

É fácil construir uma função para encontrar usuários com o mesmo interesse:

```
def data_scientists_who_like(target_interest):
    """Encontre os ids dos usuários com o mesmo interesse."""
    return [user_id
```

```
                    for user_id, user_interest in interests
                    if user_interest == target_interest]
```

A operação funciona, porém tem que examinar a lista de interesses inteira a cada busca. Quando há muitos usuários e interesses (ou para fazer muitas buscas), é melhor construir um índice de interesses para usuários:

```
from collections import defaultdict

# As chaves são interesses, os valores são listas de user_ids com o interesse em questão
user_ids_by_interest = defaultdict(list)

for user_id, interest in interests:
    user_ids_by_interest[interest].append(user_id)
```

E outro índice, de usuários para interesses:

```
# As chaves são user_ids, os valores são listas de interesses do user_id em questão.
interests_by_user_id = defaultdict(list)

for user_id, interest in interests:
    interests_by_user_id[user_id].append(interest)
```

Agora é fácil determinar quem tem mais interesses em comum com um usuário específico:

- Faça a iteração dos interesses do usuário;
- Para cada interesse, faça a iteração dos outros usuários com o mesmo interesse;
- Conte quantas vezes cada usuário aparece.

No código:

```
def most_common_interests_with(user):
    return Counter(
        interested_user_id
        for interest in interests_by_user_id[user["id"]]
        for interested_user_id in user_ids_by_interest[interest]
        if interested_user_id != user["id"]
    )
```

Podemos usar esse exemplo para construir um recurso mais sofisticado do tipo "Cientistas de Dados Que Você Talvez Conheça", combinando amigos e interesses em comum. Abordaremos essas aplicações no Capítulo 23.

Salários e Experiência

Você já está saindo para o almoço quando o vice-presidente de Relações Públicas lhe pede alguns fatos curiosos sobre os salários dos cientistas de dados. Esse tópico é sensível, no entanto, ele lhe fornece um conjunto de dados anônimos contendo o `salary` (o salário de cada usuário, em dólares) e o `tenure` (a experiência como cientista de dados, em anos):

```
salaries_and_tenures = [(83000, 8.7), (88000, 8.1),
                        (48000, 0.7), (76000, 6),
                        (69000, 6.5), (76000, 7.5),
                        (60000, 2.5), (83000, 10),
                        (48000, 1.9), (63000, 4.2)]
```

Naturalmente, o primeiro passo é plotar os dados (veremos essa operação no Capítulo 3). Os resultados estão na Figura 1-3.

Figura 1-3. Salário por anos de experiência

Certamente, os mais experientes tendem a ganhar melhor, entretanto como isso pode se tornar um fato curioso? Primeiro, você analisa a média salarial por anos de experiência:

```
# As chaves são anos, os valores são listas de salários por anos de experiência.
salary_by_tenure = defaultdict(list)

for salary, tenure in salaries_and_tenures:
    salary_by_tenure[tenure].append(salary)

# As chaves são anos, cada valor é o salário médio associado ao número de anos de experiência.
average_salary_by_tenure = {
    tenure: sum(salaries) / len(salaries)
    for tenure, salaries in salary_by_tenure.items()
}
```

Essa informação não parece muito útil, já que os usuários não têm os mesmos anos de experiência, ou seja, só os seus salários individuais são indicados:

```
{0.7: 48000.0,
 1.9: 48000.0,
 2.5: 60000.0,
 4.2: 63000.0,
 6: 76000.0,
 6.5: 69000.0,
 7.5: 76000.0,
 8.1: 88000.0,
 8.7: 83000.0,
 10: 83000.0}
```

Talvez seja melhor fazer buckets de experiências:

```
def tenure_bucket(tenure):
    if tenure < 2:
       return "less than two"
    elif tenure < 5:
       return "between two and five"
    else:
       return "more than five"
```

Em seguida, agrupamos os salários correspondentes a cada bucket:

```
# As chaves são buckets de anos de experiência, os valores são as listas de
salários associadas ao bucket em questão.
salary_by_tenure_bucket = defaultdict(list)

for salary, tenure in salaries_and_tenures:
    bucket = tenure_bucket(tenure)
    salary_by_tenure_bucket[bucket].append(salary)
```

E, finalmente, computamos a média salarial de cada grupo:

```
# As chaves são buckets de anos de experiência, os valores são a média
salarial do bucket em questão.
average_salary_by_bucket = {
  tenure_bucket: sum(salaries) / len(salaries)
  for tenure_bucket, salaries in salary_by_tenure_bucket.items()
}
```

O resultado é mais interessante:

```
{'between two and five':
 61500.0, 'less than
 two': 48000.0,
 'more than five': 79166.66666666667}
```

Temos uma boa sacada: "Os cientistas de dados com mais de cinco anos de experiência ganham 65% mais do que os colegas com pouca ou nenhuma experiência!"

No entanto, escolhemos os buckets de forma bem arbitrária. Nosso objetivo, na verdade, é indicar o efeito salarial — em média — de cada ano de experiência. Além de deixar o fato mais curioso, podemos *fazer previsões* sobre salários que não conhecemos a partir dessa informação. Exploraremos mais essa ideia no Capítulo 14.

Contas Pagas

Quando você volta para sua mesa, a vice-presidente de Receita está lhe esperando, pois quer saber quais usuários pagam por suas contas e quais não pagam. (Ela tem os nomes deles, mas essa informação não é muito útil.)

Você logo percebe uma relação aparente entre os anos de experiência e as contas pagas:

```
0.7  paid
1.9  unpaid
2.5  paid
4.2  unpaid
6.0  unpaid
6.5  unpaid
7.5  unpaid
8.1  unpaid
8.7  paid
10.0 paid
```

Os usuários com pouquíssimos e muitos anos de experiência tendem a pagar; os usuários com experiência mediana, não. Logo, para criar um modelo — mesmo não havendo dados suficientes para isso —, você deveria prever "paid" para os usuários com pouquíssimos, e muitos, anos de experiência e "unpaid" para os usuários com experiência mediana:

```
def predict_paid_or_unpaid(years_experience):
  if years_experience < 3.0:
    return "paid"
  elif years_experience < 8.5:
    return "unpaid"
  else:
    return "paid"
```

Claro, definimos os referenciais no olhômetro.

Com mais dados (e mais cálculos), podemos construir um modelo para prever a probabilidade de pagamento dos usuários com base nos seus anos de experiência. Investigaremos esse tipo de problema no Capítulo 16.

Tópicos de Interesse

Já no final do seu primeiro dia, a vice-presidente de Estratégia de Conteúdo solicita dados sobre os tópicos que mais interessam aos usuários para planejar o calendário do blog dela. Você já tem os dados brutos do projeto do sugestor de amigos:

```
interests = [
    (0, "Hadoop"), (0, "Big Data"), (0, "HBase"), (0, "Java"),
    (0, "Spark"), (0, "Storm"), (0, "Cassandra"),
    (1, "NoSQL"), (1, "MongoDB"), (1, "Cassandra"), (1, "HBase"),
    (1, "Postgres"), (2, "Python"), (2, "scikit-learn"), (2, "scipy"),
    (2, "numpy"), (2, "statsmodels"), (2, "pandas"), (3, "R"), (3, "Python"),
    (3, "statistics"), (3, "regression"), (3, "probability"),
    (4, "machine learning"), (4, "regression"), (4, "decision trees"),
    (4, "libsvm"), (5, "Python"), (5, "R"), (5, "Java"), (5, "C++"),
    (5, "Haskell"), (5, "programming languages"), (6, "statistics"),
    (6, "probability"), (6, "mathematics"), (6, "theory"),
    (7, "machine learning"), (7, "scikit-learn"), (7, "Mahout"),
    (7, "neural networks"), (8, "neural networks"), (8, "deep learning"),
    (8, "Big Data"), (8, "artificial intelligence"), (9, "Hadoop"),
    (9, "Java"), (9, "MapReduce"), (9, "Big Data")
]
```

Um modo simples (mas razoavelmente entediante) de encontrar os interesses mais populares é contar as palavras:

1. Escreva os interesses em letras minúsculas (talvez os usuários tenham usado letras maiúsculas);
2. Divida-os em palavras;
3. Conte os resultados.

No código:

```
words_and_counts = Counter(word
                           for user, interest in interests
                           for word in interest.lower().split())
```

Essa operação facilita a listagem de palavras que ocorrem mais de uma vez:

```
for word, count in words_and_counts.most_
    common(): if count > 1:
        print(word, count)
```

Os resultados saem como esperado (a menos que você queira dividir "scikit--learn" em duas palavras; nesse caso, o resultado não sai como esperado):

```
learning 3
java 3
python 3
big 3
data 3
hbase 2
regression 2
cassandra 2
statistics 2
probability 2
hadoop 2
networks 2
machine 2
neural 2
scikit-learn 2
r 2
```

Veremos formas mais sofisticadas de extrair tópicos dos dados no Capítulo 21.

Em Frente

Foi um ótimo primeiro dia! Exausto, você sai do prédio antes de ouvir outro pedido. Durma bem, porque amanhã você participará do curso para novos funcionários. (Sim, você trabalhou um dia inteiro sem *nenhuma* formação inicial. Culpa do RH.)

CAPÍTULO 2

Um Curso Intensivo de Python

Mesmo depois de vinte e cinco anos, as pessoas continuam fanáticas pelo Python, o que para mim é inacreditável.

—Michael Palin

Os novos funcionários da DataSciencester têm que participar de um ciclo de formação inicial, cuja parte mais interessante é o curso intensivo de Python.

Não se trata de uma especialização abrangente em Python, mas de um curso que prioriza os aspectos da linguagem que são mais importantes para nossos propósitos (alguns deles nem costumam ser priorizados nos tutoriais de Python). Se você nunca usou o Python, é melhor recorrer também a um tutorial para iniciantes.

O Zen do Python

Os princípios de design do Python são descritos de forma um tanto quanto zen (*http://legacy.python.org/dev/peps/pep-0020/*); para acessá-los no intérprete do Python, digite "import this."

Este é um dos mais populares:

> Deve haver uma — preferivelmente, apenas uma — forma evidente de fazer algo.

Em geral, quando escrito dessa forma "evidente" (que talvez não seja tão óbvia para um novato), o código é descrito como "Pythonic". Embora este livro não seja sobre Python, vamos comparar métodos Pythonic e não Pythonic para realizar os mesmos processos, priorizando o uso de soluções Pythonic para os nossos problemas.

Vários princípios são estéticos:

> É melhor algo belo do que feio. Algo expresso do que implícito. Algo simples do que complexo.
>
> Essas diretrizes orientarão nosso código.

Iniciando no Python

> É difícil colocar as instruções de instalação mais recentes nos livros físicos, mas você pode encontrá-las atualizadas no repositório deste livro no GitHub (*https://github.com/joelgrus/data-science-from-scratch/blob/master/INSTALL.md*).
>
> Se as instruções indicadas aqui não funcionarem, confira o repositório.

Você pode baixar o Python em Python.org (*https://www.python.org/*). Mas, para quem ainda não tem a linguagem, recomendo a distribuição Anaconda (*https://www.anaconda.com/download/*), que contém a maioria das bibliotecas necessárias para praticar o data science.

Quando escrevi o primeiro esboço deste livro, o Python 2.7 era a versão mais popular entre os cientistas de dados, portanto, a primeira edição foi baseada nela.

No entanto, nos últimos anos, praticamente todo mundo migrou para o Python 3. Como as versões recentes do Python facilitam o código limpo, utilizaremos bastante alguns recursos que só estão disponíveis na versão 3.6 ou em versões superiores. Por isso, você deve obter o Python 3.6 ou superior. (Além disso, agora muitas bibliotecas úteis são incompatíveis com o Python 2.7, o que é mais um motivo para migrar.)

Ambientes Virtuais

A partir do próximo capítulo, usaremos a biblioteca matplotlib para gerar gráficos. Como essa biblioteca não está integrada ao Python, você terá que instalá-la. Todo projeto de ciência de dados precisa de uma combinação de bibliotecas externas e, às vezes, versões específicas diferentes das usadas anteriormente. Se você só tiver uma instalação do Python, essas bibliotecas entrarão em conflito e causarão todo tipo de problema.

Para isso, a solução padrão são os *ambientes virtuais*, ambientes Python de área restrita com versões específicas de bibliotecas (ou, dependendo da configuração, até mesmo do Python).

Recomendei a instalação da distribuição do Anaconda; então, nesta seção, explicarei como os ambientes do Anaconda funcionam. Se você não quiser o Anaconda, use o módulo interno `venv` (*https://docs.python.org/3/library/venv.html*) ou instale o `virtualenv` (*https://virtualenv.pypa.io/en/latest/*). Nesse caso, siga as instruções aplicáveis.

Para criar um ambiente virtual (Anaconda), siga as seguintes etapas:

```
# crie um ambiente Python 3.6 chamado "dsfs"
conda create -n dsfs python=3.6
```

Siga os avisos para criar um ambiente virtual chamado "dsfs" com as seguintes instruções:

```
#
# Para ativar esse ambiente, use:
# > source activate dsfs
#
# Para desativar um ambiente ativo, use:
# > source deactivate
#
```

Como indicado, para ativar o ambiente, use:

```
source activate dsfs
```

Neste ponto, o prompt de comando deve indicar o ambiente ativo. No MacBook, o prompt fica da seguinte forma:

```
(dsfs) ip-10-0-0-198:~ joelg$
```

Enquanto esse ambiente estiver ativo, todas as bibliotecas serão instaladas apenas no ambiente dsfs. Depois de estudar este livro, quando desenvolver seus projetos, crie ambientes para eles.

Agora que você criou um ambiente, é uma boa ideia instalar o IPython (*http://ipython.org/*), um shell Python completo:

```
python -m pip install ipython
```

> O Anaconda dispõe de um gerenciador de pacotes, o conda, mas você também pode usar o pip padrão do gerenciador de pacotes do Python, como faremos a partir de agora.

De agora em diante, prosseguiremos como se você tivesse criado e ativado um ambiente virtual no Python 3.6 (utilize o nome que quiser), e os próximos capítulos podem citar as bibliotecas cuja instalação foi recomendada nos capítulos anteriores.

Por uma questão de disciplina, sempre trabalhe usando um ambiente virtual e nunca a instalação "básica" do Python.

Formatação de Espaço em Branco

Muitas linguagens usam chaves para delimitar blocos de código, mas o Python adota o recuo:

```
# A cerquilha indica o início de um comentário. O Python
# ignora esses comentários, mas eles orientam os leitores do código.
for i in [1, 2, 3, 4, 5]:
    print(i)                    # primeira linha do bloco "for i"
    for j in [1, 2, 3, 4, 5]:
        print(j)                # primeira linha do "for j"
        print(i + j)            # última linha do bloco "for j"
    print(i)                    # última linha do bloco "for i"
print("done looping")
```

Por isso, o código Python é bem legível, mas você tem que ser muito cuidadoso com a formatação.

Os programadores costumam debater sobre o uso de tabulação ou espaço para o recuo. Em muitas linguagens, isso não é tão importante; no entanto, o Python lê tabulações e espaços como recuos diferentes e não executará o código se você misturar os dois. No Python, use sempre espaço, nunca tabulação. (Se você utiliza um editor, configure a tecla Tab para inserir apenas espaços.)

O espaço em branco é ignorado quando aparece dentro de parênteses e colchetes, algo muito útil para lidar com computações intermináveis:

```
long_winded_computation = (1 + 2 + 3 + 4 + 5 + 6 + 7 + 8 + 9 + 10 + 11 + 12 +
                           13 + 14 + 15 + 16 + 17 + 18 + 19 + 20)
```

Para facilitar a leitura do código:

```
list_of_lists = [[1, 2, 3], [4, 5, 6], [7, 8, 9]]

easier_to_read_list_of_lists = [[1, 2, 3],
                                [4, 5, 6],
                                [7, 8, 9]]
```

Você também pode usar uma barra invertida para indicar que a instrução continua na próxima linha, mas isso raramente ocorre:

```
two_plus_three = 2 + \
                 3
```

A formatação de espaço em branco pode dificultar as ações de copiar e colar o código no shell do Python. Por exemplo, se você tentasse colar o seguinte código no shell comum do Python:

```
for i in [1, 2, 3, 4, 5]:

    # Observe a linha em branco
    print(i)
```

Apareceria a seguinte reclamação:

```
IndentationError: expected an indented block
```

Isso ocorre porque o interpretador acha que a linha em branco indica o final do bloco do loop `for`.

O IPython tem a função mágica `%paste`, que copia corretamente o conteúdo da área de transferência, com os espaços em branco e tudo mais. Só isso já é um excelente motivo para usar o IPython.

Módulos

Alguns recursos do Python não são carregados por padrão, como certos componentes integrados à linguagem e elementos externos, disponíveis para download. Para usar esses recursos, você terá que `import` (importar) seus respectivos módulos.

Uma opção é importar o módulo em questão:

```
import re
my_regex = re.compile("[0-9]+", re.I)
```

Aqui, `re` é o módulo que contém as funções e constantes aplicáveis às expressões regulares. Após esse tipo de `import`, para acessar as respectivas funções, você deve usar o prefixo `re.`.

Se já houver outro `re` no código, você pode usar um alias:

```
import re as regex
my_regex = regex.compile("[0-9]+", regex.I)
```

Você pode fazer isso se o módulo tiver um nome complicado ou se precisar digitar um trecho muito longo. Por exemplo, para visualizar dados com o matplotlib, existe um padrão:

```
import matplotlib.pyplot as plt

plt.plot(...)
```

Para obter valores específicos de um módulo, você pode importá-los expressamente e usá-los sem qualificação:

```
from collections import defaultdict, Counter
lookup = defaultdict(int)
my_counter = Counter()
```

Para fazer uma bagunça, você pode importar o conteúdo inteiro de um módulo para o namespace, substituindo (sem querer) as variáveis definidas anteriormente:

```
match = 10
from re import *      # opa, o re tem uma função match
print(match)          # "<function match at 0x10281e6a8>"
```

Mas, como você não é bagunceiro, nunca faça isso.

Funções

Cada função é uma regra que recebe zero ou mais entradas e retorna a saída correspondente. No Python, definimos as funções usando `def`:

```
def double(x): """
    Nesse ponto, você coloca um docstring opcional para descrever a
    função. Por exemplo, esta função multiplica a entrada por 2.
    """
    return x * 2
```

As funções de Python são de *primeira classe*, ou seja, podemos atribuí-las a variáveis e inseri-las nas funções como argumentos:

```
def apply_to_one(f):
    """Chama a função f usando 1 como argumento"""
    return f(1)

my_double = double               # refere-se à função x já definida
x = apply_to_one(my_double)      # igual a 2
```

Também é fácil criar pequenas funções anônimas, as *lambdas*:

```
y = apply_to_one(lambda x: x + 4)     # igual a 5
```

Você pode atribuir lambdas a variáveis, embora quase todo mundo recomende o def:

```
another double = lambda x: 2 * x        # não faça isso

def another_double(x):
    """Faça isso"""
    return 2 * x
```

Os parâmetros da função também podem receber argumentos padrão, que devem ser especificados se você quiser obter um valor diferente do padrão:

```
def my_print(message = "my default message"):
    print(message)

my_print("hello")    # imprime 'hello'
my_print()           # imprime 'my default message'
```

Às vezes, é útil especificar argumentos pelo nome:

```
def full_name(first = "What's-his-name", last = "Something"):
    return first + " " + last

full_name("Joel", "Grus")     # "Joel Grus"
full_name("Joel")             # "Joel Something"
full_name(last="Grus")        # "What's-his-name Grus"
```

Criaremos muitas funções.

Strings (Cadeias de Caracteres)

As strings podem ser delimitadas por aspas simples ou duplas (mas sempre combinando):

```
single_quoted_string = 'data science'
double_quoted_string = "data science"
```

No Python, a barra invertida serve para codificar caracteres especiais. Por exemplo:

```
tab_string = "\t"        # representa o caractere tab
len(tab_string)          # é 1
```

Para usar o caractere da barra invertida (como vemos nos nomes dos diretórios e nas expressões regulares do Windows), você pode criar strings *brutas* com r"":

```
not_tab_string = r"\t"  # representa os caracteres '\' e 't'
len(not_tab_string)     # é 2
```

Para criar strings de várias linhas, use três aspas duplas:

```
multi_line_string = """Esta é a primeira linha.
e esta é a segunda linha
e esta é a terceira linha"""
```

No Python 3.6, há um novo recurso: a *f-string*, uma forma simples de substituir os valores nas strings. Por exemplo, quando o nome e o sobrenome são indicados separadamente:

```
first_name = "Joel"
last_name = "Grus"
```

Nesse caso, queremos formar o nome completo com eles. Há várias formas de construir uma string `full_name`:

```
full_name1 = first_name + " " + last_name             # adição de strings
full_name2 = "{0} {1}".format(first_name, last_name)  # string.format
```

Mas usar a f-string é bem menos complicado:

```
full_name3 = f"{first_name} {last_name}"
```

Utilizaremos esse método ao longo do livro.

Exceções

Quando algo dá errado, o Python gera uma *exceção*. Se não forem tratadas, as exceções causarão falhas no programa. Para tratá-las, você pode usar `try` e `except`:

```
try:
    print(0 / 0)
except ZeroDivisionError:
    print("cannot divide by zero")
```

Apesar de terem uma má reputação em muitas linguagens, no Python, as exceções são utilizadas sem grilo para deixar o código mais limpo; de vez em quando, faremos isso.

Listas

Provavelmente, a estrutura de dados mais fundamental do Python é a *lista*. Uma lista é apenas uma coleção ordenada (parecida com o *array* das outras linguagens, mas com funcionalidades adicionais):

```
integer_list = [1, 2, 3]
heterogeneous_list = ["string", 0.1, True]
list_of_lists = [integer_list, heterogeneous_list, []]
```

```
list_length = len(integer_list)     # igual a 3
list_sum    = sum(integer_list)     # igual a 6
```

Você pode obter e definir o elemento de número *n* de uma lista usando colchetes:

```
x = [0, 1, 2, 3, 4, 5, 6, 7, 8, 9]

zero = x[0]          # igual a 0, as listas são indexadas a partir de 0
one = x[1]           # igual a 1
nine = x[-1]         # igual a 9, 'Pythonic' para o último elemento
eight = x[-2]        # igual a 8, 'Pythonic' para o penúltimo elemento
x[0] = -1            # agora x é [-1, 1, 2, 3, ..., 9]
```

Você também pode usar os colchetes para *fatiar* as listas. A fatia `i:j` contém todos os elementos de `i` (incluído) a `j` (não incluído). Se o início da fatia não for indicado, ela começará no início da lista; se o final da fatia não for indicado, ela terminará no final da lista:

```
first_three = x[:3]                  # [-1, 1, 2]
three_to_end = x[3:]                 # [3, 4, ..., 9]
one_to_four = x[1:5]                 # [1, 2, 3, 4]
last_three = x[-3:]                  # [7, 8, 9]
without_first_and_last = x[1:-1]     # [1, 2, ..., 8]
copy_of_x = x[:]                     # [-1, 1, 2, ..., 9]
```

Do mesmo modo, você pode fatiar strings e outros tipos de "sequências".

A fatia pode receber um terceiro argumento para indicar seu *stride*, que pode ser negativo:

```
every_third = x[::3]                 # [-1, 3, 6, 9]
five_to_three = x[5:2:-1]            # [5, 4, 3]
```

O Python dispõe de um operador `in` para verificar a associação à lista:

```
1 in [1, 2, 3]    # Verdadeiro
0 in [1, 2, 3]    # Falso
```

Como essa verificação analisa todos os elementos da lista, você só deve executá-la se a lista for bem pequena (ou se o tempo da verificação não for importante).

É fácil concatenar listas. Para modificar a lista, você pode usar `extend` e adicionar itens de outra coleção:

```
x = [1, 2, 3]
x.extend([4, 5, 6])      # x agora é [1, 2, 3, 4, 5, 6]
```

Se não quiser modificar `x`, você pode usar a adição de listas:

```
x = [1, 2, 3]
y = x + [4, 5, 6]        # y é [1, 2, 3, 4, 5, 6]; x não mudou
```

Na maioria das vezes, acrescentaremos item por item às listas:

```
x = [1, 2, 3]
x.append(0)       # x agora é [1, 2, 3, 0]
y = x[-1]         # igual a 0
z = len(x)        # igual a 4
```

Muitas vezes, é conveniente *descompactar* as listas quando sabemos quantos elementos elas contêm:

```
x, y = [1, 2]    # agora x é 1, y é 2
```

No entanto, aparecerá um `ValueError` se não houver o mesmo número de elementos nos dois lados.

Geralmente, usamos um sublinhado para indicar o valor que será descartado:

```
_, y = [1, 2]        # agora y == 2, não considerou o primeiro elemento
```

Tuplas

As tuplas são muito parecidas com as listas, mas não podem ser modificadas. Com uma tupla, podemos fazer quase tudo que se pode fazer com uma lista, menos modificá-la. Para especificar uma tupla, use parênteses (ou nada) em vez de colchetes:

```
my_list = [1, 2]
my_tuple = (1, 2)
other_tuple = 3, 4
my_list[1] = 3       # my_list agora é [1, 3]

try:
    my_tuple[1] = 3
except TypeError:
    print("cannot modify a tuple")
```

As tuplas são uma forma eficaz de usar funções para retornar múltiplos valores:

```
def sum_and_product(x, y):
    return (x + y), (x * y)
sp = sum_and_product(2, 3)     # sp é (5, 6)
s, p = sum_and_product(5, 10) # s é 15, p é 50
```

As tuplas (e as listas) também podem ser usadas em *atribuições múltiplas*:

```
x, y = 1, 2     # agora x é 1, y é 2
x, y = y, x     # forma Pythonic de trocar variáveis; agora x é 2, y é 1
```

Dicionários

Outra estrutura fundamental é o dicionário, que associa *valores* a *chaves* e permite a rápida recuperação do valor correspondente a uma determinada chave:

```
empty_dict = {}                      # Pythonic
empty_dict2 = dict()                 # menos Pythonic
grades = {"Joel": 80, "Tim": 95}     # dicionário literal
```

Para pesquisar o valor de uma chave, você pode usar os colchetes:

```
joels_grade = grades["Joel"]         # igual a 80
```

Mas aparecerá um `KeyError` se você procurar uma chave que não está no dicionário:

```
try:
    kates_grade = grades["Kate"]
except KeyError:
    print("no grade for Kate!")
```

Para verificar a existência de uma chave, você pode usar o `in`:

```
joel_has_grade = "Joel" in grades     # Verdadeiro
kate_has_grade = "Kate" in grades     # Falso
```

Essa verificação de associação é rápida até em dicionários grandes.

Nos dicionários, o método `get` retorna um valor padrão (em vez de gerar uma exceção) quando você procura por uma chave que não está no dicionário:

```
joels_grade = grades.get("Joel", 0)   # igual a 80
kates_grade = grades.get("Kate", 0)   # igual a 0
no_ones_grade = grades.get("No One")  # o padrão é None
```

Você também pode atribuir pares de valor-chave usando os colchetes:

```
grades["Tim"] = 99                    # substitui o valor anterior
grades["Kate"] = 100                  # adiciona uma terceira entrada
num_students = len(grades)            # igual a 3
```

Como vimos no Capítulo 1, os dicionários podem representar dados estruturados:

```
tweet = {
    "user" : "joelgrus",
    "text" : "Data Science is Awesome",
    "retweet_count" : 100,
    "hashtags" : ["#data", "#science", "#datascience", "#awesome", "#yolo"]
}
```

Mas logo aprenderemos uma abordagem melhor do que essa.

Além de procurar por chaves específicas, podemos conferir todas elas:

```
tweet_keys   = tweet.keys()     # iterável para as chaves
tweet_values = tweet.values()   # iterável para os valores
tweet_items  = tweet.items()    # iterável para as tuplas (chave, valor)

"user" in tweet_keys            # Verdadeiro, mas não é Pythonic
"user" in tweet                 # forma Pythonic de verificar as chaves
"joelgrus" in tweet_values      # Verdadeiro (lento, mas é a única forma de verificar)
```

As chaves do dicionário devem ser "hashable" [com função hash, imutáveis]; logo, as listas não podem ser usadas como chaves. Se você precisar de uma chave com várias partes, use uma tupla ou transforme a chave em uma string.

defaultdict

Imagine que você deseja contar as palavras de um documento. Uma abordagem óbvia seria criar um dicionário com chaves para palavras e valores para a contagem. Ao verificar cada palavra, você pode incrementar a contagem (se ela já estiver no dicionário) ou adicioná-la ao dicionário (se ela ainda não estiver nele):

```
word_counts = {}
for word in document:
    if word in word_counts:
        word_counts[word] += 1
    else:
        word_counts[word] = 1
```

Você também pode usar o método "é melhor pedir perdão do que permissão", tratando a exceção gerada na pesquisa pela chave ausente:

```
word_counts = {}
for word in document:
    try:
        word_counts[word] += 1
    except KeyError:
        word_counts[word] = 1
```

Uma terceira abordagem é usar o `get`, que lida de forma muito interessante com chaves ausentes:

```
word_counts = {}
for word in document:
    previous_count = word_counts.get(word, 0)
    word_counts[word] = previous_count + 1
```

Mas, como esses métodos são um tanto quanto complicados, o `defaultdict` é um bom recurso. Embora pareça um dicionário comum, quando procuramos uma chave que não está contida nele, ele adiciona um valor para ela usando a função de argumento zero que indicamos ao criá-lo. Para usar os `defaultdicts`, você deve importá-los das `collections`:

```
from collections import defaultdict

word_counts = defaultdict(int)          # int() produz 0
for word in document:
    word_counts[word] += 1
```

Esses recursos também são úteis com `list`, `dict` e outras funções:

```
dd_list = defaultdict(list)             # list() produz uma lista vazia
dd_list[2].append(1)                    # agora dd_list contém {2: [1]}

dd_dict = defaultdict(dict)             # dict() produz um dict vazio
dd_dict["Joel"]["City"] = "Seattle"     # {"Joel" : {"City": Seattle"}}

dd_pair = defaultdict(lambda: [0, 0])
dd_pair[2][1] = 1                       # agora dd_pair contém {2: [0, 1]}
```

Isso será útil quando usarmos dicionários para "coletar" os resultados de alguma chave sem verificar se ela existe a cada operação.

Contadores

O `Counter` (contador) converte uma sequência de valores em algo parecido com o objeto `defaultdict(int)` mapeando as chaves correspondentes às contagens:

```
from collections import Counter
c = Counter([0, 1, 2, 0])          # c é (basicamente) {0: 2, 1: 1, 2: 1}
```

Essa é uma forma bem simples de resolver o problema do `word_counts`:

```
# lembre-se, o documento é uma lista de palavras
word_counts = Counter(document)
```

Uma instância `Counter` contém um método `most_common` bastante útil:

```
# imprima as 10 palavras mais comuns e suas contagens
for word, count in word_counts.most_common(10):
    print(word, count)
```

Conjuntos

Outra estrutura de dados útil é o set (conjunto), uma coleção de elementos *distintos*. Para definir um conjunto, você pode listar seus elementos entre chaves:

```
primes_below_10 = {2, 3, 5, 7}
```

No entanto, isso não funciona com conjuntos vazios, pois {} significa "dict vazio". Nesse caso, você deve usar o set():

```
s = set()
s.add(1)       # s agora é {1}
s.add(2)       # s agora é {1, 2}
s.add(2)       # s ainda é {1, 2}
x = len(s)     # igual a 2
y = 2 in s     # igual a Verdadeiro
z = 3 in s     # igual a Falso
```

Usaremos os conjuntos por dois motivos importantes. Primeiro, o in é uma operação muito rápida em conjuntos. Para aplicar um teste de associação em uma grande coleção de itens, é melhor usar um conjunto do que uma lista:

```
stopwords_list = ["a", "an", "at"] + hundreds_of_other_words + ["yet", "you"]

"zip" in stopwords_list     # Falso, mas verifica todos os elementos

stopwords_set = set(stopwords_list)
"zip" in stopwords_set      # verificação muito rápida
```

Segundo, encontraremos itens *distintos* em uma coleção:

```
item_list = [1, 2, 3, 1, 2, 3]
num_items = len(item_list)                # 6
item_set = set(item_list)                 # {1, 2, 3}
num_distinct_items = len(item_set)        # 3
distinct_item_list = list(item_set)       # [1, 2, 3]
```

Usaremos os conjuntos com menos frequência do que os dicionários e listas.

Fluxo de Controle

Como na maioria das linguagens de programação, você pode executar uma ação condicional usando if:

```
if 1 > 2:
    message = "if only 1 were greater than two..."
elif 1 > 3:
    message = "elif stands for 'else if'"
else:
    message = "when all else fails use else (if you want to)"
```

Você também pode escrever um *ternário* do tipo if-then-else [se-então-senão] em uma linha (de vez em quando, faremos isso):

```
parity = "even" if x % 2 == 0 else "odd"
```

O Python tem um loop `while`:

```
x = 0
while x < 10:
    print(f"{x} is less than 10")
    x += 1
```

Mas usaremos mais `for` e `in`:

```
# range(10) corresponde aos números 0, 1, ..., 9
for x in range(10):
    print(f"{x} is less than 10")
```

Para obter uma lógica mais complexa, você pode usar `continue` e `break`:

```
for x in range(10):
    if x == 3:
        continue # vá imediatamente para a próxima iteração
    if x == 5:
        break    # saia do loop totalmente
    print(x)
```

Essa operação imprimirá `0`, `1`, `2` e `4`.

Veracidade

No Python, os Booleanos funcionam como na maioria das linguagens, mas começam com letras maiúsculas:

```
one_is_less_than_two = 1 < 2          # igual a True
true_equals_false = True == False     # igual a False
```

No Python, o valor `None` indica um valor não existente, como o `null` das outras linguagens:

```
x = None
assert x == None, "esta não é uma forma Pythonic de verificar o None"
assert x is None, "esta é a forma Pythonic de verificar o None"
```

No Python, você pode inserir qualquer valor que indique um booleano. Todos os exemplos a seguir são "falsy" [falsos]:

- False
- None
- `[]` (uma `list` vazia)
- `{}` (um `dict` vazio)
- ""

- set()
- 0
- 0.0

Quase todos os outros valores são tratados como `True`. Por isso, você pode usar instruções `if` para procurar listas vazias, strings vazias, dicionários vazios e assim por diante. Entretanto esse recurso pode causar bugs complicados quando seu comportamento não é esperado:

```
s = some_function_that_returns_a_string()
if s:
    first_char = s[0]
else:
    first_char = ""
```

Esta é uma forma mais breve (e talvez mais complexa) de fazer a mesma coisa:

```
first_char = s and s[0]
```

O `and` retorna um segundo valor quando o primeiro é "truthy" [verdadeiro] e o primeiro quando ele não é. Por isso, `x` deve ser um número ou `None`:

```
safe_x = x or 0
```

Com certeza, é um número:

```
safe_x = x if x is not None else 0
```

Possivelmente, é mais legível.

O Python tem uma função `all`, que recebe um iterável e retorna `True` quando todos os elementos são verdadeiros, e uma função `any`, que retorna `True` quando há, pelo menos, um elemento verdadeiro:

```
all([True, 1, {3}])   # True, todos são verdadeiros
all([True, 1, {}])    # False, {} é falso
any([True, 1, {}])    # True, True é verdadeiro
all([])               # True, não há nenhum elemento falso na lista
any([])               # False, não há nenhum elemento verdadeiro na lista
```

Classificação

No Python, toda lista tem um método `sort` que a organiza e, para não bagunçá-la, você pode usar a função `sorted`, que retorna uma nova lista:

```
x = [4, 1, 2, 3]
y = sorted(x)     # y é [1, 2, 3, 4], x não mudou
x.sort()          # agora x é [1, 2, 3, 4]
```

Por padrão, o `sort` e a `sorted` organizam a lista do menor elemento para o maior com base em uma modesta comparação entre eles.

Para organizar os elementos do maior para o menor, você pode especificar o parâmetro `reverse=True`. E, para comparar os resultados de uma função especificada (em vez de avaliar os elementos), use `key`:

```
# classifique a lista por valor absoluto do maior para o menor
x = sorted([-4, 1, -2, 3], key=abs, reverse=True) # é [-4, 3, -2, 1]

# classifique as palavras e contagens do maior número para o menor
wc = sorted(word_counts.items(),
            key=lambda word_and_count: word_and_count[1],
            reverse=True)
```

Compreensões de Listas

Muitas vezes, para transformar uma lista em outra, você deve selecionar alguns elementos, transformá-los ou fazer as duas coisas. As *compreensões de listas* são a forma Pythonic de fazer isso:

```
even_numbers = [x for x in range(5) if x % 2 == 0]  # [0, 2, 4]
squares      = [x * x for x in range(5)]            # [0, 1, 4, 9, 16]
even_squares = [x * x for x in even_numbers]        # [0, 4, 16]
```

Da mesma forma, você pode transformar listas em dicionários ou conjuntos:

```
square_dict = {x: x * x for x in range(5)}    # {0: 0, 1: 1, 2: 4, 3: 9, 4: 16}
square_set  = {x * x for x in [1, -1]}        # {1}
```

Quando não precisamos do valor da lista, geralmente usamos um sublinhado como variável:

```
zeros = [0 for _ in even_numbers]      # tem o mesmo tamanho de even_numbers
```

Uma compreensão de lista pode conter múltiplos `for`s:

```
pairs = [(x, y)
         for x in range(10)
         for y in range(10)]   # 100 pares (0,0) (0,1) ... (9,8), (9,9)
```

Os `for`s posteriores podem usar os resultados dos anteriores:

```
increasing_pairs = [(x, y)                       # só pares com x < y,
                    for x in range(10)           # range(lo, hi) é igual a
                    for y in range(x + 1, 10)]   # [lo, lo + 1, ..., hi - 1]
```

Usaremos muito essas compreensões de listas.

Testes Automatizados e asserção

Os cientistas de dados escrevem muito código, mas como podemos conferir se o código está correto? Uma opção são os *tipos* (que veremos logo mais); mas há também os *testes automatizados*.

Existem frameworks sofisticados para escrever e executar testes, mas aqui usaremos apenas as instruções `assert` [asserção] para que o código gere um `AssertionError` caso a condição especificada não seja verdadeira:

```
assert 1 + 1 == 2
assert 1 + 1 == 2, "1 + 1 should equal 2 but didn't"
```

Como vemos no segundo caso, você pode adicionar uma mensagem para ser impressa em caso de falha na asserção.

Não é muito interessante declarar que 1 + 1 = 2. É bem melhor declarar que as funções estão funcionando como esperado:

```
def smallest_item(xs):
    return min(xs)

assert smallest_item([10, 20, 5, 40]) == 5
assert smallest_item([1, 0, -1, 2]) == -1
```

Ao longo deste livro, usaremos o `assert` dessa forma. É uma boa prática; recomendo que você utilize bastante essa instrução no código. (Se você conferir o código do livro disponível no GitHub, verá que ele contém muitas instruções `assert`; bem mais do que na versão física do livro. Assim, posso *garantir* que o código que escrevi está correto.)

Outro uso, menos comum, são as asserções sobre as entradas das funções:

```
def smallest_item(xs):
    assert xs, "empty list has no smallest item"
    return min(xs)
```

De vez em quando, faremos isso, mas geralmente usaremos o `assert` para verificar se o código está correto.

Programação Orientada a Objetos

Como em muitas linguagens, no Python, você pode definir *classes* para encapsular dados e suas respectivas funções. De vez em quando, usaremos esse recurso para deixar o código mais limpo e simples. Agora, talvez seja mais fácil explicar as classes com um exemplo cheio de comentários.

Criaremos uma classe para representar um "contador manual numérico", como os que usamos para contar os participantes da nossa conferência sobre "tópicos avançados em ciência de dados".

A classe contém um `count`, incrementa a contagem ao ser `clicked` (clicada), permite a `read_count` (leitura da contagem) e pode ser `reset`, voltando para zero. (Na vida real, essas máquinas vão de 9999 para 0000, mas não vamos mexer nisso agora.)

Para definir uma classe, use a palavra-chave `class` e um nome no padrão PascalCase:

```
class CountingClicker:
    """A classe pode/deve ter um docstring, como as funções"""
```

Uma classe contém zero ou mais funções de *membro*. Por convenção, cada função recebe um primeiro parâmetro, `self`, que se refere à instância da classe específica.

Em geral, a classe tem um construtor chamado `__init__`, que recebe todos os parâmetros necessários para construir uma instância da classe e implementa as configurações:

```
    def_init_(self, count = 0):
        self.count = count
```

Embora o construtor tenha um nome engraçado, criamos as instâncias do contador usando apenas o nome da classe:

```
clicker1 = CountingClicker()                # inicializado em 0
clicker2 = CountingClicker(100)             # começa em count=100
clicker3 = CountingClicker(count=100)       # forma mais expressa de fazer a mesma coisa
```

Observe que o nome do método `__init__` inicia e termina com duplos sublinhados. Esses métodos "mágicos" às vezes são chamados de métodos "dunder" (de *double-UNDERscore*, entendeu?) e representam comportamentos "especiais".

> Os métodos de classe cujos nomes começam com um sublinhado são considerados — por convenção — "privados"; os usuários da classe não devem chamá-los diretamente. No entanto, o Python não *impede* os usuários de chamarem esses métodos.

Outro método como esse é o `__repr__`, que produz a representação de string de uma instância de classe:

```
    def_repr_(self):
        return f"CountingClicker(count={self.count})"
```

E, finalmente, precisamos implementar a API *pública* da classe:

```
    def click(self, num_times = 1):
        """Clique no contador algumas vezes."""
        self.count += num_times

    def read(self):
        return self.count

    def reset(self):
        self.count = 0
```

Depois de defini-lo, usaremos o `assert` para escrever casos de teste para o contador:

```
clicker = CountingClicker()
assert clicker.read() == 0, "clicker should start with count 0"
clicker.click()
clicker.click()
assert clicker.read() == 2, "after two clicks, clicker should have count 2"
clicker.reset()
assert clicker.read() == 0, "after reset, clicker should be back to 0"
```

Com esses testes, confirmamos que o código está funcionando da forma como foi projetado e que ele continua assim depois de eventuais alterações.

De vez em quando, também criaremos *subclasses*, que *herdam* algumas funcionalidades de uma classe pai. Por exemplo, podemos criar um contador sem a opção de redefinição usando o `Counting Clicker` como a classe base e definindo o método `reset` para que ele não faça nada:

```
# A subclasse herda todo o comportamento da classe pai.
class NoResetClicker(CountingClicker):
    # Esta classe tem os mesmos métodos da CountingClicker

    # Mas seu método reset não faz nada.
    def reset(self):
        pass

clicker2 = NoResetClicker()
assert clicker2.read() == 0
clicker2.click()
assert clicker2.read() == 1
clicker2.reset()
assert clicker2.read() == 1, "reset shouldn't do anything"
```

Iteráveis e Geradores

Uma característica legal da lista é a possibilidade de recuperar elementos específicos pelos seus índices, no entanto isso nem sempre é necessário! Uma lista com um bilhão de números ocupa memória demais. Se você quer obter um elemento por vez, não precisa recorrer a esse recurso. Se você só quer os primeiros elementos, gerar um bilhão deles é uma grande perda de tempo.

Em geral, só precisamos iterar na coleção usando `for` e `in`. Nesse caso, podemos criar *geradores*; eles podem ser iterados como listas, mas são lentos e geram apenas os valores solicitados.

É possível criar geradores usando funções e o operador `yield`:

```
def generate_range(n):
    i = 0
    while i < n:
        yield i   # cada chamada para yield produz um valor do gerador
        i += 1
```

O loop a seguir consumirá cada um dos valores gerados pelo `yield` até que não sobre nenhum:

```
for i in generate_range(10):
    print(f"i: {i}")
```

(Na verdade, como o `range` também é lento, não é necessário fazer isso.)

Com um gerador, você pode até criar uma sequência infinita:

```
def natural_numbers():
    """returns 1, 2, 3, ..."""
    n = 1
    while True:
        yield n
        n += 1
```

Entretanto você não deve iterar isso sem algum tipo de lógica `break`.

Por outro lado, nessa abordagem lenta, você só pode iterar uma vez no gerador. Se for necessário iterar várias vezes, você terá que recriar o gerador a cada vez ou usar uma lista. Se a geração dos valores custar muito caro, talvez seja uma boa ideia usar uma lista.

Também é possível criar geradores colocando compreensões de `for` entre parênteses:

```
evens_below_20 = (i for i in generate_range(20) if i % 2 == 0)
```

Essa “compreensão de gerador” não faz nada até você promover a iteração (usando `for` ou `next`). Isso pode ser aplicado na construção de pipelines sofisticados de processamento de dados:

```
# Nenhuma dessas computações *faz* nada até a iteração
data = natural_numbers()
evens = (x for x in data if x % 2 == 0)
even_squares = (x ** 2 for x in evens)
even_squares_ending_in_six = (x for x in even_squares if x % 10 == 6)
# e assim por diante
```

Em geral, quando iteramos em uma lista ou um gerador, não queremos obter apenas os valores, mas também seus índices. Nesse caso, o Python tem a função `enumerate`, que transforma os valores em pares `(index, value)`:

```
names = ["Alice", "Bob", "Charlie", "Debbie"]

# não é Pythonic
for i in range(len(names)):
    print(f"name {i} is {names[i]}")

# também não é Pythonic
i = 0
for name in names:
    print(f"name {i} is {names[i]}")
    i += 1

# Pythonic
for i, name in enumerate(names):
    print(f"name {i} is {name}")
```

Usaremos bastante esse recurso.

Aleatoriedade

Ao longo do nosso curso de data science, teremos que gerar números aleatórios de vez em quando; isso pode ser feito com o módulo `random`:

```
import random
random.seed(10) # assim, obteremos sempre os mesmos resultados

four_uniform_randoms = [random.random() for _ in range(4)]

# [0.5714025946899135,       # random.random() produz números
# 0.4288890546751146,        # uniformemente entre 0 e 1.
# 0.5780913011344704,        # É a função random que usaremos
# 0.20609823213950174]       # com mais frequência.
```

O módulo `random` produz números pseudoaleatórios (ou seja, determinísticos) com base em um estado interno que você pode definir com `random.seed` para obter resultados reproduzíveis:

```
random.seed(10)          # define a semente em 10
print(random.random())  # 0.57140259469
random.seed(10)          # redefine a semente em 10
print(random.random())  # 0.57140259469 novamente
```

Às vezes, usaremos o `random.randrange`, que recebe um ou dois argumentos e retorna um elemento escolhido aleatoriamente no `range` correspondente:

```
random.randrange(10)      # seleciona aleatoriamente no range(10) = [0, 1, ..., 9]
random.randrange(3, 6)    # seleciona aleatoriamente no range(3, 6) = [3, 4, 5]
```

Outros métodos são mais convenientes em alguns casos. Por exemplo, o `random.shuffle` reordena aleatoriamente os elementos de uma lista:

```
up_to_ten = [1, 2, 3, 4, 5, 6, 7, 8, 9, 10]
random.shuffle(up_to_ten)
print(up_to_ten)
# [7, 2, 6, 8, 9, 4, 10, 1, 3, 5]   (seus resultados provavelmente serão diferentes)
```

Para escolher aleatoriamente um elemento de uma lista, você pode usar o `random.choice`:

```
my_best_friend = random.choice(["Alice", "Bob", "Charlie"])  # "Bob" para mim
```

E, para escolher aleatoriamente uma amostra de elementos sem substituição (especialmente, sem repetição), você pode usar o `random.sample`:

```
lottery_numbers = range(60)
winning_numbers = random.sample(lottery_numbers, 6) # [16, 36, 10, 6, 25, 9]
```

Para escolher uma amostra de elementos *com* substituição (especialmente, com repetição), você pode fazer múltiplas chamadas para o `random.choice`:

```
four_with_replacement = [random.choice(range(10)) for _ in range(4)]
print(four_with_replacement) # [9, 4, 4, 2]
```

Expressões Regulares

As expressões regulares são uma forma de procurar texto. Elas são incrivelmente úteis, mas um pouco complicadas, tanto que há muitos livros sobre esse tema. Explicaremos melhor essas expressões mais adiante; até lá, confira estes exemplos de como usá-las no Python:

```
import re

re_examples = [                        # Todos são True, porque
    not re.match("a", "cat"),              # 'cat' não começa com 'a'
    re.search("a", "cat"),                 # 'cat' contém um 'a'
    not re.search("c", "dog"),             # 'dog' não contém um 'c'.
```

```
    3 == len(re.split("[ab]", "carbs")),        # Divide em a ou b para ['c','r','s'].
    "R-D-" == re.sub("[0-9]", "-", "R2D2") # Substitui dígitos por traços.
    ]

assert all(re_examples), "all the regex examples should be True"
```

É importante destacar que o `re.match` verifica se o *início* de uma string corresponde a uma expressão regular, enquanto o `re.search` verifica se *alguma parte* de uma string corresponde a uma expressão regular. Em algum momento, você confundirá esses dois recursos e terá dor de cabeça com isso.

Há mais detalhes na documentação oficial (*https://docs.python.org/3/library/re.html*).

Programação Funcional

Aqui, a primeira edição deste livro introduzia as funções `par tial`, `map`, `reduce` e `filter`. Porém, após um intenso momento de iluminação, concluí que é melhor evitar essas funções; neste livro, elas foram substituídas por compreensões de listas, loops de `for` e outras construções mais Pythonic.

zip e Descompactação de Argumento

Muitas vezes, teremos que *zipar* (compactar) duas ou mais listas. A função `zip` transforma vários iteráveis em um só iterável de tuplas da função correspondente:

```
list1 = ['a', 'b', 'c']
list2 = [1, 2, 3]

# como o zip é lento, você tem que fazer algo parecido com isto
[pair for pair in zip(list1, list2)]    # é [('a', 1), ('b', 2), ('c', 3)]
```

Quando as listas têm tamanhos diferentes, o `zip` para ao final da primeira.

Você também pode "extrair" uma lista usando um truque meio incomum:

```
pairs = [('a', 1), ('b', 2), ('c', 3)]
letters, numbers = zip(*pairs)
```

O asterisco (*) executa a *descompactação de argumento*, que usa os elementos de `pairs` como argumentos individuais para o `zip`. É o mesmo que chamar:

```
letters, numbers = zip(('a', 1), ('b', 2), ('c', 3))
```

Você pode usar a descompactação de argumento com qualquer função:

```
def add(a, b): return a + b

add(1, 2)      # retorna 3
try:
    add([1, 2])
except TypeError:
    print("add expects two inputs")
add(*[1, 2])   # retorna 3
```

É raro usar isso, mas, quando ocorre, é um truque engenhoso.

args e kwargs

Imagine que queremos criar uma função de alta ordem que receba como entrada uma função `f` e retorne uma nova função, que retornará duas vezes o valor de `f` para qualquer entrada:

```
def doubler(f):
    # Aqui, definimos uma nova função que mantém uma referência a f
    def g(x):
        return 2 * f(x)

    # E retorna a nova função
    return g
```

Isso funciona em alguns casos:

```
def f1(x):
    return x + 1

g = doubler(f1)
assert g(3) == 8,  "(3 + 1) * 2 should equal 8"
assert g(-1) == 0, "(-1 + 1) * 2 should equal 0"
```

No entanto, não funciona com funções que recebem mais de um argumento:

```
def f2(x, y):
    return x + y

g = doubler(f2)
try:
    g(1, 2)
except TypeError:
    print("as defined, g only takes one argument")
```

Precisamos especificar uma função que receba argumentos arbitrários. Podemos fazer isso usando a descompactação de argumento e um pouco de mágica:

```
def magic(*args, **kwargs):
    print("unnamed args:", args)
```

```
    print("keyword args:", kwargs)

magic(1, 2, key="word", key2="word2")

# imprime
# sem nome args: (1, 2)
# palavra-chave args: {'key': 'word', 'key2': 'word2'}
```

Ou seja, quando definimos uma função como essa, `args` é uma tupla dos seus argumentos sem nome e `kwargs` é um `dict` dos seus argumentos nomeados. Isso também funciona no sentido contrário, quando você quer usar uma `list` (ou `tuple`) e um `dict` para *fornecer* argumentos a uma função:

```
def other_way_magic(x, y, z):
    return x + y + z

x_y_list = [1, 2]
z_dict = {"z": 3}
assert other_way_magic(*x_y_list, **z_dict) == 6, "1 + 2 + 3 should be 6"
```

Esse recurso pode ser aplicado em um monte de truques esquisitos, mas só vamos utilizá-lo para produzir funções de alta ordem com entradas que aceitem argumentos arbitrários:

```
def doubler_correct(f):
    """funciona para qualquer entrada recebida por f"""
    def g(*args, **kwargs):
        """todo argumento fornecido para g deve ser transmitido para f"""
        return 2 * f(*args, **kwargs)
    return g

g = doubler_correct(f2)
assert g(1, 2) == 6, "doubler should work now"
```

Em regra, o código ficará mais correto e legível se você indicar expressamente os argumentos recebidos pelas funções; portanto, só usaremos `args` e `kwargs` quando não houver outra opção.

Anotações de Tipo

O Python é uma linguagem *tipada dinamicamente*. Ou seja, ele geralmente não se importa com os tipos dos objetos se eles forem utilizados de forma válida:

```
def add(a, b):
    return a + b
assert add(10, 5) == 15,                  "+ is valid for numbers" assert
add([1, 2], [3]) == [1, 2, 3],            "+ is valid for lists" assert
add("hi ", "there") == "hi there",        "+ is valid for strings"
```

```
try:
    add(10, "five")
except TypeError:
    print("cannot add an int to a string")
```

Já em uma linguagem *tipada estaticamente*, as funções e objetos têm tipos específicos:

```
def add(a: int, b: int) -> int:
    return a + b

add(10, 5)           # isso deve estar OK
add("hi ", "there")  # isso não deve estar OK
```

Na realidade, as versões recentes do Python têm essa funcionalidade (ou algo parecido com ela). A versão anterior do `add` com as anotações de tipo `int` é válida no Python 3.6!

Mas essas anotações de tipo não fazem *nada*. Quando você usa a função `add` anotada para adicionar strings, a chamada para `add(10, "five")` ainda gera o mesmo `TypeError`.

Porém, ainda há (pelo menos) quatro bons motivos para você usar anotações de tipo no código do Python:

- Os tipos são uma importante forma de documentação, o que se aplica essencialmente a um livro que usa código para ensinar conceitos teóricos e matemáticos. Compare estes dois stubs de função:

  ```
  def dot_product(x, y): ...

  # ainda não definimos o Vector, mas achamos que sim
  def dot_product(x: Vector, y: Vector) -> float: ...
  ```

  Para mim, o segundo está bem mais informativo; espero que você ache isso também. (Agora, já estou tão habituado a indicar tipos que acho difícil ler código não tipado em Python.)

- Existem ferramentas externas (a mais popular é o `mypy`) que leem o código, inspecionam as anotações de tipo e informam os erros de tipo *antes mesmo da execução do código*. Por exemplo, se você rodar o `mypy` em um arquivo contendo o `add("hi ", "there")`, ele emitirá o seguinte aviso:

  ```
  error: Argument 1 to "add" has incompatible type "str"; expected "int"
  ```

  Como os testes com asserções, essa é uma forma eficiente de encontrar erros no código antes de executá-lo. O texto não abordará esse verificador de tipos; no entanto, nos bastidores, executarei um para *confirmar se o livro está correto.*

- Quando pensa melhor nos tipos do código, você cria funções e interfaces mais limpas:

```
from typing import Union

def secretly_ugly_function(value, operation): ...

def ugly_function(value: int,
                  operation: Union[str, int, float, bool]) -> int:
    ...
```

Nessa função, o parâmetro `operation` pode ser uma `string`, um `int`, um `float`, ou um `bool`. Muito provavelmente, ela é frágil e difícil de usar, mas ficará bem mais consistente quando os tipos forem indicados expressamente, nos motivando a criar um design menos tosco, e os usuários agradecerão.

- Ao usar tipos, você tem acesso aos recursos do editor, como o preenchimento automático (Figura 2-1), e pode ficar irritado com os erros de tipo.

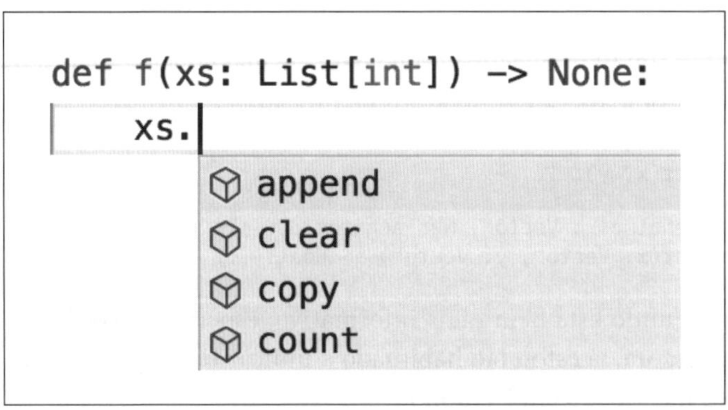

Figura 2-1. VSCode, mas seu editor provavelmente faz a mesma coisa

Há quem diga que as dicas de tipos podem ser importantes em grandes projetos, mas não valem a pena em trabalhos pequenos. Porém, como essas dicas quase não demoram para ser digitadas e o editor ainda economiza bastante tempo, acredito que elas de fato aceleram a escrita do código, mesmo em projetos pequenos.

Por todos esses motivos, o código utilizado ao longo do livro trará anotações de tipo. Alguns leitores talvez fiquem incomodados com isso, no entanto, acredito que, até o final do curso, eles mudarão de ideia.

Como Escrever Anotações de Tipo

Como já vimos, quando você usa tipos internos como `int`, `bool` e `float`, o tipo em si serve como anotação. Mas e se você tiver (digamos) uma `list`?

```
def total(xs: list) -> float:
    return sum(total)
```

Isso não está errado, mas o tipo não é suficientemente específico. Aqui, queremos que o `xs` seja uma

```
lista de floats, não (digamos) uma lista de strings.
```

O módulo `typing` dispõe de muitos tipos parametrizados que podemos usar para fazer isso:

```
from typing import List # note capital L

def total(xs: List[float]) -> float:
    return sum(total)
```

Até agora, apenas especificamos anotações para parâmetros de função e tipos de retorno. Para as variáveis, geralmente o tipo é mais óbvio:

```
# É assim que anotamos os tipos de variáveis quando as definimos.
# Mas isso é desnecessário; "obviamente", x é um int.
x: int = 5
```

Entretanto, às vezes, o tipo não é tão óbvio:

```
values = []          # qual é o meu tipo?
best_so_far = None   # qual é o meu tipo?
```

Nesses casos, indicaremos dicas de tipo em linha:

```
from typing import Optional

values: List[int] = []
best_so_far: Optional[float] = None # pode ser um float ou None
```

O módulo `typing` contém muitos tipos, mas só usaremos alguns deles:

```
# as anotações de tipo neste trecho são desnecessárias
from typing import Dict, Iterable, Tuple

# as chaves são strings, os valores são ints
counts: Dict[str, int] = {'data': 1, 'science': 2}

# as listas e geradores são iteráveis
if lazy:
    evens: Iterable[int] = (x for x in range(10) if x % 2 == 0)
else:
    evens = [0, 2, 4, 6, 8]
```

```
# as tuplas especificam um tipo para cada elemento
triple: Tuple[int, float, int] = (10, 2.3, 5)
```

Finalmente, como o Python tem funções de primeira classe, também precisamos de um tipo para representá-las. Confira este exemplo bem artificial:

```
from typing import Callable

# A dica de tipo indica que o repetidor é uma função que recebe
# dois argumentos, uma string e um int, e retorna uma string.
def twice(repeater: Callable[[str, int], str], s: str) -> str:
    return repeater(s, 2)

def comma_repeater(s: str, n: int) -> str:
    n_copies = [s for _ in range(n)]
    return ', '.join(n_copies)

assert twice(comma_repeater, "type hints") == "type hints, type hints"
```

Como as anotações de tipo são objetos Python, podemos atribuí-las a variáveis para facilitar as referências a elas:

```
Number = int
Numbers = List[Number]

def total(xs: Numbers) -> Number:
    return sum(xs)
```

Ao final do livro, você saberá ler e escrever anotações de tipo e, assim espero, estará utilizando essas anotações no seu código.

Seja bem-vindo à DataSciencester!

Esse foi o curso de formação inicial. Ah, em tempo: não vá surrupiar nada!

Materiais Adicionais

- O mundo não sofre com a escassez de tutoriais do Python. O site oficial (*https:// docs.python.org/3/tutorial/*) é um bom ponto de partida.
- Se você estiver disposto, o tutorial oficial do IPython (*http://ipython.readthedocs.io/en/stable/interactive/ index.html*) também é uma boa introdução. Leia agora mesmo.
- A documentação do `mypy` (*https://mypy.readthedocs.io/en/stable/*) contém muitas informações sobre anotações e verificação de tipo no Python.

CAPÍTULO 3

Visualizando Dados

Acredito que a visualização seja uma das formas mais poderosas de atingir metas pessoais.

—Harvey Mackay

Um item essencial do kit de ferramentas do cientista de dados é a visualização de dados. Embora seja muito fácil criá-las, é bem difícil produzir *boas* visualizações.

A visualização de dados tem duas funções básicas:

- *Explorar* dados;
- *Comunicar* dados.

Neste capítulo, desenvolveremos as habilidades necessárias para começar a explorar dados e produzir as visualizações que utilizaremos ao longo do livro. Como a maioria dos tópicos abordados aqui, a visualização de dados é uma área de estudos muito ampla e merece um livro exclusivo. Entretanto, ainda assim, tentarei mostrar o que caracteriza ou não uma boa visualização.

matplotlib

Existem muitas ferramentas de visualização de dados. Aqui, usaremos a biblioteca matplotlib (*http://matplotlib.org/*), um recurso muito popular (embora já esteja envelhecendo). Se você estiver interessado em produzir visualizações elaboradas e interativas para a web, essa provavelmente não é a melhor opção, mas, para gráficos simples de barras, de linhas e de dispersão, ela funciona muito bem.

Como vimos antes, o matplotlib não integra a biblioteca principal do Python. Então, ative o ambiente virtual (para aprender a configurá-lo, volte para a seção "Ambientes Virtuais" e siga as instruções) e instale a biblioteca usando este comando:

```
python -m pip install matplotlib
```

Usaremos o módulo `matplotlib.pyplot`. Em essência, o `pyplot` mantém um estado interno no qual você pode construir uma visualização passo a passo. Ao terminar, você pode salvá-la com `savefig` ou exibi-la com `show`.

Por exemplo, é bem fácil fazer um gráfico simples (como o da Figura 3-1):

```
from matplotlib import pyplot as plt

years = [1950, 1960, 1970, 1980, 1990, 2000, 2010]
gdp = [300.2, 543.3, 1075.9, 2862.5, 5979.6, 10289.7, 14958.3]

# crie um gráfico de linhas, anos no eixo x, gdp no eixo y
plt.plot(years, gdp, color='green', marker='o', linestyle='solid')

# adicione um título
plt.title("Nominal GDP")

# adicione um rótulo ao eixo y
plt.ylabel("Billions of $")
plt.show()
```

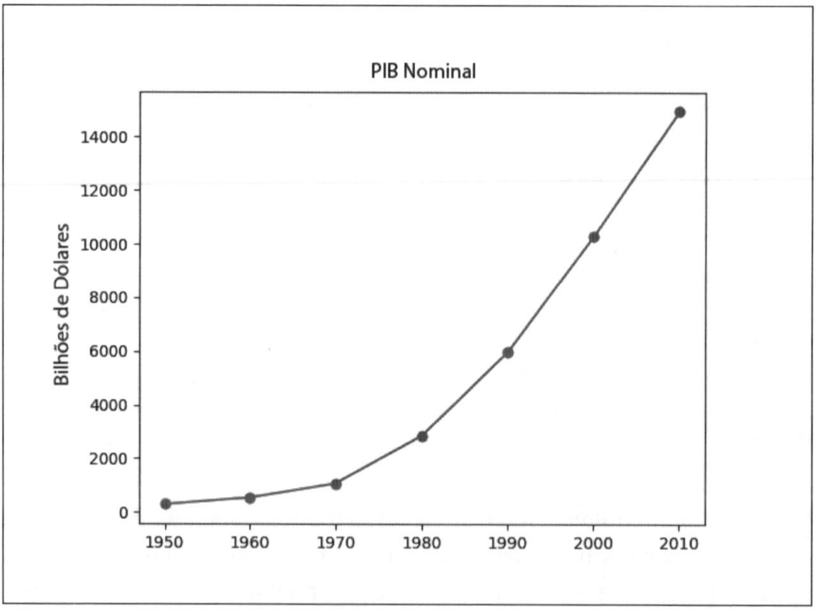

Figura 3-1. Um gráfico de linhas simples

Aprender a criar gráficos de excelente qualidade é mais complicado e não cabe a este capítulo. Há muitas formas de personalizar os gráficos com rótulos de eixos, estilos de linha e marcadores de ponto, por exemplo. Porém, em vez de fazer uma análise minuciosa dessas opções, usaremos (e destacaremos) apenas algumas delas nos exemplos.

Não aplicaremos muito essa funcionalidade, mas o matplotlib pode produzir gráficos complexos e sobrepostos, com formatação sofisticada e visualizações interativas. Confira a documentação (*https://matplotlib.org*) para se aprofundar mais nesse tema.

Gráficos de Barras

Um gráfico de barras é uma boa opção para mostrar como algumas quantidades variam em um conjunto *discreto* de itens. Por exemplo, a Figura 3-2 representa o número de Oscars recebido pelos filmes indicados:

```
movies = ["Annie Hall", "Ben-Hur", "Casablanca", "Gandhi", "West Side Story"]
num_oscars = [5, 11, 3, 8, 10]

# plote as barras com coordenadas x à esquerda [0, 1, 2, 3, 4], alturas [num_oscars]
plt.bar(range(len(movies)), num_oscars)

plt.title("My Favorite Movies")     # adicione um título
plt.ylabel("# of Academy Awards")   # rotule o eixo y

# rotule o eixo x com os nomes dos filmes nos centros das barras
plt.xticks(range(len(movies)), movies)

plt.show()
```

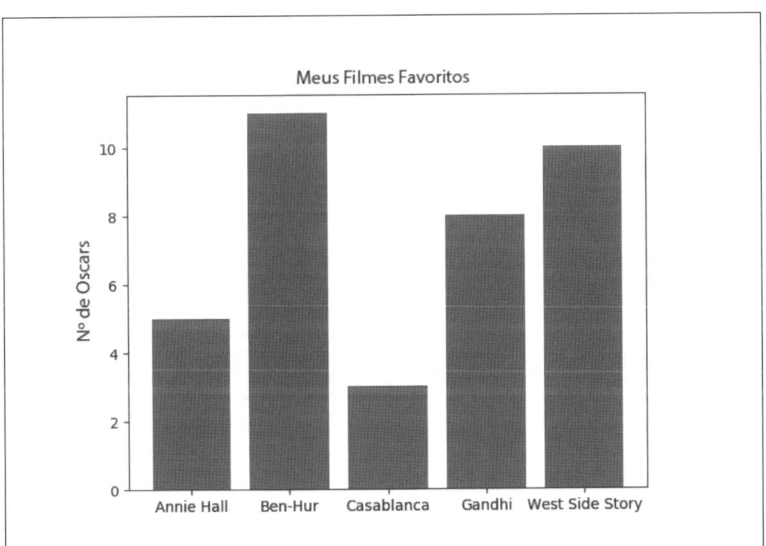

Figura 3-2. Um gráfico de barras simples

Um gráfico de barras também pode ser uma boa opção para plotar histogramas de valores numéricos agrupados e representar visualmente a *distribuição* dos valores, como na Figura 3-3:

```
from collections import Counter
grades = [83, 95, 91, 87, 70, 0, 85, 82, 100, 67, 73, 77, 0]

# Agrupe as notas por decil, mas coloque o 100 com o 90
histogram = Counter(min(grade // 10 * 10, 90) for grade in grades)

plt.bar([x + 5 for x in histogram.keys()],      # Mova as barras para a direita em 5
        histogram.values(),                     # Atribua a altura correta a cada barra
        10,                                     # Atribua a largura 10 a cada barra
        edgecolor=(0, 0, 0))                    # Escureça as bordas das barras

plt.axis([-5, 105, 0, 5])                      # eixo x de -5 a 105,
                                               # eixo y de 0 a 5

plt.xticks([10 * i for i in range(11)])        # rótulos do eixo x em 0, 10, ..., 100
plt.xlabel("Decile")
plt.ylabel("# of Students")
plt.title("Distribution of Exam 1 Grades")
plt.show()
```

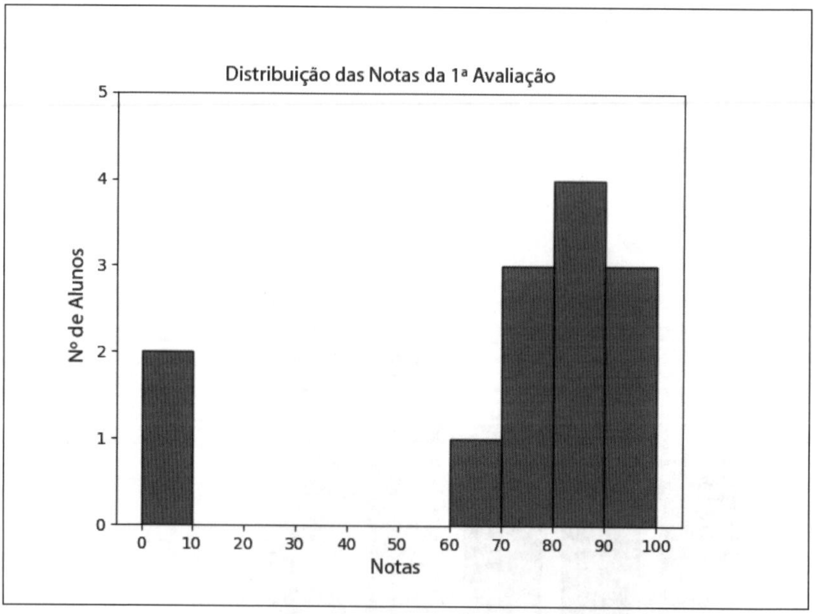

Figura 3-3. Criando um histograma com um gráfico de barras

O terceiro argumento para `plt.bar` especifica a largura da barra. Aqui, definimos a largura em 10 para preencher completamente o decil. Além disso, movemos as barras para a direita em 5 de modo que a barra "10" (que corresponde ao decil 10–20) ficasse com o centro em 15, ocupando, assim, o intervalo correto. Também adicionamos bordas escuras para otimizar a visualização.

A chamada para `plt.axis` indica que o eixo x deve variar entre –5 e 105 (deixando um pequeno espaço à esquerda e à direita) e que o eixo y deve variar entre 0 e 5. A chamada para `plt.xticks` coloca os rótulos do eixo x em 0, 10, 20, ..., 100.

Seja criterioso ao usar o `plt.axis`. Nos gráficos de barras, é um grande vacilo não iniciar o eixo y em 0, pois isso pode ser uma malandragem para desorientar os usuários (Figura 3-4):

```
mentions = [500, 505]
years = [2017, 2018]

plt.bar(years, mentions, 0.8)
plt.xticks(years)
plt.ylabel("# of times I heard someone say 'data science'")

# se você não fizer isso, matplotlib rotulará o eixo x como 0, 1
# e adicionará um +2.013e3 off no canto (que feio, matplotlib!)
plt.ticklabel_format(useOffset=False)

# o eixo y malandro mostra apenas a parte acima de 500
plt.axis([2016.5, 2018.5, 499, 506])
plt.title("Look at the 'Huge' Increase!")
plt.show()
```

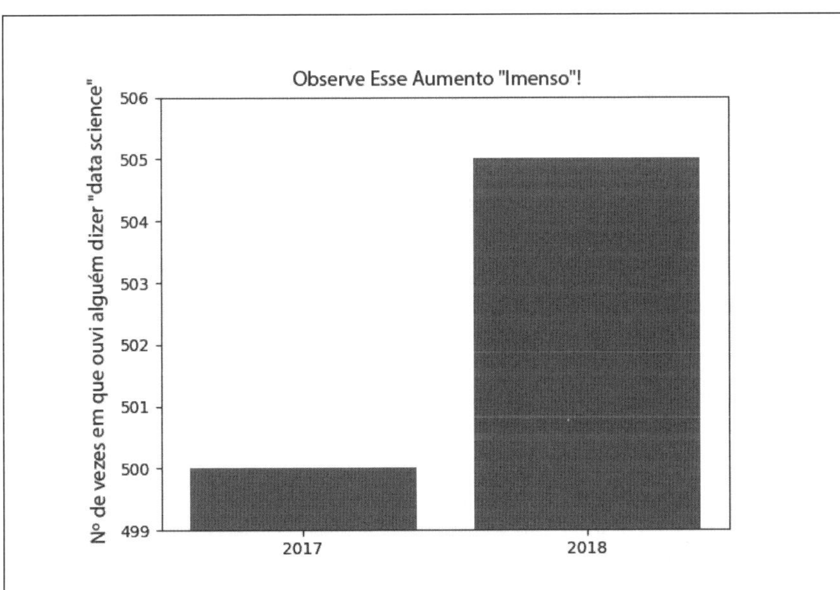

Figura 3-4. Um gráfico com um eixo y malandro

Na Figura 3-5, usamos eixos mais sensíveis, com um resultado bem menos expressivo:

```
plt.axis([2016.5, 2018.5, 0, 550])
plt.title("Not So Huge Anymore")
plt.show()
```

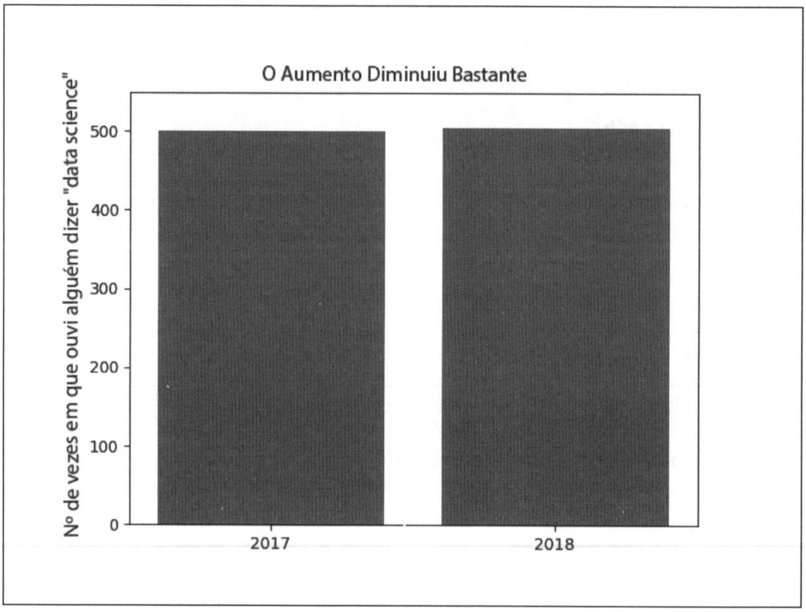

Figura 3-5. O mesmo gráfico com um eixo y boa-praça

Gráficos de Linhas

Como vimos antes, podemos criar gráficos de linha usando o `plt.plot`. Essa é uma boa opção para mostrar *tendências*, como na Figura 3-6:

```
variance     = [1, 2, 4, 8, 16, 32, 64, 128, 256]
bias_squared = [256, 128, 64, 32, 16, 8, 4, 2, 1]
total_error = [x + y for x, y in zip(variance, bias_squared)]
xs = [i for i, _ in enumerate(variance)]

# Podemos fazer múltiplas chamadas para plt.plot
# para mostrar múltiplas séries no mesmo gráfico
plt.plot(xs, variance,     'g-', label='variance')    # linha verde sólida
plt.plot(xs, bias_squared, 'r-.', label='bias^2')     # linha vermelha de ponto
                                                        tracejado
plt.plot(xs, total_error, 'b:', label='total error')   # linha pontilhada azul

# Como atribuímos rótulos a cada série,
```

```
# podemos criar uma legenda de graça (loc=9 means "top center")
plt.legend(loc=9)
plt.xlabel("model complexity")
plt.xticks([])
plt.title("The Bias-Variance Tradeoff")
plt.show()
```

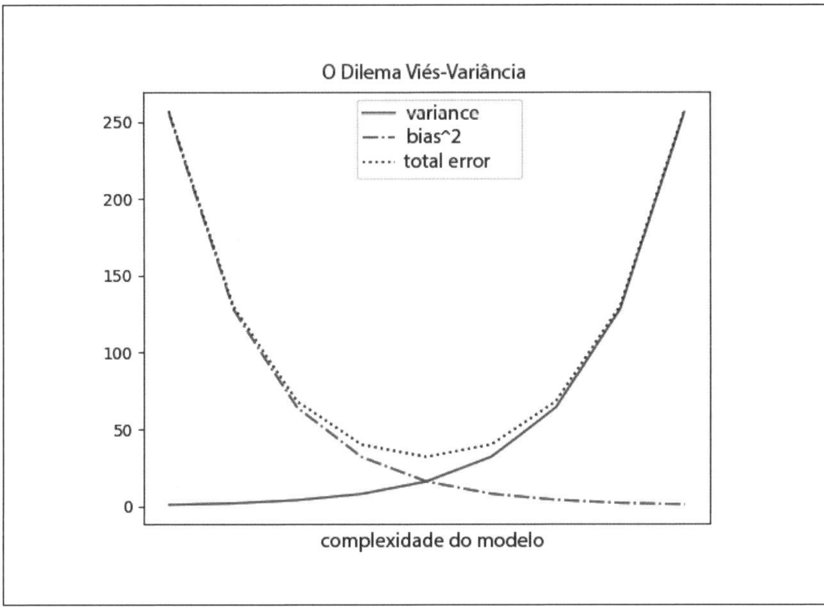

Figura 3-6. Vários gráficos de linhas com uma legenda

Gráficos de Dispersão

O gráfico de dispersão é a opção certa para representar as relações entre pares de conjuntos de dados. Por exemplo, a Figura 3-7 ilustra as relações entre o número de amigos dos usuários e o número de minutos que eles passam no site por dia:

```
friends = [ 70,  65,  72,  63,  71,  64,  60,  64,  67]
minutes = [175, 170, 205, 120, 220, 130, 105, 145, 190]
labels = ['a', 'b', 'c', 'd', 'e', 'f', 'g', 'h', 'i']

plt.scatter(friends, minutes)

# rotule cada ponto
for label, friend_count, minute_count in zip(labels, friends, minutes):
    plt.annotate(label,
        xy=(friend_count, minute_count), # Coloque o rótulo no respectivo ponto
        xytext=(5, -5),                  # mas levemente deslocado
        textcoords='offset points')
```

```
plt.title("Daily Minutes vs. Number of Friends")
plt.xlabel("# of friends")
plt.ylabel("daily minutes spent on the site")
plt.show()
```

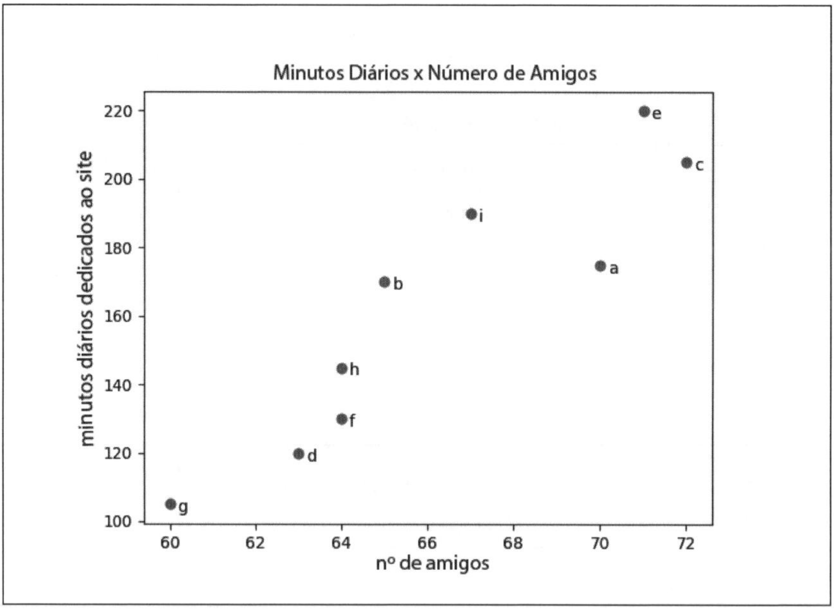

Figura 3-7. Um gráfico de dispersão entre o número de amigos e o tempo dedicado ao site

Se permitir que o matplotlib selecione a escala ao dispersar variáveis comparáveis, talvez você obtenha uma imagem equivocada, como na Figura 3-8.

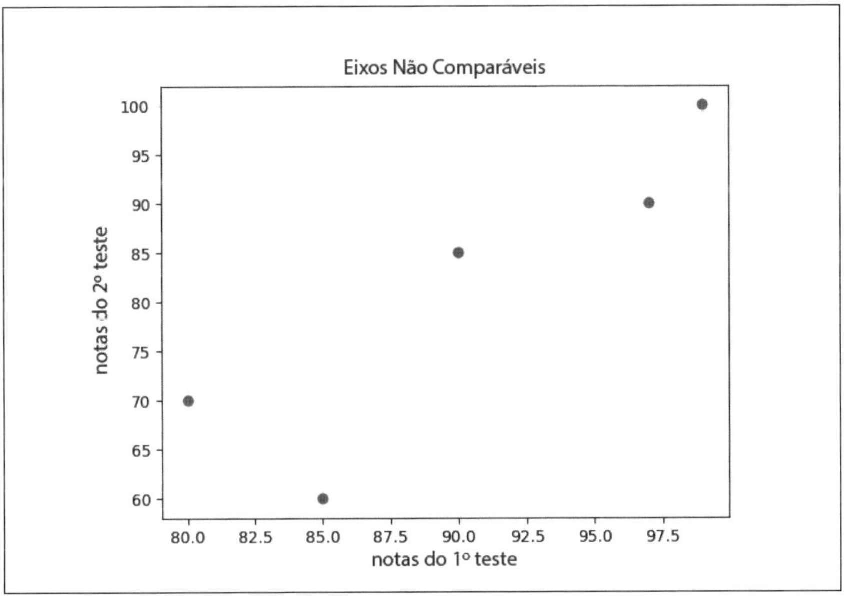

Figura 3-8. Um gráfico de dispersão com eixos incomparáveis

```
test_1_grades = [ 99, 90, 85, 97, 80]
test_2_grades = [100, 85, 60, 90, 70]

plt.scatter(test_1_grades, test_2_grades)
plt.title("Axes Aren't Comparable")
plt.xlabel("test 1 grade")
plt.ylabel("test 2 grade")
plt.show()
```

Quando incluímos uma chamada para `plt.axis("equal")`, o gráfico (Figura 3-9) mostra com mais precisão que a maior parte da variação acontece no teste 2.

Isso é tudo que você precisa saber para começar a criar visualizações. Aprenderemos muito mais sobre esse tema ao longo do livro.

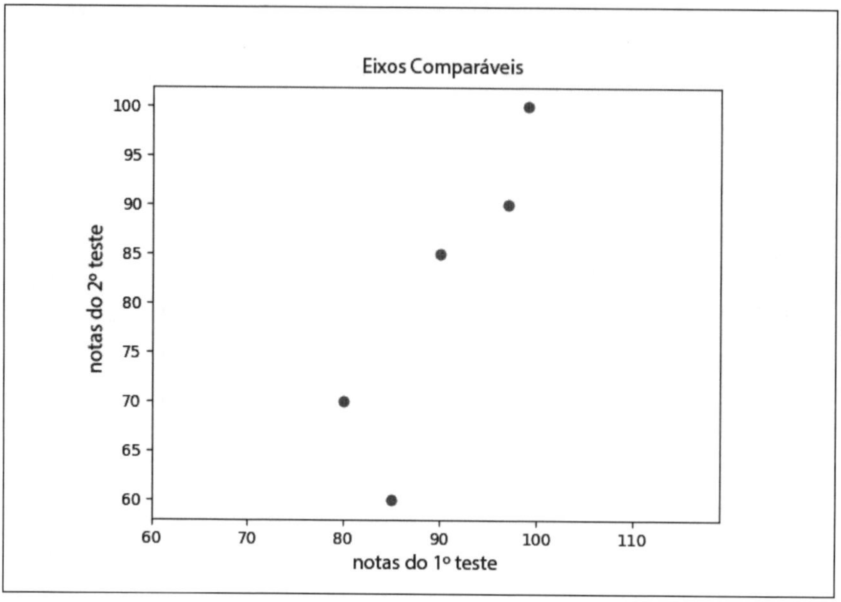

Figura 3-9. O mesmo gráfico de dispersão com eixos iguais

Materiais Adicionais

- A galeria do matplotlib (*https://matplotlib.org/gallery.html*) é uma boa introdução para quem quer aprender a usar (e desenvolver) as funções do matplotlib;
- O seaborn (*https://seaborn.pydata.org/*) é executado no matplotlib e facilita a criação de visualizações mais sofisticadas (e mais complexas);
- O Altair (*https://altair-viz.github.io/*) é uma nova biblioteca Python que cria visualizações declarativas;
- O D3.js (*http://d3js.org*) é uma biblioteca JavaScript que produz visualizações sofisticadas e interativas para a web. Embora não seja integrado ao Python, é muito popular; vale a pena conhecê-lo;
- O Bokeh (*http://bokeh.pydata.org*) é uma biblioteca que introduz o estilo de visualização D3 no Python.

CAPÍTULO 4

Álgebra Linear

Existe algo mais inútil ou menos útil do que Álgebra?

—Billy Connolly

A Álgebra Linear é o ramo da matemática que calcula *espaços vetoriais*. Embora seja difícil ensinar essa matéria em um só capítulo, ela é fundamental para um grande número de conceitos e técnicas de data science; ou seja, vamos, pelo menos, fazer uma tentativa. Os tópicos deste capítulo serão aplicados várias vezes ao longo do livro.

Vetores

Em teoria, os *vetores* são objetos que podem ser somados ou multiplicados por *escalares* (como, por exemplo, números) para formar outros vetores.

Na prática (para nós), os vetores são pontos em um espaço de dimensão finita. Embora você não pense nos dados como vetores, essa é uma ótima forma de representar dados numéricos.

Por exemplo, se tivermos as alturas, pesos e idades de muitas pessoas, podemos tratar esses dados como vetores tridimensionais `[height, weight, age]`. Se você passar quatro avaliações para uma turma, pode tratar as notas dos alunos como vetores quadridimensionais `[exam1, exam2, exam3, exam4]`.

Saindo do zero, a abordagem mais simples é representar vetores como listas de números. Uma lista com três números corresponde a um vetor em um espaço tridimensional e vice-versa.

Para isso, usaremos um alias de tipo indicando que um `Vector` é só uma `list` de `floats`:

```
from typing import List

Vector = List[float]
```

```
height_weight_age = [70,  # polegadas,
                     170, # libras,
                     40 ] # anos
grades = [95,   # teste1
          80,   # teste2
          75,   # teste3
          62 ]  # teste4
```

Também faremos *cálculos aritméticos* com os vetores. Como as `lists` do Python não são vetores (o que não facilita a aritmética vetorial), temos que construir essas ferramentas aritméticas. Então, vamos começar com isso.

Primeiro, geralmente é necessário somar dois vetores. A soma ou adição de vetores ocorre *por componente*. Ou seja, se os vetores `v` e `w` tiverem o mesmo tamanho, a adição produzirá um vetor cujo primeiro elemento será `v[0] + w[0]`, cujo segundo elemento será `v[1] + w[1]` e assim por diante. (Não podemos adicionar vetores com tamanhos diferentes.)

Por exemplo, a soma dos vetores `[1, 2]` e `[2, 1]` produz `[1 + 2, 2 + 1]` ou `[3,3]`, com vemos na Figura 4-1.

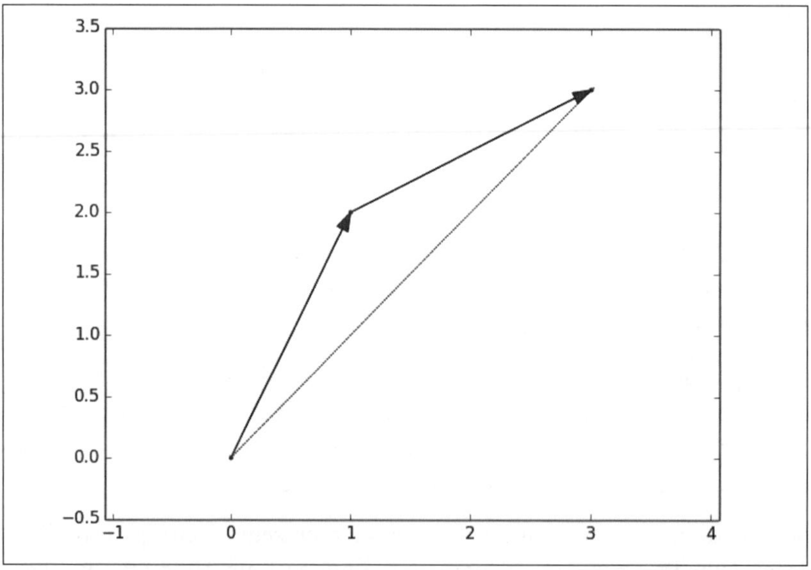

Figura 4-1. Somando dois vetores

Isso pode ser implementado facilmente ao compactar os vetores com `zip` e aplicar uma compreensão de lista para adicionar os elementos correspondentes:

```
def add(v: Vector, w: Vector) -> Vector:
    """Soma os elementos correspondentes"""
    assert len(v) == len(w), "vectors must be the same length"
```

```
    return [v_i + w_i for v_i, w_i in zip(v, w)]

assert add([1, 2, 3], [4, 5, 6]) == [5, 7, 9]
```

Da mesma forma, para subtrair dois vetores, basta subtrair os elementos correspondentes:

```
def subtract(v: Vector, w: Vector) -> Vector:
    """Subtrai os elementos correspondentes"""
    assert len(v) == len(w), "vectors must be the same length"

    return [v_i - w_i for v_i, w_i in zip(v, w)]

assert subtract([5, 7, 9], [4, 5, 6]) == [1, 2, 3]
```

Às vezes, é preciso somar uma lista de vetores por componente. Para isso, crie um vetor cujo primeiro elemento seja a soma de todos os primeiros elementos, cujo segundo elemento seja a soma de todos os segundos elementos e assim por diante:

```
def vector_sum(vectors: List[Vector]) -> Vector:
    """Soma todos os elementos correspondentes"""
    # Verifique se os vetores não estão vazios
    assert vectors, "no vectors provided!"

    # Verifique se os vetores são do mesmo tamanho
    num_elements = len(vectors[0])
    assert all(len(v) == num_elements for v in vectors), "different sizes!"

    # o elemento de nº i do resultado é a soma de todo vector[i]
    return [sum(vector[i] for vector in vectors)
            for i in range(num_elements)]

assert vector_sum([[1, 2], [3, 4], [5, 6], [7, 8]]) == [16, 20]
```

Também multiplicaremos um vetor por um escalar; para isso, basta multiplicar cada elemento do vetor pelo número em questão:

```
def scalar_multiply(c: float, v: Vector) -> Vector:
    """Multiplica cada elemento por c"""
    return [c * v_i for v_i in v]

assert scalar_multiply(2, [1, 2, 3]) == [2, 4, 6]
```

Assim, podemos computar a média dos componentes de uma lista de vetores (do mesmo tamanho):

```
def vector_mean(vectors: List[Vector]) -> Vector:
    """Computa a média dos elementos"""
    n = len(vectors)
    return scalar_multiply(1/n, vector_sum(vectors))

assert vector_mean([[1, 2], [3, 4], [5, 6]]) == [3, 4]
```

Uma ferramenta menos conhecida é o *produto escalar* (ou *dot product*). O produto escalar de dois vetores é a soma dos produtos por componente:

```
def dot(v: Vector, w: Vector) -> float:
    """Computa v_1 * w_1 + ... + v_n * w_n"""
    assert len(v) == len(w), "vectors must be same length"

    return sum(v_i * w_i for v_i, w_i in zip(v, w))

assert dot([1, 2, 3], [4, 5, 6]) == 32 # 1 * 4 + 2 * 5 + 3 * 6
```

Quando `w` tem magnitude 1, o produto escalar mede a extensão do vetor `v` na direção `w`. Por exemplo, se `w = [1, 0]`, então `dot(v, w)` é apenas o primeiro componente de `v`. Em outras palavras, esse é o comprimento do vetor quando você *projeta* `v` em `w` (Figura 4-2).

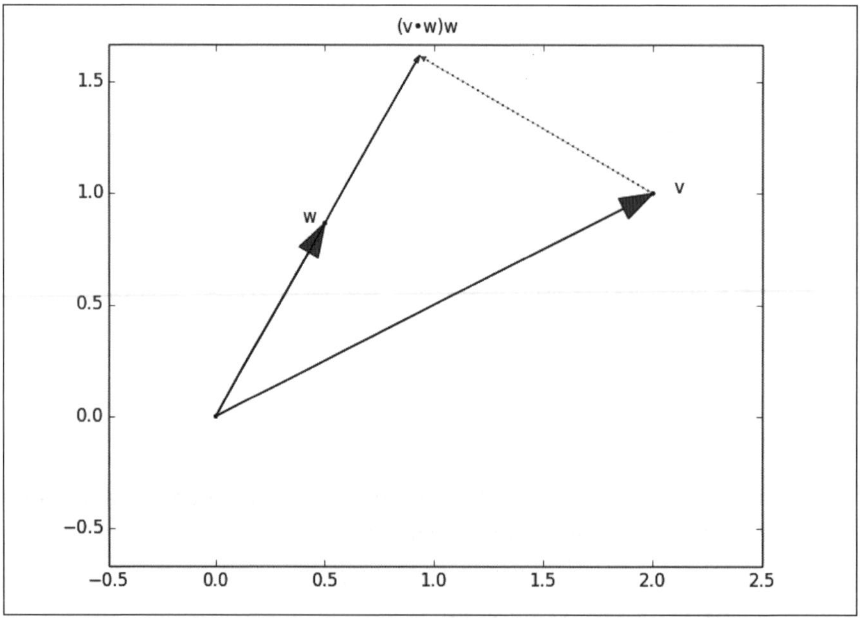

Figura 4-2. O produto escalar como projeção de vetor

Dessa forma, é fácil computar a *soma dos quadrados* de um vetor:

```
def sum_of_squares(v: Vector) -> float:
    """Retorna v_1 * v_1 + ... + v_n * v_n"""
    return dot(v, v)

assert sum_of_squares([1, 2, 3]) == 14 # 1 * 1 + 2 * 2 + 3 * 3
```

Podemos usar esse valor para computar a *magnitude* (ou comprimento) do vetor:

```
import math

def magnitude(v: Vector) -> float:
    """Retorna a magnitude (ou comprimento) de v"""
    return math.sqrt(sum_of_squares(v))   # math.sqrt é a função de raiz quadrada

assert magnitude([3, 4]) == 5
```

Agora temos tudo que precisamos para computar a distância entre os dois vetores, definida da seguinte forma:

$$\sqrt{(v_1 - w_1)^2 + ... + (v_n - w_n)^2}$$

Em código:

```
def squared_distance(v: Vector, w: Vector) -> float:
    """Computa (v_1 - w_1) ** 2 + ... + (v_n - w_n) ** 2"""
    return sum_of_squares(subtract(v, w))

def distance(v: Vector, w: Vector) -> float:
    """Computa a distância entre v e w"""
    return math.sqrt(squared_distance(v, w))
```

Talvez fique mais claro da seguinte forma (equivalente):

```
def distance(v: Vector, w: Vector) -> float:
    return magnitude(subtract(v, w))
```

Isso é tudo que precisamos para começar; usaremos essas funções várias vezes ao longo do livro.

> Usar listas como vetores é bom como apresentação, mas terrível para o desempenho.
>
> No código de produção, use a biblioteca NumPy, que contém uma classe array de alto desempenho com diversas operações aritméticas.

Matrizes

Uma *matriz* é uma coleção bidimensional de números. Representaremos as matrizes como listas de listas; as listas internas terão o mesmo tamanho e representarão as *linhas* da matriz. Se `A` é uma matriz, então `A[i][j]` é o elemento que está na linha *i* e na coluna *j*. Por convenção matemática, usaremos letras maiúsculas para representar matrizes na maioria das vezes. Por exemplo:

```
# Outro alias de tipo
Matrix = List[List[float]]

A = [[1, 2, 3], # A tem 2 linhas e 3 colunas
     [4, 5, 6]]

B = [[1, 2],    # B tem 3 linhas e 2 colunas
     [3, 4],
     [5, 6]]
```

Na matemática, costumamos dizer que a primeira linha da matriz é a "linha 1" e a primeira coluna é a "coluna 1". Mas, como estamos representando matrizes com as `lists` do Python (que são indexadas em zero), a primeira linha da matriz será a "linha 0" e a primeira coluna será a "coluna 0".

Como representa uma lista de listas, a matriz `A` contém as linhas `len(A)` e colunas `len(A[0])` que consideramos seu `shape` [formato]:

```
from typing import Tuple

def shape(A: Matrix) -> Tuple[int, int]:
    “““Retorna (nº de linhas de A, nº de colunas de A)”””
    num_rows = len(A)
    num_cols = len(A[0]) if A else 0   # número de elementos na primeira linha
    return num_rows, num_cols

assert shape([[1, 2, 3], [4, 5, 6]]) == (2, 3) # 2 linhas, 3 colunas
```

Se a matriz tem *n* linhas e *k* colunas, dizemos que ela é uma *matriz n x k*. Podemos (e, às vezes, iremos) considerar cada linha da *matriz n x k* como um vetor de comprimento *k* e cada coluna como um vetor de comprimento *n*:

```
def get_row(A: Matrix, i: int) -> Vector:
    “““Retorna a linha i de A (como um Vector)”””
    return A[i]             # A[i] já está na linha i

def get_column(A: Matrix, j: int) -> Vector:
    “““Retorna a coluna j de A (como um Vector)”””
    return [A_i[j]          # elemento j da linha A_i
            for A_i in A]   # para cada linha A_i
```

Também criaremos matrizes, produzindo seus elementos a partir da sua forma e de uma função. Para isso, usamos uma compreensão de lista aninhada:

```
from typing import Callable

def make_matrix(num_rows: int,
                num_cols: int,
                entry_fn: Callable[[int, int], float]) -> Matrix:
    """
    Retorna uma matriz num_rows x num_cols
    cuja entrada (i,j) é entry_fn(i, j)
    """
    return [[entry_fn(i, j)             # com i, crie uma lista
             for j in range(num_cols)]  #   [entry_fn(i, 0), ... ]
            for i in range(num_rows)]   # crie uma lista para cada i
```

Com esta função, você pode criar uma *matriz de identidade* 5 × 5 (com 1s na diagonal e 0s nos outros pontos):

```
def identity_matrix(n: int) -> Matrix:
    """Retorna a matriz de identidade n x n"""
    return make_matrix(n, n, lambda i, j: 1 if i == j else 0)

assert identity_matrix(5) == [[1, 0, 0, 0, 0],
                              [0, 1, 0, 0, 0],
                              [0, 0, 1, 0, 0],
                              [0, 0, 0, 1, 0],
                              [0, 0, 0, 0, 1]]
```

Utilizaremos as matrizes de várias formas.

Primeiro, podemos usar uma matriz para representar um conjunto de dados com múltiplos vetores, considerando cada vetor como uma linha da matriz. Por exemplo, temos a altura, o peso e a idade de mil pessoas e colocamos esses dados em uma matriz 1000 × 3:

```
data = [[70, 170, 40],
        [65, 120, 26],
        [77, 250, 19],
        # ....
       ]
```

Segundo, como veremos mais diante, podemos usar uma matriz $n \times k$ para representar uma função linear que mapeia vetores dimensionais k com relação a vetores dimensionais n. Essas funções integram várias técnicas e conceitos que utilizaremos.

Terceiro, as matrizes podem representar relações binárias. No Capítulo 1, representamos as extremidades de uma rede como uma coleção de pares `(i, j)`. Como alternativa, é possível criar uma matriz `A` em que `A[i][j]` será igual a 1 (se os nós `i` e `j` estiverem conectados) ou 0 (nos outros casos).

Antes a situação era a seguinte:

```
friendships = [(0, 1), (0, 2), (1, 2), (1, 3), (2, 3), (3, 4),
               (4, 5), (5, 6), (5, 7), (6, 8), (7, 8), (8, 9)]
```

Também podemos representar isso da seguinte forma:

```
#            usuário 0 1 2 3 4 5 6 7 8 9
#
friend_matrix = [[0, 1, 1, 0, 0, 0, 0, 0, 0, 0], # usuário 0
                 [1, 0, 1, 1, 0, 0, 0, 0, 0, 0], # usuário 1
                 [1, 1, 0, 1, 0, 0, 0, 0, 0, 0], # usuário 2
                 [0, 1, 1, 0, 1, 0, 0, 0, 0, 0], # usuário 3
                 [0, 0, 0, 1, 0, 1, 0, 0, 0, 0], # usuário 4
                 [0, 0, 0, 0, 1, 0, 1, 1, 0, 0], # usuário 5
                 [0, 0, 0, 0, 0, 1, 0, 0, 1, 0], # usuário 6
                 [0, 0, 0, 0, 0, 1, 0, 0, 1, 0], # usuário 7
                 [0, 0, 0, 0, 0, 0, 1, 1, 0, 1], # usuário 8
                 [0, 0, 0, 0, 0, 0, 0, 0, 1, 0]] # usuário 9
```

Quando há poucas conexões, essa representação é muito ineficiente, pois você acaba armazenando um monte de zeros. No entanto, é bem mais fácil verificar se dois nós estão conectados na representação por matriz — basta pesquisar na matriz em vez de procurar (possivelmente) em cada extremidade:

```
assert friend_matrix[0][2] == 1, "0 and 2 are friends"
assert friend_matrix[0][8] == 0, "0 and 8 are not friends"
```

Da mesma forma, para encontrar as conexões de um nó, basta inspecionar a coluna (ou a linha) correspondente a ele:

```
# basta analisar uma linha
friends_of_five = [i
                   for i, is_friend in enumerate(friend_matrix[5])
                   if is_friend]
```

Em um pequeno grafo, você pode adicionar uma lista de conexões a cada objeto de nó para acelerar esse processo; mas, em um grafo grande e dinâmico, isso provavelmente será muito caro e difícil de manter.

Falaremos mais sobre matrizes ao longo do livro.

Materiais Adicionais

- A álgebra linear é bastante aplicada por cientistas de dados (muitas vezes de forma implícita e, não raro, por pessoas que não entendem do assunto). Não é uma má ideia ler um livro sobre o tema. Há vários materiais disponíveis na internet:
  - *Linear Algebra (http://joshua.smcvt.edu/linearalgebra/)*, de Jim Hefferon (Saint Michael's College);
  - *Linear Algebra (https://www.math.ucdavis.edu/~linear/linear-guest.pdf)*, de David Cherney, Tom Denton, Rohit Thomas e Andrew Waldron (UC Davis);
  - *If you are feeling adventurous, Linear Algebra Done Wrong (https://www.math.brown.edu/~treil/papers/LADW/LADW_2017-09-04.pdf)*, de Sergei Treil (Brown University); essa é uma introdução mais avançada.
- Você pode obter gratuitamente tudo que criamos neste capítulo ao usar o NumPy (*http://www.numpy.org*). (Essa é uma excelente opção e tem um desempenho muito melhor.)

CAPÍTULO 5

Estatística

Os fatos são teimosos, mas as estatísticas são mais maleáveis.

—Mark Twain

A *estatística* abrange os conceitos matemáticos e as técnicas que aplicamos para compreender os dados. É um campo bem amplo, e há prateleiras (e até salas) em bibliotecas só sobre isso; portanto, não vamos nos profundar aqui neste singelo capítulo. Em vez disso, tentarei explicar o suficiente para instigar sua ousadia e sua curiosidade; se tudo der certo, depois, você estudará mais o assunto.

Descrevendo um Conjunto de Dados

Depois de muito boca a boca e uma dose de sorte, a DataSciencester captou dezenas de membros; agora, o vice-presidente de Captação de Recursos está pedindo um relatório com o número de amigos dos membros para destacar em sua apresentação.

Com as técnicas do Capítulo 1, você pode facilmente produzir esses dados, mas há o problema de como *descrevê-los*.

Uma descrição óbvia de um conjunto de dados está nos próprios dados:

```
num_friends = [100, 49, 41, 40, 25,
               # ... e muito mais
              ]
```

Para um pequeno conjunto de dados, essa talvez seja a melhor descrição. Entretanto, para um conjunto grande, ela será complicada e, talvez, confusa demais. (Imagine como seria uma lista com um milhão de números.) Por isso, usamos a estatística para sintetizar e comunicar os aspectos mais relevantes dos dados.

Na primeira abordagem, colocamos as contagens de amigos em um histograma usando `Counter` e `plt.bar` (Figura 5-1):

```
from collections import Counter
import matplotlib.pyplot as plt

friend_counts = Counter(num_friends)
xs = range(101)                          # o maior valor é 100
ys = [friend_counts[x] for x in xs]      # a altura indica o nº de amigos
plt.bar(xs, ys)
plt.axis([0, 101, 0, 25])
plt.title("Histogram of Friend Counts")
plt.xlabel("# of friends")
plt.ylabel("# of people")
plt.show()
```

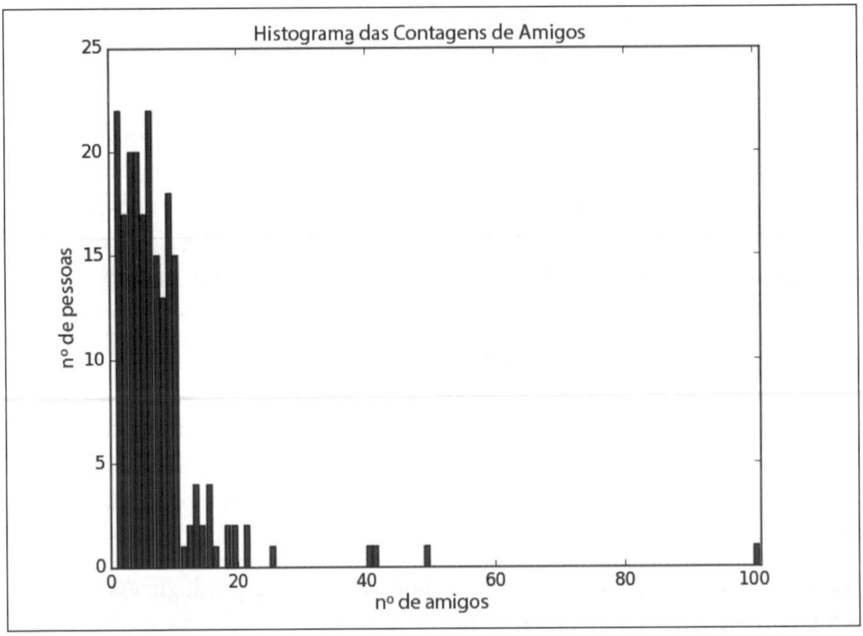

Figura 5-1. Um histograma das contagens de amigos

Infelizmente, esse gráfico é complexo demais para uma apresentação. Portanto, vamos gerar estatísticas, cuja mais simples talvez seja o número de pontos de dados:

```
num_points = len(num_friends)          # 204
```

Possivelmente, você também está interessado nos valores mais altos e mais baixos:

```
largest_value = max(num_friends)      # 100
smallest_value = min(num_friends)     # 1
```

Esses são apenas casos especiais em que queremos os valores de posições específicas:

```
sorted_values = sorted(num_friends)
smallest_value = sorted_values[0]           # 1
second_smallest_value = sorted_values[1]    # 1
second_largest_value = sorted_values[-2]    # 49
```

Mas estamos só começando.

Tendências Centrais

Geralmente, queremos ter alguma noção sobre o ponto central dos dados. Para isso, costumamos usar a *média*, que consiste na soma dos dados dividida pela sua contagem:

```
def mean(xs: List[float]) -> float:
    return sum(xs) / len(xs)

mean(num_friends)   # 7.333333
```

Se você tem dois pontos de dados, a média é o ponto que fica no meio deles. Quando adicionamos mais pontos, a média se move, mas sempre depende do valor de cada ponto. Por exemplo, quando temos 10 pontos de dados, e aumentamos o valor de um deles em 1, a média aumenta em 0,1.

Às vezes, também calculamos a *mediana*, que corresponde ao valor do meio (quando o número de pontos de dados é ímpar) ou à média dos dois valores do meio (quando o número de pontos de dados é par).

Por exemplo, quando temos cinco pontos de dados em um vetor classificado `x`, a mediana é `x[5 // 2]` ou `x[2]`. Quando temos seis pontos de dados, ela é a média de `x[2]` (o terceiro ponto) e `x[3]` (o quarto ponto).

Ao contrário da média, a mediana não depende de cada valor dos dados. Por exemplo, se você aumentar o maior ponto (ou diminuir o menor ponto), os pontos do meio ainda serão os mesmos e, portanto, a mediana também será a mesma.

Vamos escrever funções diferentes para os números pares e ímpares e combiná-las:

```
# Os sublinhados indicam que essas são funções “privadas”, pois elas
# devem ser chamadas pela função de mediana, mas não por outros usuários
# da biblioteca de estatísticas.
def _median_odd(xs: List[float]) -> float:
    “““Se len(xs) for ímpar, a mediana será o elemento do meio”””
    return sorted(xs)[len(xs) // 2]
```

```
def _median_even(xs: List[float]) -> float:
    “““Se len(xs) for par, ela será a média dos dois elementos do meio”””
    sorted_xs = sorted(xs)
    hi_midpoint = len(xs) // 2 # p. ex., comprimento 4 => hi_midpoint 2
    return (sorted_xs[hi_midpoint - 1] + sorted_xs[hi_midpoint]) / 2

def median(v: List[float]) -> float:
    “““Encontra o valor do meio em v”””
    return _median_even(v) if len(v) % 2 == 0 else _median_odd(v)
assert median([1, 10, 2, 9, 5]) == 5
assert median([1, 9, 2, 10]) == (2 + 9) / 2
```

Agora podemos computar a mediana do número de amigos:

```
print(median(num_friends)) # 6
```

Evidentemente, é mais fácil computar a média, que varia de modo mais suave com as mudanças nos dados. Quando temos *n* pontos de dados e um deles aumenta só um pouco (*e*), a média necessariamente aumentará em *e* / *n*. (Por isso, a média é muito aplicada em truques de cálculo.) No entanto, para encontrar a mediana, temos que classificar os dados, e mudar um dos pontos de dados só um pouco (*e*) talvez aumente a mediana em *e*, em um número menor do que *e* ou nada (dependendo das outras partes dos dados).

> Na verdade, existem truques nada óbvios para computar medianas de forma eficiente (*http://en.wikipedia.org/wiki/Quickselect*) sem classificar os dados. Mas, como esse tema não cabe a este livro, precisamos classificá-los.

Ao mesmo tempo, a média é muito sensível a outliers nos dados. Se o usuário mais popular tem 200 amigos (e não 100), então a média sobe para 7.82, mas a mediana permanece a mesma. Se os outliers forem dados inválidos (ou não expressarem o fenômeno em questão), a média pode causar um equívoco. Por exemplo, em meados da década de 1980, geografia era o curso da Universidade da Carolina do Norte com a maior média de salário inicial, graças a Michael Jordan, o astro da NBA (e um outlier).

Uma generalização da mediana é o *quantil*, um valor que separa uma determinada porcentagem dos dados (a mediana separa 50% dos dados):

```
def quantile(xs: List[float], p: float) -> float:
    “““Retorna o valor pth-percentile em x”””
    p_index = int(p * len(xs))
    return sorted(xs)[p_index]

assert quantile(num_friends, 0.10) == 1
assert quantile(num_friends, 0.25) == 3
assert quantile(num_friends, 0.75) == 9
assert quantile(num_friends, 0.90) == 13
```

É pouco comum, porém talvez você queira calcular a *moda*, os valores mais frequentes:

```
def mode(x: List[float]) -> List[float]:
    """Retorna uma lista, pois pode haver mais de uma moda"""
    counts = Counter(x)
    max_count = max(counts.values())
    return [x_i for x_i, count in counts.items()
            if count == max_count]

assert set(mode(num_friends)) == {1, 6}
```

Mas geralmente só usaremos a média.

Dispersão

A *dispersão* expressa a medida da distribuição dos dados. Aqui, em geral, os valores próximos de zero indicam que os dados *não estão espalhados* e os valores maiores (ou algo assim) indicam dados *muito espalhados*. Por exemplo, uma medida simples disso é a *amplitude*, a diferença entre o maior elemento e o menor:

```
# como o termo "range" já tem um significado no Python, usaremos outro nome
def data_range(xs: List[float]) -> float:
    return max(xs) - min(xs)

assert data_range(num_friends) == 99
```

A amplitude é igual a zero quando o `max` e o `min` são iguais, o que só acontece quando os elementos de `x` são todos iguais, ou seja, quando os dados não estão dispersos. Por outro lado, se a amplitude é maior, `max` é superior a `min` e os dados estão mais espalhados.

Como a mediana, a amplitude não depende do conjunto de dados como um todo. Um conjunto de dados com pontos de valor 0 e 100 tem a mesma amplitude que um conjunto com os valores 0, 100 e muitos 50. Entretanto o primeiro conjunto passa a "impressão" de ser mais espalhado.

Uma medida de dispersão mais complexa é a *variância*, computada da seguinte forma:

```
from scratch.linear_algebra import sum_of_squares

def de_mean(xs: List[float]) -> List[float]:
    """Traduza xs subtraindo sua média (para que o resultado tenha média 0)"""
    x_bar = mean(xs)
    return [x - x_bar for x in xs]

def variance(xs: List[float]) -> float:
    """Quase o desvio quadrado médio da média"""
```

```
    assert len(xs) >= 2, "variance requires at least two elements"

    n = len(xs)
    deviations = de_mean(xs)
    return sum_of_squares(deviations) / (n - 1)

assert 81.54 < variance(num_friends) < 81.55
```

> Isso é quase o desvio quadrado médio da média, mas estamos dividindo por `n - 1` em vez de `n`. Na verdade, em uma amostra de uma população maior, `x_bar` é apenas uma estimativa da média real, ou seja, na média `(x_i - x_bar) ** 2`, há uma subestimativa do desvio quadrado da média de `x_i`; por isso, dividimos por `n - 1` e não por `n`. Confira este artigo na Wikipédia (*https://en.wikipedia.org/wiki/Unbiased_estima tion_of_standard_deviation*).

Agora, seja qual for a unidade dos dados (por exemplo, "friends"), todas as medidas de tendências centrais estão na mesma unidade, inclusive a amplitude. Mas algumas unidades da variância são *quadrados* das unidades originais (por exemplo, "friends squared"). Como pode ser difícil entender isso, geralmente calculamos o *desvio-padrão*:

```
import math

def standard_deviation(xs: List[float]) -> float:
    """O desvio-padrão é a raiz quadrada da variância"""
    return math.sqrt(variance(xs))

assert 9.02 < standard_deviation(num_friends) < 9.04
```

O problema da média com os outliers também atinge a amplitude e o desvio-padrão. Naquele mesmo exemplo, se o usuário mais popular tivesse 200 amigos, o desvio-padrão seria de 14,89 — mais de 60% superior!

Uma alternativa mais eficiente computa a diferença entre valor do 75º percentil e o valor do 25º percentil:

```
def interquartile_range(xs: List[float]) -> float:
    """Retorna a diferença entre o percentil 75% e o percentil 25%"""
    return quantile(xs, 0.75) - quantile(xs, 0.25)

assert interquartile_range(num_friends) == 6
```

Essa operação quase não é influenciada quando há poucos outliers.

Correlação

Segundo a teoria da vice-presidente de Crescimento da DataSciencester, o tempo que as pessoas passam no site está associado ao seu número de amigos (ela não está no cargo à toa); por isso, ela pediu para você verificar essa hipótese.

Depois de analisar os logs de tráfego, você desenvolve a lista `daily_minutes`, que mostra quantos minutos cada usuário passa por dia na DataSciencester; essa lista foi classificada de modo que seus elementos correspondessem aos elementos da lista `num_friends`. Agora, investigaremos a relação entre essas duas métricas.

Primeiro, analisaremos a *covariância*, um tipo de variância aplicada a pares. Se a variância mede o desvio de uma variável da média, a covariância mede a variação simultânea de duas variáveis em relação às suas médias:

```
from scratch.linear_algebra import dot

def covariance(xs: List[float], ys: List[float]) -> float:
    assert len(xs) == len(ys), "xs and ys must have same number of elements"

    return dot(de_mean(xs), de_mean(ys)) / (len(xs) - 1)

assert 22.42 < covariance(num_friends, daily_minutes) < 22.43
assert 22.42 / 60 < covariance(num_friends, daily_hours) < 22.43 / 60
```

Lembre-se: o `dot` soma os produtos dos pares de elementos correspondentes. Quando os elementos correspondentes de `x` e `y` estão acima ou abaixo das suas médias, um número positivo entra na soma. Quando um valor está acima da sua média e o outro está abaixo, um número negativo entra na soma. Logo, uma covariância positiva "alta" indica que `x` tende a ser alto quando `y` é alto, e baixo quando `y` baixo. Uma covariância negativa "alta" indica o oposto — que `x` tende a ser baixo quando `y` é alto e vice-versa. Uma covariância próxima de zero indica que essa relação não existe.

Mesmo assim, pode ser difícil interpretar esse número por dois motivos:

- Suas unidades são o produto das unidades das entradas (por exemplo, amigo-minutos-por-dia), o que talvez seja difícil de entender. (O que é "amigo-minutos-por-dia"?);
- Se cada usuário tivesse o dobro de amigos (mas o mesmo número de minutos), a covariância seria duas vezes maior. Porém, na prática, as variáveis estariam tão inter-relacionadas quanto antes. Em outras palavras, é difícil definir uma covariância "alta".

Por isso, é mais comum calcular a *correlação*, que divide os desvios-padrão das duas variáveis:

```
def correlation(xs: List[float], ys: List[float]) -> float:
    """Mede a variação simultânea de xs e ys a partir das suas médias"""
    stdev_x = standard_deviation(xs)
    stdev_y = standard_deviation(ys)
    if stdev_x > 0 and stdev_y > 0:
        return covariance(xs, ys) / stdev_x / stdev_y
    else:
        return 0    # se não houver variação, a correlação será zero

assert 0.24 < correlation(num_friends, daily_minutes) < 0.25
assert 0.24 < correlation(num_friends, daily_hours) < 0.25
```

A `correlation` não tem unidade e sempre fica entre –1 (anticorrelação perfeita) e 1 (correlação perfeita). O número 0,25 indica uma correlação positiva relativamente fraca.

No entanto, até agora não examinamos os dados. Observe a Figura 5-2.

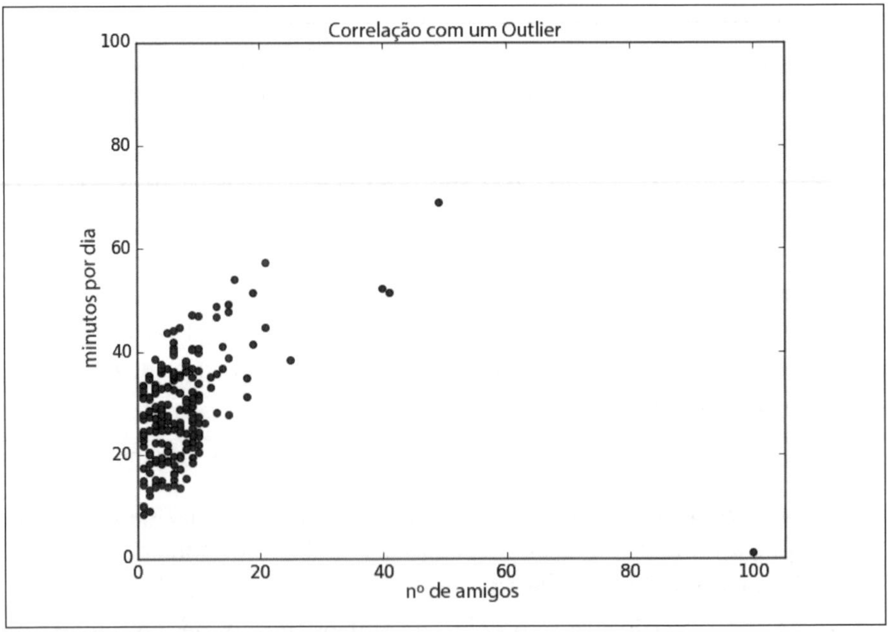

Figura 5-2. Correlação com um outlier

A pessoa com 100 amigos (e que passa só um minuto por dia no site) é um outlier imenso, e a correlação pode ser muito sensível a isso. O que acontece quando o ignoramos?

```
outlier = num_friends.index(100)    # índice de outlier

num_friends_good = [x
                    for i, x in enumerate(num_friends)
                    if i != outlier]

daily_minutes_good = [x
                      for i, x in enumerate(daily_minutes)
                      if i != outlier]

daily_hours_good = [dm / 60 for dm in daily_minutes_good]

assert 0.57 < correlation(num_friends_good, daily_minutes_good) < 0.58
assert 0.57 < correlation(num_friends_good, daily_hours_good) < 0.58
```

Sem o outlier, a correlação é bem mais forte (Figura 5-3).

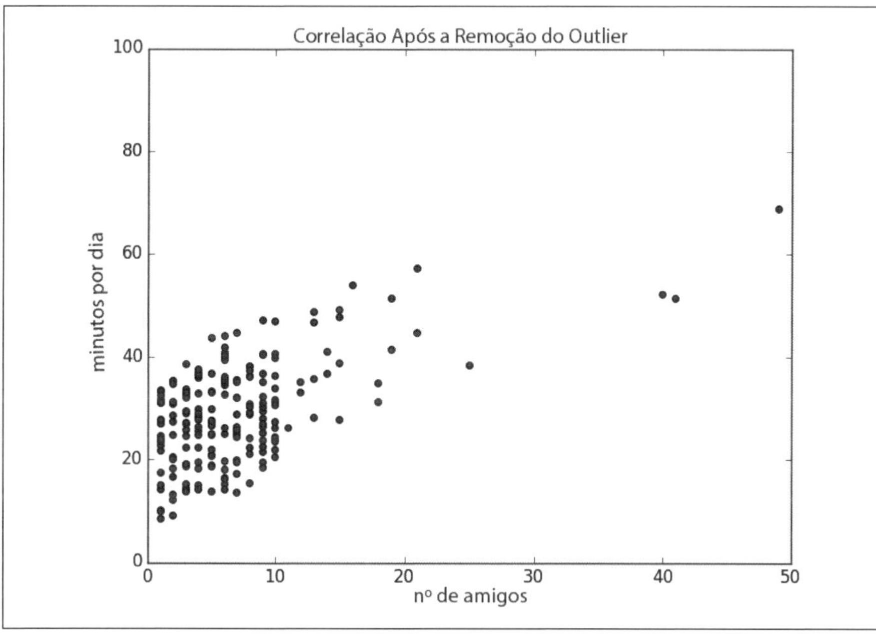

Figura 5-3. Correlação após a remoção do outlier

Ao investigar a ocorrência, você descobre que o outlier é uma conta interna de *teste* que ninguém removeu até agora. Fique à vontade para excluí-la.

O Paradoxo de Simpson

Uma surpresa recorrente na análise de dados é o *Paradoxo de Simpson*, segundo o qual as correlações podem induzir a erros quando as variáveis *confusas* são ignoradas.

Por exemplo, imagine que você pode identificar todos os membros como cientistas de dados da Costa Leste ou da Costa Oeste e resolve determinar os mais populares:

Região	Nº de membros	Nº médio de amigos
Costa Oeste	101	8.2
Costa Leste	103	6.5

Pelo visto, os cientistas de dados da Costa Oeste são mais populares do que os da Costa Leste. Seus colegas desenvolvem várias teorias para explicar isso: talvez seja o sol, o café, os alimentos orgânicos ou a vibe descontraída do Pacífico?

Mas, ao brincar com os dados, você descobre algo muito estranho. Entre os membros PhDs, os cientistas de dados da Costa Leste têm mais amigos na média.

E, entre os membros sem PhDs, os cientistas de dados da Costa Leste também têm uma média maior de amigos!

Região	Título	Nº de membros	Nº médio de amigos
Costa Oeste	PhD	35	3.1
Costa Leste	PhD	70	3.2
Costa Oeste	Sem PhD	66	10.9
Costa Leste	Sem PhD	33	13.4

Quando verificamos os títulos dos usuários, a correlação vai para o outro lado! Agrupar os dados em Costa Leste/Oeste ocultou o fato de que os cientistas de dados da Costa Leste concentram um número imenso de PhDs.

Esse fenômeno ocorre com certa frequência no mundo real. Aqui, o principal problema é a correlação medir a relação entre duas variáveis *desconsiderando os outros fatores*. Se as classes de dados forem atribuídas aleatoriamente, como em um experimento bem projetado, "desconsiderar os outros fatores" talvez não seja uma premissa tão terrível. Entretanto, quando há um padrão mais profundo na atribuição das classes, "desconsiderar os outros fatores" pode ser muito terrível.

Na prática, a única forma de evitar isso é *conhecer os dados* e fazer o possível para verificar os fatores mais complexos. Evidentemente, isso nem sempre é possível. Se você não conhecesse a formação desses 200 cientistas de dados, talvez concluísse que há uma substância endêmica aumentando a sociabilidade na Costa Oeste.

Mais Alertas sobre a Correlação

Uma correlação zero indica que não há uma relação linear entre as duas variáveis, mas talvez haja outras relações. Por exemplo, se:

```
x = [-2, -1, 0, 1, 2]
y = [ 2,  1, 0, 1, 2]
```

então a correlação entre `x` e `y` é igual a zero. Porém certamente há uma relação aí — cada elemento de `y` corresponde ao valor absoluto do elemento correspondente de `x`. Eles só não têm uma relação na qual uma comparação entre `x_i` e `mean(x)` indica algo sobre uma comparação entre `y_i` e `mean(y)`. Essa é a relação calculada pela correlação.

Além disso, a correlação não diz nada sobre o tamanho das relações. As variáveis:

```
x = [-2, -1, 0, 1, 2]
y = [99.98, 99.99, 100, 100.01, 100.02]
```

estão perfeitamente correlacionadas, mas é bem possível que essa relação não seja tão interessante assim (algo que depende do que está sendo medido).

Correlação e Causalidade

Você já deve ter ouvido por aí que "correlação não é causalidade", mas isso possivelmente saiu de alguém que não estava disposto a questionar aspectos da sua visão de mundo desafiados pelos dados que pesquisava. Porém, esse é um ponto importante — se `x` e `y` têm uma forte correlação, talvez isso indique que `x` causa `y`, que `y` causa `x`, que eles são causas mútuas, que um terceiro fator causa ambos ou nada disso.

Analise a relação entre `num_friends` e `daily_minutes`. É possível que ter mais amigos *aumente* o tempo que os usuários da DataSciencester passam no site. Isso pode ocorrer se cada amigo postar diariamente uma certa quantidade de conteúdo, pois, quanto mais amigos tivermos, mais tempo será necessário para checar suas atualizações.

No entanto, também é possível que os usuários mais assíduos nos debates dos fóruns da DataSciencester encontrem pessoas com quem tenham afinidade e façam mais amizades. Nesse caso, há uma *causalidade* entre passar mais tempo no site e o aumento no número de amigos dos usuários.

Em uma terceira possibilidade, os usuários mais entusiasmados pelo data science passam mais tempo no site (porque acham isso mais interessante) e procuram ativamente por amigos na comunidade do data science (porque não querem se associar com outras pessoas).

Uma forma de encarar a causalidade com mais confiança é realizar experimentos aleatórios. Divida seus usuários aleatoriamente em dois grupos com características demográficas parecidas e adicione uma experiência um pouco diferente a um dos grupos; você logo verá que experiências diferentes causam resultados diferentes.

Por exemplo, caso você não ligue para as críticas direcionadas a esses experimentos *[https://www.nytimes.com/2014/06/30/technology/facebook-tinkers-with-users-emotions-in-news-feed-experiment-stirring-outcry.html?r=0[experimenting on your users]*, selecione um subconjunto aleatório de usuários e lhes mostre só o conteúdo de uma parte dos seus amigos. Se, em seguida, esse subconjunto passar menos tempo no site, você poderá afirmar com mais confiança a causalidade entre ter mais amigos e o tempo dedicado ao site.

Materiais Adicionais

- O SciPy (*https://www.scipy.org/*), o pandas (*http://pandas.pydata.org*) e o StatsModels (*http://www.statsmodels.org/*) contêm uma grande variedade de funções estatísticas;
- A estatística é *importante*. (Ou seria melhor: as estatísticas *são* importantes?) Para melhorar como cientista de dados, é uma boa ideia ler um livro sobre estatística. Há muitas opções disponíveis gratuitamente na internet:
  - *Introductory Statistics* (*https://open.umn.edu/opentextbooks/textbooks/ introductory-statistics*), de Douglas Shafer e Zhiyi Zhang (Saylor Foundation);
  - *OnlineStatBook* (*http://onlinestatbook.com/*), de David Lane (Rice University);
  - *Introductory Statistics* (*https://openstax.org/details/introductory-statistics*), da OpenStax (OpenStax College).

CAPÍTULO 6
Probabilidade

As leis da probabilidade, tão verdadeiras no plano geral, tão enganosas em casos específicos.
—Edward Gibbon

É difícil praticar o data science sem saber nada de *probabilidade* e das suas respectivas operações matemáticas. Então, como fizemos com a estatística no Capítulo 5, vamos pular muitas noções técnicas e ir direto ao que interessa.

Neste livro, pense na probabilidade como uma forma de quantificar a incerteza associada a *eventos* selecionados em meio a um *universo* de eventos. Em vez de analisar tecnicamente esses termos, imagine um dado rolando. O universo é o conjunto de resultados possíveis. Cada subconjunto formado por esses resultados é um evento; por exemplo, "o dado mostra o 1" ou "o dado mostra um número ímpar".

A notação *P(E)* indica "a probabilidade do evento *E*".

Usaremos a teoria da probabilidade para construir e avaliar modelos, e para muitas outras coisas.

Fique à vontade para se aprofundar na filosofia e no *significado* da teoria da probabilidade. (Uma missão que pede umas cervejas.) Mas não o faremos aqui.

Dependência e Independência

Em regra, dizemos que dois eventos (*E* e *F*) são dependentes quando sabemos algo sobre a ocorrência de *E* que nos dá informações sobre a ocorrência de *F* (e vice-versa). Sem essa relação, os eventos são *independentes*.

Por exemplo, jogamos uma moeda honesta duas vezes. Se o primeiro resultado for cara, essa informação não indicará que o segundo resultado também será cara. Esses eventos são independentes. Por outro lado, se alguém diz que os dois resultados serão coroa, mas o primeiro resultado for cara, essa informação certamente indica algo sobre a hipótese anterior. (Se o primeiro resultado é cara, então os dois resultados não podem ser coroa.) Esses dois eventos são dependentes.

Em termos matemáticos, dizemos que os dois eventos E e F são independentes se a probabilidade de eles acontecerem é igual ao produto da probabilidade da ocorrência deles:

$$P(E, F) = P(E)P(F)$$

No exemplo anterior, a probabilidade de "primeiro resultado: cara" é de 1/2 e a probabilidade de "dois resultados: cara" é de 1/4, porém a probabilidade de "primeiro resultado: cara" *e* "dois resultados: coroa" é 0.

Probabilidade Condicional

Por extensão, se os dois eventos E e F são independentes, então:

$$P(E, F) = P(E)P(F)$$

Se eles não são necessariamente independentes (e a probabilidade de F não é 0), então definimos a probabilidade de E "condicionada a F" da seguinte forma:

$$P(E|F) = P(E, F)/P(F)$$

Pense nisso como a probabilidade de E acontecer se F acontecer.

Em geral, fazemos esta reformulação:

$$P(E, F) = P(E|F)P(F)$$

Se E e F são independentes, então:

$$P(E|F) = P(E)$$

Essa operação matemática indica que saber que F ocorreu não fornece nenhuma informação sobre a ocorrência de E.

Um exemplo complexo, mas muito citado, é o da família com dois filhos (desconhecidos). Podemos presumir que:

- É igualmente possível que cada criança seja menino ou menina;
- O gênero da segunda criança é independente do gênero da primeira.

Então, o evento "nenhuma menina" tem uma probabilidade de 1/4, o evento "uma menina, um menino" tem uma probabilidade de 1/2, e o evento "duas meninas" tem uma probabilidade de 1/4.

Agora, podemos perguntar: Qual é a probabilidade do evento "duas meninas" (*B*) condicionado ao evento "a criança mais velha é uma menina" (*G)*? Pela definição da probabilidade condicional:

$$P(B \mid G) = P(B, G) / P(G) = P(B) / P(G) = 1/2$$

Os eventos *B* e *G* ("duas meninas *e* a criança mais velha é uma menina") são, de fato, só um, o evento *B*. (Se elas são duas meninas, então a criança mais velha só pode ser uma menina.)

Muito provavelmente, esse resultado está em sintonia com a sua intuição.

Também podemos perguntar a probabilidade do evento "duas meninas" condicionado ao evento "pelo menos uma das crianças é menina" (L). Incrivelmente, a resposta é diferente agora!

Como vimos antes, os eventos *B* e *L* ("duas meninas *e* pelo menos uma das crianças é menina") são só um, o evento *B*. Logo:

$$P(B \mid L) = P(B, L) / P(L) = P(B) / P(L) = 1/3$$

Como isso é possível? Bem, se há apenas a informação de que pelo menos uma das crianças é menina, então é duas vezes mais provável que a família tenha um menino e uma menina do que duas meninas.

Para confirmar isso, podemos "gerar" várias famílias:

```
import enum, random

# Um Enum é um conjunto tipado de valores enumerados que deixa
# o código mais descritivo e legível.
class Kid(enum.Enum):
    BOY = 0
    GIRL = 1

def random_kid() -> Kid:
    return random.choice([Kid.BOY, Kid.GIRL])

both_girls = 0
older_girl = 0
either_girl = 0

random.seed(0)

for _ in range(10000):
    younger = random_kid()

    older = random_kid()
    if older == Kid.GIRL:
        older_girl += 1
```

```
    if older == Kid.GIRL and younger == Kid.GIRL:
        both_girls += 1
    if older == Kid.GIRL or younger == Kid.GIRL:
        either_girl += 1

print("P(both | older):", both_girls / older_girl)      # 0.514 ~ 1/2
print("P(both | either): ", both_girls / either_girl)  # 0.342 ~ 1/3
```

O Teorema de Bayes

Um dos melhores amigos do cientista de dados é o Teorema de Bayes, uma forma de "reverter" as probabilidades condicionais. Imagine que precisamos saber a probabilidade do evento E condicionado à ocorrência do evento F. Porém, só temos a informação sobre a probabilidade da ocorrência de F condicionado a E. Aplicando duas vezes a definição da probabilidade condicional, obtemos:

$$P(E|F) = P(E, F) / P(F) = P(F|E)P(E) / P(F)$$

É possível dividir o evento F em dois eventos mutuamente exclusivos "F e E" e "F e não E". Se escrevemos $\neg E$ para "não E" ("E não acontece"), então:

$$P(F) = P(F, E) + P(F, \neg E)$$

Logo:

$$P(E|F) = P(F|E)P(E)/[P(F|E)P(E) + P(F|\neg E)P(\neg E)]$$

Essa é a equação mais comum do Teorema de Bayes.

Aplicamos esse teorema quando queremos demonstrar por que os cientistas de dados são mais inteligentes do que os médicos. Imagine que uma determinada doença atinge 1 em 10 mil pessoas e há um exame que indica o resultado correto ("doente" e "não doente") em 99% das vezes.

O que significa um teste positivo? Usaremos T para o evento "teste positivo" e D para o evento "você tem a doença". Segundo o Teorema de Bayes, a probabilidade de você ter a doença, condicionado ao teste positivo, é:

$$P(D|T) = P(T|D)P(D)/[P(T|D)P(D) + P(T|\neg D)P(\neg D)]$$

Sabemos que $P(T|D)$, a probabilidade de alguém que tem a doença receber um teste positivo, é 0.99. $P(D)$, a probabilidade de alguém ter a doença, é 1/10,000 = 0.0001. $P(T|\neg D)$, a probabilidade de alguém que não tem a doença receber um teste positivo, é 0.01. E $P(\neg D)$, a probabilidade de alguém não ter a doença, é 0.9999. Quando colocamos esses números no Teorema de Bayes, temos que:

$$P(D|T) = 0.98\ \%$$

Ou seja, menos de 1% das pessoas que recebem um teste positivo estão com a doença.

> Aqui, presumimos que as pessoas fazem o exame de forma mais ou menos aleatória. Se só aqueles que apresentam alguns sintomas fizerem o teste, temos que aplicar como condição o evento "teste positivo e sintomas"; nesse caso, o número talvez seja bem maior.

Para ficar mais claro, imagine uma população com um milhão de pessoas. Talvez 100 delas tenham a doença, mas 99 (dessas 100) receberam um teste positivo. Por outro lado, 999.900 pessoas não têm a doença, porém 9.999 delas receberam um teste positivo. Ou seja, só 99 das (99 + 9999) pessoas que receberam testes positivos estão com a doença.

Variáveis Aleatórias

Uma *variável aleatória* é aquela cujos valores possíveis estão associados a uma distribuição de probabilidade. Uma variável aleatória bem simples é igual a 1 (quando a moeda dá cara) e 0 (quando a moeda dá coroa). Para complicar mais, é possível medir o número de caras em dez lançamentos de moeda ou um valor selecionado do `range(10)`, no qual todos os números têm a mesma probabilidade.

A distribuição associada indica as probabilidades da variável em cada um dos seus valores possíveis. A variável do lançamento de moeda é igual a 0 (com a probabilidade de 0.5) e a 1 (com a probabilidade de 0.5). A distribuição da variável `range(10)` atribui a probabilidade de 0.1 a cada número de 0 a 9.

Às vezes, mencionaremos o *valor esperado* da variável aleatória, a média dos seus valores ponderados pelas suas probabilidades. A variável do lançamento da moeda tem um valor esperado de 1/2 (= 0 * 1/2 + 1 * 1/2); já a variável `range(10)` tem um valor esperado de 4.5.

As variáveis aleatórias também podem ser *condicionadas* a eventos. Voltando ao exemplo das duas crianças, se X é a variável aleatória do número de meninas, então X é igual a: 0 com probabilidade de 1/4; 1 com probabilidade de 1/2; e 2 com probabilidade de 1/4.

Podemos criar a variável *Y* para indicar o número de meninas condicionado a pelo menos uma das crianças ser uma menina. Logo, Y é igual a 1 com a probabilidade de 2/3 e 2 com probabilidade de 1/3. Outra opção é a variável *Z*, que indica o número de meninas condicionado à criança mais velha ser uma menina; essa variável é igual a 1 com probabilidade de 1/2 e 2 com probabilidade de 1/2.

Na maioria das vezes, usaremos as variáveis aleatórias de modo *implícito*, sem dar muito destaque a elas, mas uma análise mais atenta perceberá esses recursos.

Distribuições Contínuas

O lançamento da moeda é a uma *distribuição discreta* — ou seja, associa uma probabilidade positiva a resultados discretos. Muitas vezes, modelaremos as distribuições ao longo de uma série de resultados. (Neste livro, os resultados serão sempre números reais, mas isso não ocorre na prática.) Por exemplo, a *distribuição uniforme* atribui um *peso igual* a todos os números entre 0 e 1.

Como há infinitos números entre 0 e 1, o peso atribuído aos pontos individuais deve ser necessariamente 0. Por isso, representamos a distribuição contínua com uma *função de densidade de probabilidade* (PDF), pois, assim, a probabilidade de identificar um valor em um determinado intervalo é igual à integral da função de densidade sobre o intervalo.

> Se você já esqueceu como se calcula a integral, tente essa abordagem mais simples: se a distribuição tem uma função de densidade f, então a probabilidade de identificar um valor entre x e x + h é de aproximadamente h * f(x), quando h é pequeno.

Esta é a função de densidade para a distribuição uniforme:

```
def uniform_pdf(x: float) -> float:
    return 1 if 0 <= x < 1 else 0
```

A probabilidade de uma variável aleatória subsequente a essa distribuição estar entre 0.2 e 0.3 é de 1/10, como esperado. No Python, o `random.random` é uma variável (pseudo-) aleatória com uma densidade uniforme.

Na maioria das vezes, aplicaremos a *função de distribuição cumulativa* (CDF), que indica a probabilidade de uma variável aleatória ser menor ou igual a um determinado valor. Não é difícil criar uma CDF para a distribuição uniforme (Figura 6-1):

```
def uniform_cdf(x: float) -> float:
    """Retorna a probabilidade de uma variável aleatória uniforme ser <= x"""
    if x < 0:   return 0    # a aleatória uniforme nunca é menor do que 0
    elif x < 1: return x    # p.ex., P(X <= 0.4) = 0.4
    else:       return 1    # a aleatória uniforme sempre é menor do que 1
```

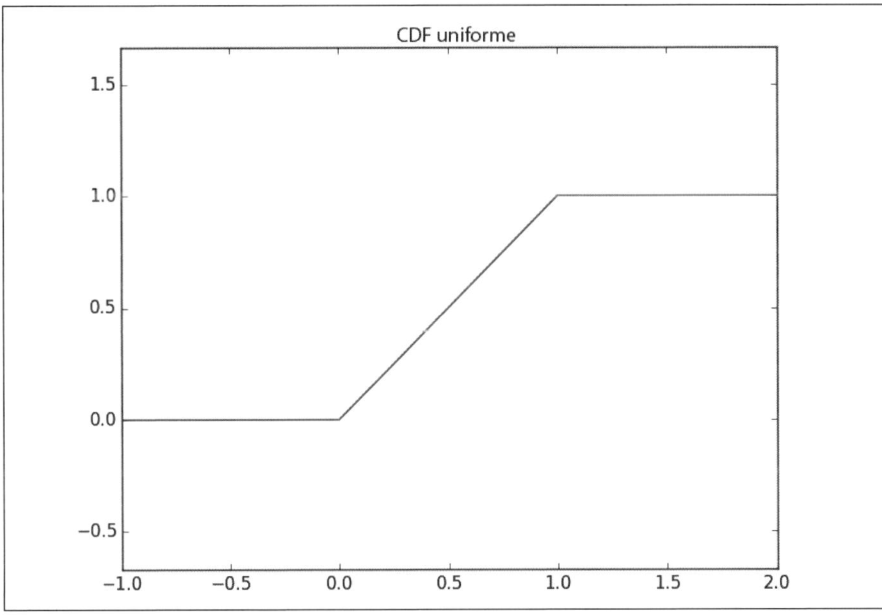

Figura 6-1. A CDF uniforme

A Distribuição Normal

A distribuição normal se expressa na clássica curva em forma de sino e é totalmente determinada por dois parâmetros: sua média μ (mi) e seu desvio-padrão σ (sigma). A média indica onde é o ponto central do sino e o desvio-padrão indica a sua largura.

Ela dispõe da PDF:

$$f(x|\mu,\sigma) = \frac{1}{\sqrt{2\pi}\sigma} \exp\left(-\frac{(x-\mu)^2}{2\sigma^2}\right)$$

Podemos implementá-la da seguinte forma:

```
import math
SQRT_TWO_PI = math.sqrt(2 * math.pi)

def normal_pdf(x: float, mu: float = 0, sigma: float = 1) -> float:
    return (math.exp(-(x-mu) ** 2 / 2 / sigma ** 2) / (SQRT_TWO_PI * sigma))
```

Na Figura 6-2, plotamos algumas PDFs para conferir seu visual:

```
import matplotlib.pyplot as plt
xs = [x / 10.0 for x in range(-50, 50)]
plt.plot(xs,[normal_pdf(x,sigma=1) for x in xs],'-',label='mu=0,sigma=1')
```

```
plt.plot(xs,[normal_pdf(x,sigma=2) for x in xs],'--',label='mu=0,sigma=2')
plt.plot(xs,[normal_pdf(x,sigma=0.5) for x in xs],':',label='mu=0,sigma=0.5')
plt.plot(xs,[normal_pdf(x,mu=-1)   for x in xs],'-.',label='mu=-1,sigma=1')
plt.legend()
plt.title("Various Normal pdfs")
plt.show()
```

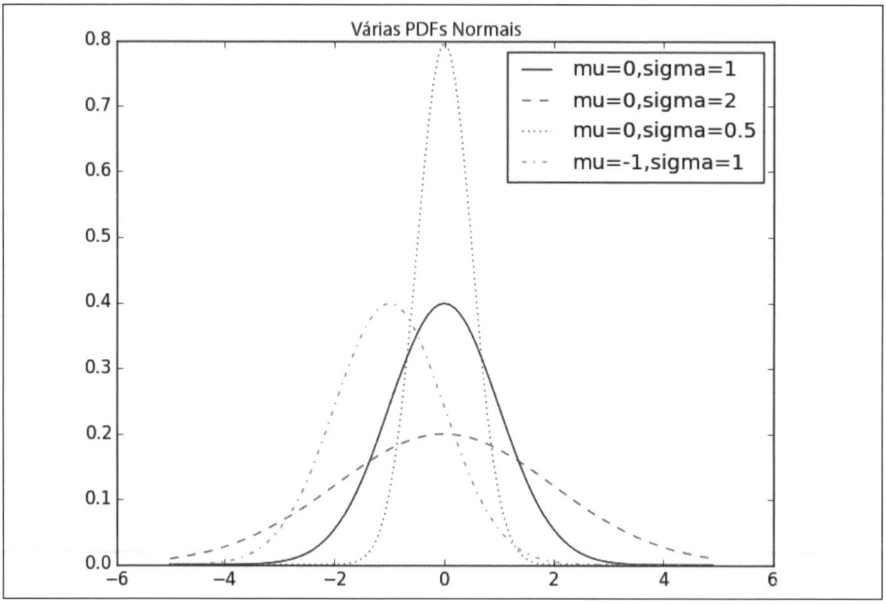

Figura 6-2. Várias PDFs normais

A *distribuição normal padrão* ocorre quando $\mu = 0$ e $\sigma = 1$. Se Z é uma variável aleatória normal padrão, então:

$$X = \sigma Z + \mu$$

Essa também é normal, mas com a média μ e o desvio-padrão σ. Por outro lado, se X é uma variável aleatória normal com média μ e desvio-padrão σ, então:

$$Z = (X - \mu) / \sigma$$

Essa é uma variável normal padrão.

A CDF para a distribuição normal não pode ser codificada de forma "simples", mas podemos escrevê-la usando a função de erro `math.erf` do Python: (*http://en.wikipedia.org/ wiki/Error_function*):

```
def normal_cdf(x: float, mu: float = 0, sigma: float = 1) -> float:
    return (1 + math.erf((x - mu) / math.sqrt(2) / sigma)) / 2
```

Novamente, plotamos algumas CDFs na Figura 6-3:

```
xs = [x / 10.0 for x in range(-50, 50)]
plt.plot(xs,[normal_cdf(x,sigma=1) for x in xs],'-',label='mu=0,sigma=1')
plt.plot(xs,[normal_cdf(x,sigma=2) for x in xs],'--',label='mu=0,sigma=2')
plt.plot(xs,[normal_cdf(x,sigma=0.5) for x in xs],':',label='mu=0,sigma=0.5')
plt.plot(xs,[normal_cdf(x,mu=-1) for x in xs],'-.',label='mu=-1,sigma=1')
plt.legend(loc=4) # no canto direito
plt.title("Various Normal cdfs")
plt.show()
```

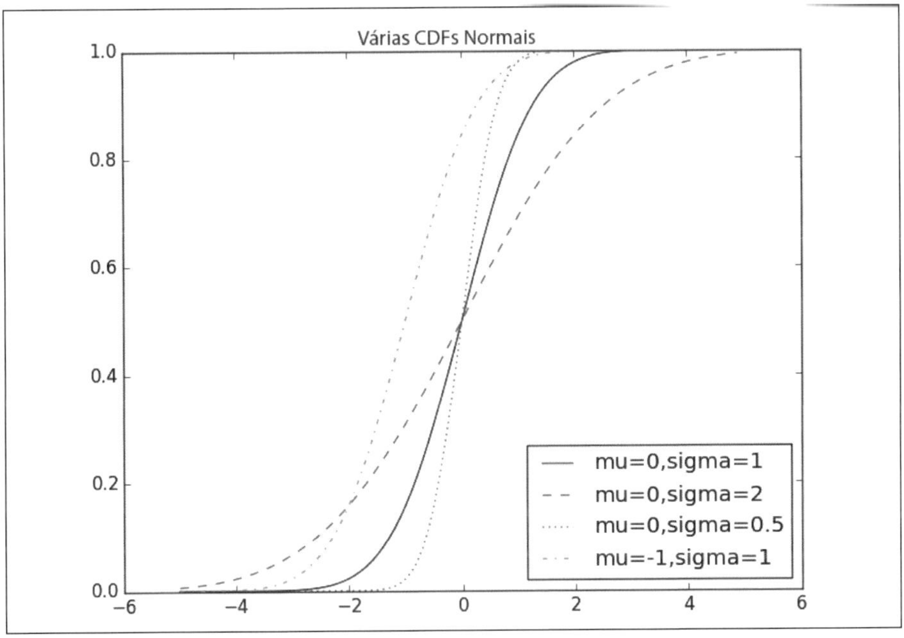

Figura 6-3. Várias CDFs normais

Ocasionalmente, vamos inverter a `normal_cdf` para obter o valor correspondente à probabilidade especificada. Não existe uma forma simples de computar essa inversão, no entanto, como a `normal_cdf` é contínua e está crescendo estritamente, podemos usar uma *pesquisa binária* (*http://en.wikipe dia.org/wiki/Binary_search_algorithm*):

```
def inverse_normal_cdf(p: float,
                       mu: float = 0,
                       sigma: float = 1,
                       tolerance: float = 0.00001) -> float:
    """Encontre o inverso aproximado usando a pesquisa binária"""

    # se não for padrão, compute o padrão e redimensione
    if mu != 0 or sigma != 1:
        return mu + sigma * inverse_normal_cdf(p, tolerance=tolerance)
```

```
    low_z = -10.0                      # normal_cdf(-10) é (muito próxima de) 0
    hi_z  =  10.0                      # normal_cdf(10) é (muito próxima de) 1
    while hi_z - low_z > tolerance:
        mid_z = (low_z + hi_z) / 2     # Considere o ponto médio
        mid_p = normal_cdf(mid_z)      # e o valor da CDF
        if mid_p < p:
            low_z = mid_z              # O ponto médio é muito baixo, procure um maior
        else:
            hi_z = mid_z               # O ponto médio é muito alto, procure um menor

    return mid_z
```

A função divide os intervalos em dois várias vezes até chegar a um *Z* suficientemente próximo da probabilidade desejada.

O Teorema do Limite Central

A distribuição normal é bastante útil devido ao *teorema do limite central*, segundo o qual uma variável aleatória definida como a média de uma grande quantidade de variáveis aleatórias independentes distribuídas identicamente é, aproximadamente, distribuída de modo normal.

Logo, se $x_1, ..., x_n$ são variáveis aleatórias com média μ e desvio-padrão σ (e se n é grande), então:

$$\frac{1}{n}(x_1 + ... + x_n)$$

Essa equação está distribuída de modo quase normal com a média μ e o desvio-padrão σ/n. Da mesma forma (essa abordagem é bem mais útil):

$$\frac{(x_1 + ... + x_n) - \mu n}{\sigma\sqrt{n}}$$

Essa está distribuída de modo bem próximo do normal com média 0 e desvio-padrão 1.

Para ficar mais claro, observe as variáveis aleatórias *binomiais*, que contêm dois parâmetros n e p. Uma variável aleatória Binomial(n,p) é a soma de n variáveis aleatórias Bernoulli(p) independentes, cada uma delas igual a 1 com probabilidade p e a 0 com probabilidade $1 - p$:

```
def bernoulli_trial(p: float) -> int:
    """Retorna 1 com probabilidade p e 0 com probabilidade 1-p"""
    return 1 if random.random() < p else 0
```

```
def binomial(n: int, p: float) -> int:
    """Retorna a soma de n trials bernoulli(p)"""
    return sum(bernoulli_trial(p) for _ in range(n))
```

A média de uma variável Bernoulli(*p*) é *p* e seu desvio-padrão, $\sqrt{p(1-p)}$. Segundo o teorema do limite central, à medida que *n* aumenta, a variável Binomial(*n,p*) se torna, aproximadamente, uma variável aleatória normal com a média $\mu = np$ e o desvio-padrão $\sigma = \sqrt{np(1-p)}$. Plotamos os dois para observar claramente a semelhança:

```
from collections import Counter

def binomial_histogram(p: float, n: int, num_points: int) -> None:
    """Seleciona pontos de um Binomial(n, p) e plota seu histograma"""
    data = [binomial(n, p) for _ in range(num_points)]

    # use um gráfico de barras para indicar as amostras de binomiais
    histogram = Counter(data)
    plt.bar([x - 0.4 for x in histogram.keys()],
            [v / num_points for v in histogram.values()],
            0.8,
            color='0.75')

    mu = p * n
    sigma = math.sqrt(n * p * (1 - p))

    # use um gráfico de linhas para indicar a aproximação normal
    xs = range(min(data), max(data) + 1)
    ys = [normal_cdf(i + 0.5, mu, sigma) - normal_cdf(i - 0.5, mu, sigma)
          for i in xs]
    plt.plot(xs,ys)
    plt.title("Binomial Distribution vs. Normal Approximation")
    plt.show()
```

Por exemplo, quando chamamos `make_hist(0.75, 100, 10000)`, criamos o gráfico da Figura 6-4.

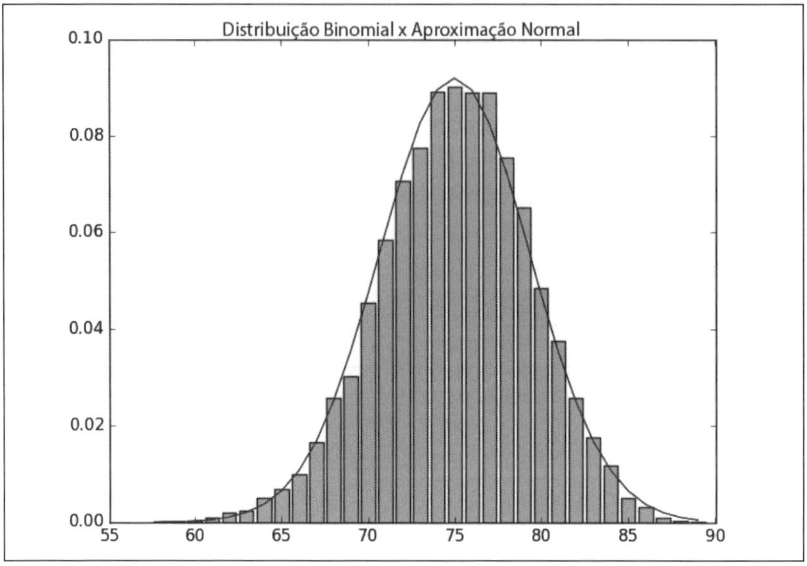

Figura 6-4. A saída de binomial_histogram

Essa aproximação é importante para, por exemplo, determinar a probabilidade de (digamos) obter 60 caras em 100 lançamentos de uma moeda honesta; aqui, você pode estimar a probabilidade de uma Normal(50,5) ser maior do que 60, bem mais fácil do que computar a CDF da Binomial(100,0.5). (Mas, na maioria das aplicações, usamos softwares de estatística que computam a probabilidade de qualquer coisa com um sorriso no rosto.)

Materiais Adicionais

- O scipy.stats (*https://docs.scipy.org/doc/scipy/reference/stats.html*) contém as funções PDF e CDF aplicáveis à maioria das distribuições de probabilidade mais utilizadas.
- No final do Capítulo 5, escrevi que é uma boa ideia ler um livro sobre estatística, lembra? Também é uma boa ideia ler um livro sobre probabilidade. Dos disponíveis online, o melhor que conheço é o *Introduction to Probability* (*http://www.dartmouth.edu/~chance/teaching_aids/books_articles/probability_book/book.html*), de Charles M. Grinstead e J. Laurie Snell (American Mathematical Society).

CAPÍTULO 7

Hipótese e Inferência

É um traço da pessoa muito inteligente o dar crédito a estatísticas.
—George Bernard Shaw

O que faremos com todas essas teorias sobre estatística e probabilidade? A *ciência* do data science muitas vezes formula e testa *hipóteses* sobre os dados e seus processos geradores.

Teste Estatístico de Hipóteses

Muitas vezes, os cientistas de dados fazem testes para confirmar se uma determinada hipótese é verdadeira. Para nós, as hipóteses são afirmações (do tipo "esta é uma moeda honesta", "os cientistas de dados preferem Python a R" e "é mais provável que as pessoas saiam da página sem ler o conteúdo quando surge um anúncio em uma janela pop-up com um botão de fechar pequeno e inacessível") que podem ser traduzidas em estatísticas sobre dados. Com base em diversas premissas, essas estatísticas expressam observações de variáveis aleatórias em distribuições conhecidas e viabilizam declarações sobre a probabilidade de exatidão das premissas em questão.

O esquema clássico contém a *hipótese nula* H0, que representa uma posição padrão, e uma hipótese H1 para comparação. Aplicamos a estatística para decidir se H0 é falsa ou não, o que ficará mais claro com um exemplo.

Exemplo: Lançando Uma Moeda

Imagine que queremos testar a honestidade de uma moeda. Partimos da premissa de que a moeda tem a probabilidade p de dar cara; então, a hipótese nula é de que a moeda seja honesta — ou seja, de que $p = 0.5$. Testaremos essa premissa em comparação com a hipótese alternativa $p \neq 0.5$.

Especificamente, o teste consistirá em *n* lançamentos da moeda e na contagem do número *X* de caras. Cada lançamento da moeda é um ensaio de Bernoulli, ou seja, *X* é uma variável aleatória Binomial(*n*,*p*), que (como vimos no Capítulo 6) podemos aproximar usando a distribuição normal:

```
from typing import Tuple import math

def normal_approximation_to_binomial(n: int, p: float) -> Tuple[float, float]:
    """Retorna mu e sigma correspondentes Binomial(n, p)"""
    mu = p * n
    sigma = math.sqrt(p * (1 - p) * n)
    return mu, sigma
```

Sempre que uma variável aleatória segue uma distribuição normal, é possível aplicar o `normal_cdf` para descobrir a probabilidade de o seu valor realizado estar contido (ou não) em um determinado intervalo:

```
from scratch.probability import normal_cdf

# O normal cdf _é_ a probabilidade de a variável estar abaixo de um limite
normal_probability_below = normal_cdf

# Está acima do limite se não está abaixo do limite
def normal_probability_above(lo: float,
                             mu: float = 0,
                            sigma: float = 1) -> float:
    """A probabilidade de que um N(mu, sigma) seja maior do que lo."""
    return 1 - normal_cdf(lo, mu, sigma)

# Está entre se é menor do que hi, mas não menor do que lo
def normal_probability_between(lo: float,
                               hi: float,
                               mu: float = 0,
                               sigma: float = 1) -> float:
    """A probabilidade de que um N(mu, sigma) esteja entre lo e hi."""
    return normal_cdf(hi, mu, sigma) - normal_cdf(lo, mu, sigma)

# Está fora se não está entre
def normal_probability_outside(lo: float,
                               hi: float,
                               mu: float = 0,
                               sigma: float = 1) -> float:
    """A probabilidade de que um N(mu, sigma) não esteja entre lo e hi."""
    return 1 - normal_probability_between(lo, hi, mu, sigma)
```

Também podemos fazer o contrário e encontrar a região fora do limiar ou o intervalo (simétrico) em torno da média que está associado a um determinado nível de probabilidade. Por exemplo, para encontrar o intervalo centrado na média que contém 60% da probabilidade, é preciso determinar os limiares inferiores e superiores que contêm, individualmente, 20% da probabilidade (deixando 60%):

```
from scratch.probability import inverse_normal_cdf

def normal_upper_bound(probability: float,
                       mu: float = 0,
                       sigma: float = 1) -> float:
    """Retorna o z para o qual P(Z <= z) = probabilidade"""
    return inverse_normal_cdf(probability, mu, sigma)

def normal_lower_bound(probability: float,
                       mu: float = 0,
                       sigma: float = 1) -> float:
    """Retorna o z para o qual P(Z >= z) = probabilidade"""
    return inverse_normal_cdf(1 - probability, mu, sigma)

def normal_two_sided_bounds(probability: float,
                            mu: float = 0,
                            sigma: float = 1) -> Tuple[float, float]:
    """
    Retorna os limites simétricos (relativos à
    média) que contêm a probabilidade especificada
    """
    tail_probability = (1 - probability) / 2

    # O limite superior deve estar abaixo de tail_probability
    upper_bound = normal_lower_bound(tail_probability, mu, sigma)

    # O limite inferior deve estar acima de tail_probability
    lower_bound = normal_upper_bound(tail_probability, mu, sigma)

    return lower_bound, upper_bound
```

Digamos que a moeda será lançada n = mil vezes. Se a hipótese de honestidade estiver correta, X estará distribuído, aproximadamente, de modo normal com média de 500 e desvio-padrão de 15.8:

```
mu_0, sigma_0 = normal_approximation_to_binomial(1000, 0.5)
```

Precisamos definir a *significância* — determinar nosso nível de disposição para obter um *erro tipo 1* ("falso positivo") e recusar a H_0 mesmo se ela for verdadeira. Por motivos já esquecidos em alguma gaveta do arquivo histórico, essa disposição costuma ser definida em 5% ou 1%. Aqui, escolheremos 5%.

O teste recusará H_0 se X estiver fora dos limites obtidos da seguinte forma:

```
# (469, 531)
lower_bound, upper_bound = normal_two_sided_bounds(0.95, mu_0, sigma_0)
```

Partindo da premissa de que p é igual a 0.5 (ou seja, que a H_0 é verdadeira), há uma probabilidade de apenas 5% de observarmos um X fora desse intervalo, exatamente a significância determinada. Em outras palavras, se a H_0 é verdadeira, então o teste indica o resultado correto em, aproximadamente, 19 de 20 vezes.

Também queremos determinar a *potência* do teste, a probabilidade de não ocorrer um *erro tipo 2*, que acontece quando falhamos na recusa de uma H_0 falsa. Para medir isso, temos que especificar o significado de uma H_0 falsa. (Saber que p não é 0.5 não fornece muitas informações sobre a distribuição de X.) Especificamente, queremos verificar o que acontece se p realmente for 0.55; nesse caso, a moeda estará levemente viciada em cara.

Aqui, podemos calcular a potência do teste da seguinte forma:

```
# limites de 95% baseados na premissa de que p é 0.5
lo, hi = normal_two_sided_bounds(0.95, mu_0, sigma_0)

# mu e sigma reais baseados em p = 0.55
mu_1, sigma_1 = normal_approximation_to_binomial(1000, 0.55)

# um erro tipo 2 ocorre quando falhamos em rejeitar a hipótese nula,
# o que ocorre quando X ainda está no intervalo original
type_2_probability = normal_probability_between(lo, hi, mu_1, sigma_1)
power = 1 - type_2_probability      # 0.887
```

Agora, imagine que a hipótese nula indica que a moeda não está viciada em cara, ou seja, que $p \leq 0.5$. Nesse caso, queremos um teste unilateral para rejeitar a hipótese nula quando X é muito maior que 50, mas não quando X é menor. Portanto, o teste de significância de 5% deve aplicar o `normal_probability_below` para encontrar o limiar que fica sobre a probabilidade de 95%:

```
hi = normal_upper_bound(0.95, mu_0, sigma_0)
# é 526 (< 531, já que precisamos de mais probabilidade na ponta superior)

type_2_probability = normal_probability_below(hi, mu_1, sigma_1) power = 1
- type_2_probability                 # 0.936
```

Esse teste tem uma potência maior, pois não recusa mais a H_0 quando X é menor do que 469 (algo muito improvável de acontecer se H_1 for verdadeiro); em vez disso, ele recusa a H_0 quando X está entre 526 e 531 (algo provável de acontecer se H_1 for verdadeiro).

p-Values

No teste anterior, também podemos aplicar os *p-values*. Em vez de escolher limites com base em um limiar de probabilidade, é possível computar a probabilidade — com base na premissa de que a H_0 é verdadeira — de observar um valor pelo menos tão extremo quanto o que já observamos de fato.

Computamos o teste bilateral da honestidade da moeda da seguinte forma:

```
def two_sided_p_value(x: float, mu: float = 0, sigma: float = 1) -> float:
    """
```

```
    Qual é a probabilidade de observar um valor pelo menos tão extremo
    quanto x (em qualquer direção) se os valores vêm de um N(mu, sigma)?
    ”””
    if x >= mu:
        # x é maior do que a média, então a coroa é qualquer valor maior do que x
        return 2 * normal_probability_above(x, mu, sigma)
    else:
        # x é menor do que a média, então a coroa é qualquer valor menor do que x
        return 2 * normal_probability_below(x, mu, sigma)
```

Computamos a observação de 530 caras da seguinte forma:

```
two_sided_p_value(529.5, mu_0, sigma_0)          # 0.062
```

Por que usamos `529.5` em vez de `530`? Devido à *correção de continuidade* (*http://en.wikipedia.org/wiki/Continuity_correction*). Esse procedimento indica que a `normal_probabil ity_between(529.5, 530.5, mu_0, sigma_0)` é uma melhor estimativa da probabilidade de observar 530 caras do que a `normal_probability_between(530, 531, mu_0, sigma_0)`.

Da mesma forma, a `normal_probability_above(529.5, mu_0, sigma_0)` é a melhor estimativa da probabilidade de observar pelo menos 530 caras. Observe que também usamos essa operação no código da Figura 6-4.

Para que a sensibilidade dessa estimativa fique clara, vamos a uma simulação:

```
import random

extreme_value_count = 0 for _ in range(1000):
    num_heads = sum(1 if random.random() < 0.5 else 0        # Conte o nº de caras
                    for _ in range(1000))                    # em mil lançamentos,
    if num_heads >= 530 or num_heads <= 470:                 # e conte as vezes em que
        extreme_value_count += 1                             # o nº é ‘extremo’

# o p-value era 0.062 => ~62 valores extremos em 1000
assert 59 < extreme_value_count < 65, f”{extreme_value_count}”
```

Como o *p-value* é maior do que a significância de 5%, não recusamos a hipótese nula. Se observamos 532 caras, então o *p-value* é:

```
two_sided_p_value(531.5, mu_0, sigma_0)          # 0.0463
```

Como esse valor é menor do que a significância de 5%, recusamos a hipótese nula aqui, embora o teste ainda seja exatamente o mesmo. Essa é apenas outra forma de abordar a estatística.

Da mesma forma, temos que:

```
upper_p_value = normal_probability_above
lower_p_value = normal_probability_below
```

Quando observamos 525 caras, computamos o teste unilateral da seguinte forma:

```
upper_p_value(524.5, mu_0, sigma_0) # 0.061
```

Aqui, não recusamos a hipótese nula. Para 527 caras, a computação é:

```
upper_p_value(526.5, mu_0, sigma_0) # 0.047
```

Aqui, recusamos a hipótese nula.

> Verifique se os dados estão distribuídos de modo quase normal antes de usar o `normal_probability_above` para computar os *p-values*. O data science tem uma caixa cheia de más recordações de pessoas dizendo que a probabilidade de um evento já observado ocorrer aleatoriamente é de um em um milhão, omitindo que partem da premissa de que os dados estão distribuídos normalmente. Vacilo total.
>
> Existem muitos testes estatísticos aplicáveis à normalidade, mas plotar os dados já é um bom começo.

Intervalos de Confiança

Até aqui, testamos hipóteses sobre o valor de *p* (a probabilidade de cara), um parâmetro da distribuição desconhecida dos resultados "cara". Nesse caso, também é possível construir um intervalo de confiança em torno do valor observado do parâmetro.

Por exemplo, podemos estimar a probabilidade de uma moeda viciada ao analisar o valor médio das variáveis Bernoulli correspondentes a cada lançamento — 1 para cara, 0 para coroa. Se observamos 525 caras em mil lançamentos, então estimamos *p* em 0.525.

Qual é o nosso *nível de confiança* nessa estimativa? Bem, quando sabemos o valor exato de *p*, segundo o teorema do limite central (confira a respectiva seção neste livro), a média das variáveis Bernoulli deve ser aproximadamente normal, com a média *p* e o seguinte desvio-padrão:

```
math.sqrt(p * (1 - p) / 1000)
```

Aqui, como não sabemos o valor de *p*, usamos nossa estimativa:

```
p_hat = 525 / 1000
mu = p_hat
sigma = math.sqrt(p_hat * (1 - p_hat) / 1000)    # 0.0158
```

Embora esse método não seja totalmente seguro, as pessoas costumam fazer isso. Aplicando a aproximação normal, concluímos que temos um "nível de confiança de 95%" na afirmação de que o seguinte intervalo contém o parâmetro verdadeiro *p*:

```
normal_two_sided_bounds(0.95, mu, sigma)        # [0.4940, 0.5560]
```

> Essa declaração diz respeito ao *intervalo* e não a *p*. Pense nela como a afirmação de que, se o experimento for repetido muitas vezes, em 95% delas o parâmetro "verdadeiro" (igual em todas as vezes) estará dentro do intervalo de confiança observado (que pode variar a cada vez).

Logo, não determinamos que a moeda é viciada, já que 0.5 está dentro do intervalo de confiança.

Se tivéssemos observado 540 caras, a situação seria:

```
p_hat = 540 / 1000
mu = p_hat
sigma = math.sqrt(p_hat * (1 - p_hat) / 1000) # 0.0158
normal_two_sided_bounds(0.95, mu, sigma) # [0.5091, 0.5709]
```

Aqui, a "moeda honesta" não está no intervalo de confiança. (A hipótese da "moeda honesta" não é verdadeira por que não passa no teste aplicado em 95% das vezes.)

p-Hacking

O procedimento que rejeita erroneamente a hipótese nula em apenas 5% das vezes — por extensão — rejeitará erroneamente a hipótese nula em 5% das vezes:

```
from typing import List

def run_experiment() -> List[bool]:
    """"Lança uma moeda honesta mil vezes, True = heads, False = tails""""
    return [random.random() < 0.5 for _ in range(1000)]

def reject_fairness(experiment: List[bool]) -> bool:
    """Usando os níveis de significância de 5%""""
    num_heads = len([flip for flip in experiment if flip])
```

```
    return num_heads < 469 or num_heads > 531

random.seed(0)
experiments = [run_experiment() for _ in range(1000)]
num_rejections = len([experiment
                      for experiment in experiments
                      if reject_fairness(experiment)])

assert num_rejections == 46
```

Isso indica que, quando tentamos encontrar resultados "significativos", muitas vezes chegamos a eles. Teste um número suficiente de hipóteses no conjunto de dados; certamente, você achará uma significativa. Se remover os outliers certos, você provavelmente terá um *p-value* abaixo de 0.05. (Fizemos algo vagamente parecido com isso na seção "Correlação" do Capítulo 5; deu para perceber?)

Essa abordagem às vezes é chamada de *p-hacking* (*https://www.nature.com/news/scientific-method-statistical-errors-1.14700*), um tipo de consequência da "inferência baseada no método dos *p-values*". Confira o excelente artigo de Jacob Cohen que critica essa abordagem, "The Earth is Round" (*http://www.iro.umontreal.ca/~dift3913/cours/papers/ cohen1994_The_earth_is_round.pdf*).

Para ser um bom *cientista*, determine as hipóteses antes de verificar os dados, limpe os dados sem pensar nas hipóteses e tenha em mente que os *p-values* não substituem o bom senso. (Uma outra abordagem é a "Inferência Bayesiana", que veremos mais adiante.)

Exemplo: Executando um Teste A/B

Na DataSciencester, uma das suas principais atribuições é otimizar a experiência (ou, em bom português, induzir as pessoas a clicarem nos anúncios). Um dos anunciantes desenvolveu uma bebida energética voltada para cientistas de dados, e o vice-presidente de Publicidade precisa escolher entre o anúncio A ("que delícia!") e o anúncio B ("quase sem viés!").

Por ser um *cientista*, você decide executar um *experimento* que consiste em exibir aleatoriamente um dos anúncios e contar quantos visitantes do site clicam neles.

Se 990 de mil visualizadores clicarem no anúncio A e só 10 de mil visualizadores clicarem no B, você pode afirmar com confiança que A é melhor do que B. Entretanto e se as diferenças não forem tão acentuadas? Nesse caso, aplique a inferência estatística.

Digamos que N_A são as pessoas que visualizam o anúncio A e que n_A são as que clicam nele. Podemos pensar em cada visualização como um ensaio de Bernoulli em que p_A é a probabilidade de alguém clicar no anúncio A. Então (se N_A

for grande, o que é o caso aqui), sabemos que n_A/N_A é, aproximadamente, uma variável aleatória normal com média p_A e desvio-padrão $\sigma_A = \sqrt{p_A(1 - p_A)/N_A}$.

Da mesma forma, n_B/N_B é, aproximadamente, uma variável aleatória com média p_B e desvio-padrão $\sigma_B = \sqrt{p_B(1 - p_B)/N_B}$. No código, expressamos isso da seguinte forma:

```
def estimated_parameters(N: int, n: int) -> Tuple[float, float]:
    p = n / N
    sigma = math.sqrt(p * (1 - p) / N)
    return p, sigma
```

Se partimos da premissa de que as duas normais são independentes (o que parece razoável, já que os ensaios de Bernoulli individuais devem ser), então sua diferença também deve ser normal com a média $p_B - p_A$ e o desvio-padrão $\sqrt{\sigma_A^2 + \sigma_B^2}$.

> Isso é meio que trapacear. A matemática só funciona desse jeito se você *conhece* os desvios-padrão. Aqui, estamos fazendo estimativas com base nos dados, ou seja, deveríamos usar a distribuição *t*. Mas, em conjuntos de dados grandes, isso não faz tanta diferença.

Logo, podemos testar a *hipótese nula* de que p_A e p_B são iguais (ou seja, que $p_B - p_A$ é igual a zero) aplicando a estatística:

```
def a_b_test_statistic(N_A: int, n_A: int, N_B: int, n_B: int) -> float:
    p_A, sigma_A = estimated_parameters(N_A, n_A)
    p_B, sigma_B = estimated_parameters(N_B, n_B)
    return (p_B - p_A) / math.sqrt(sigma_A ** 2 + sigma_B ** 2)
```

Esse valor será, aproximadamente, uma normal padrão.

Por exemplo, se "que delícia" recebe 200 cliques em mil visualizações e "quase sem viés" recebe 180 cliques em mil visualizações, então a estatística é:

```
z = a_b_test_statistic(1000, 200, 1000, 180)    # -1.14
```

A probabilidade de observar essa grande diferença se a média for igual será:

```
two_sided_p_value(z)                            # 0.254
```

Esse valor é tão grande que não podemos definir se há alguma diferença. Por outro lado, se "quase sem viés" receber somente 150 cliques, temos que:

```
z = a_b_test_statistic(1000, 200, 1000, 150)    # -2.94
two_sided_p_value(z)                            # 0.003
```

Isso indica que há somente uma probabilidade de 0.003 de observar essa grande diferença se os anúncios forem igualmente eficazes.

Inferência Bayesiana

Os procedimentos que vimos até aqui consistem em fazer declarações de probabilidade sobre os *testes*. Por exemplo: "Há apenas uma probabilidade de 3% de observar uma estatística tão extrema se a hipótese nula for verdadeira."

Uma abordagem alternativa à inferência é tratar os parâmetros desconhecidos como variáveis aleatórias. O analista (é, você mesmo!) parte de uma *distribuição anterior* para definir os parâmetros e usa os dados observados e o teorema de Bayes para atualizar a *distribuição posterior* desses parâmetros. Em vez de emitir declarações de probabilidade sobre os testes, avaliamos a probabilidade dos parâmetros.

Por exemplo, quando o parâmetro desconhecido é uma probabilidade (como no exemplo da moeda), costumamos usar uma anterior baseada na *distribuição Beta*, que coloca todas as probabilidades entre 0 e 1:

```
def B(alpha: float, beta: float) -> float:
    """Uma constante normalizadora para a qual a probabilidade total é 1"""
    return math.gamma(alpha) * math.gamma(beta) / math.gamma(alpha + beta)

def beta_pdf(x: float, alpha: float, beta: float) -> float:
    if x <= 0 or x >= 1:          # nenhum peso fora de [0, 1]
        return 0
    return x ** (alpha - 1) * (1 - x) ** (beta - 1) / B(alpha, beta)
```

Em geral, essa distribuição centraliza seu peso em:

```
alpha / (alpha + beta)
```

E, quanto maiores forem `alpha` e `beta`, mais "estreita" será a distribuição.

Por exemplo, se `alpha` e `beta` são iguais a 1, a distribuição é uniforme (centrada em 0.5, ela será muito dispersa). Se `alpha` é muito maior do que `beta`, a maior parte do peso fica perto de 1. E, se `alpha` for muito menor do que `beta`, a maior parte do peso fica perto de 0. A Figura 7-1 mostra várias distribuições Beta.

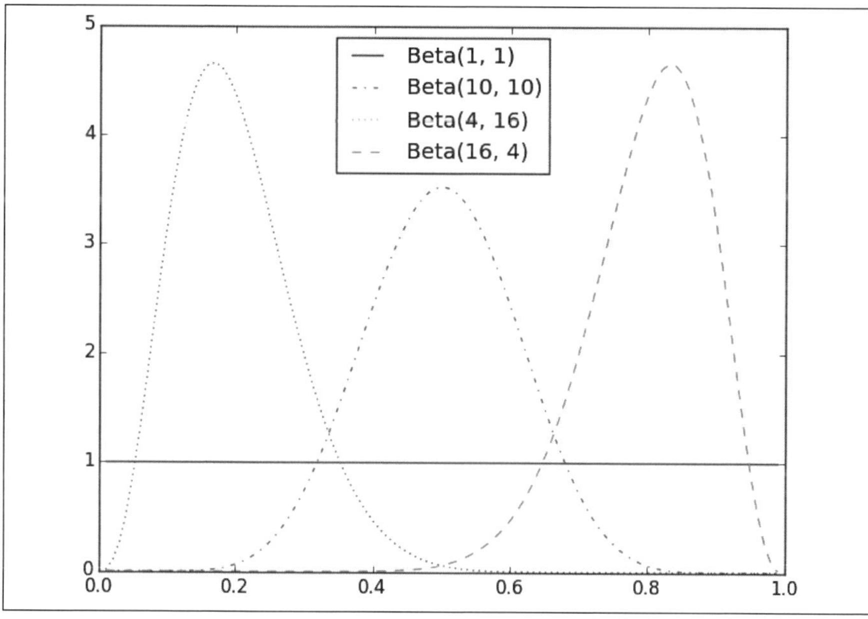

Figura 7-1. Exemplos de distribuições Beta

Imagine que partimos de uma distribuição anterior em *p*. Talvez não seja o caso de afirmar que a moeda é honesta; então, definimos `alpha` e `beta` como iguais a 1. Ou talvez haja uma forte convicção de que a moeda dá cara em 55% das vezes; nesse caso, definimos `alpha` como 55 e `beta` como 45.

Em seguida, lançamos a moeda várias vezes e observamos *h* caras e *t* coroas. Segundo o teorema de Bayes (e outros cálculos maçantes demais para explicar aqui), a distribuição posterior de *p* é, novamente, uma distribuição Beta, mas com os parâmetros `alpha + h` e `beta + t`.

Não é coincidência que a distribuição posterior seja novamente uma distribuição Beta. O número de caras é indicado por uma distribuição Binomial, e a Beta é a *conjugada anterior* (*http://www.johndcook.com/blog/conjugate_prior_diagram/*) à distribuição Binomial. Ou seja, sempre que atualizar uma Beta anterior usando observações da binomial correspondente, você terá uma Beta posterior.

Imagine que a moeda é lançada 10 vezes, dando 3 caras. Se você partiu de uma anterior uniforme (o que equivale a não afirmar nada sobre a honestidade da moeda), a distribuição posterior é uma Beta(4, 8), centrada perto de 0.33. Como todas as probabilidades foram igualadas, seu palpite está bem perto da probabilidade observada.

Se você partiu de uma Beta(20, 20) (por acreditar que a moeda era razoavelmente honesta), a distribuição posterior é uma Beta(23, 27), centrada perto de 0.46; isso reformula o palpite anterior, pois indica que talvez a moeda tenha uma leve tendência para coroa.

E, se você começou com uma Beta(30, 10) (por acreditar que a moeda tinha uma tendência de 75% para caras), a distribuição posterior é uma Beta(33, 17), centrada perto de 0.66. Nesse caso, você ainda acredita na tendência para caras, mas menos do que antes. Essas três distribuições posteriores estão plotadas na Figura 7-2.

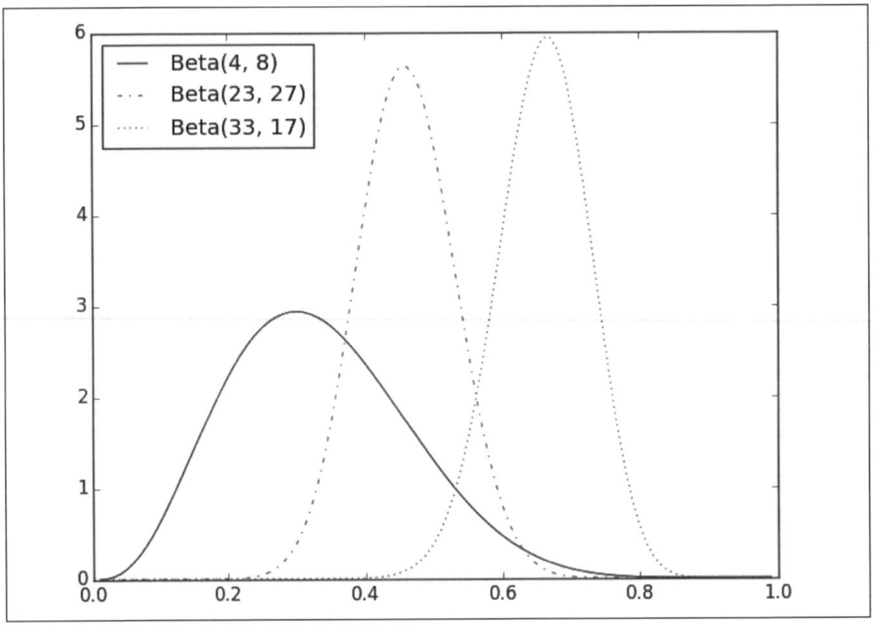

Figura 7-2. Posteriores baseadas em diferentes anteriores

À medida que lançamos a moeda mais vezes, a anterior vai perdendo a importância até que, eventualmente, temos (quase) a mesma distribuição posterior, seja qual tenha sido a anterior inicial.

Por exemplo, não importa a tendência inicialmente atribuída à moeda, é difícil acreditar nela depois de observar mil caras em 2 mil lançamentos (a menos que você tenha escolhido uma anterior do tipo Beta(1000000,1); nesse caso, procure um psiquiatra).

O mais interessante nisso tudo é a possibilidade de fazer declarações de probabilidade sobre hipóteses: "Com base na anterior e nos dados observados, há uma chance de apenas 5% de a probabilidade da moeda dar cara estar entre 49% e 51%". Filosoficamente, isso é muito diferente de uma declaração do tipo: "Se a moeda for honesta, devemos observar dados muito extremos em apenas 5% das vezes."

Há uma certa controvérsia em torno da aplicação da inferência Bayesiana no teste de hipóteses — em parte, porque os cálculos às vezes são complexos, mas também devido à escolha subjetiva da anterior. Não a aplicaremos neste livro, porém é bom conhecer o tema.

Materiais Adicionais

- Mal passamos da porta no que diz respeito aos conhecimentos que você deve adquirir sobre inferência estatística. Os livros recomendados no final do Capítulo 5 se aprofundam nesse tema;
- O Coursera oferece o curso Data Analysis and Statistical Inference (*https://www.coursera.org/course/statistics*), que aborda muitos tópicos pertinentes.

CAPÍTULO 8
Gradiente Descendente

Aqueles que se gabam das suas origens, enaltecem suas dívidas para com os outros.
—Sêneca

Na maior parte das vezes que praticamos o data science queremos definir o melhor modelo para uma determinada situação. E, geralmente, o "melhor" é o que "minimiza o erro das previsões" ou "maximiza a probabilidade dos dados". Ou seja, é a solução para um tipo de problema de otimização.

Logo, precisamos resolver problemas de otimização, e temos que resolvê-los do zero. Para isso, aplicaremos a técnica do *gradiente descendente*, a mais adequada aos propósitos deste livro. Você talvez não a considere muito interessante, mas ela viabilizará ações fascinantes ao longo do curso; portanto, relaxe.

A Ideia Central do Gradiente Descendente

Imagine uma função `f` cuja entrada é um vetor de números reais e cuja saída gera um número real. É uma função simples:

```
from scratch.linear_algebra import Vector, dot

def sum_of_squares(v: Vector) -> float:
    """Computa a soma de elementos quadrados em v"""
    return dot(v, v)
```

Muitas vezes, teremos que maximizar ou minimizar essas funções, ou seja, determinar a entrada `v` que produz o maior (ou menor) valor possível.

Em funções como essa, o *gradiente* (lembre-se das aulas de cálculo: o vetor das derivadas parciais) aponta a direção da entrada na qual a função cresce mais rapidamente. (Caso não se lembre das aulas de cálculo, confie em mim ou pesquise na internet.)

Da mesma forma, para maximizar uma função, é possível selecionar um ponto de partida aleatório, computar o gradiente, dar um pequeno passo na direção dele (isto é, na direção em que a função cresce mais) e repetir o procedimento com o novo ponto de partida. Você também pode minimizar uma função ao dar pequenos passos na direção *oposta*, como vemos na Figura 8-1.

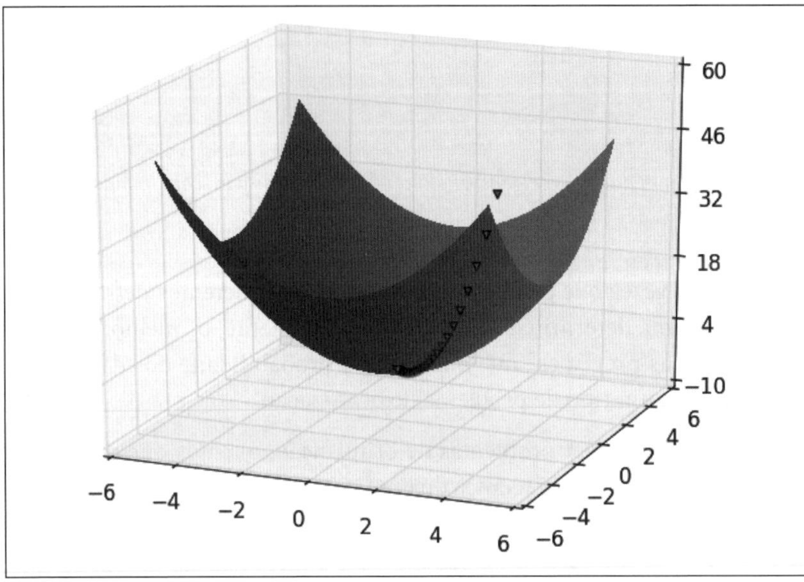

Figura 8-1. Encontrando mínimas com um gradiente descendente

> Se a função tiver só uma mínima global, esse procedimento provavelmente a encontrará. Mas, se a função tiver várias mínimas (locais), talvez o procedimento "encontre" a errada; nesse caso, pode ser necessário executá-lo novamente a partir de vários pontos de partida. Se a função não tiver mínima, talvez o procedimento rode eternamente.

Estimando o Gradiente

Se `f` é uma função com uma variável, sua derivada em um ponto `x` indica como `f(x)` muda quando alteramos `x` bem pouco. A derivada é definida como o limite do quociente das diferenças:

```
from typing import Callable
```

```
def difference_quotient(f: Callable[[float], float],
                        x: float,
                        h: float) -> float:
    return (f(x + h) - f(x)) / h
```

Isso ocorre à medida que h se aproxima de zero.

(Muitos alunos fogem do cálculo aterrorizados pela definição matemática de limite, que é bela, porém, de certa forma, intimidante. Aqui vamos trapacear e dizer apenas que o "limite" é o que você acha que ele é.)

A derivada é a inclinação da reta tangente em $(x, f(x))$, e o quociente das diferenças é a inclinação da reta secante que passa por $(x + h, f(x + h))$. À medida que h diminui, a reta secante se aproxima da reta tangente (Figura 8-2).

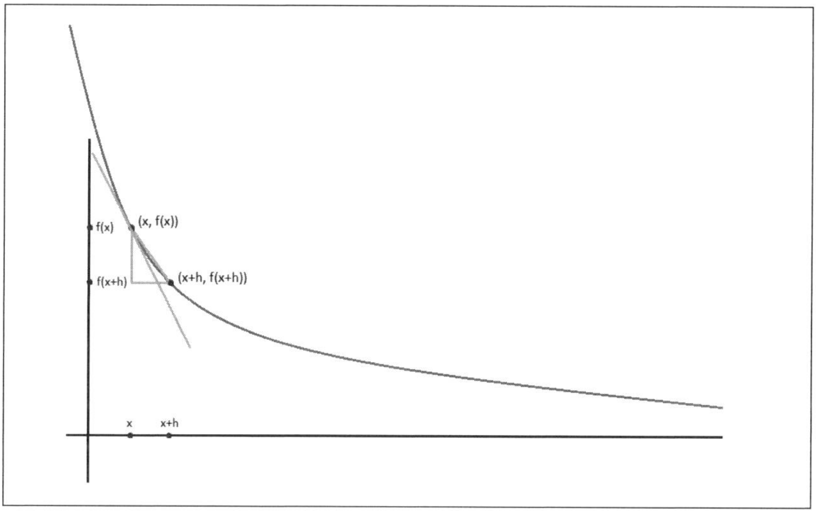

Figura 8-2. Aproximando uma derivada com o quociente das diferenças

Em muitas funções, é fácil calcular as derivadas com exatidão. Por exemplo, na função square:

```
def square(x: float) -> float:
    return x * x
```

A derivada é:

```
def derivative(x: float) -> float:
    return 2 * x
```

Isso é fácil de verificar: basta computar o quociente das diferenças e conferir o limite. (Aqui, a álgebra é mais avançada que a do ensino médio.)

E se você não conseguir (ou não quiser) determinar o gradiente? Embora não seja possível definir limites no Python, podemos estimar derivadas analisando o quociente das diferenças para um pequeno valor e. A Figura 8-3 mostra os resultados dessa estimativa:

```
xs = range(-10, 11)
actuals = [derivative(x) for x in xs]
estimates = [difference_quotient(square, x, h=0.001) for x in xs]

# plote para indicar que eles são essencialmente os mesmos
import matplotlib.pyplot as plt
plt.title("Actual Derivatives vs. Estimates")
plt.plot(xs, actuals, 'rx', label='Actual')  # vermelho x
plt.plot(xs, estimates, 'b+', label='Estimate') # azul +
plt.legend(loc=9)
plt.show()
```

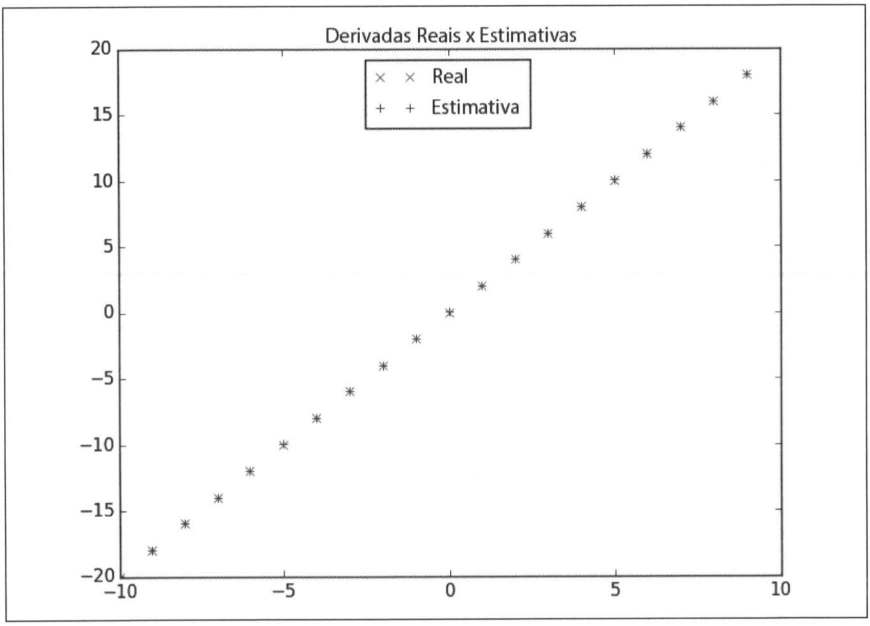

Figura 8-3. Uma boa aproximação pelo quociente das diferenças

Se f é uma função com muitas variáveis, ela tem múltiplas derivadas parciais, e cada uma delas indica como f muda quando fazemos pequenas alterações em uma das variáveis de entrada.

Para calcular a derivada parcial *i*, devemos tratá-la como uma função da variável *i* e considerar as outras variáveis como fixas:

```
def partial_difference_quotient(f: Callable[[Vector], float],
                                v: Vector,
```

```
                                i: int,
                                h: float) -> float:
    """Retorna o quociente parcial das diferenças i de f em v"""
    w = [v_j + (h if j == i else 0)        # adicione h somente ao elemento i de v
         for j, v_j in enumerate(v)]

    return (f(w) - f(v)) / h
```

Depois disso, estimamos o gradiente da mesma forma:

```
def estimate_gradient(f: Callable[[Vector], float],
                      v: Vector,
                      h: float = 0.0001):
    return [partial_difference_quotient(f, v, i, h)
            for i in range(len(v))]
```

> A maior desvantagem dessa abordagem de “fazer estimativas com o quociente das diferenças” é seu alto custo computacional. Se `v` tem um comprimento *n*, o `estimate_gradient` deve avaliar `f` em 2*n* entradas. Nesse esquema, estimar uma série de gradientes dá muito trabalho. Por isso, sempre realizaremos operações matemáticas para calcular as funções de gradiente.

Usando o Gradiente

É fácil conferir por que a função `sum_of_squares` expressa o mínimo quando sua entrada `v` é um vetor de zeros. Entretanto, imagine que não sabemos disso. Usaremos os gradientes para encontrar o mínimo entre os vetores tridimensionais. Selecionaremos um ponto de partida aleatório e daremos pequenos passos na direção oposta a do gradiente até atingir um ponto em que ele seja muito pequeno:

```
import random
from scratch.linear_algebra import distance, add, scalar_multiply

def gradient_step(v: Vector, gradient: Vector, step_size: float) -> Vector:
    """Move `step_size` na direção de `gradient` a partir de `v`"""
    assert len(v) == len(gradient)
    step = scalar_multiply(step_size, gradient)
    return add(v, step)

def sum_of_squares_gradient(v: Vector) -> Vector:
    return [2 * v_i for v_i in v]

# selecione um ponto de partida aleatório
v = [random.uniform(-10, 10) for i in range(3)]
```

```
for epoch in range(1000):
    grad = sum_of_squares_gradient(v)      # compute o gradiente em v
    v = gradient_step(v, grad, -0.01)      # dê um passo negativo para o gradiente
    print(epoch, v)

assert distance(v, [0, 0, 0]) < 0.001     # v deve ser próximo de 0
```

Se executar isso, você verá que ele sempre termina com um `v` muito próximo de`[0,0,0]`. A cada época, ele se aproximará mais.

Escolhendo o Tamanho Correto do Passo

Embora o afastamento em relação ao gradiente esteja claro, a distância ainda não foi definida. De fato, escolher o tamanho correto do passo é mais uma arte do que uma ciência. As opções mais populares são:

- Usar um passo de tamanho fixo;
- Diminuir gradualmente o tamanho do passo;
- A cada passo, escolher um tamanho que minimize o valor da função objetiva.

Essa última abordagem parece ótima, mas tem um alto custo computacional na prática. Para simplificar, usaremos passos de tamanho fixo. O "melhor" tamanho depende do problema — se o passo for pequeno demais, o gradiente descendente será eterno; se for grande demais, esses passos gigantes farão com que a função em questão cresça demais ou acabe ficando indefinida. Então, faremos alguns experimentos.

Usando o Gradiente Descendente para Ajustar Modelos

Neste livro, usaremos o gradiente descendente para ajustar os modelos parametrizados aos dados. Geralmente, os dados estarão em conjuntos e modelos (hipotéticos) que dependem (de maneira diferenciável) de um ou mais parâmetros. Além disso, teremos uma função de *perda* para medir a adequação do modelo aos dados. (Quanto menor, melhor.)

Se estabelecermos que os dados são fixos, nossa função de perda indicará a eficácia dos parâmetros de um determinado modelo. Assim, podemos usar o gradiente descendente para definir os parâmetros do modelo e reduzir ao máximo a perda. Vamos a um exemplo simples:

```
# x vai de -50 a 49, y é sempre 20 * x + 5
inputs = [(x, 20 * x + 5) for x in range(-50, 50)]
```

Nesse caso, *conhecemos* os parâmetros da relação linear entre `x` e `y`, mas imagine que queremos obtê-los a partir dos dados. Usaremos o gradiente descendente para encontrar a inclinação e o intercepto que minimizam o erro quadrático médio.

Começaremos com uma função que determina o gradiente com base no erro de apenas um ponto de dados:

```
def linear_gradient(x: float, y: float, theta: Vector) -> Vector:
    slope, intercept = theta
    predicted = slope * x + intercept    # A previsão do modelo.
    error = (predicted - y)               # O erro é (previsto - real).
    squared_error = error ** 2            # Vamos minimizar o erro quadrático
    grad = [2 * error * x, 2 * error]    # usando seu gradiente.
    return grad
```

Vamos analisar o significado desse gradiente. Imagine que, para `x`, a previsão é alta demais. Nesse caso, o `error` é positivo. O segundo termo do gradiente, `2 * error`, é positivo, indicando que pequenos aumentos no intercepto aumentarão ainda mais a previsão (que já é muito grande), o que, por sua vez, aumentará bastante o erro quadrático (para esse `x`).

O primeiro termo do gradiente, `2 * error * x`, tem o mesmo sinal que `x`. Com certeza, se `x` for positivo, pequenos aumentos na inclinação aumentarão novamente a previsão (e, portanto, o erro). Porém, se `x` for negativo, pequenos aumentos na inclinação diminuirão a previsão (e, portanto, o erro).

No entanto, essa computação foi para apenas um ponto de dados. Para o conjunto de dados como um todo, temos que calcular o *erro quadrático médio*, cujo gradiente é apenas a média dos gradientes individuais.

Então, faremos o seguinte:

1. Defina um valor aleatório para `theta`;
2. Compute a média dos gradientes;
3. Ajuste o `theta` nessa direção;
4. Repita o processo.

Depois de muitas *épocas* (cada passagem pelo conjunto de dados), determinamos algo parecido com os parâmetros corretos:

```
from scratch.linear_algebra import vector_mean

# Comece com valores aleatórios para a inclinação e o intercepto
theta = [random.uniform(-1, 1), random.uniform(-1, 1)]

learning_rate = 0.001
```

```
for epoch in range(5000):
    # Compute a média dos gradientes
    grad = vector_mean([linear_gradient(x, y, theta) for x, y in inputs])
    # Dê um passo nessa direção
    theta = gradient_step(theta, grad, -learning_rate)
    print(epoch, theta)

slope, intercept = theta
assert 19.9 < slope < 20.1,   "slope should be about 20"
assert 4.9 < intercept < 5.1, "intercept should be about 5"
```

Minibatch e Gradiente Descendente Estocástico

Uma desvantagem da abordagem anterior é a necessidade de avaliar os gradientes no conjunto de dados inteiro antes de dar um passo e atualizar os parâmetros. Nesse caso, correu tudo bem, porque o conjunto de dados tinha apenas 100 pares e a computação do gradiente foi barata.

No entanto, os modelos geralmente operam com grandes conjuntos de dados e cálculos de gradiente caros. Então, exigem passos de gradiente com mais frequência.

Para isso, usamos a técnica do *gradiente descendente por minibatch*, na qual definimos o gradiente (e damos um passo) com base em uma amostra, ou "minibatch", extraída do conjunto de dados total:

```
from typing import TypeVar, List, Iterator

T = TypeVar('T') # isso permite a inserção de funções "genéricas"

def minibatches(dataset: List[T],
                batch_size: int,
                shuffle: bool = True) -> Iterator[List[T]]:
    """Gera minibatches de tamanho `batch_size` a partir do conjunto de dados"""
    # inicie os índices 0, batch_size, 2 * batch_size, ...
    batch_starts = [start for start in range(0, len(dataset), batch_size)]

    if shuffle: random.shuffle(batch_starts) # classifique os batches aleatoriamente

    for start in batch_starts:
        end = start + batch_size
        yield dataset[start:end]
```

Com o `TypeVar(T)`, criamos uma função "genérica". Ele indica que o conjunto de dados pode ser uma lista de qualquer tipo —`strs`, `ints`, `lists` etc. — mas, em todos os casos, as saídas serão batches.

Agora, resolveremos o problema novamente usando minibatches:

```
theta = [random.uniform(-1, 1), random.uniform(-1, 1)]

for epoch in range(1000):
    for batch in minibatches(inputs, batch_size=20):
        grad = vector_mean([linear_gradient(x, y, theta) for x, y in batch])
        theta = gradient_step(theta, grad, -learning_rate)
    print(epoch, theta)

slope, intercept = theta
assert 19.9 < slope < 20.1,   “slope should be about 20”
assert 4.9 < intercept < 5.1, “intercept should be about 5”
```

Outra variação é o *gradiente descendente estocástico*, na qual damos passos de gradiente com base em um exemplo de treinamento de cada vez:

```
theta = [random.uniform(-1, 1), random.uniform(-1, 1)]

for epoch in range(100):
    for x, y in inputs:
        grad = linear_gradient(x, y, theta)
        theta = gradient_step(theta, grad, -learning_rate)
    print(epoch, theta)

slope, intercept = theta
assert 19.9 < slope < 20.1,   “slope should be about 20”
assert 4.9 < intercept < 5.1, “intercept should be about 5”
```

Nesse problema, o gradiente descendente estocástico encontra os parâmetros ideais em um número muito menor de épocas, mas não é tão simples. Quando damos passos de gradiente com base em minibatches pequenos (ou em pontos de dados únicos), obtemos mais informações, embora o gradiente de um ponto às vezes esteja em uma direção muito diferente do gradiente do conjunto de dados total.

Além disso, quando não calculamos tudo do zero com a álgebra linear, obtemos ganhos de desempenho com a “vetorização” das computações de batches, pois não precisamos computar cada ponto de gradiente.

Ao longo do livro, vamos nos divertir definindo tamanhos ideais para batches e passos.

> Não há consenso em torno da terminologia dos vários tipos de gradiente descendente. A abordagem de “computar o gradiente do conjunto de dados total” muitas vezes é chamada de *gradiente descendente por batch* [lote], mas há quem diga que o *gradiente descendente estocástico* é o que opera com minibatches (que tem uma versão específica para processar cada ponto).

Materiais Adicionais

- Continue lendo! Usaremos o gradiente descendente para resolver problemas ao longo do livro.
- Você já deve estar cansado das minhas recomendações de livros. Mas a boa notícia é que o *Active Calculus 1.0* (*https://scholarworks.gvsu.edu/books/10/*), de Matthew Boelkins, David Austin e Steven Schlicker (Grand Valley State University Libraries), parece ser bem melhor do que os livros de cálculo do meu tempo.
- Sebastian Ruder postou um material épico no blog dele (*http://ruder.io/optimizing-gradient-descent/index.html*), comparando o gradiente descendente e suas muitas variantes.

CAPÍTULO 9

Obtendo Dados

Demorei três meses para escrever, três minutos para criar e a vida inteira para coletar os dados.

—F. Scott Fitzgerald

Todo cientista de dados precisa obter dados. Na verdade, o cientista de dados dedica boa parte da vida a adquirir, limpar e transformar dados. Em caso de emergência, você pode inserir os dados pessoalmente (ou, melhor ainda, pedir para os estagiários), mas isso não é uma boa prática. Neste capítulo, veremos diferentes modos de inserir dados no Python e nos formatos adequados.

stdin e stdout

Ao executar os scripts do Python na linha de comando, você pode *canalizar* (pipe) os dados por meio deles usando `sys.stdin` e `sys.stdout`. Por exemplo, este é um script que lê linhas de texto e devolve as que correspondem a uma expressão regular:

```
# egrep.py
import sys, re

# sys.argv é a lista de argumentos da linha de comando
# sys.argv[0] é o nome do programa
# sys.argv[1] será o regex especificado na linha de comando
regex = sys.argv[1]

# para cada linha inserida no script
for line in sys.stdin:
    # se corresponder ao regex, escreva em stdout
    if re.search(regex, line):
        sys.stdout.write(line)
```

Este script conta as linhas recebidas e grava a contagem:

```
# line_count.py
import sys
```

```
count = 0
for line in sys.stdin:
    count += 1

# a impressão para sys.stdout
print(count)
```

Você pode usá-lo para contar as linhas de um arquivo que contêm números. No Windows, faça isto:

```
type SomeFile.txt | python egrep.py "[0-9]" | python line_count.py
```

Já no sistema Unix, faça isto:

```
cat SomeFile.txt | python egrep.py "[0-9]" | python line_count.py
```

O | é o caractere de pipe e significa "use a saída do comando à esquerda como a entrada do comando à direita". Com isso, você pode construir pipelines de processamento de dados bastante sofisticados.

> No Windows, você não precisa colocar a sintaxe do Python neste comando:
>
> ```
> type SomeFile.txt | egrep.py "[0-9]" | line_count.py
> ```
>
> No Unix, são necessárias mais etapas (*https://stackoverflow.com/questions/15587877/run-a-python-script-in-terminal-without-the-python-command*). Primeiro, adicione um "shebang" na primeira linha do script `#!/usr/bin/env python`. Em seguida, na linha de comando, insira `chmod` x egrep.py++ para deixar o arquivo executável.

Da mesma forma, este script conta as palavras na entrada e grava as mais comuns:

```
# most_common_words.py
import sys
from collections import Counter

# passe o número de palavras como primeiro argumento
try:
    num_words = int(sys.argv[1])
except:
    print("usage: most_common_words.py num_words")
    sys.exit(1)   # código de saída diferente de zero indica erro

counter = Counter(word.lower()                      # palavras em minúsculas
                  for line in sys.stdin
                  for word in line.strip().split()  # divida nos espaços
                  if word)                          # ignore palavras 'vazias'
```

```
for word, count in counter.most_common(num_words):
    sys.stdout.write(str(count))
    sys.stdout.write("\t")
    sys.stdout.write(word)
    sys.stdout.write("\n")
```

Depois disso, faça algo assim:

```
$ cat the_bible.txt | python most_common_words.py 10
36397       the
30031       and
20163       of
7154        to
6484        in
5856        that
5421        he
5226        his
5060        unto
4297        shall
```

(No Windows, use `type` em vez de `cat`.)

Caso você seja um programador experiente em Unix, deve conhecer as diversas ferramentas de linhas de comando do sistema operacional (por exemplo, `egrep`) e prefere utilizá-las a construir uma do zero. Ainda assim, é bom aprender a fazer isso.

Lendo Arquivos

Você também pode ler e gravar em arquivos diretamente no código. No Python, é muito fácil trabalhar com arquivos.

Noções Básicas sobre Arquivos de Texto

Para trabalhar com arquivos de texto, o primeiro passo é obter um *objeto de arquivo* usando `open`:

```
# 'r' significa somente leitura, é o padrão se não for definido
file_for_reading = open('reading_file.txt', 'r')
file_for_reading2 = open('reading_file.txt')

# 'w' é gravar -- destrói tudo que está no arquivo!
file_for_writing = open('writing_file.txt', 'w')

# 'a' é acrescentar -- adiciona algo ao final do arquivo
file_for_appending = open('appending_file.txt', 'a')

# não esqueça de fechar os arquivos quando acabar
file_for_writing.close()
```

Como é fácil esquecer de fechar os arquivos, sempre os utilize em um bloco `with`, pois eles serão fechados automaticamente ao final:

```
with open(filename) as f:
    data = function_that_gets_data_from(f)

# neste ponto, f já foi fechado, então não tente usá-lo
process(data)
```

Para ler um arquivo de texto inteiro, basta iterar nas linhas do arquivo usando `for`:

```
starts_with_hash = 0

with open('input.txt') as f:
    for line in f:                  # analise cada linha do arquivo
        if re.match("^#",line):     # use um regex para determinar se começa com '#'
            starts_with_hash += 1   # se sim, adicione 1 à contagem
```

Como toda linha obtida desse modo termina em um caractere de nova linha, você deve removê-lo antes de fazer qualquer coisa.

Por exemplo, imagine que você precisa gerar um histograma de domínios com um arquivo que contém uma lista de e-mails, um por linha. As regras para extrair os domínios corretamente são um pouco sutis (confira, por exemplo, a Public Suffix List em *https://publicsuffix.org*), porém uma boa forma de começar é pelas partes dos e-mails que vêm depois do @. (Obteremos a resposta errada em casos como *joel@mail.datasciencester.com*, mas paciência! Para os fins deste livro, o exemplo é interessante.)

```
def get_domain(email_address: str) -> str:
    """Divida em '@' e retorne o último trecho"""
    return email_address.lower().split("@")[-1]

# dois testes
assert get_domain('joelgrus@gmail.com') == 'gmail.com'
assert get_domain('joel@m.datasciencester.com') == 'm.datasciencester.com'

from collections import Counter

with open('email_addresses.txt', 'r') as f:
    domain_counts = Counter(get_domain(line.strip())
                            for line in f
                            if "@" in line)
```

Arquivos Delimitados

No arquivo com e-mails hipotéticos que acabamos de processar, há um endereço por linha, mas, diversas vezes, trabalhamos com arquivos que contêm muitos dados em cada linha. Eles são separados *por vírgulas* (comma-separated) ou *por tabulações* (tab-separated): cada linha tem diversos campos, e a vírgula (ou tabulação) indica onde um campo termina e o outro começa.

Isso fica complicado quando há campos com vírgulas, tabulações e newlines (eles sempre aparecem). Nunca tente analisá-los por conta própria. Em vez disso, use o módulo `csv` do Python (ou bibliotecas, como o pandas, capazes de ler arquivos separados por vírgulas ou tabulações).

Nunca analise um arquivo separado por vírgulas por conta própria. Você estragará os casos extremos!

Se o arquivo não tiver cabeçalho (indicando que cada linha deve ser uma `list` e que você precisa saber o conteúdo de cada coluna), use o `csv.reader` para iterar nas linhas de modo que cada uma delas gere uma lista separada de forma adequada.

Por exemplo, imagine que temos um arquivo delimitado por tabulações com preços de ações:

```
6/20/2014	AAPL	90.91
6/20/2014	MSFT	41.68
6/20/2014	FB	64.5
6/19/2014	AAPL	91.86
6/19/2014	MSFT	41.51
6/19/2014	FB	64.34
```

Podemos processá-los da seguinte forma:

```
import csv

with open('tab_delimited_stock_prices.txt') as f:
    tab_reader = csv.reader(f, delimiter='\t')
    for row in tab_reader:
        date = row[0]
        symbol = row[1]
        closing_price = float(row[2])
        process(date, symbol, closing_price)
```

Se o arquivo tiver cabeçalhos:

```
date:symbol:closing_price
6/20/2014:AAPL:90.91
6/20/2014:MSFT:41.68
6/20/2014:FB:64.5
```

É possível ignorar a linha de cabeçalho com uma chamada inicial para `reader.next` ou receber cada linha como um `dict` (usando os cabeçalhos como chaves) com o `csv.DictReader`:

```
with open('colon_delimited_stock_prices.txt') as f:
    colon_reader = csv.DictReader(f, delimiter=':')
```

```
    for dict_row in colon_reader:
        date = dict_row["date"]
        symbol = dict_row["symbol"]
        closing_price = float(dict_row["closing_price"])
        process(date, symbol, closing_price)
```

Mesmo se o arquivo não tiver cabeçalhos, você pode usar o `DictReader` passando as chaves como o parâmetro `fieldnames`.

Da mesma forma, é possível gravar os dados delimitados usando o `csv.writer`:

```
todays_prices = {'AAPL': 90.91, 'MSFT': 41.68, 'FB': 64.5 }

with open('comma_delimited_stock_prices.txt', 'w') as f:
    csv_writer = csv.writer(f, delimiter=',')
    for stock, price in todays_prices.items():
        csv_writer.writerow([stock, price])
```

O `csv.writer` sempre funciona quando os campos têm vírgulas. Um editor de texto convencional, não. Por exemplo:

```
results = [["test1", "success", "Monday"],
           ["test2", "success, kind of", "Tuesday"],
           ["test3", "failure, kind of", "Wednesday"],
           ["test4", "failure, utter", "Thursday"]]

# não faça isso!
with open('bad_csv.txt', 'w') as f: for row in results:
        f.write(",".join(map(str, row))) # talvez tenha muitas vírgulas!
        f.write("\n")                    # a linha também pode ter muitas newlines!
```

O arquivo *.csv* resultante será parecido com este:

```
test1,success,Monday
test2,success, kind of,Tuesday
test3,failure, kind of,Wednesday
test4,failure, utter,Thursday
```

Ninguém vai conseguir entender isso.

Extraindo Dados da Internet

Outra opção é extrair os dados de páginas da web. Fazer isso é muito fácil, mas obter informações estruturadas e significativas já é outra história.

HTML e Análise de Dados

As páginas da web são escritas em HTML, uma linguagem em que o texto (idealmente) é marcado em elementos e atributos:

```
<html>
  <head>
    <title>A web page</title>
  </head>
  <body>
    <p id="author">Joel Grus</p>
    <p id="subject">Data Science</p>
  </body>
</html>
```

Em um mundo perfeito, todas as páginas da web são marcadas semanticamente e podemos extrair dados usando regras como "encontre o elemento `<p>` cuja `id` é `subject` e retorne o texto que ele contém." Entretanto, no mundo real, o HTML não costuma ser bem formulado e nem, pior ainda, anotado. Por isso, precisamos de ajuda para entender a situação.

Para extrair dados do HTML, usaremos a biblioteca Beautiful Soup (*http://www.crummy.com/software/BeautifulSoup/*), que constrói uma árvore com os vários elementos da página da web e fornece uma interface simples de acesso a eles. Neste momento, a versão mais recente é a Beautiful Soup 4.6.0, que será utilizada neste livro. Também usaremos a biblioteca Requests (*http://docs.python-requests.org/en/latest/*), uma maneira mais simpática de fazer solicitações ao HTTP do que os recursos do Python.

O analisador HTML interno do Python não é muito flexível, ou seja, nem sempre processa bem o HTML com falhas na formação. Por isso, precisamos instalar o analisador `html5lib`.

Confirme se está no ambiente virtual correto e instale as bibliotecas:

```
python -m pip install beautifulsoup4 requests html5lib
```

Para usar a Beautiful Soup, passamos uma string com HTML para a função `BeautifulSoup`. Nos exemplos, este será o resultado de uma chamada para `requests.get`:

```
from bs4 import BeautifulSoup
import requests

# Coloquei o arquivo HTML no GitHub. Para que a URL
# coubesse no livro, tive que dividi-la em duas linhas.
# Lembre-se de que as strings separadas por espaços em branco devem ser concatenadas
url = ("https://raw.githubusercontent.com/"
       "joelgrus/data/master/getting-data.html")
html = requests.get(url).text
soup = BeautifulSoup(html, 'html5lib')
```

Depois disso, podemos ir bem longe usando alguns métodos simples.

Geralmente, trabalharemos com objetos Tag, que correspondem às marcações (tags) da estrutura da página HTML.

Por exemplo, para encontrar a primeira tag <p> (e seu conteúdo), faça isto:

```
first_paragraph = soup.find('p')       # ou apenas soup.p
```

Para obter o conteúdo de texto de uma Tag, use a propriedade text:

```
first_paragraph_text = soup.p.text
first_paragraph_words = soup.p.text.split()
```

E, para extrair os atributos de uma tag, trate-a como um dict:

```
first_paragraph_id = soup.p['id']         # gera KeyError se não houver 'id'
first_paragraph_id2 = soup.p.get('id')    # retorna None se não houver 'id'
```

Para obter múltiplas tags ao mesmo tempo:

```
all_paragraphs = soup.find_all('p') # ou apenas soup('p')
paragraphs_with_ids = [p for p in soup('p') if p.get('id')]
```

Muitas vezes, você terá que encontrar tags com uma class específica:

```
important_paragraphs = soup('p', {'class' : 'important'})
important_paragraphs2 = soup('p', 'important')
important_paragraphs3 = [p for p in soup('p')
                         if 'important' in p.get('class', [])]
```

É possível combinar esses métodos para implementar uma lógica mais elaborada. Por exemplo, para encontrar todos os elementos <span> contidos em um elemento <div>, faça isto:

```
# Aviso: retornará o mesmo <span> várias vezes
# se ele estiver em vários <div>.
# Fique atento a esse caso.
spans_inside_divs = [span
                     for div in soup('div')      # para cada <div> na página
                     for span in div('span')]    # encontre cada <span> dentro dele
```

Podemos fazer muita coisa com esses poucos recursos. Para executar ações mais complicadas (ou por curiosidade), confira a documentação (*https:// www.crummy.com/software/BeautifulSoup/bs4/doc/*).

Claro, em geral, os dados importantes não são rotulados como class="important". É preciso analisar atentamente o HTML de origem, a lógica de seleção e os casos extremos para confirmar se os dados estão corretos. Vamos a um exemplo.

Exemplo: Monitorando o Congresso

O vice-presidente de Políticas da DataSciencester está apreensivo diante da possível regulamentação do setor de data science e solicitou a quantificação dos debates sobre o assunto no Congresso. Especialmente, você deve identificar todos os parlamentares cujos press releases mencionam a palavra "data" [dados].

Neste momento, há uma página com links para todos os sites dos parlamentares em *https://www.house.gov/representatives.*

Quando clicamos em "Exibir código-fonte da página", esses links aparecem da seguinte forma:

```
<td>
   <a href="https://jayapal.house.gov">Jayapal, Pramila</a>
</td>
```

Começaremos coletando todos os URLs com links na página:

```
from bs4 import BeautifulSoup
import requests

url = "https://www.house.gov/representatives"
text = requests.get(url).text
soup = BeautifulSoup(text, "html5lib")

all_urls = [a['href']
            for a in soup('a')
            if a.has_attr('href')]

print(len(all_urls)) # calculei 965, o que é demais
```

Isso retorna muitas URLs, mas as que queremos começam com *http://* ou *https://*, têm um nome e terminam com *.house.gov* ou *.house.gov/.*

É uma boa oportunidade para usar uma expressão regular:

```
import re

# Deve começar com http:// ou https://
# Deve terminar com .house.gov ou .house.gov/
regex = r"^https?://.*\.house\.gov/?$"

# Vamos escrever alguns testes!
assert re.match(regex, "http://joel.house.gov")
assert re.match(regex, "https://joel.house.gov")
assert re.match(regex, "http://joel.house.gov/")
assert re.match(regex, "https://joel.house.gov/")
assert not re.match(regex, "joel.house.gov")
assert not re.match(regex, "http://joel.house.com")
assert not re.match(regex, "https://joel.house.gov/biography")
```

```
# Agora, insira
good_urls = [url for url in all_urls if re.match(regex, url)]

print(len(good_urls)) # ainda 862 para mim
```

Os resultados ainda ultrapassam os 435 parlamentares, pois a lista contém muitas duplicatas. Usaremos o `set` para eliminá-las:

```
good_urls = list(set(good_urls))

print(len(good_urls)) # apenas 431 para mim
```

O congresso sempre tem alguns cargos vagos, e talvez haja um parlamentar sem site. Em todo caso, o resultado é bom. A maioria dos sites contém um link para os comunicados de imprensa (press releases). Por exemplo:

```
html = requests.get(‘https://jayapal.house.gov’).text
soup = BeautifulSoup(html, ‘html5lib’)

# Use um conjunto porque os links talvez surjam várias vezes.
links = {a[‘href’] for a in soup(‘a’) if ‘press releases’ in a.text.lower()}

print(links) # {‘/media/press-releases’}
```

Esse é um link relativo, logo, temos que lembrar do site de origem. Vamos extrair mais informações:

```
from typing import Dict, Set

press_releases: Dict[str, Set[str]] = {}

for house_url in good_urls:
    html = requests.get(house_url).text
    soup = BeautifulSoup(html, ‘html5lib’)
    pr_links = {a[‘href’] for a in soup(‘a’) if ‘press releases’
                                             in a.text.lower()}
    print(f“{house_url}: {pr_links}”)
    press_releases[house_url] = pr_links
```

Costuma ser falta de educação extrair informações dessa forma. A maioria dos sites tem um arquivo *robots.txt* que indica a frequência permitida para a extração (e os caminhos que não devem ser extraídos), mas não é preciso ser tão educado com o congresso.

Observe que há muitos termos como */media/press-releases* e *media-center/press-releases*, bem como outros endereços. Uma dessas URLs é *https:// jayapal.house.gov/media/press-releases.*

Lembre-se: o objetivo é identificar os congressistas cujos comunicados de imprensa citam a palavra “dados”. Então, escreveremos uma função um pouco mais geral para verificar se a página de comunicados de imprensa contém um termo específico.

No código-fonte do site, vemos que há um trecho de cada comunicado em uma tag <p>; então, usaremos isso na primeira tentativa:

```
def paragraph_mentions(text: str, keyword: str) -> bool:
    “““
    Retorna True se um <p> no texto mencionar {keyword}
    ”””
    soup = BeautifulSoup(text, ‘html5lib’)
    paragraphs = [p.get_text() for p in soup(‘p’)]

    return any(keyword.lower() in paragraph.lower()
               for paragraph in paragraphs)
```

Vamos escrever um teste rápido:

```
text = “““<body><h1>Facebook</h1><p>Twitter</p>”””
assert paragraph_mentions(text, “twitter”)       # está em um <p>
assert not paragraph_mentions(text, “facebook”)  # não está em um <p>
```

Agora, estamos prontos para encontrar os parlamentares certos e informar seus nomes ao vice-presidente:

```
for house_url, pr_links in press_releases.items():
    for pr_link in pr_links:
        url = f“{house_url}/{pr_link}”
        text = requests.get(url).text

        if paragraph_mentions(text, ‘data’):
            print(f“{house_url}”)
            break # fim da atividade em house_url
```

Minha função retornou uma lista com cerca de 20 parlamentares. Provavelmente, seus resultados serão diferentes.

> Quando analisamos várias páginas de comunicados de imprensa, observamos que a maioria contém apenas 5 ou 10 comunicados por página. Isso indica que só recuperamos os mais recentes de cada congressista. Uma solução mais completa é iterar nas páginas e recuperar o texto completo de cada comunicado de imprensa.

Using APIs

Muitos sites e serviços web têm *interfaces de programação de aplicativos* (APIs) para processar solicitações de dados em formato estruturado. Assim, ninguém tem o trabalho de extraí-los!

JSON e XML

Como o HTTP é um protocolo de transferência de texto, os dados solicitados por meio de uma API da web devem ser *serializados* em um formato de string. Geralmente, isso ocorre com o *JavaScript Object Notation* (JSON). Os objetos JavaScript são bem parecidos com os `dicts` do Python, o que facilita a interpretação das suas representações de strings:

```
{ "title" : "Data Science Book",
  "author" : "Joel Grus",
  "publicationYear" : 2019,
  "topics" : [ "data", "science", "data science"] }
```

Podemos analisar o JSON com o módulo `json` do Python. Especificamente, usaremos a função `loads`, que desserializa uma string representando um objeto JSON em um objeto Python:

```
import json
serialized = """{ "title" : "Data Science Book",
                  "author" : "Joel Grus",
                  "publicationYear" : 2019,
                  "topics" : [ "data", "science", "data science"] }"""

# analise o JSON para criar um dict do Python
deserialized = json.loads(serialized)
assert deserialized["publicationYear"] == 2019
assert "data science" in deserialized["topics"]
```

Às vezes, encontramos um provedor API de mau humor, que só fornece respostas em XML:

```
<Book>
  <Title>Data Science Book</Title>
  <Author>Joel Grus</Author>
  <PublicationYear>2014</PublicationYear>
  <Topics>
    <Topic>data</Topic>
    <Topic>science</Topic>
    <Topic>data science</Topic>
  </Topics>
</Book>
```

A Beautiful Soup obtém dados do XML da mesma forma como extrai do HTML; confira mais informações na documentação.

Usando uma API Não Autenticada

Hoje em dia, a maioria das APIs exige autenticação antes do uso. Não temos nada contra essa política, mas ela cria muitos clichês extras que distorcem a exposição.

Portanto, vamos primeiro conferir a API do GitHub (*http://developer.github.com/v3/*), com a qual podemos praticar ações simples sem autenticação:

```
import requests, json

github_user = "joelgrus"
endpoint = f"https://api.github.com/users/{github_user}/repos"

repos = json.loads(requests.get(endpoint).text)
```

Aqui, `repos` é uma `list` de `dicts`, do Python; cada um deles representa um repositório público na minha conta do GitHub. (Fique à vontade para indicar seu usuário e obter os dados do seu repositório. É claro que você tem uma conta no Github. Não?)

Assim, é possível definir os meses e dias da semana com mais probabilidade de eu criar um repositório, porém há o problema de as datas na resposta serem strings:

```
"created_at": "2013-07-05T02:02:28Z"
```

Como o Python não tem um bom analisador de datas, instalaremos um:

```
python -m pip install python-dateutil
```

Aqui, você provavelmente só precisará da função `dateutil.parser.parse`:

```
from collections import Counter
from dateutil.parser import parse

dates = [parse(repo["created_at"]) for repo in repos]
month_counts = Counter(date.month for date in dates)
weekday_counts = Counter(date.weekday() for date in dates)
```

Da mesma forma, é possível obter as linguagens dos meus cinco últimos repositórios:

```
last_5_repositories = sorted(repos,
                             key=lambda r: r["pushed_at"],
                             reverse=True)[:5]

last_5_languages = [repo["language"]
                    for repo in last_5_repositories]
```

Geralmente, não trabalharemos com APIs nesse nível tão baixo de "faça as solicitações e analise as respostas por conta própria". Uma das vantagens do Python é que já foram criadas bibliotecas para quase todas as APIs razoavelmente úteis. As boas bibliotecas evitam muitos problemas na compreensão dos detalhes mais complexos do acesso às APIs. (As ruins ou baseadas em versões extintas das APIs correspondentes às vezes causam imensas dores de cabeça.)

No entanto, como talvez seja necessário instalar uma biblioteca de acesso à API (ou, mais provável, resolver uma falha em outra biblioteca), é bom aprender algumas coisas.

Encontrando APIs

Para obter dados de um site específico, procure informações na seção "desenvolvedores" ou "API" e, para encontrar bibliotecas, pesquise na web por "python <nome do site> api".

Há bibliotecas para a API do Yelp, para a API do Instagram, para a API do Spotify etc.

Se você está procurando uma lista de APIs com wrappers do Python, há uma boa do Real Python no GitHub (*https://github.com/realpython/list-of-python-api-wrappers*).

E, se nada mais der certo, há sempre a opção da extração, o último refúgio do cientista de dados.

Exemplo: Usando as APIs do Twitter

O Twitter é um fonte de dados incrível. Na plataforma, você pode obter notícias em tempo real, medir as reações aos eventos atuais, encontrar links relacionados a tópicos específicos etc. Há usos quase infinitos para o Twitter, contanto que você tenha acesso aos dados. E, para isso, é preciso utilizar as APIs.

Para interagir com as APIs do Twitter, usaremos a biblioteca Twython (*https://github.com/ryanmcgrath/twython*) (`python -m pip install twython`). Há muitas bibliotecas Python para o Twitter, mas me dei melhor com essa. Fique à vontade para explorar outras!

Obtendo Credenciais

Para usar as APIs do Twitter, você precisa de algumas credenciais (logo, precisa de uma conta no Twitter, que também servirá para fazer parte da dinâmica e receptiva comunidade #datascience).

> Como todas as instruções relacionadas a sites que eu não administro, talvez essas orientações logo fiquem obsoletas, mas espero que funcionem por algum tempo. (Na verdade, o site já mudou várias vezes desde a primeira edição. Boa sorte!)

Siga essas etapas:

1. Acesse *https://developer.twitter.com/*;
2. Se você não estiver logado, clique em Sign in e insira seu nome de usuário e senha;
3. Clique em Apply para solicitar uma conta de desenvolvedor;
4. Solicite acesso para uso pessoal;
5. Preencha o formulário de solicitação. É necessário escrever um texto com 300 palavras (é isso mesmo!) sobre o motivo do acesso. Então, aí vai uma sugestão: fale sobre esse livro e que está gostando bastante dele;
6. Espere um tempo indefinido;
7. Se você conhece alguém que trabalha no Twitter, envie um e-mail para essa pessoa perguntando se ela pode agilizar sua solicitação. Se não, continue esperando;
8. Assim que for aprovado, volte ao developer.twitter.com (*https://developer.twitter.com/*), encontre a seção "Apps" e clique em "Create an app";
9. Preencha os campos obrigatórios (novamente, para completar a descrição, fale sobre este livro e como ele é maravilhoso);
10. Clique em CREATE.

O aplicativo terá uma guia "Keys and tokens", com uma seção "Consumer API keys" que indica uma "API key" e uma "API secret key". Anote essas chaves, pois você precisará delas depois. (Muito cuidado com as chaves! Elas são como senhas.)

> Não compartilhe as chaves, não as coloque no seu livro e não as registre no seu repositório público do GitHub. Uma solução simples é armazená-las em um arquivo *credentials.json* que não passe por verificação e configurar o código para usar o `json.loads` para recuperá-las. Outra solução é armazená-las em variáveis de ambiente e usar o `os.environ` para recuperá-las.

Usando o Twython

A parte mais complexa de usar a API do Twitter é a autenticação. (Na verdade, essa é a maior dificuldade em muitas APIs.) Os provedores de API querem confirmar se você está autorizado a acessar os dados e que não excederá os limites de uso. Além disso, querem saber quem está acessando os dados.

A autenticação é maçante. Existe uma forma básica, o OAuth 2, que serve para pesquisas simples. E há uma forma complexa, o OAuth 1, solicitada em ações (por exemplo, tweets) e (mais interessante no nosso caso) conexões com o stream do Twitter.

Portanto, temos que lidar com a forma mais complicada, que será automatizada ao máximo possível.

Primeiro, você precisa da chave da API [API key] e da chave secreta da API [API secret key] (também conhecidas como chave do consumidor e segredo do consumidor, respectivamente). Aqui, obtenho as chaves das variáveis de ambiente, porém fique à vontade para fazer o que quiser:

```
import os

# Fique à vontade para inserir a chave e o segredo diretamente
CONSUMER_KEY = os.environ.get("TWITTER_CONSUMER_KEY")
CONSUMER_SECRET = os.environ.get("TWITTER_CONSUMER_SECRET")
```

Agora, podemos criar uma instância do cliente:

```
import webbrowser
from twython import Twython

# Configure um cliente temporário para recuperar uma URL de autenticação
temp_client = Twython(CONSUMER_KEY, CONSUMER_SECRET)
temp_creds = temp_client.get_authentication_tokens()
url = temp_creds['auth_url']

# Agora, acesse a URL para autorizar o aplicativo e obter um PIN
print(f"go visit {url} and get the PIN code and paste it below")
 webbrowser.open(url)
PIN_CODE = input("please enter the PIN code: ")

# Agora, usamos o PIN_CODE para obter os tokens reais
auth_client = Twython(CONSUMER_KEY,
                      CONSUMER_SECRET,
                      temp_creds['oauth_token'],
                      temp_creds['oauth_token_secret'])
final_step = auth_client.get_authorized_tokens(PIN_CODE)
ACCESS_TOKEN = final_step['oauth_token']
ACCESS_TOKEN_SECRET = final_step['oauth_token_secret']

# E obter uma nova instância do Twython com eles.
twitter = Twython(CONSUMER_KEY,
                  CONSUMER_SECRET,
                  ACCESS_TOKEN,
                  ACCESS_TOKEN_SECRET)
```

Aqui, é recomendável salvar o `ACCESS_TOKEN` e `ACCESS_TOKEN_SECRET` em um local seguro para evitar todo esse papo furado no futuro.

Com uma instância do Twython autenticada, podemos começar as pesquisas:

```
# Pesquise tweets que contenham a expressão "data science"
for status in twitter.search(q='"data science"')["statuses"]:
    user = status["user"]["screen_name"]
    text = status["text"]
    print(f"{user}: {text}\n")
```

Essa operação retorna tweets como estes:

```
haithemnyc: Data scientists with the technical savvy &amp; analytical chops to
derive meaning from big data are in demand. http://t.co/HsF9Q0dShP

RPubsRecent: Data Science http://t.co/6hcHUz2PHM

spleonard1: Using #dplyr in #R to work through a procrastinated assignment for
@rdpeng in @coursera data science specialization. So easy and Awesome.
```

Isso não é tão interessante, porque a API de pesquisa do Twitter só retorna alguns dos resultados mais recentes. No data science, geralmente, queremos um volume muito grande de tweets. Aqui, a Streaming API (*https://developer.twitter.com/en/docs/tutorials/consuming-streaming-data*) é útil. Com ela, você se conecta a (uma amostra) do ótimo firehose do Twitter. Faça a autenticação com seus tokens de acesso para usá-la.

Para acessar a Streaming API com o Twython, precisamos definir uma classe que herde de `TwythonStreamer` e que substitua o método `on_success` e, possivelmente, o método `on_error`:

```
from twython import TwythonStreamer

# Acrescentar dados a uma variável global é um péssimo método
# mas simplifica bastante o exemplo
tweets = []

class MyStreamer(TwythonStreamer):
    def on_success(self, data):
        """
        O que fazer quando o Twitter enviar os dados?
        Aqui, os dados serão um dict do Python representando um tweet.
        """
        # Só queremos coletar tweets em inglês
        if data.get('lang') == 'en':
            tweets.append(data)
            print(f"received tweet #{len(tweets)}")

        # Pare quando o volume suficiente for coletado
        if len(tweets) >= 100:
            self.disconnect()

    def on_error(self, status_code, data):
        print(status_code, data)
        self.disconnect()
```

O `MyStreamer` se conecta ao stream do Twitter e aguarda os dados. Sempre que recebe um volume (um tweet representado como um objeto Python, nesse caso), ele o insere no método `on_success`, que o acrescenta à lista de `tweets`, quando ele está em inglês, e desconecta o streamer após a coleta de mil tweets.

Só temos que inicializá-lo e ativar a execução:

```
stream = MyStreamer(CONSUMER_KEY, CONSUMER_SECRET,
                    ACCESS_TOKEN, ACCESS_TOKEN_SECRET)

# começa a consumir status públicos que contêm a palavra-chave 'data'
stream.statuses.filter(track='data')

# para começar a consumir uma amostra de *todos* os status públicos
# stream.statuses.sample()
```

A execução continuará até a coleta de cem tweets (ou até que surja um erro). Ao final, comece a analisar os tweets. Por exemplo, para encontrar as hashtags mais comuns, faça isto:

```
top_hashtags = Counter(hashtag['text'].lower()
                       for tweet in tweets
                       for hashtag in tweet["entities"]["hashtags"])

print(top_hashtags.most_common(5))
```

Cada tweet contém muitos dados. Você pode pesquisar por conta própria ou conferir a documentação da API do Twitter (*https://developer.twitter.com/en/docs/tweets/data- dictionary/overview/tweet-object*).

> Em um projeto real, não é uma boa ideia armazenar os tweets em uma `list` carregada na memória. Em vez disso, você deve salvá-los em um arquivo ou banco de dados para conservá-los permanentemente.

Materiais Adicionais

- O pandas (*http://pandas.pydata.org/*) é a biblioteca primária dos cientistas de dados ao trabalhar com dados — especialmente para importá-los;
- O Scrapy (*http://scrapy.org/*) é uma biblioteca completa para a criação de scrapers complexos, com funções como acesso a links desconhecidos;
- O Kaggle (*https://www.kaggle.com/datasets*) hospeda uma vasta coleção de conjuntos de dados;

CAPÍTULO 10
Trabalhando com Dados

Em geral, os especialistas têm mais dados que discernimento.
—Colin Powell

Trabalhar com dados é uma arte e uma ciência. Até aqui, vimos mais a parte científica, mas abordaremos um pouco da arte neste capítulo.

Explorando os Dados

Depois de definir perguntas interessantes e obter alguns dados, você ficará com vontade de ir mais longe e construir modelos para obter respostas. Entretanto, controle esse impulso. Primeiro, *explore* os dados.

Explorando Dados Unidimensionais

O caso mais simples é um conjunto de dados unidimensionais, uma simples coleção de números, como, por exemplo, o número médio de minutos que cada usuário passa no site, o número de visualizações de cada vídeo em uma coleção de tutoriais de data science e o número de páginas de cada livro sobre data science em uma biblioteca.

O primeiro passo (e o mais óbvio) é computar algumas estatísticas sumárias, como o número de pontos de dados, o menor, o maior, a média e o desvio-padrão.

No entanto, isso não fornece, necessariamente, uma boa compreensão. Uma boa ideia é criar um histograma para agrupar os dados em *buckets* discretos e contar quantos pontos entram em cada um deles:

```
from typing import List, Dict
from collections import Counter
import math

import matplotlib.pyplot as plt
```

```
def bucketize(point: float, bucket_size: float) -> float:
    """Coloque o ponto perto do próximo mínimo múltiplo de bucket_size"""
    return bucket_size * math.floor(point / bucket_size)

def make_histogram(points: List[float], bucket_size: float) -> Dict[float, int]:
    """Coloca os pontos em buckets e conta o número de pontos em cada bucket"""
    return Counter(bucketize(point, bucket_size) for point in points)

def plot_histogram(points: List[float], bucket_size: float, title: str = ""):
    histogram = make_histogram(points, bucket_size)
    plt.bar(histogram.keys(), histogram.values(), width=bucket_size)
    plt.title(title)
```

Por exemplo, veja os seguintes conjuntos de dados:

```
import random
from scratch.probability import inverse_normal_cdf

random.seed(0)

# uniforme entre -100 e 100
uniform = [200 * random.random() - 100 for _ in range(10000)]

# distribuição normal com média 0, desvio-padrão 57
normal = [57 * inverse_normal_cdf(random.random())
          for _ in range(10000)]
```

Ambos têm médias próximas de 0 e desvios-padrão próximos de 58, porém suas distribuições são bem diferentes. A Figura 10-1 mostra a distribuição de `uniform`:

```
plot_histogram(uniform, 10, "Uniform Histogram")
```

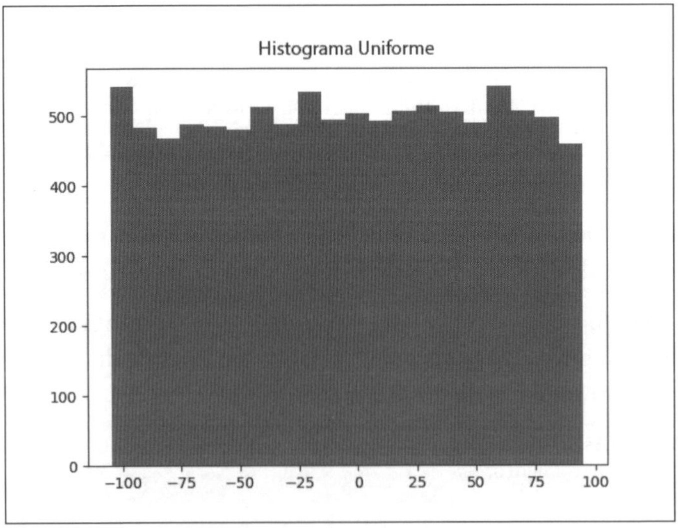

Figura 10-1. Histograma de uniform

Já a Figura 10-2 mostra a distribuição de `normal`:

```
plot_histogram(normal, 10, "Normal Histogram")
```

Nesse caso, as duas distribuições têm pontos `max` e `min` muito diferentes, mas determinar isso não é suficiente para *explicar* a diferença.

Duas Dimensões

Agora imagine um conjunto de dados com duas dimensões. Além dos minutos diários, você também tem os anos de experiência em data science. Certamente, é preciso entender cada dimensão individualmente, mas você também quer dispersar os dados.

Por exemplo, veja esse outro conjunto de dados falso:

```
def random_normal() -> float:
    """Retorna um ponto aleatório de uma distribuição normal padrão"""
    return inverse_normal_cdf(random.random())

xs = [random_normal() for _ in range(1000)]
ys1 = [ x + random_normal() / 2 for x in xs]
ys2 = [-x + random_normal() / 2 for x in xs]
```

Se você executar `plot_histogram` em `ys1` e `ys2`, criará gráficos muito parecidos (aliás, ambos serão distribuídos normalmente, com média e desvio-padrão iguais).

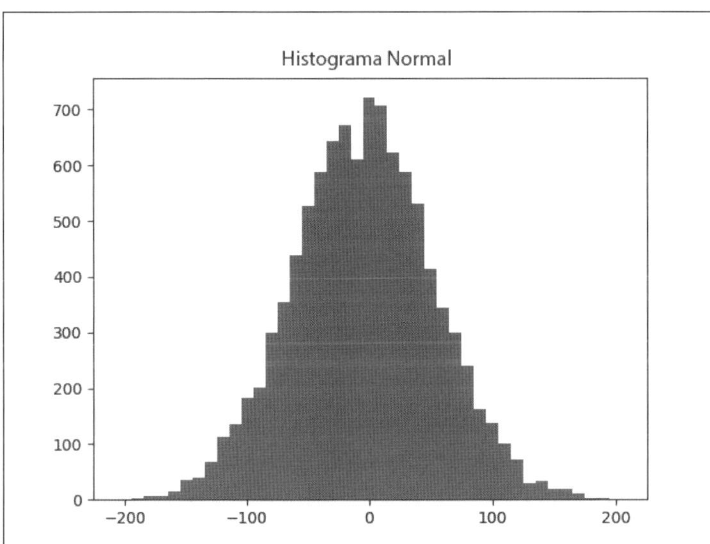

Figura 10-2. Histograma de normal

Entretanto, cada gráfico tem distribuições conjuntas bem diferentes com xs, como vemos na Figura 10-3:

```
plt.scatter(xs, ys1, marker='.', color='black', label='ys1')
plt.scatter(xs, ys2, marker='.', color='gray', label='ys2')
plt.xlabel('xs')
plt.ylabel('ys')
plt.legend(loc=9)
plt.title("Very Different Joint Distributions")
plt.show()
```

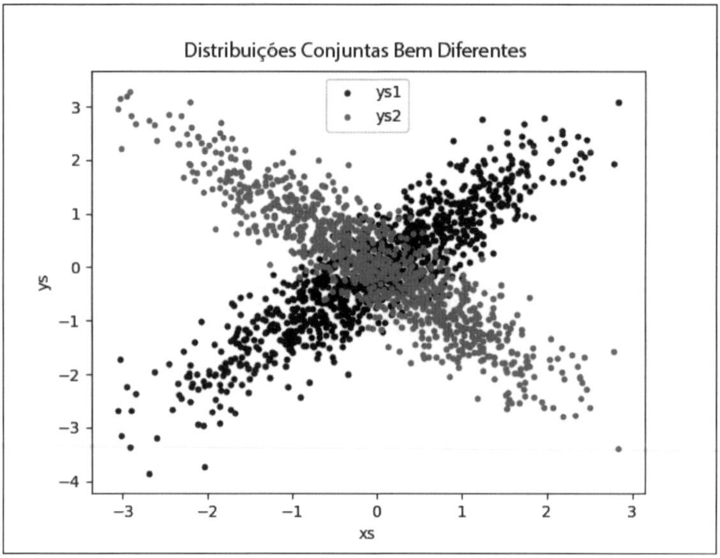

Figura 10-3. Dispersão de dois ys diferentes

Essa diferença também é aparente quando analisamos as correlações:

```
from scratch.statistics import correlation

print(correlation(xs, ys1))      # cerca de 0.9
print(correlation(xs, ys2))      # cerca de -0.9
```

Muitas Dimensões

Ao lidar com muitas dimensões, você deve determinar as relações entre elas. Uma abordagem simples é analisar a *matriz de correlação* (correlation matrix), na qual a entrada na linha *i* e na coluna *j* é a correlação entre a dimensão *i* e a dimensão *j* dos dados:

```
from scratch.linear_algebra import Matrix, Vector, make_matrix

def correlation_matrix(data: List[Vector]) -> Matrix:
    """
    Retorna a matriz len(data) x len(data), na qual a entrada
    (i,j) é a correlação entre data[i] e data[j]
    """
    def correlation_ij(i: int, j: int) -> float:
        return correlation(data[i], data[j])

    return make_matrix(len(data), len(data), correlation_ij)
```

Uma abordagem mais visual (quando não há muitas dimensões) é criar uma *matriz de gráfico de dispersão* (Figura 10-4) para indicar todos os pares de pontos nos gráficos de dispersão. Aqui, usaremos o `plt.subplots` para criar subgráficos a partir do gráfico de referência. Quando indicamos o número de linhas e colunas, ele retorna um objeto `figure` (que não usaremos) e um array bidimensional de objetos `axes` (com os quais criaremos os gráficos):

```
# corr_data é uma lista com quatro vetores 100-d
num_vectors = len(corr_data)
fig, ax = plt.subplots(num_vectors, num_vectors)

for i in range(num_vectors):
    for j in range(num_vectors):

        # Disperse a column_j no eixo x e a column_i no eixo y
        if i != j: ax[i][j].scatter(corr_data[j], corr_data[i])

        # a menos que i == j, nesse caso, mostre o nome da série
        else: ax[i][j].annotate("series " + str(i), (0.5, 0.5),
                                xycoords='axes fraction',
                                ha="center", va="center")

        # Em seguida, oculte os rótulos dos eixos, exceto pelos gráficos
        # à esquerda e na parte inferior
        if i < num_vectors - 1: ax[i][j].xaxis.set_visible(False)
        if j > 0: ax[i][j].yaxis.set_visible(False)

# Corrija os rótulos dos eixos no canto superior esquerdo e no canto inferior direito,
# pois só haverá texto nesses gráficos
ax[-1][-1].set_xlim(ax[0][-1].get_xlim())
ax[0][0].set_ylim(ax[0][1].get_ylim())

plt.show()
```

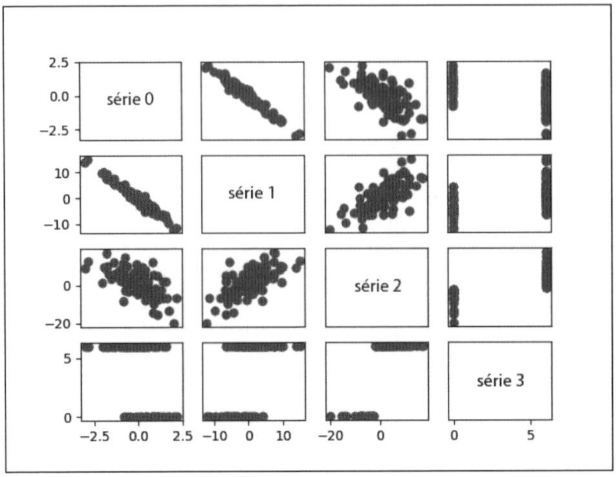

Figura 10-4. Matriz de gráfico de dispersão

Ao analisar os gráficos de dispersão, observe que a série 1 é muito negativamente correlacionada com a série 0, a série 2 é positivamente correlacionada com a série 1 e a série 3 somente aceita os valores 0 e 6, sendo que 0 corresponde aos valores pequenos da série 2; e 6, aos valores grandes.

Essa é uma forma rápida de sacar como as variáveis estão correlacionadas (você também pode passar horas mexendo no matplotlib para exibir as coisas de um jeito específico, mas isso não é muito rápido).

Usando NamedTuples

Uma forma comum de representar dados é com os `dicts`:

```
import datetime

stock_price = {'closing_price': 102.06,
               'date': datetime.date(2014, 8, 29),
               'symbol': 'AAPL'}
```

No entanto, há vários motivos para não recomendarmos esse procedimento. Como essa é uma representação ligeiramente ineficaz (um `dict` sempre causa alguma sobrecarga), se você tiver muitos preços de ações, eles ocuparão mais memória do que o necessário. Porém, em termos gerais, esse problema não é muito sério.

O maior problema é que acessar itens pela chave do `dict` tem grande propensão a erros. O código a seguir será executado sem erro, mas só reproduzirá o lapso:

```
# ops, erro de digitação
stock_price['cosing_price'] = 103.06
```

Finalmente, podemos fazer anotações de tipo em dicionários de uniformes:

```
prices: Dict[datetime.date, float] = {}
```

Mas não há nenhuma forma eficaz de anotar dicionários como estruturas de dados quando eles contêm muitos tipos de valores diferentes. Aqui, também perdemos o poder das dicas de tipos.

Como alternativa, o Python tem a classe `namedtuple`, parecida com uma `tuple`, mas com slots nomeados:

```
from collections import namedtuple

StockPrice = namedtuple(‘StockPrice’, [‘symbol’, ‘date’, ‘closing_price’])
price = StockPrice(‘MSFT’, datetime.date(2018, 12, 14), 106.03)

assert price.symbol == ‘MSFT’
assert price.closing_price == 106.03
```

Como as `tuples` regulares, as `namedtuples` são imutáveis, ou seja, você não pode modificar seus valores depois de criá-las. Vez ou outra, isso atrapalhará, mas, no geral, é uma boa propriedade.

Observe que ainda não resolvemos o problema da anotação de tipo. Para isso, usamos a variante tipada `NamedTuple`:

```
from typing import NamedTuple

class StockPrice(NamedTuple):
    symbol: str
    date: datetime.date
    closing_price: float

    def is_high_tech(self) -> bool:
        “““Como é uma classe, também podemos adicionar métodos”””
        return self.symbol in [‘MSFT’, ‘GOOG’, ‘FB’, ‘AMZN’, ‘AAPL’]

price = StockPrice(‘MSFT’, datetime.date(2018, 12, 14), 106.03)

assert price.symbol == ‘MSFT’
assert price.closing_price == 106.03
assert price.is_high_tech()
```

Agora, seu editor pode dar uma força, como pode ser visto na Figura 10-5.

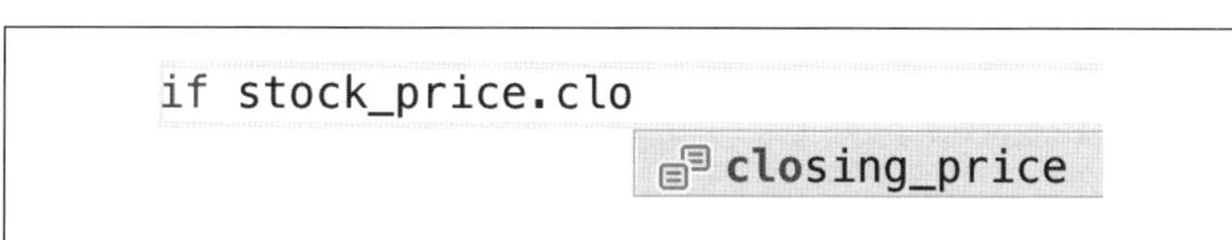

Figura 10-5. Um editor bem útil

Bem pouca gente usa o `NamedTuple` dessa forma, mas todos deveriam!

Dataclasses

As dataclasses são (mais ou menos) uma versão mutável da `NamedTuple`. (Digo "mais ou menos" porque a `NamedTuple` representa seus dados compactamente como tuplas, mas as dataclasses são apenas classes regulares do Python que geram alguns métodos automaticamente.)

As dataclasses são novos recursos do Python 3.7. Se você estiver usando uma versão mais antiga, esta seção não funcionará.

A sintaxe é bem parecida com a da `NamedTuple`. No entanto, em vez de herdar de uma classe base, usamos um decorador:

```
from dataclasses import dataclass

@dataclass
class StockPrice2:
    symbol: str
    date: datetime.date
    closing_price: float

    def is_high_tech(self) -> bool:
        """"Como é uma classe, também podemos adicionar métodos""""
        return self.symbol in ['MSFT', 'GOOG', 'FB', 'AMZN', 'AAPL']

price2 = StockPrice2('MSFT', datetime.date(2018, 12, 14), 106.03)

assert price2.symbol == 'MSFT'
assert price2.closing_price == 106.03
assert price2.is_high_tech()
```

Como vimos antes, aqui, a grande diferença é a possibilidade de modificar os valores de uma instância da dataclass:

```
# divida as ações
price2.closing_price /= 2
assert price2.closing_price == 51.03
```

Quando tentamos modificar um campo da versão `NamedTuple`, recebemos um `AttributeError`.

Isso também nos deixa suscetíveis aos erros que queremos evitar quando não usamos os `dicts`:

```
# Como essa é uma classe regular, adicione os novos campos da forma que quiser!
price2.cosing_price - 75 # oops
```

Não usaremos dataclasses, mas talvez você se depare com elas na selva do mundo real.

Limpando e Estruturando

No mundo real, os dados são *sujos*. Muitas vezes, você terá que trabalhar neles antes de usá-los. Vimos alguns exemplos disso no Capítulo 9. Temos que converter strings em `floats` ou `ints` antes de usá-las, e precisamos verificar se há valores ausentes, outliers e dados inválidos.

Anteriormente, fizemos isso antes de usar os dados:

```
closing_price = float(row[2])
```

Entretanto, é possível reduzir a propensão a erros se a análise for feita em uma função testável:

```
from dateutil.parser import parse

def parse_row(row: List[str]) -> StockPrice:
    symbol, date, closing_price = row
    return StockPrice(symbol=symbol,
                      date=parse(date).date(),
                      closing_price=float(closing_price))

# Agora, teste a função
stock = parse_row([“MSFT”, “2018-12-14”, “106.03”])

assert stock.symbol == “MSFT”
assert stock.date == datetime.date(2018, 12, 14)
assert stock.closing_price == 106.03
```

E se houver dados inválidos? Um valor "float" que não representa nenhum número? Você prefere receber um `None` a causar uma falha no programa?

```
from typing import Optional
import re

def try_parse_row(row: List[str]) -> Optional[StockPrice]:
    symbol, date_, closing_price_ = row
    # Os símbolos das ações devem estar em letras maiúsculas
    if not re.match(r“^[A-Z]+$”, symbol):
        return None
```

```
    try:
        date = parse(date_).date()
    except ValueError:
        return None

    try:
        closing_price = float(closing_price_)
    except ValueError:
        return None

    return StockPrice(symbol, date, closing_price)

# Deve retornar None em caso de erros
assert try_parse_row([“MSFT0”, “2018-12-14”, “106.03”]) is None
assert try_parse_row([“MSFT”, “2018-12--14”, “106.03”]) is None
assert try_parse_row([“MSFT”, “2018-12-14”, “x”]) is None

# Mas deve retornar o mesmo que antes se os dados forem válidos
assert try_parse_row([“MSFT”, “2018-12-14”, “106.03”]) == stock
```

Por exemplo, quando temos preços de ações delimitados por vírgulas com dados inválidos:

```
AAPL,6/20/2014,90.91
MSFT,6/20/2014,41.68
FB,6/20/3014,64.5
AAPL,6/19/2014,91.86
MSFT,6/19/2014,n/a
FB,6/19/2014,64.34
```

Agora, podemos ler e retornar apenas as linhas válidas:

```
import csv

data: List[StockPrice] = []

with open(“comma_delimited_stock_prices.csv”) as f:
    reader = csv.reader(f)
    for row in reader:
        maybe_stock = try_parse_row(row)
        if maybe_stock is None:
            print(f“skipping invalid row: {row}”)
        else:
            data.append(maybe_stock)
```

Em seguida, decidimos o que fazer com as inválidas. De modo geral, as três opções são eliminá-las, voltar à fonte para tentar corrigir os dados inválidos/ausentes ou não fazer nada e confiar na sorte. Quando temos uma linha ruim em meio a milhões, dificilmente haverá problema se ela for ignorada, mas, se metade das linhas tiverem dados inválidos, você precisa corrigi-las.

Um bom próximo passo é procurar outliers usando as técnicas indicadas na seção "Explorando os Dados" ou investigações ad hoc. Por exemplo, você observou que uma das datas no arquivo de ações trazia o ano 3014? Isso não gerará (necessariamente) um erro, mas está totalmente errado, e seus resultados serão malucos se a data não for ajustada. No mundo real, os conjuntos de dados têm pontos decimais ausentes, zeros a mais, erros tipográficos e inúmeros outros problemas que precisam ser identificados. (Talvez esse não seja oficialmente o seu trabalho, mas quem mais fará isso?)

Manipulando Dados

Uma das habilidades mais importantes do cientista de dados é saber como *manipular dados*. Porém, como se trata mais de uma abordagem geral do que de uma técnica específica, analisaremos somente alguns exemplos para você pegar o jeito da coisa.

Imagine um monte de dados sobre preços de ações parecidos com estes:

```
data = [
    StockPrice(symbol='MSFT',
               date=datetime.date(2018, 12, 24),
               closing_price=106.03),
    # ...
]
```

Faremos perguntas sobre esses dados. Ao longo do caminho, tentaremos identificar padrões e abstrair ferramentas para facilitar a manipulação.

Por exemplo, imagine que queremos determinar o maior preço de fechamento da AAPL. Vamos fazer isso em etapas concretas:

1. Selecione apenas as linhas AAPL;
2. Selecione o `closing_price` de cada linha;
3. Calcule o `max` desses preços.

Podemos executar as três etapas ao mesmo tempo usando uma compreensão:

```
max_aapl_price = max(stock_price.closing_price
                     for stock_price in data
                     if stock_price.symbol == "AAPL")
```

De modo geral, queremos determinar o maior preço de fechamento de cada ação no conjunto de dados. Podemos fazer o seguinte:

1. Crie um `dict` para controlar os preços mais altos (usaremos um `defaultdict` que retorna menos infinito para valores ausentes, pois todos os preços serão maiores que esse valor);

2. Itere nos dados, fazendo sua atualização.

Este é o código:

```
from collections import defaultdict

max_prices: Dict[str, float] = defaultdict(lambda: float('-inf'))

for sp in data:
    symbol, closing_price = sp.symbol, sp.closing_price
    if closing_price > max_prices[symbol]:
        max_prices[symbol] = closing_price
```

Agora, vamos fazer perguntas mais complicadas e determinar as maiores e menores alterações percentuais registradas em um dia no conjunto de dados. Como a alteração percentual é `price_today / price_yesterday - 1`, precisamos encontrar uma forma de associar o preço de hoje e o preço de ontem. Aqui, é possível agrupar os preços por símbolo. Depois, em cada grupo:

1. Classifique os preços por data;
2. Use o `zip` para formar pares (anteriores, atuais);
3. Converta os pares em novas linhas de "alteração percentual".

Para começar, agruparemos os preços por símbolo:

```
from typing import List
from collections import defaultdict

# Colete os preços por símbolo
prices: Dict[str, List[StockPrice]] = defaultdict(list)

for sp in data:
    prices[sp.symbol].append(sp)
```

Por serem tuplas, os preços serão classificados por campo: por símbolo, por data e por preço, nessa ordem. Ou seja, quando alguns preços tiverem o mesmo símbolo, o `sort` os classificará por data (e, depois, por preço, o que não significa nada, pois só temos um por data), atendendo ao nosso objetivo.

```
# Classifique os preços por data
prices = {symbol: sorted(symbol_prices)
          for symbol, symbol_prices in prices.items()}
```

Agora, calculamos uma sequência de alterações diárias:

```
def pct_change(yesterday: StockPrice, today: StockPrice) -> float:
    return today.closing_price / yesterday.closing_price - 1

class DailyChange(NamedTuple):
    symbol: str
    date: datetime.date
```

```
    pct_change: float

def day_over_day_changes(prices: List[StockPrice]) -> List[DailyChange]:
    """
    Presume que os preços são de uma ação e estão classificados
    """
    return [DailyChange(symbol=today.symbol,
                        date=today.date,
                        pct_change=pct_change(yesterday, today))
            for yesterday, today in zip(prices, prices[1:])]
```

Em seguida, coletamos todos:

```
all_changes = [change
               for symbol_prices in prices.values()
               for change in day_over_day_changes(symbol_prices)]
```

Nesse ponto, é fácil encontrar o maior e o menor valor:

```
max_change = max(all_changes, key=lambda change: change.pct_change)
# veja p. ex. http://news.cnet.com/2100-1001-202143.html
assert max_change.symbol == 'AAPL'
assert max_change.date == datetime.date(1997, 8, 6)
assert 0.33 < max_change.pct_change < 0.34

min_change = min(all_changes, key=lambda change: change.pct_change)
# veja p. ex. http://money.cnn.com/2000/09/29/markets/techwrap/
assert min_change.symbol == 'AAPL'
assert min_change.date == datetime.date(2000, 9, 29)
assert -0.52 < min_change.pct_change < -0.51
```

Agora, usaremos esse novo conjunto de dados `all_changes` para identificar o melhor mês para investir em ações de tecnologia. Analisaremos a alteração média diária de cada mês:

```
changes_by_month: List[DailyChange] = {month: [] for month in range(1, 13)}

for change in all_changes:
    changes_by_month[change.date.month].append(change)

avg_daily_change = {
    month: sum(change.pct_change for change in changes) / len(changes)
    for month, changes in changes_by_month.items()
}

# Outubro é o melhor mês
assert avg_daily_change[10] == max(avg_daily_change.values())
```

Realizaremos várias manipulações como essas ao longo do livro, mas, geralmente, não as destacaremos.

Redimensionamento

Muitas técnicas são sensíveis à *escala* dos dados. Por exemplo, imagine que temos um conjunto de dados com as alturas e pesos de centenas de cientistas de dados e queremos identificar *clusters* de portes físicos.

Intuitivamente, queremos que os clusters representem pontos próximos uns dos outros; logo, precisamos determinar a distância entre os pontos. Como já temos uma função euclidiana `distance`, uma abordagem natural seria tratar os pares (altura, peso) como pontos em um espaço bidimensional. Confira as pessoas listadas na Tabela 10-1.

Tabela 10-1. Alturas e pesos

Pessoa	Altura (polegadas)	Altura (centímetros)	Peso (libras)
A	63	160	150
B	67	170.2	160
C	70	177.8	171

Se medimos a altura em polegadas, então o vizinho mais próximo de B é A:

```
from scratch.linear_algebra import distance

a_to_b = distance([63, 150], [67, 160])        # 10.77
a_to_c = distance([63, 150], [70, 171])        # 22.14
b_to_c = distance([67, 160], [70, 171])        # 11.40
```

Mas, se medimos a altura em centímetros, então o vizinho mais próximo de B é C:

```
a_to_b = distance([160, 150], [170.2, 160])    # 14.28
a_to_c = distance([160, 150], [177.8, 171])    # 27.53
b_to_c = distance([170.2, 160], [177.8, 171])  # 13.37
```

Obviamente, o problema ocorre quando as alterações nas unidades mudam os resultados. Por isso, quando as dimensões não são comparáveis entre si, às vezes *redimensionamos* os dados para que cada dimensão tenha média 0 e desvio-padrão 1. Isso efetivamente elimina as unidades, pois converte as dimensões em "desvios-padrão da média".

Para começar, computaremos a `mean` e o `standard_deviation` de cada posição:

```
from typing import Tuple

from scratch.linear_algebra import vector_mean
from scratch.statistics import standard_deviation

def scale(data: List[Vector]) -> Tuple[Vector, Vector]:
```

```
    """retorna a média e o desvio-padrão de cada posição"""
    dim = len(data[0])

    means = vector_mean(data)
    stdevs = [standard_deviation([vector[i] for vector in data])
              for i in range(dim)]

    return means, stdevs
vectors = [[-3, -1, 1], [-1, 0, 1], [1, 1, 1]]
means, stdevs = scale(vectors)
assert means == [-1, 0, 1]
assert stdevs == [2, 1, 0]
```

Agora, criamos um novo conjunto de dados:

```
def rescale(data: List[Vector]) -> List[Vector]:
    """
    Redimensiona os dados de entrada para que cada posição tenha média 0 e
    desvio-padrão 1. (Deixa a posição como está se o desvio-padrão for 0.)
    """
    dim = len(data[0])
    means, stdevs = scale(data)

    # Faça uma cópia de cada vetor
    rescaled = [v[:] for v in data]

    for v in rescaled:
        for i in range(dim):
            if stdevs[i] > 0:
                v[i] = (v[i] - means[i]) / stdevs[i]

    return rescaled
```

Claro, escreveremos um teste para confirmar se o redimensionamento funciona como esperado:

```
means, stdevs = scale(rescale(vectors))
assert means == [0, 0, 1]
assert stdevs == [1, 1, 0]
```

Como sempre, use seu bom senso. Se você filtrar apenas as pessoas com alturas entre 69.5 e 70.5 polegadas em um enorme conjunto de dados sobre alturas e pesos, muito provavelmente (dependendo da pergunta em questão) a variação resultante será apenas *ruído*, e talvez não seja uma boa ideia colocar esse desvio-padrão em pé de igualdade com os desvios das outras dimensões.

Um Comentário: tqdm

Muitas vezes, temos que fazer computações bastante demoradas. Nessas ocasiões, sempre queremos saber se estamos progredindo e quanto tempo ainda teremos que esperar.

Para isso, temos a biblioteca `tqdm`, que gera barras de progresso personalizadas. Como a usaremos muitas vezes daqui para frente, vamos aproveitar essa oportunidade para conferir como ela funciona.

Para começar, instale a biblioteca:

```
python -m pip install tqdm
```

Aqui, existem poucos recursos interessantes. Primeiro, um iterável encapsulado em `tqdm.tqdm` produzirá uma barra de progresso:

```
import tqdm

for i in tqdm.tqdm(range(100)):
    # faça algo devagar
    _ = [random.random() for _ in range(1000000)]
```

Isso produz uma saída parecida com esta:

```
56%|██████████████████████          | 56/100 [00:08<00:06, 6.49it/s]
```

Especificamente, mostra a fração já concluída do loop (mas isso não será possível se você estiver usando um gerador), o tempo de execução e o tempo previsto para o fim.

Nesse caso (em que estamos encapsulando uma chamada para `range`), basta inserir `tqdm.trange`.

Também é possível definir a descrição da barra de progresso durante a exibição. Para isso, capture o iterador `tqdm` em uma instrução `with`:

```
from typing import List

def primes_up_to(n: int) -> List[int]:
    primes = [2]

    with tqdm.trange(3, n) as t:
        for i in t:
            # i é primo se não for divisível por nenhum primo menor
            i_is_prime = not any(i % p == 0 for p in primes)
            if i_is_prime:
                primes.append(i)

            t.set_description(f"{len(primes)} primes"

    return primes

my_primes = primes_up_to(100_000)
```

Agora, adicionamos a descrição a seguir, com um counter atualizado de acordo com a identificação dos novos primos:

```
5116 primes: 50%|████████████          | 49529/99997 [00:03<00:03, 15905.90it/s]
```

Às vezes, a `tqdm` cria algumas falhas no código — a tela apresenta problemas ao atualizar e o loop para. E, quando você acidentalmente encapsula um loop `tqdm` em outro loop `tqdm`, os resultados podem sair esquisitos. No entanto, como os prós quase sempre superam os contras, vamos usá-la em todas as computações lentas.

Redução de Dimensionalidade

Às vezes, as dimensões "reais" (ou úteis) dos dados não correspondem às dimensões que conhecemos. Por exemplo, veja o conjunto de dados indicado na Figura 10-6.

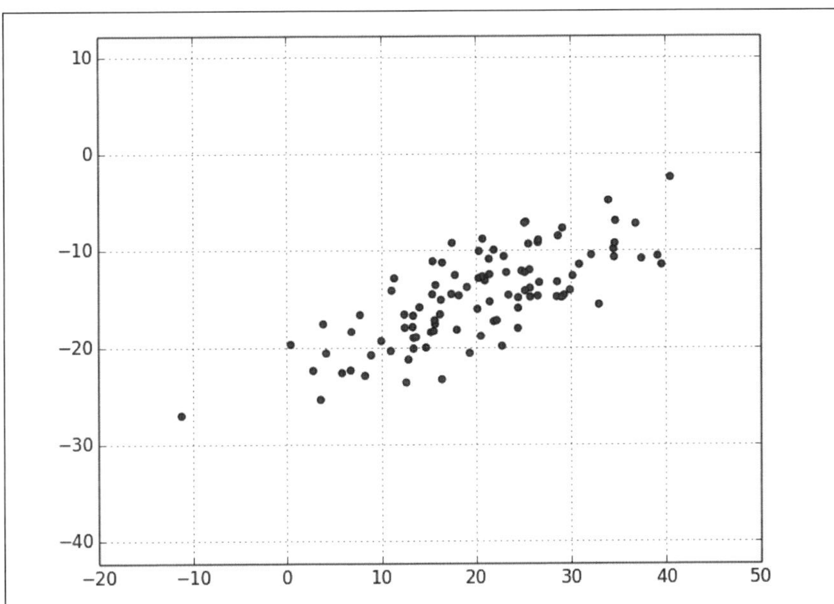

Figura 10-6. Dados com eixos "errados"

A maior parte da variação nos dados parece estar em uma única dimensão que não corresponde ao eixo x nem ao eixo y.

Nesse caso, usamos a técnica da *análise de componente principal* (PCA) para extrair uma ou mais dimensões que concentram a maior variação possível dos dados.

> Na prática, não é recomendável usar essa técnica em um conjunto de dados com tão poucas dimensões. A redução de dimensionalidade é mais útil quando o conjunto de dados tem um grande número de dimensões e queremos encontrar um pequeno subconjunto que capture a maior

parte da variação. Infelizmente, é difícil demonstrar esse caso em um livro de formato bidimensional.

Primeiro, traduziremos os dados para que cada dimensão tenha média 0:

```
from scratch.linear_algebra import subtract

def de_mean(data: List[Vector]) -> List[Vector]:
    """Centraliza novamente os dados para que todas as dimensões tenham média 0"""
    mean = vector_mean(data)
    return [subtract(vector, mean) for vector in data]
```

(Se não fizermos isso, as técnicas provavelmente identificarão a média em si e não a variação nos dados.)

A Figura 10-7 mostra os dados do exemplo após a redefinição da média.

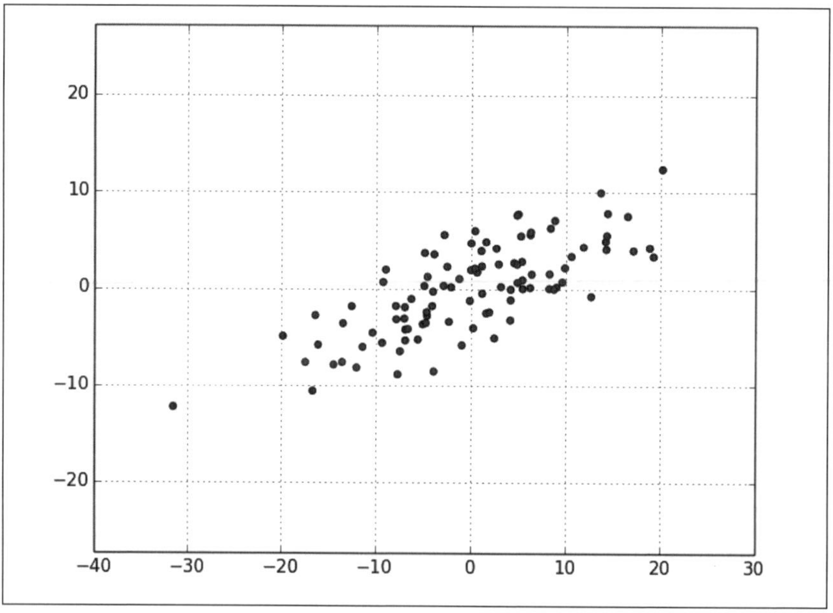

Figura 10-7. Dados após a redefinição da média

Agora, para uma matriz *X* com média redefinida, perguntamos qual é a direção que captura a maior variação nos dados.

Especificamente, considerando uma direção d (um vetor de magnitude 1), observamos que cada linha x na matriz estende o ponto (x, d) na direção d. E todo vetor w diferente de zero determina uma direção quando o redimensionamos para a magnitude 1:

```
from scratch.linear_algebra import magnitude

def direction(w: Vector) -> Vector:
    mag = magnitude(w)
    return [w_i / mag for w_i in w]
```

Portanto, considerando um vetor `w` diferente de zero, calculamos a variação do conjunto de dados na direção determinada por `w`:

```
from scratch.linear_algebra import dot

def directional_variance(data: List[Vector], w: Vector) -> float:
    """
    Retorna a variação de x na direção de w
    """
    w_dir = direction(w)
    return sum(dot(v, w_dir) ** 2 for v in data)
```

Encontraremos a direção que maximiza essa variação. Para isso, usaremos o gradiente descendente assim que tivermos a função de gradiente:

```
def directional_variance_gradient(data: List[Vector], w: Vector) -> Vector:
    """
    O gradiente da variação direcional em relação a w
    """
    w_dir = direction(w)
    return [sum(2 * dot(v, w_dir) * v[i] for v in data)
            for i in range(len(w))]
```

Agora, o primeiro componente importante que temos é a direção que maximiza a função `directional_variance`:

```
from scratch.gradient_descent import gradient_step

def first_principal_component(data: List[Vector],
                              n: int = 100,
                              step_size: float = 0.1) -> Vector:
    # Comece com um valor aleatório
    guess = [1.0 for _ in data[0]]

    with tqdm.trange(n) as t:
        for _ in t:
            dv = directional_variance(data, guess)
            gradient = directional_variance_gradient(data, guess)
            guess = gradient_step(guess, gradient, step_size)
            t.set_description(f"dv: {dv:.3f}")

    return direction(guess)
```

No conjunto de dados com média redefinida, isso retorna a direção `[0.924, 0.383]`, que parece capturar o eixo primário ao longo do qual os dados variam (Figura 10-8).

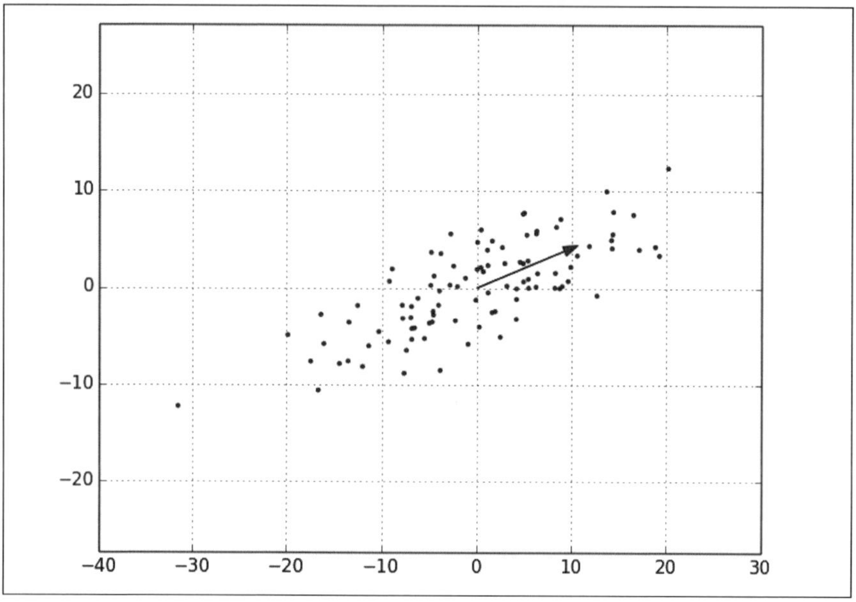

Figura 10-8. Primeiro componente importante

Depois de determinar a direção (primeiro componente importante), projetaremos os dados nela para encontrar os valores desse componente:

```
from scratch.linear_algebra import scalar_multiply

def project(v: Vector, w: Vector) -> Vector:
    """retorne a projeção de v na direção w"""
    projection_length = dot(v, w)
    return scalar_multiply(projection_length, w)
```

Para encontrar mais componentes, primeiro temos que remover as projeções dos dados:

```
from scratch.linear_algebra import subtract

def remove_projection_from_vector(v: Vector, w: Vector) -> Vector:
    """projeta v em w e subtrai o resultado de v"""
    return subtract(v, project(v, w))

def remove_projection(data: List[Vector], w: Vector) -> List[Vector]:
    return [remove_projection_from_vector(v, w) for v in data]
```

Como o conjunto de dados do exemplo é bidimensional, depois que removemos o primeiro componente, a estrutura restante será efetivamente unidimensional (Figura 10-9).

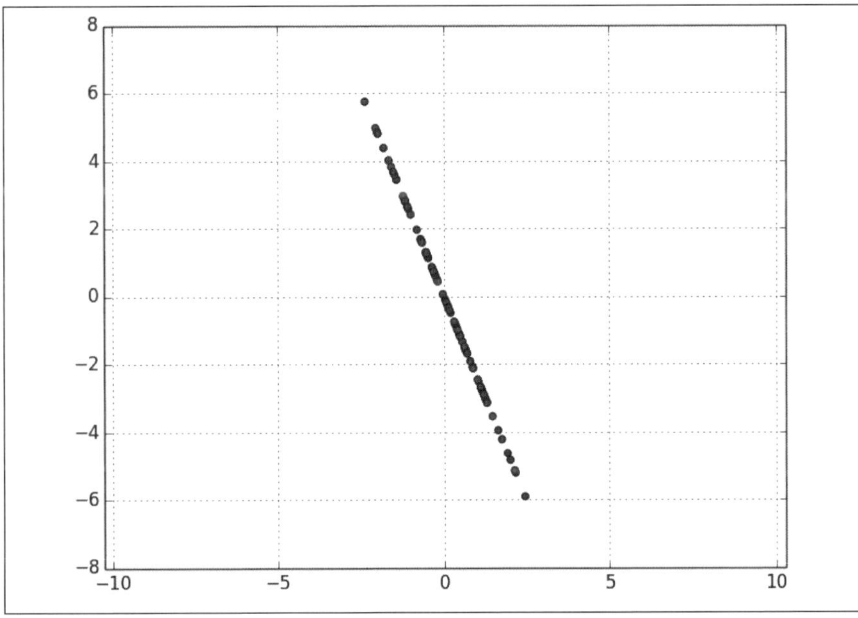

Figura 10-9. Dados após a remoção do primeiro componente importante

Nesse ponto, para encontrar o próximo componente importante, repetimos o processo no resultado de `remove_projection` (Figura 10-10).

Em um conjunto de dados com muitas dimensões, podemos fazer iterações para encontrar qualquer número de componentes:

```
def pca(data: List[Vector], num_components: int) -> List[Vector]:
    components: List[Vector] = []
    for _ in range(num_components):
        component = first_principal_component(data)
        components.append(component)
        data = remove_projection(data, component)

    return components
```

Depois, *transformamos* os dados no espaço com menos dimensões criado pelos componentes:

```
def transform_vector(v: Vector, components: List[Vector]) -> Vector:
    return [dot(v, w) for w in components]

def transform(data: List[Vector], components: List[Vector]) -> List[Vector]:
    return [transform_vector(v, components) for v in data]
```

Essa técnica é importante por alguns motivos. Primeiro, ajuda na limpeza dos dados, eliminando as dimensões de ruído e consolidando as dimensões altamente correlacionadas.

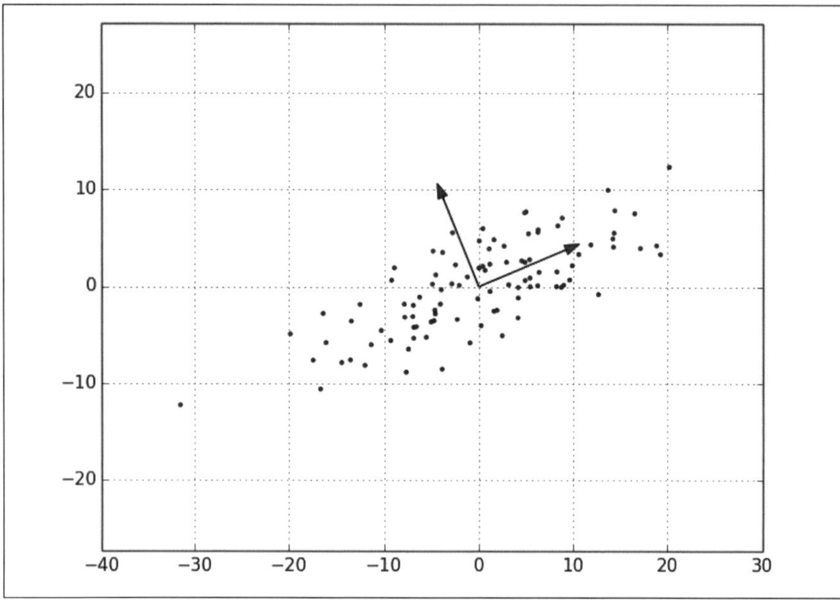

Figura 10-10. Dois primeiros componentes importantes

Segundo, depois de extrair uma representação com poucas dimensões dos dados, é possível aplicar uma variedade de técnicas que não funcionam tão bem em dados com muitas dimensões. Vamos conferir exemplos essas técnicas ao longo do livro.

Entretanto, embora sirva para criar modelos melhores, essa técnica, às vezes, dificulta a interpretação deles. É fácil compreender conclusões como "cada ano de experiência adiciona, em média, US$10 mil ao salário". Mas "cada aumento de 0.1 no terceiro componente importante adiciona, em média, US$10 mil ao salário" já é bem mais difícil de entender.

Materiais Adicionais

- Como vimos no final do Capítulo 9, o pandas (*http://pandas.pydata.org/*) é a principal ferramenta Python para limpar, estruturar, manipular e trabalhar com dados. Todos os exemplos feitos manualmente neste capítulo são bem simples de criar com o pandas. O livro *Python Para Análise de Dados* (Novatec), de Wes McKinney, é o melhor material para aprender a usá-lo;
- O scikit-learn contém várias funções de decomposição de matrizes (*https://scikit-learn.org/stable/modules/classes.html#module-sklearn.decomposition*), incluindo o PCA.

CAPÍTULO 11

Aprendizado de Máquina

Estou sempre disposto a aprender, mas nem sempre gosto de ser ensinado.

—Winston Churchill

Muitos acham que o foco do data science é o aprendizado de máquina e que os cientistas de dados passam o dia inteiro criando, treinando e ajustando modelos de aprendizado de máquina. (Embora essas pessoas geralmente não saibam o que *é* aprendizado de máquina.) Na verdade, o data science geralmente serve para transformar problemas empresariais em problemas de dados e coletar, entender, limpar e formatar dados; logo, o aprendizado de máquina é praticamente um bônus. Mesmo assim, é uma área interessante e essencial que você deve conhecer para praticar o data science.

Modelagem

Antes de abordar o aprendizado de máquina, temos que falar sobre *modelos*.

O que é um modelo? Um modelo é uma especificação de uma relação matemática (ou probabilística) entre diferentes variáveis.

Por exemplo, ao captar recursos para sua rede social, você pode criar um modelo de negócios (provavelmente, em uma planilha) que receba entradas como "número de usuários", "receita de anúncios por usuário" e "número de funcionários" e produza, como saída, o lucro anual para os próximos anos. Um livro de receitas é um modelo que relaciona entradas, como "número de pessoas" e "nível de fome", com as quantidades de ingredientes. Se você já assistiu aos campeonatos de pôquer na televisão, sabe que a "probabilidade de vitória" de cada jogador é estimada em tempo real por um modelo baseado nas cartas já reveladas e naquelas que ainda estão no baralho.

Provavelmente, o modelo de negócios se baseia em relações matemáticas simples: o lucro é a receita menos as despesas, a receita é o número de unidades vendidas multiplicado pelo preço médio e assim por diante. Provavelmente, o modelo das receitas se baseia em tentativa e erro — alguém experimentou diferentes combinações de ingredientes na cozinha até encontrar as misturas certas. E o modelo do pôquer se baseia na teoria da probabilidade, nas regras do jogo e em hipóteses razoavelmente inócuas sobre o processo aleatório de distribuição das cartas.

O Que É Aprendizado de Máquina?

Há muitas definições, mas aqui o *aprendizado de máquina* se refere à criação e ao uso de modelos que *aprendem com dados*. Em outros contextos, isso pode ser *modelagem preditiva* ou *mineração de dados*, mas vamos definir como aprendizado de máquina. Normalmente, nosso objetivo é usar dados existentes para desenvolver modelos e *prever* vários resultados para novos dados, como:

- Se um e-mail é spam ou não;
- Se uma transação com cartão de crédito é fraudulenta;
- Qual anúncio tem maior probabilidade de ser clicado por um comprador;
- Qual seleção ganhará a Copa do Mundo.

Analisaremos modelos *supervisionados* (em que há um conjunto de dados rotulados com as respostas corretas para o aprendizado) e modelos *não supervisionados* (em que não há rótulos). Mas existem vários tipos que não abordaremos neste livro, como os *semissupervisionados* (em que alguns dados são rotulados), *online* (em que o modelo se adapta continuamente a novos dados) e de *reforço* (em que, depois de fazer uma série de previsões, o modelo recebe um sinal indicando seu nível de acerto).

No entanto, até nas situações mais simples, há uma infinidade de modelos que descrevem a relação que procuramos. Na maioria dos casos, escolhemos uma família *parametrizada* de modelos e, em seguida, usamos os dados para aprender parâmetros, de certa forma, mais adequados.

Por exemplo, imagine que a altura de uma pessoa é (aproximadamente) uma função linear do seu peso; podemos usar dados para determinar essa função linear. Novamente, imagine que uma árvore de decisão é uma boa forma de diagnosticar as doenças dos pacientes; podemos usar dados para encontrar a árvore "ideal". Ao longo do livro, investigaremos diferentes famílias de modelos para aprendizado.

Mas, antes disso, temos que compreender melhor os fundamentos do aprendizado de máquina. Neste capítulo, veremos alguns conceitos básicos antes de abordar os modelos.

Sobreajuste e Subajuste

Um risco comum no aprendizado de máquina é o *sobreajuste* — produzir um modelo que tem um bom desempenho com os dados de treinamento, mas que generaliza mal os novos dados. Nesse caso, talvez haja ruído no aprendizado dos dados. Ou talvez o aprendizado esteja identificando entradas específicas e não os fatores efetivamente preditivos para a saída desejada.

Por outro lado, há o *subajuste* — produzir um modelo que não tem um bom desempenho nem com os dados de treinamento, embora a postura típica nesse caso seja determinar que o modelo não é viável e procurar um melhor.

Na Figura 11-1, relacionei três polinômios a uma amostra de dados. (Fique tranquilo, abordaremos isso nos próximos capítulos.)

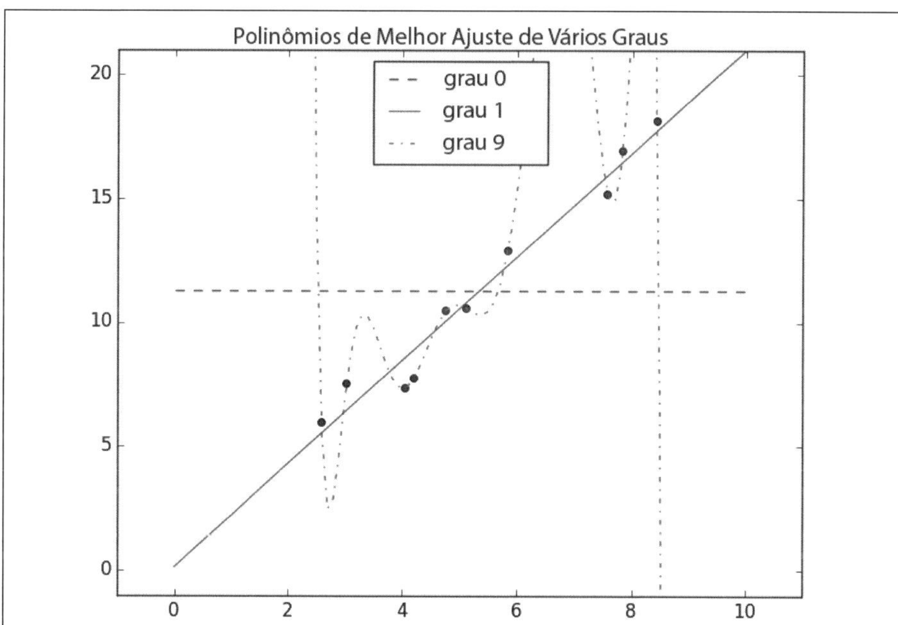

Figura 11-1. Sobreajuste e subajuste

A linha horizontal indica o polinômio de melhor ajuste do grau 0 (constante), e tem um *subajuste* grave para os dados de treinamento. O polinômio de melhor ajuste do grau 9 (com 10 parâmetros) percorre exatamente todos os pontos dos dados de treinamento, mas tem um *sobreajuste* grave; se escolhermos mais pontos de dados, muito provavelmente ele errará feio. E a linha do grau 1 tem um bom equilíbrio; está bem perto dos pontos e — se esses dados forem representativos — provavelmente ficará próxima dos novos pontos de dados.

Claramente, os modelos complexos demais causam sobreajuste e não generalizam quase nada além dos dados de treinamento. Então, como criar modelos sem complexidade excessiva? A abordagem mais básica consiste em usar diferentes dados para treinar e testar o modelo.

Aqui, o método mais simples é dividir o conjunto de dados de modo que (por exemplo) dois terços dele sejam usados no treinamento do modelo e um terço fique reservado para a avaliação do seu desempenho:

```
import random
from typing import TypeVar, List, Tuple
X = TypeVar('X') # tipo genérico para representar um ponto de dados

def split_data(data: List[X], prob: float) -> Tuple[List[X], List[X]]:
    """Divida os dados em frações [prob, 1 - prob]"""
    data = data[:]                    # Faça uma cópia superficial
    random.shuffle(data)              # porque o shuffle modifica a lista.
    cut = int(len(data) * prob)       # Use prob para encontrar um limiar
    return data[:cut], data[cut:]     # e dividir a lista aleatória nesse ponto.

data = [n for n in range(1000)]
train, test = split_data(data, 0.75)

# As proporções devem estar corretas
assert len(train) == 750
assert len(test) == 250

# E os dados originais devem ser preservados (em alguma ordem)
assert sorted(train + test) == data
```

Muitas vezes, há pares de variáveis de entrada e variáveis de saída. Nesse caso, temos que colocar os valores correspondentes nos dados de treinamento ou nos dados de teste:

```
Y = TypeVar('Y') # tipo genérico para representar variáveis de saída

def train_test_split(xs: List[X],
                     ys: List[Y],
                     test_pct: float) -> Tuple[List[X], List[X], List[Y],
                                               List[Y]]:
    # Gere e divida os índices
    idxs = [i for i in range(len(xs))]
    train_idxs, test_idxs = split_data(idxs, 1 - test_pct)

    return ([xs[i] for i in train_idxs],  # x_train
            [xs[i] for i in test_idxs],   # x_test
            [ys[i] for i in train_idxs],  # y_train
            [ys[i] for i in test_idxs])   # y_test
```

Como sempre, vamos conferir se o código funciona corretamente:

```
xs = [x for x in range(1000)] # xs são 1 ... 1000
ys = [2 * x for x in xs]      # cada y_i é o dobro de x_i
x_train, x_test, y_train, y_test = train_test_split(xs, ys, 0.25)
# Verifique se as proporções estão corretas
assert len(x_train) == len(y_train) == 750
assert len(x_test) == len(y_test) == 250

# Verifique se os pontos de dados correspondentes estão emparelhados corretamente
assert all(y == 2 * x for x, y in zip(x_train, y_train))
assert all(y == 2 * x for x, y in zip(x_test, y_test))
```

Depois, faça algo como:

```
model = SomeKindOfModel()
x_train, x_test, y_train, y_test = train_test_split(xs, ys, 0.33)
model.train(x_train, y_train)
performance = model.test(x_test, y_test)
```

Se o modelo teve sobreajuste nos dados de treinamento, muito provavelmente terá um desempenho muito ruim nos dados de teste (totalmente diferentes). Ou seja, se o desempenho for bom nos dados de teste, você ficará mais confiante ao afirmar que o modelo é *adequado*, sem nenhum *sobreajuste*.

No entanto, isso pode dar errado de algumas maneiras.

Primeiro, podem existir padrões comuns nos dados de teste e de treinamento que não admitem generalização para um conjunto de dados maior.

Por exemplo, imagine um conjunto de dados sobre atividade de usuários, com uma linha por usuário a cada semana. Nesse caso, a maioria dos usuários aparecerá nos dados de treinamento e nos dados de teste, e alguns modelos aprendem a *identificar* os usuários sem descobrir relações com base em *atributos*. Isso não é muito grave, mas já aconteceu comigo uma vez.

O maior problema ocorre quando usamos a divisão teste/treinamento não apenas para avaliar o modelo, mas também para *escolher* entre vários modelos. Nesse caso, embora os modelos não tenham sobreajuste, "escolher o modelo com o melhor desempenho no conjunto de testes" é um metatreinamento que define o conjunto de testes como um segundo conjunto de treinamento. (Claro, o modelo com melhor desempenho no conjunto de testes terá um bom desempenho no conjunto de testes.)

Nessa situação, divida os dados em três partes: um conjunto de treinamento para modelos em desenvolvimento, um conjunto de *validação* para escolher entre modelos treinados e um conjunto de testes para avaliar o modelo final.

Correção

Quando não estou praticando o data science, me interesso por medicina. Aliás, no meu tempo livre, inventei um teste barato e não invasivo que prevê — com mais de 98% de precisão — se o bebê terá leucemia no futuro. Entretanto, como meu advogado disse que o teste não pode ser patenteado, vou compartilhar os detalhes com vocês: o teste só prevê leucemia se (e somente se) o bebê tiver o nome de Luke (que soa como "leukemia", leucemia em inglês).

Como veremos, esse teste realmente tem uma precisão superior a 98%. No entanto, é incrivelmente estúpido e ilustra bem por que não costumamos usar a "precisão" como critério para medir a qualidade de um modelo (classificação binária).

Imagine um modelo criado para tomar uma decisão *binária*. Este e-mail é um spam? Devemos contratar esse candidato? Este passageiro do avião é um terrorista disfarçado?

Considerando um conjunto de dados rotulados e um modelo preditivo, todos os pontos de dados estão em uma das quatro categorias a seguir:

Positivo verdadeiro

"Esta mensagem é um spam, e previmos corretamente spam."

Positivo falso (erro tipo 1)

"Esta mensagem não é um spam, mas previmos spam."

Negativo falso (erro tipo 2)

"Esta mensagem é um spam, mas previmos não spam."

Negativo verdadeiro

"Esta mensagem não é um spam, e previmos corretamente não spam."

Em geral, representamos essas possibilidades como valores em uma *matriz de confusão*:

	Spam	Não spam
Prevê "spam"	Positivo verdadeiro	Positivo falso
Prevê "não spam"	Negativo falso	Negativo verdadeiro

Vamos conferir como isso se aplica ao meu teste de leucemia. Hoje em dia, cerca de 5 bebês em mil têm o nome de Luke (*https://www.babycenter.com/baby-names-luke-2918.htm*). E a prevalência da leucemia ao longo da vida é de aproximadamente 1.4%, ou 14 em cada mil pessoas (*https://seer.cancer.gov/statfacts/html/leuks.html*).

Quando definimos esses dois fatores como independentes e aplicamos o teste "Luke e leucemia" em 1 milhão de pessoas, obtemos uma matriz de confusão como esta:

	Leucemia	Sem leucemia	Total
"Luke"	70	4,930	5,000
Não "Luke"	13,930	981,070	995,000
Total	14,000	986,000	1,000,000

Vamos usar esses dados para computar várias estatísticas sobre o desempenho do modelo. Por exemplo, a *precisão* é definida como a fração de previsões corretas:

```
def accuracy(tp: int, fp: int, fn: int, tn: int) -> float:
    correct = tp + tn
    total = tp + fp + fn + tn
    return correct / total

assert accuracy(70, 4930, 13930, 981070) == 0.98114
```

O número impressiona bastante. Mas, claro, como esse não é um bom teste, talvez não seja o caso de dar muita credibilidade à sua precisão bruta.

Geralmente, observamos a combinação de *precisão* e *sensibilidade*. A precisão determina em que medida as previsões *positivas* são precisas:

```
def precision(tp: int, fp: int, fn: int, tn: int) -> float:
    return tp / (tp + fp)

assert precision(70, 4930, 13930, 981070) == 0.014
```

Já a sensibilidade determina a fração dos positivos identificados pelo modelo:

```
def recall(tp: int, fp: int, fn: int, tn: int) -> float:
    return tp / (tp + fn)

assert recall(70, 4930, 13930, 981070) == 0.005
```

Os dois números são terríveis, indicando como o modelo é terrível.

Às vezes, a precisão e a sensibilidade são combinados no *F1 score*, definido como:

```
def f1_score(tp: int, fp: int, fn: int, tn: int) -> float:
    p = precision(tp, fp, fn, tn)
    r = recall(tp, fp, fn, tn)

    return 2 * p * r / (p + r)
```

Essa é a *média harmônica* (*http://en.wikipedia.org/wiki/Harmonic_mean*) da precisão e da sensibilidade e, necessariamente, fica entre elas.

Em geral, ao escolher um modelo, fazemos uma opção entre precisão ou sensibilidade. Um modelo que prevê "sim" com pouca confiança provavelmente tem alta sensibilidade, mas uma baixa precisão; um modelo que prevê "sim" só quando está extremamente confiante provavelmente tem baixa sensibilidade e uma alta precisão.

Mas pense nisso como uma opção entre positivos falsos ou negativos falsos. Dizer "sim" com muita frequência gera muitos positivos falsos; dizer "não" muitas vezes gera muitos negativos falsos.

Imagine que há 10 fatores de risco para a leucemia; quanto mais fatores você apresentar, maior será sua probabilidade de desenvolver leucemia. Nesse caso, temos uma série de testes: "prever leucemia se houver, pelo menos, um fator de risco"; "prever leucemia se houver, pelo menos, dois fatores de risco" e assim por diante. À medida que aumentamos o limite, a precisão do teste também cresce (pois as pessoas com mais fatores de risco têm maior probabilidade de desenvolver a doença) e a sensibilidade do teste diminui (pois cada vez menos portadores de doenças atingirão o limite). Nesses casos, o limite certo será o arranjo mais adequado entre as opções.

O Dilema Viés-Variância

Outra forma de pensar sobre o problema do sobreajuste é como um dilema entre o viés e a variância.

As duas medidas determinam o que aconteceria se você treinasse o modelo várias vezes usando diferentes conjuntos de dados de treinamento (de uma mesma população total).

Por exemplo, o modelo de grau 0 que vimos na seção "Sobreajuste e Subajuste" cometerá muitos erros com quase todos os conjuntos de treinamento (extraídos de uma mesma população), ou seja, tem um *viés* alto. No entanto, dois conjuntos de treinamento escolhidos aleatoriamente geram modelos bastante semelhantes (pois têm valores médios bastante semelhantes). Então, dizemos que eles têm uma *variância* baixa. Viés alto e variância baixa geralmente indicam subajuste.

Por outro lado, o modelo de grau 9 se ajusta perfeitamente ao conjunto de treinamento. Ele tem um viés muito baixo, mas uma variação muito alta (pois dois conjuntos de treinamento provavelmente geram modelos muito diferentes). Aqui, temos um caso de sobreajuste.

Pensar nos problemas do modelo dessa forma facilita a definição de soluções quando ele não funciona tão bem.

Se o modelo tem um viés alto (indicando um desempenho ruim até com os dados de treinamento), uma opção é adicionar mais recursos. Na seção "Sobreajuste e Subajuste", trocar o modelo de grau 0 pelo modelo de grau 1 foi uma grande melhoria.

Da mesma forma, se o modelo tem uma variância alta, é possível *remover* recursos. Aqui, outra solução seria obter mais dados (se possível).

Na Figura 11-2, ajustamos um polinômio de grau 9 a amostras de tamanhos diferentes. O ajuste do modelo baseado em 10 pontos de dados está uma bagunça, como vimos antes. Porém, se o treinamento ocorrer com 100 pontos de dados, haverá muito menos sobreajuste. O modelo treinado com mil pontos de dados parece bastante com o de grau 1. Se a complexidade do modelo permanecer constante, quanto mais dados tivermos, mais difícil será a ocorrência de sobreajuste. Por outro lado, obter mais dados não resolve o viés. Se o modelo não tem recursos suficientes para capturar regularidades, incluir mais dados não resolverá essa situação.

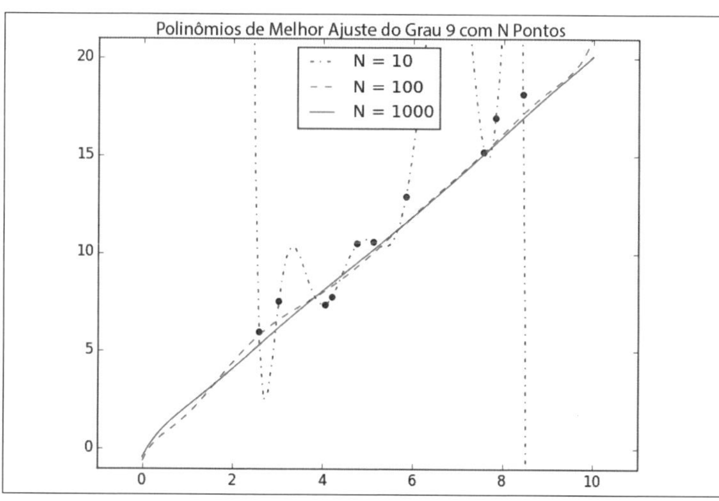

Figura 11-2. Reduzindo a variância com mais dados

Extração e Seleção de Recursos

Como já vimos, quando os dados não têm recursos suficientes, o modelo provavelmente terá subajuste. E, quando os dados têm recursos demais, isso facilmente causa sobreajuste. Mas o que são recursos e de onde eles vêm?

Os *recursos* são as entradas que inserimos no modelo.

Nos casos mais simples, você apenas recebe os recursos. Ao prever o salário de alguém com base nos anos de experiência, os anos de experiência serão seu único recurso. (Mas, como vimos na seção "Sobreajuste e Subajuste", também é possível incluir os anos de experiência ao quadrado, ao cubo e assim por diante, se isso otimizar o modelo.)

A situação fica mais interessante à medida que os dados ficam mais complicados. Imagine que queremos construir um filtro de spam para prever se um e-mail é lixo eletrônico ou não. A maioria dos modelos não sabe como lidar com um e-mail bruto, ou uma coleção de texto. É preciso extrair recursos. Por exemplo:

- O e-mail contém a palavra *Viagra*?
- Quantas vezes a letra *d* aparece?
- Qual foi o domínio usado pelo remetente?

A resposta da primeira pergunta pode ser sim ou não, que normalmente codificamos como 1 ou 0. A segunda é um número. E a terceira é uma escolha entre um conjunto discreto de opções.

Quase sempre, os recursos que extraímos dos dados se encaixam em uma dessas três categorias. Além disso, os tipos de recursos disponíveis limitam os tipos de modelos viáveis.

- O classificador Naive Bayes que construiremos no Capítulo 13 se ajusta a recursos do tipo sim ou não, como o primeiro da lista anterior;
- Os modelos de regressão, que estudaremos nos Capítulos 14 e 16, exigem recursos numéricos (incluindo as variáveis dummy 0s e 1s);
- E as árvores de decisão, que veremos no Capítulo 17, recebem dados numéricos e categóricos.

No exemplo do filtro de spam, definimos formas de criar recursos, mas, às vezes, precisamos removê-los.

Por exemplo, as entradas podem ser vetores de centenas de números. Dependendo da situação, talvez a melhor opção seja destilar esses valores até chegar às dimensões mais importantes (como vimos na seção "Redução de Dimensionalidade") e usar apenas esse pequeno número de recursos. Outra opção seria aplicar uma técnica (como a regularização, que veremos mais adiante) para penalizar os modelos pelos recursos utilizados.

Como escolher os recursos? É aí que entra em cena a combinação de *experiência e especialização na área*. Se você recebe muitos e-mails, provavelmente tem a impressão de que certas palavras são bons indicativos de spams e de que o número de ocorrências da letra *d* não é um bom indicativo de spams. Mas, de modo geral, recomendo que você faça muitos experimentos, pois isso é bem divertido.

Materiais Adicionais

- Continue lendo! Os próximos capítulos abordarão diferentes famílias de modelos de aprendizado de máquina;
- O curso de Aprendizado de Máquina do Coursera (*https://www.coursera.org/course/ml*) foi um dos primeiros MOOCs e é uma boa fonte de informações sobre as noções básicas da área;
- O livro *The Elements of Statistical Learning*, de Jerome H. Friedman, Robert Tibshirani e Trevor Hastie (Springer), é um clássico e está disponível gratuitamente (*http://stanford.io/1ycOXbo*). Mas aí vai um aviso: é matemática *pesada*!

CAPÍTULO 12
k-Nearest Neighbors

Se você quer irritar seus vizinhos, conte a verdade sobre eles.

—Pietro Aretino

Imagine que você quer prever qual será o meu voto na próxima eleição presidencial. Se não souber mais nada sobre mim (e se tiver os dados), uma abordagem sensata seria analisar o voto dos meus *vizinhos*. Morando em Seattle, como eu, meus vizinhos invariavelmente planejam votar no candidato democrata, logo, "candidato democrata" também é um bom palpite para o meu voto.

Agora, imagine que você sabe mais do que minha localização geográfica — talvez saiba minha idade, minha renda, quantos filhos tenho e assim por diante. Na medida em que meu comportamento é influenciado (ou caracterizado) por esses fatores, uma análise dos vizinhos mais próximos de mim em todas essas dimensões parece ser um indicador melhor do que uma análise de todos os meus vizinhos. Essa é a ideia central da *classificação baseada nos vizinhos mais próximos*.

O Modelo

A classificação baseada nos vizinhos mais próximos é um dos modelos preditivos mais simples que existem, pois não parte de hipóteses matemáticas nem exige nenhum maquinário pesado. De fato, os únicos itens necessários são:

- Alguma noção de distância;
- Uma hipótese sobre a semelhança entre pontos próximos.

A maioria das técnicas mencionadas neste livro analisa o conjunto de dados como um todo para aprender padrões. Já a classificação baseada nos vizinhos mais próximos ignora deliberadamente muitas informações, pois a previsão para cada novo ponto depende apenas dos pontos mais próximos.

Além disso, a classificação baseada nos vizinhos mais próximos provavelmente não explicará os fatores determinantes do fenômeno em observação. Prever o meu voto com base nos votos dos meus vizinhos não diz muita coisa sobre o que me motiva a votar dessa forma; por outro lado, um modelo alternativo que prevê o meu voto com base (digamos) na renda e no estado civil é bem mais explicativo.

De modo geral, sempre temos pontos de dados e um conjunto de rótulos correspondentes. Os rótulos podem ser `True` e `False`, indicando se cada entrada atende a uma condição como "é spam?", "é venenoso?" ou "é agradável de assistir?" Mas eles também podem ser categorias, como classificações de filmes (G, PG, PG-13, R, NC-17), os nomes dos candidatos presidenciais ou um conjunto de linguagens de programação favoritas.

Nesse caso, os pontos de dados serão vetores; logo, usaremos a função `distance`, que vimos no Capítulo 4.

Imagine que escolhemos um número *k* como 3 ou 5. Em seguida, para classificar novos pontos de dados, devemos encontrar os *k* pontos rotulados mais próximos e recebemos seus votos na nova saída.

Para isso, precisamos de uma função que conte votos. Uma opção é:

```
from typing import List
from collections import Counter

def raw_majority_vote(labels: List[str]) -> str:
    votes = Counter(labels)
    winner, _ = votes.most_common(1)[0]
    return winner

assert raw_majority_vote(['a', 'b', 'c', 'b']) == 'b'
```

No entanto, isso não aborda os empates de forma inteligente. Por exemplo, imagine que estamos fazendo a classificação de alguns filmes. Os cinco filmes mais próximos têm classificação G, G, PG, PG e R. Logo, G tem dois votos e o PG também tem dois votos. Nesse caso, temos várias opções:

- Escolher aleatoriamente um dos vencedores;
- Ponderar os votos com base na distância e escolher o vencedor ponderado;
- Reduzir *k* até encontrar um só vencedor. Implementaremos essa terceira opção:

```
def majority_vote(labels: List[str]) -> str:
    """Supõe que os rótulos estão classificados do mais próximo para o mais distante."""
    vote_counts = Counter(labels)
    winner, winner_count = vote_counts.most_common(1)[0]
```

```
    num_winners = len([count
                       for count in vote_counts.values()
                       if count == winner_count])
    if num_winners == 1:
        return winner                     # vencedor único, então retorne isso
    else:
        return majority_vote(labels[:-1]) # tente novamente sem o mais distante

# Empate, então primeiro analise 4, depois 'b'
assert majority_vote(['a', 'b', 'c', 'b', 'a']) == 'b'
```

Essa abordagem funciona muito bem às vezes, pois, no pior cenário, temos só um rótulo, que acaba ganhando.

Com essa função, é fácil criar um classificador:

```
from typing import NamedTuple
from scratch.linear_algebra import Vector, distance

class LabeledPoint(NamedTuple):
    point: Vector
    label: str

def knn_classify(k: int,
                 labeled_points: List[LabeledPoint],
                 new_point: Vector) -> str:

    # Classifique os pontos rotulados do mais próximo para o mais distante
    by_distance = sorted(labeled_points,
                         key=lambda lp: distance(lp.point, new_point))

    # Encontre os rótulos dos k mais próximos
    k_nearest_labels = [lp.label for lp in by_distance[:k]]

    # e receba seus votos.
    return majority_vote(k_nearest_labels)
```

Vamos conferir como isso funciona.

Exemplo: O Conjunto de Dados Iris

O conjunto de dados *Iris* é um item básico do aprendizado de máquina. Ele contém várias medidas de 150 flores de três espécies de íris. De cada flor, temos o comprimento da pétala, a largura da pétala, o comprimento da sépala, a largura da sépala e a respectiva espécie. Para baixar esse conjunto, acesse *https://archive.ics.uci.edu/ml/datasets/iris*:

```
import requests

data = requests.get(
  "https://archive.ics.uci.edu/ml/machine-learning-databases/iris/iris.data"
)
```

```
with open('iris.dat', 'w') as f:
    f.write(data.text)
```

Os dados são separados por vírgulas, com campos:

```
sepal_length, sepal_width, petal_length, petal_width, class
```

Por exemplo, a primeira linha fica assim:

```
5.1,3.5,1.4,0.2,Iris-setosa
```

Nesta seção, criaremos um modelo para prever a classe (ou seja, a espécie) das quatro primeiras medidas.

Para começar, vamos carregar e explorar os dados. Como a função de vizinhos mais próximos recebe um `LabeledPoint`, os dados serão representados desta forma:

```
from typing import Dict
import csv
from collections import defaultdict

def parse_iris_row(row: List[str]) -> LabeledPoint:
    """
    sepal_length, sepal_width, petal_length, petal_width, class
    """
    measurements = [float(value) for value in row[:-1]]
    # a classe é p. ex. "Iris-virginica"; queremos só "virginica"
    label = row[-1].split("-")[-1]

    return LabeledPoint(measurements, label)

with open('iris.data') as f:
    reader = csv.reader(f)
    iris_data = [parse_iris_row(row) for row in reader]

# Também agruparemos apenas os pontos por espécie/rótulo para plotá-los
points_by_species: Dict[str, List[Vector]] = defaultdict(list)
for iris in iris_data:
    points_by_species[iris.label].append(iris.point)
```

O certo era plotar as medidas para ver como elas variam por espécie, mas, infelizmente, elas são quadridimensionais, o que dificulta bastante essa operação. Entretanto, podemos analisar os gráficos de dispersão de cada um dos seis pares de medidas (Figura 12-1). Não explicarei todos os detalhes, porém esse é um bom exemplo das funcionalidades mais complexas do matplotlib; então, fique atento:

```
from matplotlib import pyplot as plt
metrics = ['sepal length', 'sepal width', 'petal length', 'petal width']
pairs = [(i, j) for i in range(4) for j in range(4) if i < j]
marks = ['+', '.', 'x'] # temos 3 classes, então 3 marcadores

fig, ax = plt.subplots(2, 3)
```

```
for row in range(2):
    for col in range(3):
        i, j = pairs[3 * row + col]
        ax[row][col].set_title(f"{metrics[i]} vs {metrics[j]}", fontsize=8)
        ax[row][col].set_xticks([])
        ax[row][col].set_yticks([])

        for mark, (species, points) in zip(marks, points_by_species.items()):
            xs = [point[i] for point in points]
            ys = [point[j] for point in points]
            ax[row][col].scatter(xs, ys, marker=mark, label=species)

ax[-1][-1].legend(loc='lower right', prop={'size': 6})
plt.show()
```

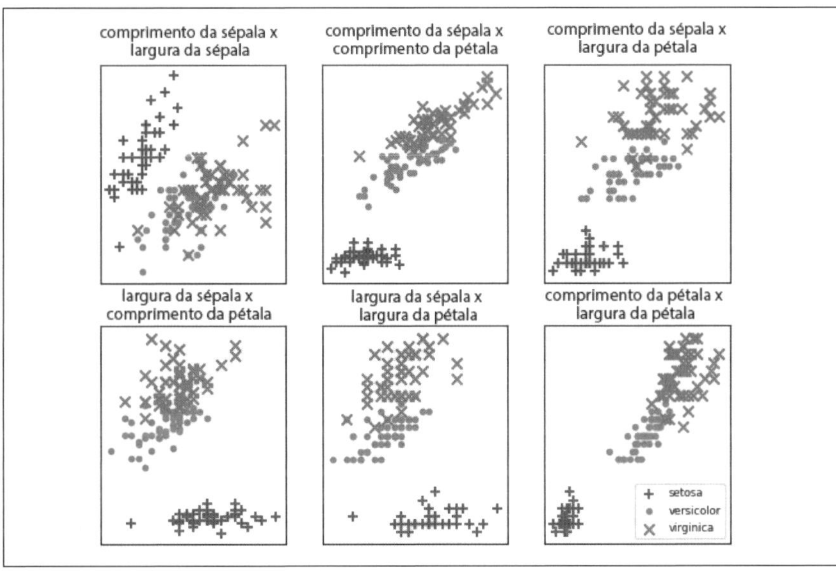

Figura 12-1. Gráficos de dispersão do Iris

Observe que, nesses gráficos, parece que as medidas realmente estão agrupadas por espécie. Por exemplo, considerando apenas o comprimento da sépala e a largura da sépala, é difícil distinguir entre *versicolor* e *virginica*. Mas, quando adicionamos o comprimento e a largura da pétala, fica mais fácil prever as espécies com base nos vizinhos mais próximos.

Para começar, dividiremos os dados em um conjunto de testes e um conjunto de treinamento:

```
import random
from scratch.machine_learning import split_data

random.seed(12)
```

```
iris_train, iris_test = split_data(iris_data, 0.70)
assert len(iris_train) == 0.7 * 150
assert len(iris_test) == 0.3 * 150
```

O conjunto de treinamento será formado pelos "vizinhos" que usaremos para classificar os pontos no conjunto de testes. Só precisamos escolher um valor para *k*, o número de vizinhos que poderão votar. Se ele for pequeno demais (como k = 1), os outliers terão muita influência; se for grande demais (como k = 105), vamos prever apenas a classe mais comum no conjunto de dados.

Em um aplicativo real (e com mais dados), seria possível criar um conjunto de validação separado para definir *k*. Porém, aqui, usaremos k = 5:

```
from typing import Tuple

# conte quantas vezes identificamos (previsto, real)
confusion_matrix: Dict[Tuple[str, str], int] = defaultdict(int)
num_correct = 0

for iris in iris_test:
    predicted = knn_classify(5, iris_train, iris.point)
    actual = iris.label

    if predicted == actual:
       num_correct += 1

    confusion_matrix[(predicted, actual)] += 1

pct_correct = num_correct / len(iris_test)
print(pct_correct, confusion_matrix)
```

Para esse conjunto de dados simples, as previsões do modelo são quase perfeitas. Há um *versicolor* para o qual ele prevê *virginica*, mas, de modo geral, ele faz tudo certo.

A Maldição da Dimensionalidade

O algoritmo *k*-nearest neighbors (*k* vizinhos mais próximos) tem dificuldades com muitas dimensões devido à "maldição da dimensionalidade", que (resumindo) está ligada à *vastidão* dos espaços com muitas dimensões. Em espaços de alta dimensionalidade, os pontos tendem a não estar próximos um do outro. Para observar isso, basta gerar aleatoriamente pares de pontos nas várias de dimensões de um "cubo unitário" *d*-dimensional e calcular as distâncias entre eles.

A essa altura do campeonato, você já deve estar craque na geração de pontos aleatórios:

```
def random_point(dim: int) -> Vector:
    return [random.random() for _ in range(dim)]
```

Também deve estar fera em escrever uma função para gerar as distâncias:

```
def random_distances(dim: int, num_pairs: int) -> List[float]:
    return [distance(random_point(dim), random_point(dim))
                          for _ in range(num_pairs)]
```

Para cada dimensão de 1 a 100, vamos computar 10 mil distâncias e usá-las para computar a distância média entre os pontos e a distância mínima entre os pontos em cada dimensão (Figura 12-2):

```
import tqdm
dimensions = range(1, 101)

avg_distances = []
min_distances = []

random.seed(0)
for dim in tqdm.tqdm(dimensions, desc="Curse of Dimensionality"):
    distances = random_distances(dim, 10000)      # 10 mil pares aleatórios
    avg_distances.append(sum(distances) / 10000)  # obtenha a média
    min_distances.append(min(distances))          # obtenha a mínima
```

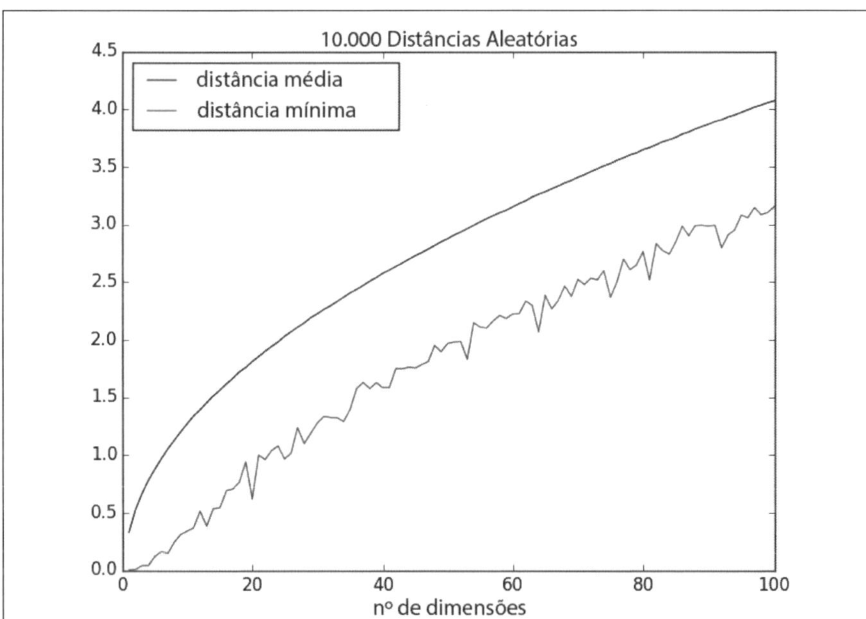

Figura 12-2. A maldição da dimensionalidade

À medida que o número de dimensões aumenta, a distância média entre os pontos também aumenta. Entretanto, o fator mais problemático é a relação entre a distância mais próxima e a distância média (Figura 12-3):

```
min_avg_ratio = [min_dist / avg_dist
                 for min_dist, avg_dist in zip(min_distances, avg_distances)]
```

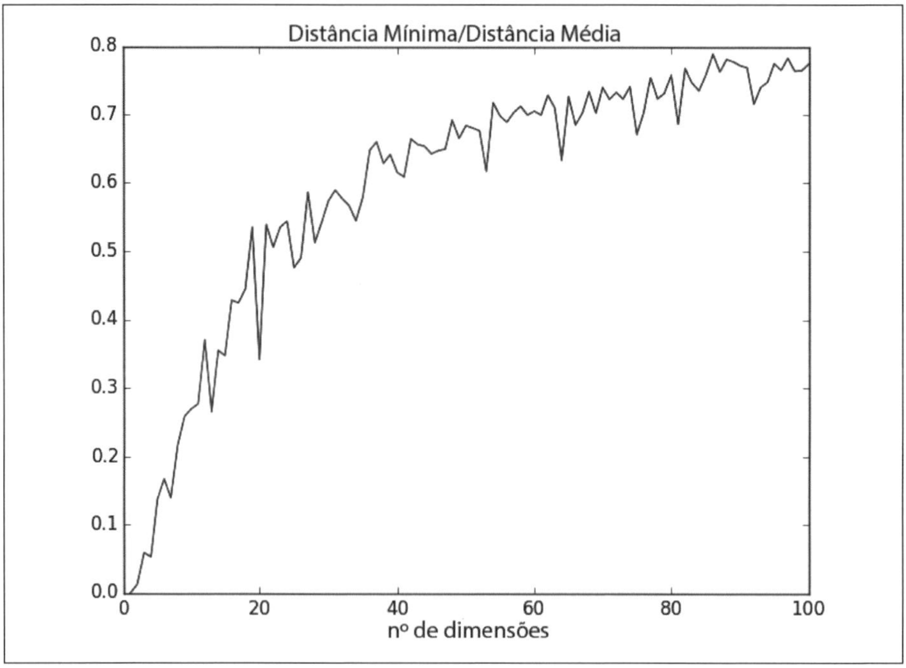

Figura 12-3. O retorno da maldição da dimensionalidade

Em conjuntos de dados de baixa dimensionalidade, os pontos mais próximos tendem a estar muito mais próximos do que a média. No entanto, dois pontos só estão próximos quando essa proximidade ocorre em todas as dimensões; cada dimensão a mais — mesmo que seja só ruído — pode afastar um ponto dos outros. Quando há muitas dimensões, é provável que os pontos mais próximos não estejam muito mais próximos do que a média; logo, dois pontos próximos não têm um significado importante (a menos que haja estruturas nos dados que induzam um comportamento típico de poucas dimensões).

Outra forma de pensar sobre o problema é a partir da dispersão dos espaços com alta dimensionalidade.

Se você escolher 50 números aleatórios entre 0 e 1, provavelmente terá uma boa amostra do intervalo da unidade (Figura 12-4).

Figura 12-4. Cinquenta pontos aleatórios em uma dimensão

Se você escolher 50 pontos aleatórios no quadrado da unidade, terá uma cobertura menor (Figura 12-5).

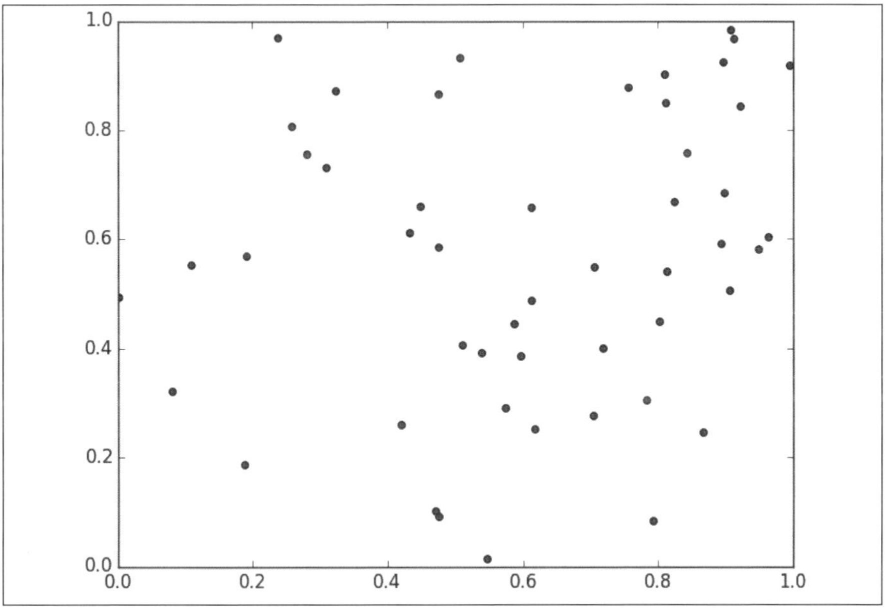

Figura 12-5. Cinquenta pontos aleatórios em duas dimensões

Em três dimensões, a cobertura é menor ainda (Figura 12-6).

Como o matplotlib não plota bem em quatro dimensões, só vamos até aqui, mas observe que já há grandes espaços vazios sem pontos próximos. Quando há um número maior de dimensões — a menos que você adicione dados exponencialmente — esses grandes espaços vazios representam regiões distantes dos pontos que devem ser utilizados nas previsões.

Portanto, antes de usar a classificação baseada nos vizinhos mais próximos em muitas dimensões, talvez seja uma boa ideia fazer algum tipo de redução de dimensionalidade.

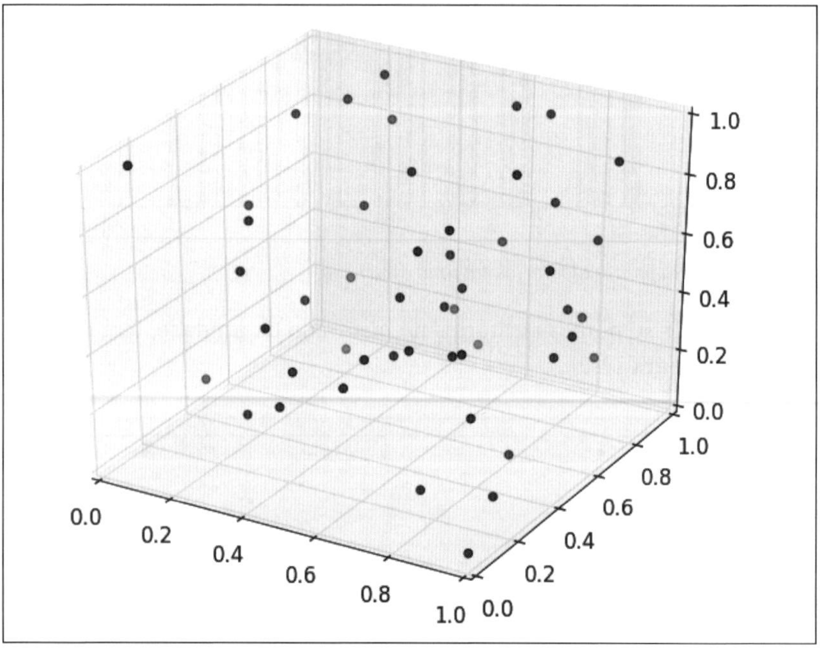

Figura 12-6. Cinquenta pontos aleatórios em três dimensões

Materiais Adicionais

- O scikit-learn contém muitos modelos de vizinhos mais próximos (*https://scikit-learn.org/stable/modules/neighbors.html*).

CAPÍTULO 13

Naive Bayes

É bom para o coração ser ingênuo e para mente não o ser.

—Anatole France

Uma rede social não é nada se não permitir interações entre as pessoas. Por isso, a DataSciencester oferece aos membros um popular recurso de troca de mensagens. Mas, embora eles sejam predominantemente cidadãos responsáveis que enviam apenas mensagens pertinentes (do tipo "como vai?"), alguns desgarrados têm persistentemente enviado spams, oferecendo esquemas em pirâmide, produtos farmacêuticos sem restrições e programas pagos de credenciamento em data science. Os usuários começaram a reclamar, e o vice-presidente de Mensagens solicitou que você use o data science para descobrir uma forma de filtrar esses spams.

Um Filtro de Spam Muito Estúpido

Imagine um "universo" em que recebemos uma mensagem escolhida aleatoriamente entre todas as mensagens possíveis. Aqui, S é o evento "a mensagem é spam" e B o evento "a mensagem contém a palavra *bitcoin*". Segundo o teorema de Bayes, a probabilidade de a mensagem ser spam condicionada a conter a palavra *bitcoin* é:

$$P(S \mid B) = [P(B \mid S)P(S)] / [P(B \mid S)P(S) + P(B \mid \neg S)P(\neg S)]$$

O numerador é a probabilidade de uma mensagem ser spam *e* conter *bitcoin*, e o denominador é apenas a probabilidade de uma mensagem conter *bitcoin*. Logo, pense nesse cálculo como uma forma de representar a proporção de mensagens sobre o *bitcoin* que são spams.

Quando temos uma grande coleção de mensagens já identificadas como spams e uma grande coleção de mensagens já identificadas como não spams, podemos facilmente estimar $P(B|S)$ e $P(B|\neg S)$. Se ainda presumimos que toda mensagem tem a mesma probabilidade de ser spam ou não spam (tal que $P(S) = P(\neg S) = 0.5$), então:

$$P(S|B) = P(B|S)/[P(B|S) + P(B|\neg S)]$$

Por exemplo, se 50% dos spams contêm a palavra *bitcoin* e apenas 1% dos não spams a contêm, a probabilidade de um e-mail contendo *bitcoin* ser spam é:

$$0.5/(0.5 + 0.01) = 98\%$$

Um Filtro de Spam Mais Sofisticado

Agora, imagine que temos um vocabulário com muitas palavras: $w_1 ..., w_n$. Colocando isso em termos de teoria da probabilidade, escrevemos X_i para indicar o evento "a mensagem contém a palavra w_i". Imagine também que (por meio de um processo ainda obscuro) calculamos a estimativa $P(X_i|S)$ para a probabilidade de um spam conter a palavra *i* e uma estimativa semelhante $P(X_i|\neg S)$ para a probabilidade de um não spam conter a palavra *i*.

No Naive Bayes, o essencial é partir da (grande) hipótese de que as presenças (ou ausências) de cada palavra são independentes umas das outras, condicionadas à mensagem ser spam ou não. Intuitivamente, segundo essa hipótese, saber que um spam contém a palavra *bitcoin* não informa se ele também contém a palavra *rolex*. Em termos matemáticos, temos que:

$$P(X_1 = x_1, \ldots, X_n = x_n | S) = P(X_1 = x_1 | S) \times \cdots \times P(X_n = x_n | S)$$

Essa é uma hipótese extrema. (Por isso, a técnica é *naive*, ingênua em inglês.) Imagine que o vocabulário contém *apenas* as palavras *bitcoin* e *rolex* e que metade dos spams fala sobre "ganhar bitcoin" e a outra metade fala sobre "rolex original". Nesse caso, a estimativa Naive Bayes para o evento de um spam conter tanto *bitcoin* quanto *rolex* é:

$$P(X_1 = 1, X_2 = 1 | S) = P(X_1 = 1 | S)P(X_2 = 1 | S) = .5 \times .5 = .25$$

Logo, partimos da hipótese de que as palavras *bitcoin* e *rolex* nunca ocorrem juntas. Entretanto, embora essa hipótese não seja nada realista, o modelo em geral tem um bom desempenho e vem sendo usado em filtros de spam no mundo real há muito tempo.

Seguindo o raciocínio do teorema de Bayes aplicado ao filtro de spam específico para "bitcoin", calculamos a probabilidade de uma mensagem ser spam usando esta equação:

$$P(S \mid X = x) = P(X = x \mid S) / [P(X = x \mid S) + P(X = x \mid \neg S)]$$

A hipótese Naive Bayes permite o cálculo de cada uma das probabilidades à direita por meio da multiplicação das estimativas de probabilidade de cada palavra do vocabulário.

Na prática, devemos evitar a multiplicação simultânea de muitas probabilidades para não causar o problema do *estouro negativo*, que ocorre quando os computadores não processam bem os números de ponto flutuante muito próximos de 0. Sabendo que, algebricamente, $\log(ab) = \log a + \log b$ e $\exp(\log x) = x$, geralmente computamos $p_1 * \cdots * p_n$ como equivalente (mais favorável aos pontos flutuantes):

$$\exp(\log(p_1) + \cdots + \log(p_n))$$

Agora, o único desafio é definir as estimativas para $P(X_i \mid S)$ e $P(X_i \mid \neg S)$, as probabilidades de um spam (ou não spam) conter a palavra w_i. Com um número razoável de mensagens de "treinamento" rotuladas como spam e não spam, primeiro devemos estimar $P(X_i \mid S)$ como a fração de spams que contêm a palavra w_i.

Mas isso causa um grande problema. Imagine que, no conjunto de treinamento, os *dados* de palavras do vocabulário só ocorrem em não spams. Nesse caso, estimamos $P(\text{data} \mid S) = 0$. Como resultado, o classificador Naive Bayes sempre atribuirá a probabilidade de spam 0 a todas as mensagens contendo os *dados* das palavras, até mesmo a uma mensagem do tipo "dados sobre bitcoins gratuitos e relógios rolex originais". Para evitar esse problema, geralmente aplicamos algum tipo de suavização.

Especificamente, vamos selecionar um *pseudocount* — k — e estimar a probabilidade de identificar a palavra i em um spam da seguinte forma:

$$P(X_i \mid S) = (k + \text{número de spams contendo } w_i) / (2k + \text{número de spams})$$

Aplicamos o mesmo procedimento a $P(X_i \mid \neg S)$. Ou seja, ao calcular as probabilidades de spam para a palavra i, presumimos que também identificamos mais k não spams contendo a palavra e mais k não spams que não contêm a palavra.

Por exemplo, se os *dados* ocorrem em 0/98 dos spams e se k é igual a 1, então estimamos $P(\text{data} \mid S)$ como $1/100 = 0.01$. Assim, o classificador atribuirá uma probabilidade de spam diferente de zero às mensagens que contêm os dados das palavras.

Implementação

Agora, temos tudo que precisamos para construir o classificador. Primeiro, criaremos uma função simples para transformar as mensagens em palavras distintas, tokens. Mas, primeiro, as mensagens devem ser reformuladas em letras minúsculas. Em seguida, usaremos o `re.findall` para extrair as "palavras" formadas por letras, números e apóstrofos. Por fim, partiremos do conjunto para receber apenas as palavras distintas:

```
from typing import Set import re

def tokenize(text: str) -> Set[str]:
    text = text.lower()                        # Converta para minúsculas,
    all_words = re.findall("[a-z0-9']+", text)  # extraia as palavras e
    return set(all_words)                      # remova as duplicatas.

assert tokenize("Data Science is science") == {"data", "science", "is"}
```

Além disso, definiremos um tipo para os dados de treinamento:

```
from typing import NamedTuple

class Message(NamedTuple):
    text: str
    is_spam: bool
```

Como o classificador deve rastrear tokens, contagens e rótulos nos dados de treinamento, criaremos uma classe. Seguindo a convenção, os não spams serão os *hams*.

O construtor receberá apenas um parâmetro, o pseudocount, para calcular as probabilidades. Além disso, ele inicializará um conjunto vazio de tokens, contadores para registrar as ocorrências de cada token nos spams e nos hams e as contagens do número de spams e hams utilizados no treinamento:

```
from typing import List, Tuple, Dict, Iterable
import math
from collections import defaultdict

class NaiveBayesClassifier:
    def_init_(self, k: float = 0.5) -> None:
        self.k = k # fator de suavização

        self.tokens: Set[str] = set()
        self.token_spam_counts: Dict[str, int] = defaultdict(int)
        self.token_ham_counts: Dict[str, int] = defaultdict(int)
        self.spam_messages = self.ham_messages = 0
```

Em seguida, incluiremos um método para treiná-lo com várias mensagens. Primeiro, incrementamos as contagens de `spam_messages` e `ham_messages`. Depois, geramos tokens para os textos das mensagens e, para cada token, incrementamos o `token_spam_counts` ou o `token_ham_counts`, de acordo com o tipo da mensagem em questão:

```
def train(self, messages: Iterable[Message]) -> None:
    for message in messages:
        # Incremente as contagens de mensagens
        if message.is_spam:
            self.spam_messages += 1
        else:
            self.ham_messages += 1

        # Incremente as contagens de palavras
        for token in tokenize(message.text):
            self.tokens.add(token)
            if message.is_spam:
                self.token_spam_counts[token] += 1
            else:
                self.token_ham_counts[token] += 1
```

Por fim, queremos prever o *P*(spam | token). Como vimos antes, para aplicar o teorema de Bayes, precisamos determinar o *P*(token | spam) e o *P*(token | ham) de cada token do vocabulário. Então, criaremos uma função auxiliar "privada" para computar esses valores:

```
def _probabilities(self, token: str) -> Tuple[float, float]:
    """retorna P(token | spam) e P(token | ham)"""
    spam = self.token_spam_counts[token]
    ham = self.token_ham_counts[token]

    p_token_spam = (spam + self.k) / (self.spam_messages + 2 * self.k)
    p_token_ham = (ham + self.k) / (self.ham_messages + 2 * self.k)

    return p_token_spam, p_token_ham
```

Finalmente, escreveremos o método `predict`. Como mencionado anteriormente, em vez de multiplicar uma série de probabilidades pequenas, calcularemos o logaritmo das probabilidades:

```
def predict(self, text: str) -> float:
    text_tokens = tokenize(text)
    log_prob_if_spam = log_prob_if_ham = 0.0

    # Itere em cada palavra do vocabulário
    for token in self.tokens:
        prob_if_spam, prob_if_ham = self._probabilities(token)

        # Se o *token* aparecer na mensagem,
        # adicione o log da probabilidade de vê-lo
        if token in text_tokens:
            log_prob_if_spam += math.log(prob_if_spam)
            log_prob_if_ham += math.log(prob_if_ham)
```

```
            # Se não, adicione o log da probabilidade de _não_ vê-lo,
            # que corresponde a log(1 - probabilidade de vê-lo)
            else:
                log_prob_if_spam += math.log(1.0 - prob_if_spam)
                log_prob_if_ham += math.log(1.0 - prob_if_ham)

        prob_if_spam = math.exp(log_prob_if_spam)
        prob_if_ham = math.exp(log_prob_if_ham)
        return prob_if_spam / (prob_if_spam + prob_if_ham)
```

Agora, temos um classificador.

Testando o Modelo

Para conferir se o modelo funciona, escreveremos alguns testes de unidade.

```
messages = [Message("spam rules", is_spam=True),
            Message("ham rules", is_spam=False),
            Message("hello ham", is_spam=False)]

model = NaiveBayesClassifier(k=0.5)
model.train(messages)
```

Primeiro, verificamos se as contagens estão corretas:

```
assert model.tokens == {"spam", "ham", "rules", "hello"}
assert model.spam_messages == 1
assert model.ham_messages == 2
assert model.token_spam_counts == {"spam": 1, "rules": 1}
assert model.token_ham_counts == {"ham": 2, "rules": 1, "hello": 1}
```

Agora, faremos uma previsão. Também temos que analisar a lógica Naive Bayes manualmente (que trabalho pesado!) e verificar se obtemos o mesmo resultado:

```
text = "hello spam"

probs_if_spam = [
    (1 + 0.5) / (1 + 2 * 0.5),      # "spam"  (presente)
    1 - (0 + 0.5) / (1 + 2 * 0.5),  # "ham"   (ausente)
    1 - (1 + 0.5) / (1 + 2 * 0.5),  # "rules" (ausente)
    (0 + 0.5) / (1 + 2 * 0.5)       # "hello" (presente)
]

probs_if_ham = [
    (0 + 0.5) / (2 + 2 * 0.5),      # "spam"  (presente)
    1 - (2 + 0.5) / (2 + 2 * 0.5),  # "ham"   (ausente)
    1 - (1 + 0.5) / (2 + 2 * 0.5),  # "rules" (ausente)
    (1 + 0.5) / (2 + 2 * 0.5),      # "hello" (presente)
]

p_if_spam = math.exp(sum(math.log(p) for p in probs_if_spam))
p_if_ham = math.exp(sum(math.log(p) for p in probs_if_ham))
```

```
# Aproximadamente 0.83
assert model.predict(text) == p_if_spam / (p_if_spam + p_if_ham)
```

Como o teste passou, parece que o modelo funciona como esperado. Analise as probabilidades reais: os dois principais fatores determinantes são a mensagem conter *spam* (como o único spam de treinamento) e ela não conter *ham* (como os hams de treinamento).

Agora, utilizaremos dados reais.

Usando o Modelo

Um conjunto de dados bem popular (mas um pouco antigo) é o corpus público do SpamAssassin (*https://spamassassin.apache.org/old/publiccorpus/*). Utilizaremos os arquivos de prefixo *20021010*.

Este é um script que fará o download e descompactará os arquivos no diretório escolhido (mas você também pode fazer isso manualmente):

```
from io import BytesIO  # Agora podemos tratar bytes como um arquivo.
import requests         # Para baixar os arquivos, que
import tarfile          # estão no formato .tar.bz.

BASE_URL = "https://spamassassin.apache.org/old/publiccorpus"
FILES = ["20021010_easy_ham.tar.bz2",
         "20021010_hard_ham.tar.bz2",
         "20021010_spam.tar.bz2"]

# Os dados ficarão aqui,
# nos subdiretórios /spam, /easy_ham e /hard_ham.
# Altere para o diretório escolhido.
OUTPUT_DIR = 'spam_data'

for filename in FILES:
    # Use solicitações para obter o conteúdo dos arquivos em cada URL.
    content = requests.get(f"{BASE_URL}/{filename}").content

    # Encapsule os bytes na memória para usá-los como um "arquivo".
    fin = BytesIO(content)

    # E extraia todos os arquivos para o diretório de saída especificado.
    with tarfile.open(fileobj=fin, mode='r:bz2') as tf:
        tf.extractall(OUTPUT_DIR)
```

É possível que a localização dos arquivos seja alterada (isso ocorreu entre a primeira e a segunda edição deste livro); nesse caso, ajuste o script para o novo local.

Depois de baixar os dados, você terá três pastas: *spam*, *easy_ham* e *hard_ham*. Cada pasta contém muitos e-mails, e cada e-mail fica em um arquivo. Para simplificar *bastante*, usaremos apenas a linha do assunto de cada e-mail.

Como identificar a linha do assunto? Quando analisamos os arquivos, todos parecem começar com "Subject:". Então, vamos procurar por isso:

```
import glob, re

# modifique o caminho para indicar o local dos arquivos
path = 'spam_data/*/*'

data: List[Message] = []

# glob.glob retorna todos os nomes de arquivos que correspondem ao caminho com curinga
for filename in glob.glob(path):
    is_spam = "ham" not in filename

    # Existem alguns caracteres de lixo nos e-mails; o errors='ignore'
    # os ignora em vez de gerar uma exceção.
    with open(filename, errors='ignore') as email_file:
        for line in email_file:
            if line.startswith("Subject:"):
                subject = line.lstrip("Subject: ")
                data.append(Message(subject, is_spam))
                break # arquivo finalizado
```

Agora, dividimos o conjunto em dados de treinamento e dados de teste para, em seguida, criar o classificador:

```
import random
from scratch.machine_learning import split_data

random.seed(0)      # Para que você chegue aos mesmos resultados que eu
train_messages, test_messages = split_data(data, 0.75)

model = NaiveBayesClassifier()
model.train(train_messages)
```

Vamos gerar algumas previsões para verificar o desempenho do modelo:

```
from collections import Counter

predictions = [(message, model.predict(message.text))
               for message in test_messages]

# Presuma que spam_probability > 0.5 corresponde à previsão de spam
# e conte as combinações de (real is_spam, previsto is_spam)
confusion_matrix = Counter((message.is_spam, spam_probability > 0.5)
                           for message, spam_probability in predictions)

print(confusion_matrix)
```

Obtemos 84 positivos verdadeiros (spams classificados como "spams"), 25 positivos falsos (hams classificados como "spams"), 703 negativos verdadeiros (hams classificados como "hams") e 44 negativos falsos (spams classificados como "hams"). Logo, a precisão é de 84 / (84 + 25) = 77% e a sensibilidade é de 84 / (84 + 44) = 65%; esses números não são ruins para um modelo simples como esse. (Possivelmente, os resultados seriam melhores se a análise abrangesse mais do que as linhas de assunto.)

Também podemos inspecionar o interior do modelo para determinar as palavras menos e mais indicativas de spam:

```
def p_spam_given_token(token: str, model: NaiveBayesClassifier) -> float:
    # Aqui, não recomendo chamar métodos privados, mas é por uma boa causa.
    prob_if_spam, prob_if_ham = model._probabilities(token)

    return prob_if_spam / (prob_if_spam + prob_if_ham)

words = sorted(model.tokens, key=lambda t: p_spam_given_token(t, model))

print("spammiest_words", words[-10:])
print("hammiest_words", words[:10])
```

As palavras mais associadas a spams são *sale*, *mortgage*, *money* e *rates*, entre outras; já as palavras mais associadas a hams são *spambayes*, *users*, *apt*, *perl* e assim por diante. Agora, temos uma confiança intuitiva no bom funcionamento do modelo.

Como melhorar o desempenho? Uma solução óbvia é obter mais dados de treinamento, porém há várias formas de melhorar o modelo. Estas são algumas das opções:

- Analise o conteúdo da mensagem e não apenas a linha do assunto. Fique atento ao lidar com os cabeçalhos das mensagens;
- Nosso classificador analisa todas as palavras do conjunto de treinamento, até as que só aparecem uma vez. Modifique o classificador para aceitar um limite opcional `min_count` e ignorar os tokens que não aparecem, pelo menos, esse número de vezes;
- O tokenizer não sabe identificar palavras semelhantes (como *cheap* e *cheapest*). Modifique o classificador para receber uma função `stemmer` opcional que converta palavras em *classes de equivalência* de palavras. Confira este exemplo de uma função stemmer bem simples:

```
def drop_final_s(word):
    return re.sub("s$", "", word)
```

É difícil criar uma boa função stemmer. As pessoas costumam usar o Porter stemmer (*http://tartarus.org/martin/PorterStemmer/*);

- Embora todos os recursos que criamos tenham a forma "message contains word w_i", há muitas opções. Na implementação, podemos adicionar recursos extras, como "message contains a number", criando tokens falsos (como *contains:number*) e modificando o `tokenizer` para emiti-los quando necessário.

Materiais Adicionais

- Os artigos "A Plan for Spam" (*http://www.paulgraham.com/spam.html*) e "Better Bayesian Filtering" (*http://www.paulgraham.com/better.html*) de Paul Graham são interessantes e ilustram bem as ideias centrais da construção de filtros de spam;
- O scikit-learn (*https://scikit-learn.org/stable/modules/naive_bayes.html*) contém um modelo `BernoulliNB` que implementa o algoritmo Naive Bayes utilizado aqui, bem como outras variações do modelo.

CAPÍTULO 14

Regressão Linear Simples

A arte, como a moral, consiste em determinar limites.

—G. K. Chesterton

No Capítulo 5, usamos a função `correlation` para definir a força da relação linear entre duas variáveis. No entanto, na maioria das aplicações, não é suficiente saber que essa relação existe. Devemos compreender sua natureza. Para isso, usaremos a regressão linear simples.

O Modelo

Estávamos investigando a relação entre o número de amigos de um usuário da DataSciencester e a quantidade de tempo que ele dedica ao site diariamente. Agora, você chegou à conclusão de que as pessoas que têm mais amigos passam mais tempo no site e de que essa opção é melhor do que as alternativas que vimos anteriormente.

Então, o vice-presidente de Relacionamento com o Cliente solicita um modelo que descreva essa relação. Como uma relação linear muito forte foi identificada, um bom ponto de partida é criar um modelo linear.

Especificamente, presuma as constantes α (alfa) e β (beta):

$$y_i = \beta x_i + \alpha + \varepsilon_i$$

Aqui, y_i é o número de minutos que o usuário i passa no site diariamente, x_i é o número de amigos do usuário i e ε é um termo de erro (com sorte, pequeno) que representa a presença de outros fatores que não estão sendo computados nesse modelo simples.

Presumindo que `alpha` e `beta` já tenham sido determinados, fazemos previsões da seguinte forma:

```
def predict(alpha: float, beta: float, x_i: float) -> float:
    return beta * x_i + alpha
```

Como escolher alpha e beta? Qualquer valor de alpha e beta gera uma saída prevista para cada entrada x_i. Como já determinamos a saída real y_i, calculamos o erro de cada par:

```
def error(alpha: float, beta: float, x_i: float, y_i: float) -> float:
    """
    O erro de prever beta * x_i + alpha quando o
    valor real é y_i
    """
    return predict(alpha, beta, x_i) - y_i
```

De fato, a melhor opção é determinar o erro total no conjunto de dados. Mas não basta somar os erros — se a previsão para x_1 for muito alta e a previsão para x_2 for muito baixa, talvez os erros se anulem.

Em vez disso, somaremos os erros *quadráticos*:

```
from scratch.linear_algebra import Vector

def sum_of_sqerrors(alpha: float, beta: float, x: Vector, y: Vector) -> float:
    return sum(error(alpha, beta, x_i, y_i) ** 2
               for x_i, y_i in zip(x, y))
```

A *solução dos mínimos quadrados* consiste em escolher o alpha e o beta de modo que o sum_of_sqerrors seja o menor possível.

Aplicando o cálculo (ou equações algébricas entediantes), calculamos o alpha e o beta que minimizam os erros da seguinte forma:

```
from typing import Tuple
from scratch.linear_algebra import Vector
from scratch.statistics import correlation, standard_deviation, mean

def least_squares_fit(x: Vector, y: Vector) -> Tuple[float, float]:
    """
    Considerando dois vetores x e y,
    encontre os quadrados mínimos de alpha e beta
    """
    beta = correlation(x, y) * standard_deviation(y) / standard_deviation(x)
    alpha = mean(y) - beta * mean(x)
    return alpha, beta
```

Aqui, vamos pular a matemática mais complexa e definir por que essa solução é razoável. Resumindo, a escolha do alpha indica que, quando vemos o valor médio da variável independente x, prevemos o valor médio da variável dependente y.

A escolha de beta indica que, se o valor de entrada aumenta por standard_devia tion(x), então a previsão aumenta por correlation(x, y) * standard_deviation(y). Quando x e y estão perfeitamente correlacionados, um aumento de um desvio-padrão em x resulta em um aumento de um desvio-padrão de y na previsão. Quando eles estão perfeitamente não correlacionados, um aumento em x resulta em uma *diminuição* na previsão. E, quando a correlação é igual a 0, beta é igual 0, indicando que as alterações em x não afetam a previsão.

Como sempre, escreveremos um teste rápido:

```
x = [i for i in range(-100, 110, 10)]
y = [3 * i - 5 for i in x]

# Deve encontrar y = 3x - 5
assert least_squares_fit(x, y) == (-5, 3)
```

Agora, é fácil aplicar isso aos dados sem outliers do Capítulo 5:

```
from scratch.statistics import num_friends_good, daily_minutes_good

alpha, beta = least_squares_fit(num_friends_good, daily_minutes_good)
assert 22.9 < alpha < 23.0
assert 0.9 < beta < 0.905
```

Obtemos os valores alpha = 22.95 e beta = 0.903. Portanto, o modelo indica que um usuário com n amigos passa $22.95 + n * 0.903$ minutos no site diariamente. Ou seja, prevemos que um usuário sem amigos passa cerca de 23 minutos por dia no site da DataSciencester. E, para cada amigo que adicionar, esse usuário passará cerca de um minuto a mais no site diariamente.

Na Figura 14-1, plotamos a linha de previsão para visualizar em que medida modelo se ajusta aos dados observados.

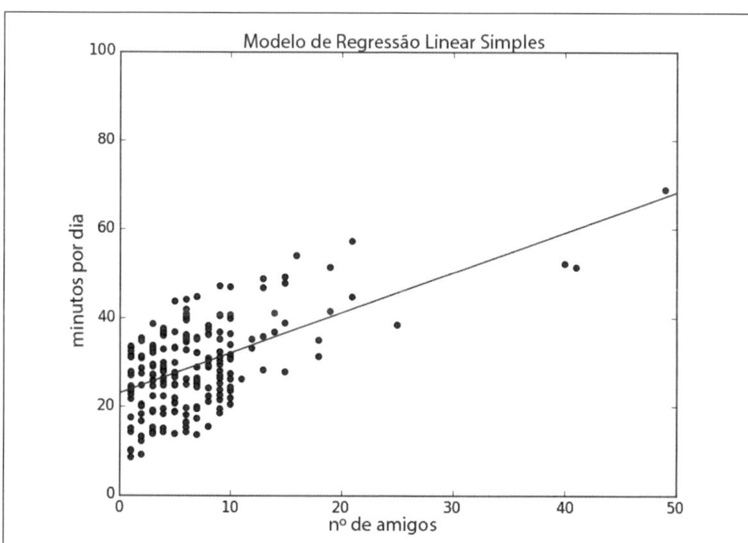

Figura 14-1. Um modelo linear simples

Claro, precisamos de uma forma melhor de definir o ajuste dos dados do que uma simples observação do gráfico. Uma medida comum é o *coeficiente de determinação* (ou *R-quadrado*), que mede a fração da variação total na variável dependente, capturada pelo modelo:

```
from scratch.statistics import de_mean

def total_sum_of_squares(y: Vector) -> float:
    """A variação quadrática total da média de y_i"""
    return sum(v ** 2 for v in de_mean(y))

def r_squared(alpha: float, beta: float, x: Vector, y: Vector) -> float:
    """
    A fração da variação em y capturada pelo modelo, igual a
    1 - a fração da variação em y não capturada pelo modelo
    """
    return 1.0 - (sum_of_sqerrors(alpha, beta, x, y) /
                  total_sum_of_squares(y))

rsq = r_squared(alpha, beta, num_friends_good, daily_minutes_good)
assert 0.328 < rsq < 0.330
```

Lembre-se: escolhemos o `alpha` e o `beta` que minimizam a soma dos erros quadráticos da previsão. Também podemos escolher um modelo linear do tipo "sempre prever `mean(y)`" (correspondente a `alpha` = média(y) e `beta` = 0), em que a soma dos erros quadráticos é exatamente igual à soma total dos quadrados. Isso indica um R-quadrado de 0, ou seja, o modelo só prevê a média (obviamente, nesse caso).

Claramente, o desempenho do modelo dos mínimos quadrados terá que ser, pelo menos, tão bom quanto esse; ou seja, a soma dos erros quadráticos deve corresponder, *no máximo*, à soma total dos quadrados, indicando que o R-quadrado será no mínimo igual a 0. Já a soma dos erros quadráticos deve ser, pelo menos, igual a 0, indicando que o R-quadrado será no máximo igual a 1.

Quanto maior o número, melhor será o ajuste do modelo aos dados. Aqui, calculamos um R-quadrado de 0.329, o que indica um ajuste razoável do modelo aos dados, mas também que, claramente, há outros fatores em jogo.

Usando o Gradiente Descendente

Com `theta = [alpha, beta]`, também é possível aplicar um gradiente descendente:

```
import random
import tqdm
from scratch.gradient_descent import gradient_step
```

```
num_epochs = 10000
random.seed(0)

guess = [random.random(), random.random()] # escolha um valor aleatório para começar

learning_rate = 0.00001

with tqdm.trange(num_epochs) as t:
    for _ in t:
        alpha, beta = guess

        # Derivada parcial da perda em relação a alpha
        grad_a = sum(2 * error(alpha, beta, x_i, y_i)
                     for x_i, y_i in zip(num_friends_good,
                                         daily_minutes_good))

        # Derivada parcial da perda em relação a beta
        grad_b = sum(2 * error(alpha, beta, x_i, y_i) * x_i
                     for x_i, y_i in zip(num_friends_good,
                                         daily_minutes_good))

        # Compute a perda para fixar na descrição do tqdm
        loss = sum_of_sqerrors(alpha, beta,
                               num_friends_good, daily_minutes_good) t.
        set_description(f"loss: {loss:.3f}")

        # Finalmente, atualize a estimativa
        guess = gradient_step(guess, [grad_a, grad_b], -learning_rate)

# Agora, obteremos praticamente os mesmos resultados:
alpha, beta = guess
assert 22.9 < alpha < 23.0
assert 0.9 < beta < 0.905
```

Se você executar isso, terá os mesmos valores de `alpha` e `beta` que obtivemos com a fórmula exata.

Estimativa por Máxima Verossimilhança

Por que escolher os mínimos quadrados? Entre outros fatores, devido à *estimativa por máxima verossimilhança*. Imagine uma amostra de dados $v_1, \ldots, v_n,$ extraídos de uma distribuição que depende de um parâmetro desconhecido θ (theta):

$$p(v_1, \ldots, v_n | \theta)$$

Como não conhecemos θ, podemos pensar nessa quantidade como a probabilidade de θ com base na amostra:

$$L(\theta | v_1, \ldots, v_n)$$

Nessa abordagem, o valor mais provável de θ é o que maximiza essa função de verossimilhança — ou seja, o valor que aumenta a probabilidade dos dados observados. No caso de uma distribuição contínua, em que temos uma função de distribuição de probabilidade (em vez de uma função de massa de probabilidade), podemos fazer a mesma coisa.

De volta à regressão. Uma hipótese comum no modelo de regressão simples é a de que os erros de regressão estão normalmente distribuídos com média 0 e um desvio-padrão (conhecido) σ. Nesse caso, a probabilidade de ocorrer um par `(x_i, y_i)` é:

$$L\left(\alpha, \beta \mid x_i, y_i, \sigma\right) = \frac{1}{\sqrt{2\pi}\sigma} \exp\left(-\left(y_i - \alpha - \beta x_i\right)^2 / 2\sigma^2 \right)$$

A probabilidade para o conjunto de dados como um todo corresponde ao produto das probabilidades individuais, que é maior exatamente quando escolhemos `alpha` e `beta` de modo a minimizar a soma dos erros quadráticos. Ou seja, nesse caso (com base nessas hipóteses), minimizar a soma dos erros quadráticos equivale a maximizar a verossimilhança dos dados observados.

Materiais Adicionais

Continue lendo! Falaremos sobre a regressão múltipla no Capítulo 15!

CAPÍTULO 15

Regressão Múltipla

Não consigo ver um problema sem aplicar variáveis relevantes.
—Bill Parcells

Embora esteja bastante impressionada com o modelo de previsão, a vice-presidente acha que ele pode melhorar. Por isso, você coleta dados adicionais: o número de horas que cada usuário trabalha por dia e se eles têm PhD. Seu objetivo é usar esses dados adicionais para melhorar o modelo.

Agora, crie um modelo linear com mais variáveis independentes:

$$\text{minutos} = \alpha + \beta_1\text{amigos} + \beta_2\text{horas de trabalho} + \beta_3\text{phd} + \varepsilon$$

Obviamente, não determinamos se o usuário tem PhD com um número — mas, como vimos no Capítulo 11, podemos introduzir uma *variável dummy* (igual a 1 para usuários com PhD e igual 0 para usuários sem PhD), convertendo essa informação em um valor numérico como o das outras variáveis.

O Modelo

No Capítulo 14, criamos um modelo de formulário:

$$y_i = \alpha + \beta x_i + \varepsilon_i$$

Agora, imagine que cada entrada x_i não é um único número, mas um vetor de k números, $x_{i1}, ..., x_{ik}$. O modelo de regressão múltipla pressupõe que:

$$y_i = \alpha + \beta_1 x_{i1} + \ldots + \beta_k x_{ik} + \varepsilon_i$$

Na regressão múltipla, o vetor de parâmetros geralmente é chamado de β. Também temos que incluir o termo constante, adicionando uma coluna de 1s aos dados:

```
beta = [alpha, beta_1, ..., beta_k]
```

E:

```
x_i = [1, x_i1, ..., x_ik]
```

Logo, nosso modelo é:

```
from scratch.linear_algebra import dot, Vector

def predict(x: Vector, beta: Vector) -> float:
    """pressupõe que o primeiro elemento de x é 1"""
    return dot(x, beta)
```

Nesse caso específico, a variável independente `x` será uma lista de vetores, em que cada vetor terá este formato:

```
[1,    # termo constante
 49,   # número de amigos
 4,    # horas de trabalho por dia
 0]    # não tem PhD
```

Mais Hipóteses do Modelo dos Mínimos Quadrados

Há mais hipóteses necessárias para que o modelo (e a solução) faça sentido.

Primeiro, as colunas de x são *linearmente independentes* — ou seja, não é possível escrever uma delas como uma soma ponderada de algumas das outras. Se essa hipótese falhar, será impossível estimar o `beta`. Em um caso extremo, imagine que temos um campo extra `num_acquaintances` que, para cada usuário, é exatamente igual a `num_friends`.

Então, começando com um `beta` qualquer, se adicionamos um valor ao coeficiente de `num_friends` e subtraímos esse mesmo valor do coeficiente de `num_acquaintances`, as previsões do modelo continuam as mesmas. Ou seja, o coeficiente de `num_friends` não é encontrado. (Em geral, as violações dessa hipótese não são tão óbvias.)

A segunda hipótese importante é que as colunas de x são todas não correlacionadas com os erros ε. Se isso não ocorrer, as estimativas de `beta` estarão sistematicamente erradas.

Por exemplo, no Capítulo 14, criamos um modelo que previa uma associação entre cada amigo adicionado e um tempo extra de 0.90 minuto dedicado ao site por dia.

Imagine que isso também se aplica a:

- Pessoas que trabalham mais horas passam menos tempo no site;

- Pessoas com mais amigos tendem a trabalhar mais horas.

Ou seja, imagine que o modelo "real" é:

$$\text{minutos} = \alpha + \beta_1\text{amigos} + \beta_2\text{horas de trabalho} + \varepsilon$$

Aqui, β_2 é negativo e horas de trabalho e amigos estão positivamente correlacionados. Nesse caso, quando minimizamos os erros do modelo de variável única:

$$\text{minutos} = \alpha + \beta_1\text{amigos} + \varepsilon$$

Subestimamos β_1.

Imagine o que acontece quando fazemos previsões usando o modelo de variável única com o valor "real" de β_1. (Ou seja, o valor gerado pela minimização dos erros no modelo "real".) As previsões tendem a ser muito grandes para usuários que trabalham muitas horas e um pouco grandes para usuários que trabalham poucas horas, pois "esquecemos" de incluir que $\beta_2 < 0$. Como as horas de trabalho estão correlacionadas positivamente com o número de amigos, as previsões tendem a ser grandes demais para os usuários com muitos amigos e um pouco grandes para usuários com poucos amigos.

Como resultado, podemos reduzir os erros (no modelo de variável única) diminuindo a estimativa de β_1; logo, o β_1 que minimiza os erros é menor do que o valor "real". Nesse caso, a solução dos mínimos quadrados para variável única é inclinada a subestimar β_1. E, em geral, sempre que as variáveis independentes estão correlacionadas com erros como esse, a solução dos mínimos quadrados indica uma estimativa tendenciosa de β_1.

Ajustando o Modelo

Como fizemos no modelo linear simples, escolheremos o `beta` para minimizar a soma dos erros quadráticos. Como não é tão simples definir uma solução exata manualmente, temos que usar o gradiente descendente. Mais uma vez, precisamos minimizar a soma dos erros quadráticos. A função de erro é quase idêntica à utilizada no Capítulo 14, porém, em vez de esperar os parâmetros `[alpha, beta]`, ela receberá um vetor de tamanho arbitrário:

```
from typing import List

def error(x: Vector, y: float, beta: Vector) -> float:
    return predict(x, beta) - y
def squared_error(x: Vector, y: float, beta: Vector) -> float:
    return error(x, y, beta) ** 2
```

```
x = [1, 2, 3]
y = 30
beta = [4, 4, 4] # logo, a previsão = 4 + 8 + 12 = 24

assert error(x, y, beta) == -6
assert squared_error(x, y, beta) == 36
```

Se você sabe cálculo, é fácil computar o gradiente:

```
def sqerror_gradient(x: Vector, y: float, beta: Vector) -> Vector:
    err = error(x, y, beta)
    return [2 * err * x_i for x_i in x]

assert sqerror_gradient(x, y, beta) == [-12, -24, -36]
```

Se não, vai ter que confiar em mim.

Aqui, já podemos encontrar o `beta` ideal usando o gradiente descendente. Primeiro, escreveremos uma função `least_squares_fit` que opere com qualquer conjunto de dados:

```
import random
import tqdm
from scratch.linear_algebra import vector_mean
from scratch.gradient_descent import gradient_step


def least_squares_fit(xs: List[Vector],
                      ys: List[float],
                      learning_rate: float = 0.001,
                      num_steps: int = 1000,
                      batch_size: int = 1) -> Vector:
    """
    Encontre o beta que minimiza a soma dos erros quadráticos
    pressupondo que o modelo y = dot(x, beta).
    """
    # Comece com uma estimativa aleatória
    guess = [random.random() for _ in xs[0]]

    for _ in tqdm.trange(num_steps, desc="least squares fit"):
        for start in range(0, len(xs), batch_size):
            batch_xs = xs[start:start+batch_size]
            batch_ys = ys[start:start+batch_size]

            gradient = vector_mean([sqerror_gradient(x, y, guess)
                                    for x, y in zip(batch_xs, batch_ys)])
            guess = gradient_step(guess, gradient, -learning_rate)

    return guess
```

Agora, aplicamos isso aos dados:

```
from scratch.statistics import daily_minutes_good
from scratch.gradient_descent import gradient_step
```

```
random.seed(0)
# Escolhi num_iters e step_size com base em tentativa e erro.
# Isso funcionará por um tempo.
learning_rate = 0.001

beta = least_squares_fit(inputs, daily_minutes_good, learning_rate, 5000, 25)
assert 30.50 < beta[0] < 30.70  # constante
assert  0.96 < beta[1] <  1.00  # número de amigos
assert -1.89 < beta[2] < -1.85  # horas de trabalho por dia
assert  0.91 < beta[3] <  0.94  # tem PhD
```

Na prática, você não deve estimar uma regressão linear usando o gradiente descendente, mas aplicar técnicas de álgebra linear (que não cabem a este livro) para obter os coeficientes exatos. Nesse caso, você encontrará esta equação:

$$\text{minutos} = 30\,.\,58 + 0\,.\,972 \text{ amigos} - 1\,.\,87 \text{ horas de trabalho} + 0\,.\,923 \text{ phd}$$

Ela é bem próxima da que determinamos.

Interpretando o Modelo

Pense nos coeficientes do modelo como representando estimativas dos impactos de cada fator considerando iguais todos os outros aspectos. Nesse caso, cada amigo adicional corresponde a um minuto a mais dedicado ao site por dia. Além disso, cada hora adicional na jornada de trabalho de um usuário corresponde a cerca de dois minutos a menos no tempo dedicado ao site por dia. Por extensão, ter PhD indica um minuto a mais dedicado ao site por dia.

Entretanto, isso não informa nada (diretamente) sobre as interações entre as variáveis. Talvez o efeito das horas de trabalho seja diferente para pessoas com muitos amigos e pessoas com poucos amigos. Esse modelo não captura isso. Para lidar com esse caso, introduza uma nova variável: o *produto* de "amigos" e "horas de trabalho". Assim, o coeficiente de "horas de trabalho" aumentará (ou diminuirá) à medida que o número de amigos aumentar.

Ou, talvez, quanto mais amigos você tiver, mais tempo dedicará ao site, mas só *até certo ponto;* depois disso, ter mais amigos reduzirá o tempo das suas visitas ao site. (Talvez ter amigos em excesso deixe a experiência intensa demais?) Para capturar isso, vamos adicionar outra variável ao modelo: o *quadrado* do número de amigos.

Quando começamos a adicionar variáveis, temos que conferir se os coeficientes são "relevantes". O céu é o limite para o número de produtos, logs e quadrados que podemos adicionar.

Qualidade do Ajuste

Mais uma vez, analisaremos o R-quadrado:

```
from scratch.simple_linear_regression import total_sum_of_squares

def multiple_r_squared(xs: List[Vector], ys: Vector, beta: Vector) -> float:
    sum_of_squared_errors = sum(error(x, y, beta) ** 2
                                for x, y in zip(xs, ys))
    return 1.0 - sum_of_squared_errors / total_sum_of_squares(ys)
```

Ele agora aumentou para 0.68:

```
assert 0.67 < multiple_r_squared(inputs, daily_minutes_good, beta) < 0.68
```

No entanto, observe que adicionar novas variáveis a uma regressão *sempre* aumentará o R-quadrado. Afinal, o modelo de regressão simples é só um caso especial do modelo de regressão múltipla em que os coeficientes de "horas de trabalho" e "PhD" são iguais a 0. O modelo de regressão múltipla ideal sempre terá um erro, no mínimo, tão pequeno quanto esse.

Por isso, na regressão múltipla, também devemos analisar os *erros padrão* dos coeficientes, que determinam em que medida estamos certos sobre as estimativas de cada β_i. A regressão como um todo pode se ajustar muito bem aos dados, mas, se algumas variáveis independentes estiverem correlacionadas (ou forem irrelevantes), talvez seus coeficientes não sejam muito *significativos*.

A abordagem típica para medir esses erros começa com outra hipótese — a de que os erros ε_i são variáveis aleatórias normais independentes com média 0 e um mesmo desvio-padrão (desconhecido) σ. Aqui, aplicamos a álgebra linear (ou, mais provavelmente, usamos um software de estatística) para encontrar o erro padrão de cada coeficiente. Quanto maior for erro, menor será a certeza do modelo sobre o coeficiente em questão. Mas, infelizmente, não temos tempo para fazer esses cálculos de álgebra linear do zero.

Digressão: O Bootstrap

Imagine uma amostra de *n* pontos de dados gerados por uma distribuição (desconhecida):

```
data = get_sample(num_points=n)
```

No Capítulo 5, escrevemos uma função para calcular a `median` da amostra, que serve como uma estimativa da mediana da distribuição.

No entanto, em que medida estamos confiantes nessa estimativa? Se todos os pontos de dados da amostra estiverem muito próximos de 100, provavelmente a mediana real estará próxima de 100. Mas, se metade dos pontos de dados da amostra estiver próxima de 0 e a outra metade estiver próxima dc 200, a mediana não parece estar bem determinada.

Quando temos uma série de novas amostras, calculamos as medianas de muitas delas e observamos a distribuição dessas medianas. Porém, muitas vezes, isso não ocorre. Nesse caso, é possível fazer o *bootstrap* de novos conjuntos de dados selecionando *n* pontos de dados *com substituição* nos dados que já temos. Em seguida, calculamos as medianas desses conjuntos de dados sintéticos:

```
from typing import TypeVar, Callable

X = TypeVar('X')        # Tipo genérico para os dados
Stat = TypeVar('Stat')  # Tipo genérico para "estatísticas"

def bootstrap_sample(data: List[X]) -> List[X]:
    """Tira amostras aleatoriamente de elementos len(data) com substituição"""
    return [random.choice(data) for _ in data]

def bootstrap_statistic(data: List[X],
                        stats_fn: Callable[[List[X]], Stat],
                        num_samples: int) -> List[Stat]:
    """avalia stats_fn em amostras de bootstrap num_samples dos dados"""
    return [stats_fn(bootstrap_sample(data)) for _ in range(num_samples)]
```

Por exemplo, confira os dois conjuntos de dados a seguir:

```
# 101 pontos muito próximos de 100
close_to_100 = [99.5 + random.random() for _ in range(101)]

# 101 pontos, 50 próximos de 0, 50 próximos de 200
far_from_100 = ([99.5 + random.random()] +
                [random.random() for _ in range(50)] +
                [200 + random.random() for _ in range(50)])
```

Quando calculamos as `medians` dos dois conjuntos de dados, vemos que ambas estão muito próximas de 100. Mas observe:

```
from scratch.statistics import median, standard_deviation

medians_close = bootstrap_statistic(close_to_100, median, 100)
```

De fato, existem vários números bem próximos de 100, porém, veja isto:

```
medians_far = bootstrap_statistic(far_from_100, median, 100)
```

Agora, vemos muitos números próximos de 0 e muitos números próximos de 200.

O `standard_deviation` do primeiro conjunto de medianas está próximo de 0; já o do segundo conjunto de medianas está próximo de 100:

```
assert standard_deviation(medians_close) < 1
assert standard_deviation(medians_far) > 90
```

(Seria bem fácil identificar esse caso extremo com uma inspeção manual dos dados, mas isso não costuma ocorrer.)

Erros Padrão dos Coeficientes de Regressão

Também usamos essa abordagem para estimar os erros padrão dos coeficientes de regressão. Muitas vezes, extraímos um `bootstrap_sample` dos dados e estimamos o `beta` com base nessa amostra. Se o coeficiente correspondente a uma das variáveis independentes (digamos, `num_friends`) não varia muito entre as amostras, a estimativa está relativamente correta. Se o coeficiente varia muito entre as amostras, a estimativa não merece muita confiança.

Aqui, o único detalhe é que, antes da amostragem, precisamos `zip`ar os dados `x` e `y` para que os respectivos valores das variáveis independentes e dependentes fiquem na mesma amostra. Ou seja, `bootstrap_sample` retornará uma lista de pares `(x_i, y_i)`, que vamos remontar em um `x_sample` e um `y_sample`:

```
from typing import Tuple

import datetime

def estimate_sample_beta(pairs: List[Tuple[Vector, float]]):
    x_sample = [x for x, _ in pairs]
    y_sample = [y for _, y in pairs]
    beta = least_squares_fit(x_sample, y_sample, learning_rate, 5000, 25)
    print("bootstrap sample", beta)
    return beta

random.seed(0) # para que você obtenha os mesmos resultados que eu

# Isso demora alguns minutos!
bootstrap_betas = bootstrap_statistic(list(zip(inputs, daily_minutes_good)),
                                      estimate_sample_beta,
                                      100)
```

Agora, estimaremos o desvio-padrão de cada coeficiente:

```
bootstrap_standard_errors = [
    standard_deviation([beta[i] for beta in bootstrap_betas])
    for i in range(4)]

print(bootstrap_standard_errors)

# [1.272,  # termo constante, actual error = 1.19
# 0.103,   # num_friends,     actual error = 0.080
```

```
# 0.155,    # work_hours,      actual error = 0.127
# 1.249]    # phd,             actual error = 0.998
```

(Provavelmente, as estimativas seriam melhores com a coleta de mais de 100 amostras e mais de 5 mil iterações para estimar cada `beta`, mas não temos o dia todo.)

Agora, podemos testar hipóteses como "β_i é igual a 0?". Com base na hipótese nula $\beta_i = 0$ (e nas outras hipóteses sobre a distribuição de ε_i), fazemos esta estatística:

$$t_j = \widehat{\beta_j} / \widehat{\sigma_j}$$

Aqui, temos a estimativa de βj dividida pela estimativa do seu erro padrão, disposta em uma *distribuição t de Student* com "$n - k$ graus de liberdade".

Com uma função `students_t_cdf`, seria possível calcular os p-values de cada coeficiente dos mínimos quadrados, indicando a probabilidade de observar esse valor quando o coeficiente real for igual a 0. Mas, infelizmente, não temos essa função. (Já que estamos fazendo tudo do zero.)

Entretanto, à medida que os graus de liberdade aumentam, a distribuição t se aproxima cada vez mais de um normal padrão. Nesse caso, em que n é muito maior do que k, usamos o `normal_cdf` com um grande sorriso no rosto:

```
from scratch.probability import normal_cdf

def p_value(beta_hat_j: float, sigma_hat_j: float) -> float:
    if beta_hat_j > 0:
        # se o coeficiente for positivo, temos que computar o dobro
        # da probabilidade de ver um valor *maior* do que esse
        return 2 * (1 - normal_cdf(beta_hat_j / sigma_hat_j))
    else:
        # caso contrário, o dobro da probabilidade de ver um valor *menor*
        return 2 * normal_cdf(beta_hat_j / sigma_hat_j)

assert p_value(30.58, 1.27)   < 0.001  # termo constante
assert p_value(0.972, 0.103)  < 0.001  # num_friends
assert p_value(-1.865, 0.155) < 0.001  # work_hours
assert p_value(0.923, 1.249)  > 0.4    # phd
```

(Em *outro* tipo de situação, devemos usar um software de estatística para calcular a distribuição t e os erros padrão com exatidão.)

A maioria dos coeficientes tem p-values bem pequenos (indicando que são diferentes de zero), porém o coeficiente para "PhD" não é "significativamente" diferente de 0, um indicativo provável de que esse coeficiente é aleatório e não relevante.

Em casos mais complexos de regressão, às vezes é preciso testar hipóteses mais complexas sobre os dados, como "pelo menos um β_j é diferente de zero" e

"β_1 é igual a β_2 e β_3 é igual a β_4". Para isso, há o *F-test*, mas (infelizmente) esse tópico não cabe neste livro.

Regularização

Na prática, a regressão linear em geral se aplica a conjuntos de dados com muitas variáveis. Isso traz alguns problemas. Primeiro, quanto maior for o número de variáveis, maior será a probabilidade de sobreajuste do modelo ao conjunto de treinamento. Segundo, quanto maior for o número de coeficientes diferentes de zero, mais difícil será explicá-los. Quando o objetivo é *explicar* um fenômeno, um modelo esparso com três fatores às vezes é mais útil do que um modelo ligeiramente melhor com centenas.

Na *regularização*, adicionamos ao termo de erro uma penalidade que aumenta à medida que beta aumenta. Em seguida, minimizamos o erro e a penalidade combinados. Ao atribuir importância ao termo de penalidade, desencorajamos coeficientes muito grandes.

Por exemplo, na *regressão ridge* [cume, em inglês], adicionamos uma penalidade proporcional à soma dos quadrados de beta_i (mas, em geral, não penalizamos o termo constante beta_0):

```
# alpha é um *hiperparâmetro* que controla o rigor da penalidade.
# Às vezes, ele é chamado de "lambda", mas esse símbolo já tem significado no Python.
def ridge_penalty(beta: Vector, alpha: float) -> float:
    return alpha * dot(beta[1:], beta[1:])

def squared_error_ridge(x: Vector,
                        y: float,
                        beta: Vector,
                        alpha: float) -> float:
    """estime o erro mais a penalidade de cume em beta"""
    return error(x, y, beta) ** 2 + ridge_penalty(beta, alpha)
```

Agora, conectamos isso ao gradiente descendente como de praxe:

```
from scratch.linear_algebra import add

def ridge_penalty_gradient(beta: Vector, alpha: float) -> Vector:
    """gradiente apenas da penalidade de cume"""
    return [0.] + [2 * alpha * beta_j for beta_j in beta[1:]]

def sqerror_ridge_gradient(x: Vector,
                           y: float,
                           beta: Vector,
                           alpha: float) -> Vector:
    """
    o gradiente correspondente ao termo de erro quadrático i,
    incluindo a penalidade de cume y
    """
```

```
    return add(sqerror_gradient(x, y, beta),
               ridge_penalty_gradient(beta, alpha))
```

Depois, só precisamos modificar a função `least_squares_fit` para usar o `sqerror_ridge_gradient` em vez do `sqerror_gradient`. (Não vou repetir o código aqui.)

Com o `alpha` definido como 0, não há nenhuma penalidade e obtemos os mesmos resultados de antes:

```
random.seed(0)
beta_0 = least_squares_fit_ridge(inputs, daily_minutes_good, 0.0, # alpha
                                 learning_rate, 5000, 25)
# [30.51, 0.97, -1.85, 0.91]
assert 5 < dot(beta_0[1:], beta_0[1:]) < 6
assert 0.67 < multiple_r_squared(inputs, daily_minutes_good, beta_0) < 0.69
```

À medida que aumentamos o `alpha`, a qualidade do ajuste piora, mas `beta` diminui:

```
beta_0_1 = least_squares_fit_ridge(inputs, daily_minutes_good, 0.1, # alpha
                                   learning_rate, 5000, 25)
# [30.8, 0.95, -1.83, 0.54]
assert 4 < dot(beta_0_1[1:], beta_0_1[1:]) < 5
assert 0.67 < multiple_r_squared(inputs, daily_minutes_good, beta_0_1) < 0.69

beta_1 = least_squares_fit_ridge(inputs, daily_minutes_good, 1, # alpha
                                 learning_rate, 5000, 25)
# [30.6, 0.90, -1.68, 0.10]
assert 3 < dot(beta_1[1:], beta_1[1:]) < 4
assert 0.67 < multiple_r_squared(inputs, daily_minutes_good, beta_1) < 0.69

beta_10 = least_squares_fit_ridge(inputs, daily_minutes_good,10, # alpha
                                  learning_rate, 5000, 25)
# [28.3, 0.67, -0.90, -0.01]
assert 1 < dot(beta_10[1:], beta_10[1:]) < 2
assert 0.5 < multiple_r_squared(inputs, daily_minutes_good, beta_10) < 0.6
```

Especificamente, o coeficiente de "PhD" desaparece à medida que aumentamos a penalidade, em conformidade com o resultado anterior, que não foi significativamente diferente de 0.

> Em geral, você deve fazer o `rescale` (redimensionamento) dos dados antes de aplicar essa abordagem. Isso porque, quando trocamos anos por séculos de experiência, o coeficiente dos mínimos quadrados aumenta por um fator de 100 e recebe uma penalidade muito maior, embora seja o mesmo modelo.

Outra abordagem é a *regressão lasso* [laço, em inglês], que aplica esta penalidade:

```
def lasso_penalty(beta, alpha):
    return alpha * sum(abs(beta_i) for beta_i in beta[1:])
```

Se a penalidade de cume encolhe os coeficientes como um todo, a penalidade de laço força os coeficientes a 0 e, por isso, é uma boa opção para o aprendizado de modelos esparsos. Mas, infelizmente, como ela não é compatível com o gradiente descendente, não vamos analisá-la do zero.

Materiais Adicionais

- A regressão é objeto de muitas obras teóricas e inovadoras. Procure pelo menos um livro sobre esse tópico ou leia um monte de artigos na Wikipédia;
- O scikit-learn contém um módulo `linear_model` (*https://scikit-learn.org/stable/modules/ linear_model.html*) com um modelo `LinearRegression` semelhante ao nosso, bem como regressão ridge, regressão lasso e outros tipos de regularização;
- O Statsmodels (*https://www.statsmodels.org*) é outro módulo Python com modelos de regressão linear (entre outros itens).

CAPÍTULO 16

Regressão Logística

Muitos dizem que há uma linha tênue entre o gênio e o louco. Não acredito nessa linha tênue; de fato, acho que entre eles existe um abismo imenso.

—Bill Bailey

No Capítulo 1, vimos rapidamente como determinar os usuários da DataSciencester que assinam contas premium. Aqui, voltaremos a esse problema.

O Problema

Temos um conjunto de dados anônimos de aproximadamente 200 usuários; sabemos o salário de cada um deles, seus anos de experiência como cientista de dados e se ele é assinante da conta premium (Figura 16-1). Como é de praxe nas variáveis categóricas, representamos a variável dependente como 0 (sem conta premium) ou 1 (conta premium).

Como de costume, os dados são uma lista de linhas `[experience, salary, paid_account]`. Vamos convertê-los para o formato mais adequado:

```
xs = [[1.0] + row[:2] for row in data]  # [1, experiência, salário]
ys = [row[2] for row in data]           # paid_account
```

A opção mais óbvia é aplicar a regressão linear para encontrar o melhor modelo:

$$\text{conta paga} = \beta_0 + \beta_1\text{experiência} + \beta_2\text{salário} + \varepsilon$$

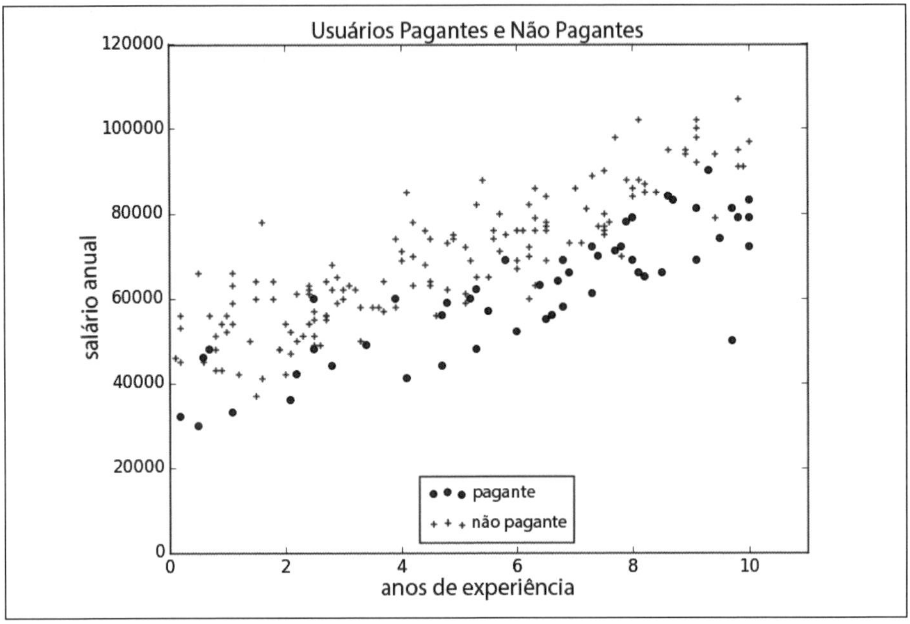

Figura 16-1. Usuários pagantes e não pagantes

Aqui, nada nos impede de modelar o problema dessa maneira. A Figura 16-2 indica os resultados:

```
from matplotlib import pyplot as plt
from scratch.working_with_data import rescale
from scratch.multiple_regression import least_squares_fit, predict
from scratch.gradient_descent import gradient_step

learning_rate = 0.001
rescaled_xs = rescale(xs)
beta = least_squares_fit(rescaled_xs, ys, learning_rate, 1000, 1)
# [0.26, 0.43, -0.43]
predictions = [predict(x_i, beta) for x_i in rescaled_xs]

plt.scatter(predictions, ys)
plt.xlabel("predicted")
plt.ylabel("actual")
plt.show()
```

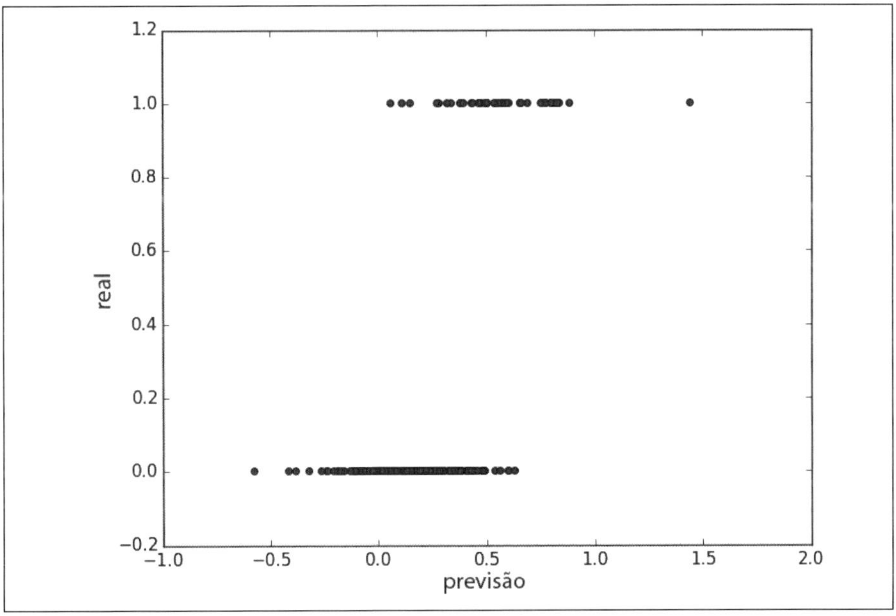

Figura 16-2. Usando a regressão linear para prever contas premium

Mas essa abordagem esbarra em alguns problemas imediatos:

- Queremos que as saídas previstas sejam 0 ou 1 para indicar a associação de classe. Como o referencial está entre 0 e 1, interpretamos os valores como probabilidades — uma saída de 0.25 indica uma probabilidade de 25% de o membro ser pagante. Mas algumas saídas do modelo linear são números positivos enormes ou números negativos, o que dificulta a interpretação. De fato, foram geradas muitas previsões negativas.
- O modelo de regressão linear pressupôs que os erros não estavam correlacionados com as colunas de *x*. Entretanto, aqui, o coeficiente de regressão de `experience` é igual a 0.43, indicando que, quanto maior for a experiência, maior será a probabilidade de uma conta premium. Ou seja, o modelo gera valores bem altos para pessoas com muito tempo de experiência. Porém, como os valores reais devem ser no máximo 1, as saídas muito grandes (e, portanto, os valores muito altos de `experience`) correspondem a valores negativos muito altos do termo de erro. Nesse caso, a estimativa de `beta` é tendenciosa.

Em vez disso, queremos que os valores positivos altos de `dot(x_i, beta)` correspondam a probabilidades próximas de 1 e que os valores negativos altos correspondam a probabilidades próximas de 0. Para isso, aplicaremos outra função ao resultado.

A Função Logística

Na regressão logística, usamos a *função logística*, como vemos na Figura 16-3:

```
def logistic(x: float) -> float:
    return 1.0 / (1 + math.exp(-x))
```

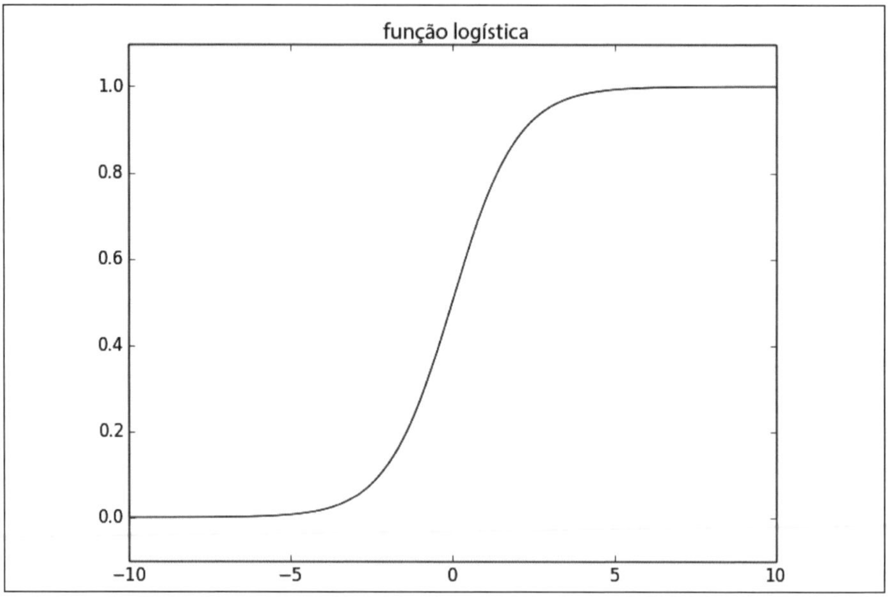

Figura 16-3. A função logística

Quando a entrada aumenta e fica positiva, aproxima-se cada vez mais de 1. Quando a entrada aumenta e fica negativa, aproxima-se cada vez mais de 0. Além disso, convenientemente, a derivada dessa função é determinada da seguinte forma:

```
def logistic_prime(x: float) -> float:
    y = logistic(x)
    return y * (1 - y)
```

Usaremos essa propriedade daqui a pouco. Para ajustar o modelo, aplicamos isto:

$$y_i = f(x_i \beta) + \varepsilon_i$$

Aqui, *f* é a função `logistic`.

Observe que, para ajustar o modelo na regressão linear, minimizamos a soma dos erros quadráticos, definindo, consequentemente, o β que maximizava a probabilidade dos dados.

Como os dois não são equivalentes, usaremos o gradiente descendente para maximizar diretamente a probabilidade. Logo, precisamos calcular a função de probabilidade e seu gradiente.

Para um determinado β, o modelo diz que cada y_i é igual a 1 com probabilidade $f(x_i\beta)$ e 0 com probabilidade $1 - f(x_i\beta)$.

Por extensão, escrevemos o PDF de y_i da seguinte forma:

$$p(y_i | x_i, \beta) = f(x_i\beta)^{y_i}(1 - f(x_i\beta))^{1 - y_i}$$

Logo, se y_i é igual 0, temos que:

$$1 - f(x_i\beta)$$

E, se y_i é igual 1, temos que:

$$f(x_i\beta)$$

Agora, ficou bem mais simples maximizar o *log da probabilidade*:

$$\log L(\beta | x_i, y_i) = y_i \log f(x_i\beta) + (1 - y_i) \log (1 - f(x_i\beta))$$

Como o log é uma função crescente, todo beta que maximiza o log da probabilidade também maximiza a probabilidade e vice-versa. Como o gradiente descendente minimiza as variáveis, trabalharemos com um log da probabilidade *negativo*, pois maximizar a probabilidade corresponde a minimizar seu valor negativo:

```
import math
from scratch.linear_algebra import Vector, dot

def _negative_log_likelihood(x: Vector, y: float, beta: Vector) -> float:
    """O log da probabilidade negativo de um ponto de dados"""
    if y == 1:
        return -math.log(logistic(dot(x, beta)))
    else:
        return -math.log(1 - logistic(dot(x, beta)))
```

Quando pressupomos que os vários pontos de dados são independentes, a probabilidade total é igual ao produto das probabilidades individuais. Ou seja, o log da probabilidade total é igual à soma dos logs das probabilidades individuais:

```
from typing import List
def negative_log_likelihood(xs: List[Vector],
                            ys: List[float],
```

```
                          beta: Vector) -> float:
    return sum(_negative_log_likelihood(x, y, beta)
               for x, y in zip(xs, ys))
```

Com um pouco de cálculo, obtemos o gradiente:

```
from scratch.linear_algebra import vector_sum

def _negative_log_partial_j(x: Vector, y: float, beta: Vector, j: int) -> float:
    """
    A derivada parcial j de um ponto de dados.
    Aqui, i é o índice do ponto de dados.
    """
    return -(y - logistic(dot(x, beta))) * x[j]

def _negative_log_gradient(x: Vector, y: float, beta: Vector) -> Vector:
    """
    O gradiente de um ponto de dados.
    """
    return [_negative_log_partial_j(x, y, beta, j)
            for j in range(len(beta))]

def negative_log_gradient(xs: List[Vector],
                          ys: List[float],
                          beta: Vector) -> Vector:
    return vector_sum([_negative_log_gradient(x, y, beta)
                       for x, y in zip(xs, ys)])
```

Agora, temos tudo que precisamos.

Aplicando o Modelo

Dividiremos os dados em um conjunto de treinamento e um de testes:

```
from scratch.machine_learning import train_test_split
import random
import tqdm

random.seed(0)
x_train, x_test, y_train, y_test = train_test_split(rescaled_xs, ys, 0.33)

learning_rate = 0.01

# escolha um ponto inicial aleatório
beta = [random.random() for _ in range(3)]

with tqdm.trange(5000) as t:
    for epoch in t:
        gradient = negative_log_gradient(x_train, y_train, beta)
        beta = gradient_step(beta, gradient, -learning_rate)
        loss = negative_log_likelihood(x_train, y_train, beta)
        t.set_description(f"loss: {loss:.3f} beta: {beta}")
```

Com essa operação, determinamos que o `beta` é aproximadamente:

```
[-2.0, 4.7, -4.5]
```

Esses são os coeficientes dos dados `rescaled` [redimensionados], mas é possível recuperar os dados originais:

```
from scratch.working_with_data import scale

means, stdevs = scale(xs)
beta_unscaled = [(beta[0]
                  - beta[1] * means[1] / stdevs[1]
                  - beta[2] * means[2] / stdevs[2]),
                 beta[1] / stdevs[1],
                 beta[2] / stdevs[2]]
# [8.9, 1.6, -0.000288]
```

Infelizmente, esses valores não são tão fáceis de interpretar quanto os coeficientes da regressão linear. Ignorando todas as demais variáveis, cada ano de experiência soma 1.6 à saída de `logistic`, e cada fração salarial de US$10 mil subtrai 2.88 da saída de `logistic`.

No entanto, as demais entradas também influenciam a saída. Se `dot(beta, x_i)` for alto (indicando uma probabilidade próxima de 1), um grande aumento não chegará a afetar muito a probabilidade. Mas, se ele estiver próximo de 0, um pequeno aumento talvez incremente bastante a probabilidade.

Aqui, podemos afirmar que — ignorando todos os outros fatores — as pessoas com mais experiência têm mais probabilidade de assinar contas pagas, e as pessoas com salários mais altos têm menos probabilidade de assinar contas pagas. (Isso também ficou um pouco evidente quando plotamos os dados.)

Qualidade do Ajuste

Ainda não usamos os dados de teste que separamos. Vamos ver o que acontece quando prevemos uma *conta paga* sempre que a probabilidade é maior do que 0.5:

```
true_positives = false_positives = true_negatives = false_negatives = 0

for x_i, y_i in zip(x_test, y_test):
    prediction = logistic(dot(beta, x_i))

    if y_i == 1 and prediction >= 0.5:  # TP: paga e previmos paga
        true_positives += 1
    elif y_i == 1:                      # FN: paga e previmos não paga
        false_negatives += 1
    elif prediction >= 0.5:             # FP: não paga e previmos paga
        false_positives += 1
```

```
        else:                               # TN: não paga e previmos não paga
            true_negatives += 1

    precision = true_positives / (true_positives + false_positives)
    recall = true_positives / (true_positives + false_negatives)
```

Aqui, obtemos uma precisão de 75% (quando prevemos uma conta paga, acertamos em 75% das vezes) e um recall de 80% (quando o usuário assina uma conta paga, prevemos a conta paga em 80% das vezes); essa taxa não é terrível, considerando os poucos dados disponíveis.

Também é possível plotar as previsões e compará-las com os dados reais (Figura 16-4), o que também indica o bom desempenho do modelo:

```
    predictions = [logistic(dot(beta, x_i)) for x_i in x_test]
    plt.scatter(predictions, y_test, marker='+')
    plt.xlabel("predicted probability")
    plt.ylabel("actual outcome")
    plt.title("Logistic Regression Predicted vs. Actual")
    plt.show()
```

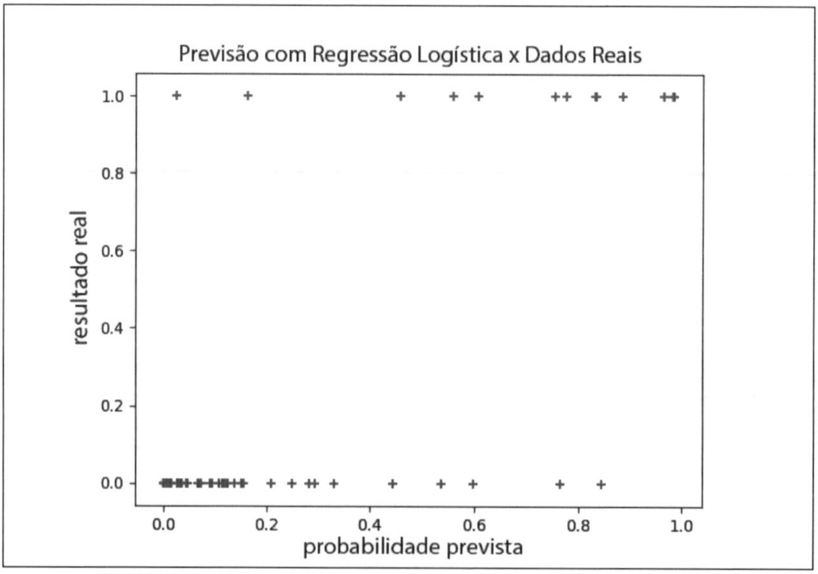

Figura 16-4. Previsão com regressão logística em comparação com dados reais

Máquinas de Vetores de Suporte

O limite entre as classes é o conjunto de pontos em que `dot(beta, x_i)` é igual a 0. Vamos plotar isso para observar o funcionamento do modelo (Figura 16-5).

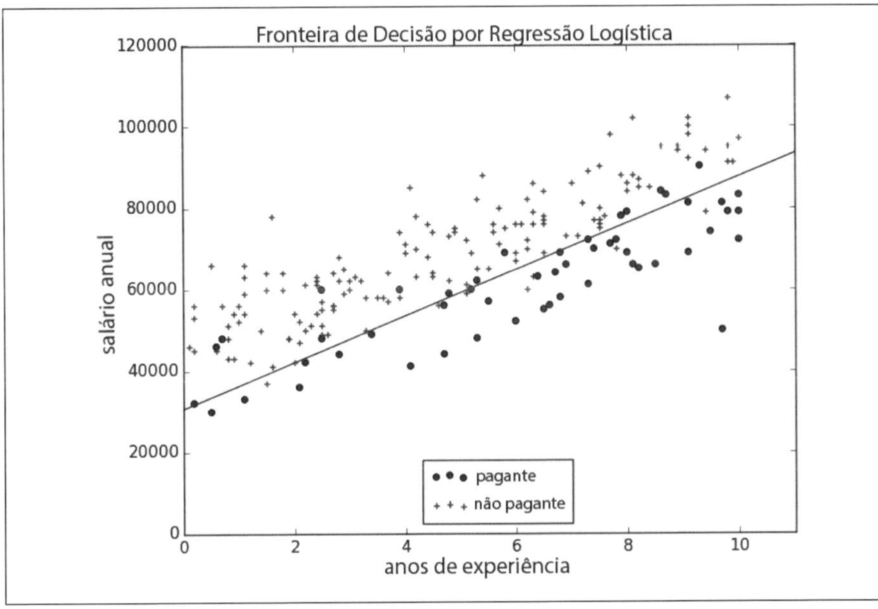

Figura 16-5. Fronteira de decisão entre usuários pagantes e não pagantes

Esse limite é um *hiperplano* que divide o espaço do parâmetro em duas metades correspondentes às *previsões de conta paga* e *não paga*. Trata-se de um efeito inerente ao modelo logístico mais provável.

Uma alternativa para realizar a classificação consiste em procurar pelo "melhor" hiperplano na separação das classes nos dados de treinamento. Essa é a ideia da *máquina de vetores de suporte*, que encontra o hiperplano que maximiza a distância até o ponto mais próximo em cada classe (Figura 16-6).

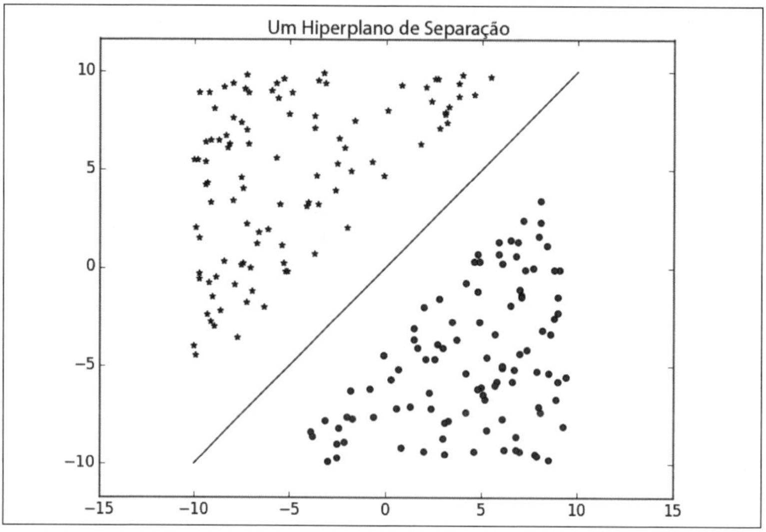

Figura 16-6. Um hiperplano de separação

Encontrar esse tipo de hiperplano é um problema de otimização que exige técnicas avançadas demais para este livro. Além disso, é possível que não exista nenhum hiperplano de separação. Nesse conjunto de dados de "contas pagas e não pagas" não há um limite absoluto entre os usuários pagantes e os não pagantes.

Às vezes, lidamos com isso transformando os dados em um espaço com mais dimensões. Por exemplo, observe o conjunto de dados simples e unidimensional indicado na Figura 16-7.

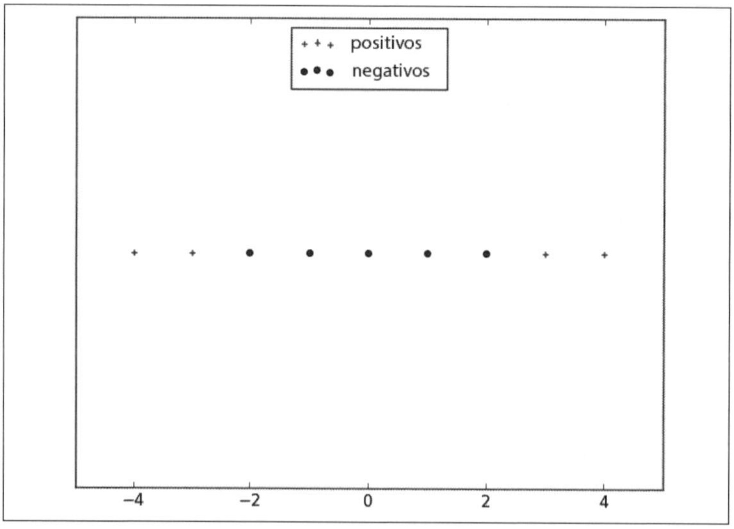

Figura 16-7. Um conjunto de dados unidimensional e não separável

Está claro que não há nenhum hiperplano que separe os exemplos positivos dos negativos. No entanto, observe o que acontece quando mapeamos esse conjunto de dados em duas dimensões enviando o ponto `x` para `(x, x**2)`. Agora, é possível encontrar um hiperplano que divida os dados (Figura 16-8).

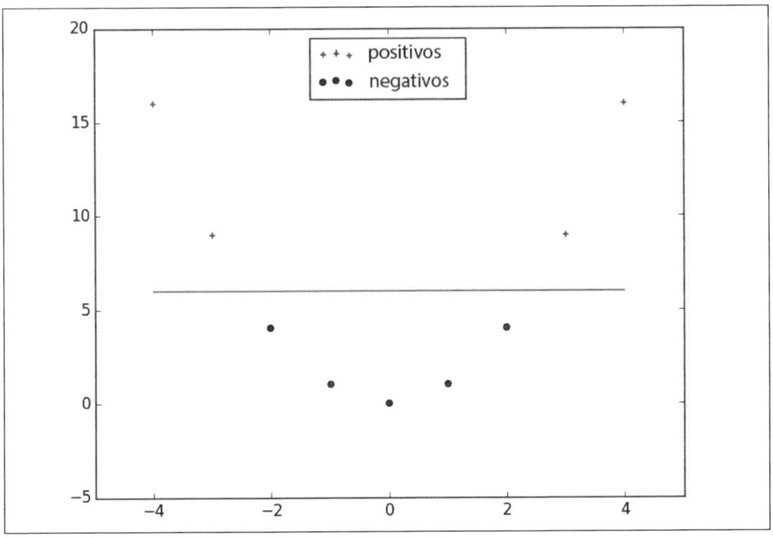

Figura 16-8. O conjunto de dados fica separável quando há mais dimensões

Essa técnica é conhecida como *truque do kernel,* porque em vez de mapear efetivamente os pontos em um espaço multidimensional (algo inviável quando há muitos pontos e o mapeamento é muito complexo) usamos uma função "kernel" para calcular os produtos dos pontos no espaço multidimensional e usá-los para encontrar um hiperplano.

É difícil (e talvez não seja mesmo uma boa ideia) *usar* máquinas de vetores de suporte sem um software de otimização dedicado, criado por profissionais experientes; por isso, finalizaremos esse tema aqui.

Materiais Adicionais

- O scikit-learn contém módulos para regressão logística (*https://scikit-learn.org/ stable/modules/linear_model.html#logistic-regression*) e máquinas de vetores de suporte (*https://scikit-learn.org/stable/modules/svm.html*);
- O LIBSVM (*https://www.csie.ntu.edu.tw/~cjlin/libsvm/*) é a implementação da máquina de vetores de suporte que o scikit-learn usa nos bastidores. No seu site há uma vasta e útil documentação sobre as máquinas de vetores de suporte.

CAPÍTULO 17

Árvores de Decisão

Uma árvore é um mistério sem solução.

—Jim Woodring

O vice-presidente de Talentos da DataSciencester entrevistou uma série de candidatos e obteve vários resultados. Ele coletou um conjunto de dados com diversos atributos (qualitativos) de cada candidato, indicando também se a entrevista foi boa ou ruim. Agora, o vice-presidente quer criar um modelo para identificar os candidatos com potencial para boas entrevistas e, assim, economizar tempo.

Essa parece ser uma boa hora para aplicar uma *árvore de decisão*, outra ferramenta de modelagem preditiva essencial ao kit do cientista de dados.

O Que É Uma Árvore de Decisão?

Uma árvore de decisão representa, em uma estrutura de árvore, um determinado número de caminhos possíveis de decisão e os resultados de cada um deles.

Quem já brincou de algum jogo de adivinhação, conhece as árvores de decisão. Por exemplo:

- "É um animal."
- "Tem mais de cinco pernas?"
- "Não."
- "É bom de comer?"
- "Não."
- "Está gravado na moeda australiana de cinco centavos?"
- "Sim."
- "É uma equidna?"
- "Sim, acertou!"

Aqui, obtemos este caminho:

"Menos de 5 pernas" → "Não é bom de comer" → "Gravado na moeda de 5 centavos" → "Equidna!"

Agora, montamos uma árvore de decisão extravagante (e pouco abrangente) da "adivinhação" do animal (Figura 17-1).

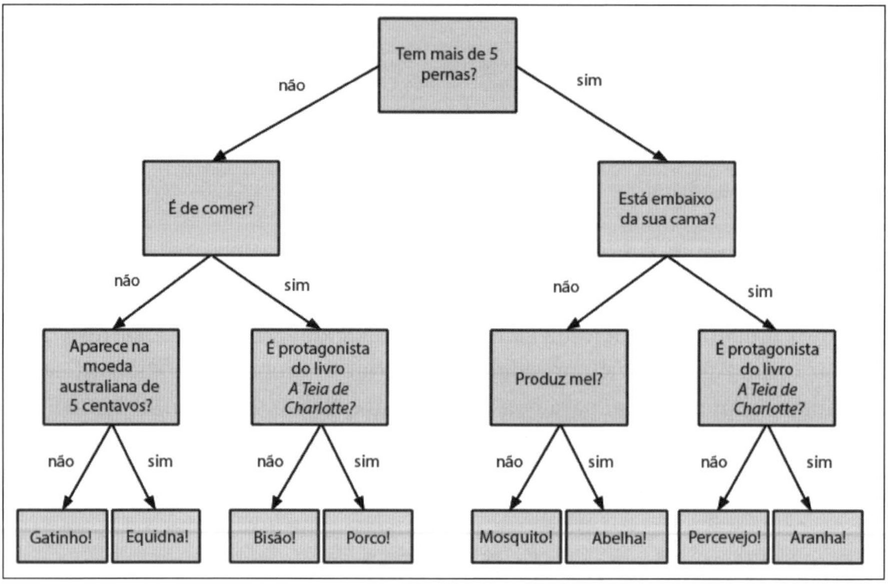

Figura 17-1. A árvore de decisão da "adivinhação" do animal

As árvores de decisão têm muitos pontos positivos: são bastante fáceis de entender e interpretar, e seu processo de previsão é completamente transparente. Diferente dos modelos que vimos até aqui, as árvores de decisão lidam facilmente com diversos atributos numéricos (por exemplo, número de pernas) e categóricos (por exemplo, é bom de comer/não é bom de comer) e até classificam dados sem atributos definidos.

Por outro lado, encontrar uma árvore de decisão "ideal" para um conjunto de dados de treinamento é um problema computacional muito complexo. (Para cortar caminho, construiremos uma árvore razoável, e não ideal, mesmo que isso ainda seja muito difícil quando lidamos com grandes conjuntos de dados.) Mais importante, é muito fácil (e péssimo) construir árvores de decisão com *sobreajuste* aos dados de treinamento e que não generalizam bem dados novos. Analisaremos algumas soluções para isso.

A maioria das pessoas divide as árvores de decisão em *árvores de classificação* (que geram saídas categóricas) e *de regressão* (que geram saídas numéricas). Neste capítulo, priorizaremos as árvores de classificação e aplicaremos o algoritmo ID3 para criar uma árvore de decisão a partir de um conjunto de dados rotulados a fim de compreender como as árvores de decisão funcionam. Para simplificar, nos limitaremos a abordar problemas com saídas binárias, como "Devo contratar este candidato?", "Devo mostrar ao visitante do site o anúncio A ou o anúncio B?" e "Vou passar mal se comer essa comida que encontrei na geladeira da empresa?"

Entropia

Para construir uma árvore de decisão, temos que definir as perguntas que faremos e sua sequência. Em cada etapa da árvore, eliminamos algumas possibilidades e deixamos outras. Determinando que o animal tem menos de cinco patas, eliminamos a possibilidade de ele ser um gafanhoto, mas não a de ele ser um pato. Cada pergunta divide as possibilidades de acordo com a resposta.

Idealmente, queremos perguntas cujas respostas forneçam muitas informações sobre o que a árvore deve prever. Imagine uma pergunta do tipo sim/não cujas respostas "sim" sempre correspondam às saídas `True`, e as "não" sempre correspondam às saídas `False` (ou vice-versa); essa é uma ótima pergunta para a árvore. Por outro lado, uma pergunta do tipo sim/não cujas respostas não fornecem muitas informações novas sobre a previsão provavelmente não é uma boa escolha.

Para abordar essa questão de "quantidade de informações", usamos a *entropia*. Você já deve ter ouvido esse termo indicando desordem. Aqui, vamos empregá-lo para representar a incerteza associada aos dados.

Imagine um conjunto S de dados em que cada membro é rotulado como pertencendo a uma das finitas classes $C_1, ..., C_n$. Se todos os pontos de dados pertencem a uma só classe, não há incerteza real, ou seja, há baixa entropia. Se os pontos de dados estão distribuídos homogeneamente entre as classes, há muita incerteza e uma alta entropia.

Em termos matemáticos, se p_i é a proporção dos dados rotulados como classe c_i, definimos a entropia da seguinte forma:

$$H(S) = -p_1 \log_2 p_1 - ... - p_n \log_2 p_n$$

Seguindo a convenção, $0 \log 0 = 0$.

Sem entrar nos detalhes mais complexos, os termos $-p_i \log_2 p_i$ não são negativos e estão próximos de 0 precisamente quando p_i está próximo de 0 ou de 1 (Figura 17-2).

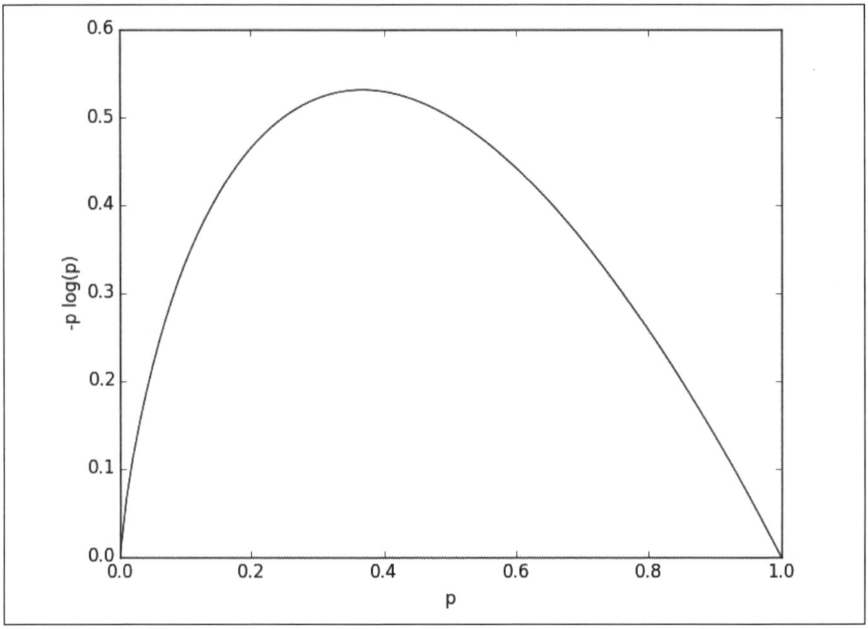

Figura 17-2. Um grafo de-p log p

Isso indica que a entropia é baixa quando todos os p_i estão próximos de 0 ou 1 (ou seja, quando a maioria dos dados está em uma só classe) e é alta quando muitos p_i não estão próximos de 0 (ou seja, quando os dados estão espalhados por várias classes). É esse o comportamento que queremos.

É bem fácil jogar tudo isso em uma função:

```
from typing import List
import math

def entropy(class_probabilities: List[float]) -> float:
    """Caso haja uma lista de probabilidades de classe, calcule a entropia"""
    return sum(-p * math.log(p, 2)
               for p in class_probabilities
               if p > 0)                     # ignore probabilidades zero

assert entropy([1.0]) == 0
assert entropy([0.5, 0.5]) == 1
assert 0.81 < entropy([0.25, 0.75]) < 0.82
```

Como os dados serão formados por pares `(input, label)`, teremos que computar as probabilidades de classe. Observe que, na verdade, não queremos saber os rótulos associados, mas o valor das probabilidades:

```
from typing import Any
from collections import Counter
```

```
def class_probabilities(labels: List[Any]) -> List[float]:
    total_count = len(labels)
    return [count / total_count
            for count in Counter(labels).values()]

def data_entropy(labels: List[Any]) -> float:
    return entropy(class_probabilities(labels))

assert data_entropy(['a']) == 0
assert data_entropy([True, False]) == 1
assert data_entropy([3, 4, 4, 4]) == entropy([0.25, 0.75])
```

A Entropia de uma Partição

Até aqui, computamos a entropia (ou "incerteza") de um só conjunto de dados rotulados. Agora, cada etapa da árvore de decisão traz uma pergunta cuja resposta particiona os dados em um ou (com sorte) mais subconjuntos. Por exemplo, a pergunta "tem mais de cinco pernas?" divide os animais em um grupo que tem mais de cinco pernas (por exemplo, as aranhas) e um grupo que não tem (por exemplo, as equidnas).

Da mesma forma, queremos definir a entropia decorrente de um determinado particionamento do conjunto de dados. Uma partição terá baixa entropia se dividir os dados em subconjuntos com baixa entropia (ou seja, com alta certeza) e alta entropia se contiver subconjuntos (grandes e) com alta entropia (ou seja, com alta incerteza).

Por exemplo, a pergunta da "moeda australiana de cinco centavos" foi cretina (mas certeira!), pois dividiu os animais restantes em S_1 = {equidna} e S_2 = {todos os outros}, sendo que S_2 é grande e tem alta entropia. (S_1 não tem entropia, porém representa uma pequena fração das outras "classes".)

Matematicamente, quando particionamos os dados S nos subconjuntos S_1, ..., S_m contendo as proporções q_1, ..., q_m, computamos a entropia da partição como uma soma ponderada:

$$H = q_1 H(S_1) + \dots + q_m H(S_m)$$

Implementamos isso da seguinte forma:

```
def partition_entropy(subsets: List[List[Any]]) -> float:
    """Retorna a entropia dessa partição dos dados em subconjuntos"""
    total_count = sum(len(subset) for subset in subsets)

    return sum(data_entropy(subset) * len(subset) / total_count
               for subset in subsets)
```

> O problema dessa abordagem é que uma partição baseada em um atributo com muitos valores diferentes resulta em uma entropia muito baixa devido ao sobreajuste. Por exemplo, imagine que você está tentando construir uma árvore de decisão para um banco prever os clientes que provavelmente deixarão de pagar as hipotecas usando alguns dados históricos como conjunto de treinamento. Esse conjunto contém o número do Seguro Social (SSN) de cada cliente. O particionamento com base no SSN produzirá subconjuntos com uma pessoa e, necessariamente, entropia zero. Mas esse modelo baseado no SSN *certamente* não fará outras generalizações além do conjunto de treinamento. Por isso, evite (ou agrupe, se possível) atributos com grandes números de valores possíveis ao criar árvores de decisão.

Criando uma Árvore de Decisão

O vice-presidente lhe fornece os dados dos entrevistados, que (após a especificação) consistem em um `NamedTuple` com os atributos relevantes de cada candidato — nível, idioma preferencial, se ele é ativo no Twitter, se tem PhD e se sua entrevista foi boa:

```
from typing import NamedTuple, Optional

class Candidate(NamedTuple):
    level: str
    lang: str
    tweets: bool
    phd: bool
    did_well: Optional[bool] = None # permita dados não rotulados

                  # level     lang      tweets  phd    did_well
inputs = [Candidate(‘Senior’, ‘Java’,   False, False, False),
          Candidate(‘Senior’, ‘Java’,   False, True,  False),
          Candidate(‘Mid’,    ‘Python’, False, False, True),
          Candidate(‘Junior’, ‘Python’, False, False, True),
          Candidate(‘Junior’, ‘R’,      True,  False, True),
          Candidate(‘Junior’, ‘R’,      True,  True,  False),
          Candidate(‘Mid’,    ‘R’,      True,  True,  True),
          Candidate(‘Senior’, ‘Python’, False, False, False),
          Candidate(‘Senior’, ‘R’,      True,  False, True),
          Candidate(‘Junior’, ‘Python’, True,  False, True),
          Candidate(‘Senior’, ‘Python’, True,  True,  True),
          Candidate(‘Mid’,    ‘Python’, False, True,  True),
```

```
    Candidate('Mid',    'Java',   True,  False, True),
    Candidate('Junior', 'Python', False, True,  False)
  ]
```

Nossa árvore será uma série de *nós de decisão* (pontos com perguntas cujas respostas mudam a direção do raciocínio) e *nós folha* (que indicam a previsão). Vamos construí-la usando o relativamente simples algoritmo ID3, que opera da seguinte forma: imagine que recebemos alguns dados rotulados e uma lista de atributos que orientarão a ramificação:

- Se todos os dados tiverem o mesmo rótulo, crie um nó folha para prever esse rótulo e pare;
- Se a lista de atributos estiver vazia (ou seja, caso não haja mais perguntas possíveis para fazer), crie um nó folha para prever o rótulo mais comum e pare;
- Caso contrário, particione os dados com base nos atributos;
- Escolha a partição com a entropia mais baixa;
- Adicione um nó de decisão com base no atributo escolhido;
- Repita o procedimento em cada subconjunto particionado usando os demais atributos.

Esse é o chamado algoritmo "ganancioso" porque, a cada etapa, ele logo escolhe a melhor opção. Para um determinado conjunto de dados, talvez haja uma árvore melhor com uma primeira opção aparentemente pior. Nesse caso, esse algoritmo não a encontrará. No entanto, ele é relativamente fácil de entender e implementar, oferecendo um bom ponto de partida para explorar as árvores de decisão.

Executaremos manualmente essas etapas no conjunto de dados dos entrevistados, que contém os rótulos `True` e `False` e quatro atributos para orientar a divisão. Portanto, o primeiro passo é encontrar a partição com a menor entropia. Para começar, escreveremos uma função de particionamento:

```
from typing import Dict, TypeVar
from collections import defaultdict

T = TypeVar('T') # tipo genérico para entradas

def partition_by(inputs: List[T], attribute: str) -> Dict[Any, List[T]]:
    """Particione as entradas em listas com base no atributo especificado."""
    partitions: Dict[Any, List[T]] = defaultdict(list)
    for input in inputs:
        key = getattr(input, attribute)  # valor do atributo especificado
        partitions[key].append(input)    # adicione a entrada à partição correta
    return partitions
```

Também precisamos de uma função para computar a entropia:

```
def partition_entropy_by(inputs: List[Any],
                         attribute: str,
                         label_attribute: str) -> float:
    """Compute a entropia correspondente à partição especificada"""
    # as partições contêm as entradas
    partitions = partition_by(inputs, attribute)

    # mas o partition_entropy só precisa dos rótulos das classes
    labels = [[getattr(input, label_attribute) for input in partition]
              for partition in partitions.values()]

    return partition_entropy(labels)
```

Em seguida, só precisamos encontrar a partição com entropia mínima para o conjunto de dados inteiro:

```
for key in ['level','lang','tweets','phd']:
    print(key, partition_entropy_by(inputs, key, 'did_well'))

assert 0.69 < partition_entropy_by(inputs, 'level', 'did_well')  < 0.70
assert 0.86 < partition_entropy_by(inputs, 'lang', 'did_well')   < 0.87
assert 0.78 < partition_entropy_by(inputs, 'tweets', 'did_well') < 0.79
assert 0.89 < partition_entropy_by(inputs, 'phd', 'did_well')    < 0.90
```

Como a entropia mais baixa está na divisão por `level`, vamos criar uma sub-árvore para cada valor possível de `level`. Como todo candidato `Mid` é rotulado como `True`, concluímos que a sub-árvore `Mid` é apenas um nó folha que prevê `True`. Já nos candidatos `Senior`, temos `True`s e `False`s; aqui, temos que dividir novamente:

```
senior_inputs = [input for input in inputs if input.level == 'Senior']

assert 0.4 == partition_entropy_by(senior_inputs, 'lang', 'did_well')
assert 0.0 == partition_entropy_by(senior_inputs, 'tweets', 'did_well')
assert 0.95 < partition_entropy_by(senior_inputs, 'phd', 'did_well') < 0.96
```

Portanto, a próxima divisão deve ser por `tweets`, o que resulta em uma partição de entropia zero. Para os candidatos `Senior`, os tweets "sim" sempre resultam em `True` e os tweets "não" sempre resultam em `False`.

Por fim, quando repetimos esse processo com os candidatos `Junior`, temos que dividir por `phd` e descobrimos que sem PhD resulta sempre em `True` e PhD resulta sempre em `False`.

Na Figura 17-3, vemos a árvore de decisão completa.

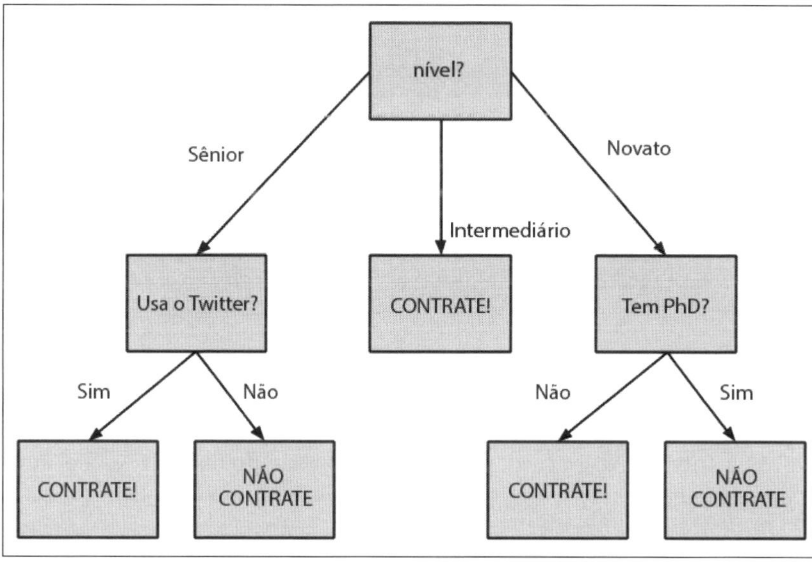

Figura 17-3. A árvore de decisão de contratação

Montando Tudo

Depois de conferir como o algoritmo funciona, vamos implementá-lo de maneira mais geral. Para isso, precisamos definir como representaremos as árvores. Em geral, usamos a representação mais leve possível. Definimos uma *árvore* como:

- Um `Leaf` (que prevê um só valor); ou
- Um `Split` (que contém um atributo para orientar a divisão, sub-árvores para valores específicos desse atributo e, possivelmente, um valor padrão para indicar valores desconhecidos).

```
from typing import NamedTuple, Union, Any

class Leaf(NamedTuple):
    value: Any

class Split(NamedTuple):
    attribute: str
    subtrees: dict
    default_value: Any = None

DecisionTree = Union[Leaf, Split]
```

Com essa representação, a árvore de contratação fica da seguinte forma:

```
hiring_tree = Split('level', {     # primeiro, considere "level"
    'Junior': Split('phd', {       # se "level" for "Junior", analise "phd"
        False: Leaf(True),         #   se "phd" for False, preveja True
        True: Leaf(False)          #   se "phd" for True, preveja False
    }),
    'Mid': Leaf(True),             # se "level" for "Mid", sempre preveja True
    'Senior': Split('tweets', {    # se "level" for "Senior", analise "tweets"
        False: Leaf(False),        #   se "tweets" for False, preveja False
        True: Leaf(True)           #   se "tweets" for True, preveja True
    })
})
```

Mas ainda resta definir o que fazer no caso de um valor inesperado (ou ausente) para o atributo. O que a árvore de contratação fará se encontrar um candidato cujo `level` seja `Intern`? Nesse caso, preenchemos o atributo `default_value` com o rótulo mais comum.

Nessa representação, classificamos uma entrada da seguinte forma:

```
def classify(tree: DecisionTree, input: Any) -> Any:
    """classifique a entrada usando a árvore de decisão indicada"""

    # Se for um nó folha, retorne seu valor
    if isinstance(tree, Leaf):
        return tree.value

    # Caso contrário, a árvore consiste em um atributo de divisão
    # e um dicionário cujas chaves são valores desse atributo
    # e cujos valores são sub-árvores que serão consideradas em seguida
    subtree_key = getattr(input, tree.attribute)

    if subtree_key not in tree.subtrees:    # Se não houver sub-árvore para a chave,
        return tree.default_value           # retorne o valor padrão.

    subtree = tree.subtrees[subtree_key]    # Escolha a sub-árvore adequada
    return classify(subtree, input)         # e use-a para classificar a entrada.
```

Agora, só precisamos construir a representação da árvore a partir dos dados de treinamento:

```
def build_tree_id3(inputs: List[Any],
                   split_attributes: List[str],
                   target_attribute: str) -> DecisionTree:
    # Conte os rótulos especificados
    label_counts = Counter(getattr(input, target_attribute)
                           for input in inputs)
    most_common_label = label_counts.most_common(1)[0][0]

    # Se houver só um rótulo, preveja esse rótulo
    if len(label_counts) == 1:
        return Leaf(most_common_label)
```

```
    # Se não restar nenhum atributo de divisão, retorne o rótulo majoritário
    if not split_attributes:
        return Leaf(most_common_label)

    # Caso contrário, divida pelo melhor atributo

    def split_entropy(attribute: str) -> float:
        """"A função auxiliar para encontrar o melhor atributo""""
        return partition_entropy_by(inputs, attribute, target_attribute)

    best_attribute = min(split_attributes, key=split_entropy)

    partitions = partition_by(inputs, best_attribute)
    new_attributes = [a for a in split_attributes if a != best_attribute]

    # Construa recursivamente as sub-árvores
    subtrees = {attribute_value : build_tree_id3(subset,
                                                 new_attributes,
                                                 target_attribute)
                for attribute_value, subset in partitions.items()}

    return Split(best_attribute, subtrees, default_value=most_common_label)
```

Na árvore que construímos, cada folha consistia totalmente em entradas `True` ou totalmente em entradas `False`. Ou seja, a árvore faz previsões perfeitas no conjunto de dados de treinamento, porém também podemos aplicá-la a novos dados não incluídos no conjunto de treinamento:

```
tree = build_tree_id3(inputs,
                      ['level', 'lang', 'tweets', 'phd'],
                      'did_well')

# Deve prever True
assert classify(tree, Candidate("Junior", "Java", True, False))

# Deve prever False
assert not classify(tree, Candidate("Junior", "Java", True, True))
```

Também é possível aplicá-la a dados com valores inesperados:

```
# Deve prever True
assert classify(tree, Candidate("Intern", "Java", True, True))
```

Já que o objetivo principal era demonstrar *como* construir uma árvore, criamos a nossa usando o conjunto de dados inteiro. Mas, para criar um bom modelo, devemos sempre coletar mais dados e dividi-los em subconjuntos de treinamento/validação/teste.

Florestas Aleatórias

Devido à proximidade do ajuste das árvores de decisão com relação aos dados de treinamento, elas têm naturalmente uma tendência ao sobreajuste. Uma forma de evitar isso é usar a técnica das *florestas aleatórias*, construindo várias árvores de decisão e combinando suas saídas. Se forem árvores de classificação, poderão votar; se forem árvores de regressão, calcularemos a média das previsões.

Já que o nosso processo de construção de árvores foi determinístico, como obter árvores aleatórias?

Em parte, fazemos isso por meio do bootstrap dos dados (confira a seção "Digressão: O Bootstrap"). Em vez de treinar cada árvore usando todos os `inputs` do conjunto de treinamento, treinamos cada árvore com base no resultado de `bootstrap_sample(inputs)`. Criada a partir de dados diferentes, a árvore não é igual às outras. (Outro benefício é a viabilidade de usar o conjunto total de dados para testar cada árvore, ou seja, você pode usar todos os dados disponíveis no conjunto de treinamento se souber como medir o desempenho.) Essa técnica é conhecida como *agregação de bootstrap* ou *bagging*.

A segunda opção de aleatoriedade é mudar a forma como escolhemos o `best_attribute` para a divisão. Em vez de analisar todos os demais atributos, primeiro escolhemos um subconjunto aleatório de candidatos e dividimos com base no melhor:

```
# se já houver um número mínimo de candidatos divididos, analise todos eles
if len(split_candidates) <= self.num_split_candidates:
    sampled_split_candidates = split_candidates
# caso contrário, selecione uma amostra aleatória
else:
    sampled_split_candidates = random.sample(split_candidates,
                                             self.num_split_candidates)

# agora, escolha o melhor atributo entre esses candidatos
best_attribute = min(sampled_split_candidates, key=split_entropy)

partitions = partition_by(inputs, best_attribute)
```

Esse é um exemplo de uma técnica mais ampla chamada *aprendizado por agrupamento*, em que combinamos vários *aprendizes fracos* (geralmente modelos de viés alto e baixa variação) para produzir um modelo predominantemente mais forte.

Materiais Adicionais

- O scikit-learn contém muitos modelos de árvore de decisão (*https://scikit-learn.org/stable/modules/tree.html*), e um módulo `ensemble` (*https://scikit-learn.org/stable/modules/ classes.html#module-sklearn.ensemble*) com um `RandomForestClassifier` e outros métodos de agrupamento;
- O XGBoost (*https://xgboost.ai/*) é uma biblioteca de treinamento de árvores de decisão com *otimização por gradiente* que já venceu muitas competições de aprendizado de máquina estilo Kaggle;
- Ficamos somente na superfície em nossa abordagem das árvores de decisão e seus algoritmos. A Wikipédia (*https://en.wikipedia.org/wiki/Decision_tree_learning*) é um bom ponto de partida para uma exploração mais profunda.

CAPÍTULO 18

Redes Neurais

Gosto de coisas sem sentido; elas acordam os neurônios.

—Dr. Seuss

Uma *rede neural artificial* (ou apenas rede neural) é um modelo preditivo baseado na dinâmica do cérebro, que tem uma série de neurônios conectados. Cada um deles analisa as saídas dos outros neurônios ligados nele, faz um cálculo e, em seguida, dispara (se o valor calculado exceder um limite) ou não (se não).

Portanto, as redes neurais artificiais são formadas por neurônios artificiais que executam cálculos semelhantes a partir de entradas. As redes neurais resolvem uma ampla variedade de problemas, como reconhecimento de caracteres manuscritos e detecção facial, e são muito usadas no aprendizado profundo, um dos subcampos mais inovadores do data science. No entanto, a maioria das redes neurais são "caixas-pretas" — analisar seus detalhes não explica *como* elas resolvem os problemas. Além disso, é difícil treinar grandes redes neurais. Para a maioria dos problemas típicos do início de carreira de um cientista de dados, elas não são a melhor opção. Um dia, quando você estiver construindo uma inteligência artificial para viabilizar a Singularidade, talvez seja uma boa ideia.

Perceptrons

A rede neural mais simples é o *perceptron*, que aproxima um só neurônio a *n* entradas binárias, calculando uma soma ponderada das entradas e "disparando" se esse valor for maior ou igual a 0:

```
from scratch.linear_algebra import Vector, dot

def step_function(x: float) -> float:
    return 1.0 if x >= 0 else 0.0
def perceptron_output(weights: Vector, bias: float, x: Vector) -> float:
    """"Retorna 1 se o perceptron 'disparar', 0 se não""""
    calculation = dot(weights, x) + bias
    return step_function(calculation)
```

O perceptron diferencia as metades do espaço separadas pelo hiperplano dos pontos x para os quais:

```
dot(weights, x) + bias == 0
```

Quando os pesos são escolhidos adequadamente, os perceptrons resolvem uma série de problemas simples (Figura 18-1). Por exemplo, criamos uma *porta AND* (que retorna 1 se as duas entradas forem 1, e 0 se uma das entradas for 0) da seguinte forma:

```
and_weights = [2., 2]
and_bias = -3.

assert perceptron_output(and_weights, and_bias, [1, 1]) == 1
assert perceptron_output(and_weights, and_bias, [0, 1]) == 0
assert perceptron_output(and_weights, and_bias, [1, 0]) == 0
assert perceptron_output(and_weights, and_bias, [0, 0]) == 0
```

Se as duas entradas forem 1, o `calculation` será igual a 2 + 2 - 3 = 1 e a saída será 1. Se só uma das entradas for 1, o `calculation` será igual a 2 + 0 - 3 = −1 e a saída será 0. E, se as duas entradas forem 0, o `calculation` será igual a −3 e a saída será 0.

Com um raciocínio semelhante, construímos uma *porta OR* da seguinte forma:

```
or_weights = [2., 2]
or_bias = -1.

assert perceptron_output(or_weights, or_bias, [1, 1]) == 1
assert perceptron_output(or_weights, or_bias, [0, 1]) == 1
assert perceptron_output(or_weights, or_bias, [1, 0]) == 1
assert perceptron_output(or_weights, or_bias, [0, 0]) == 0
```

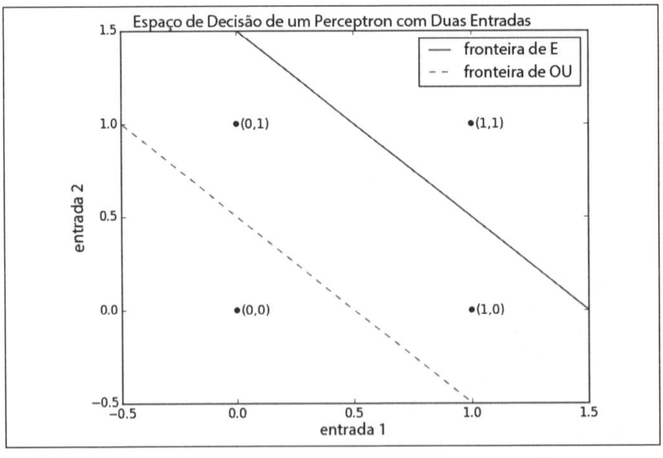

Figura 18-1. Espaço de decisão de um perceptron com duas entradas

Da mesma forma, construímos uma *porta NOT* (que recebe uma entrada e converte 1 em 0 e 0 em 1) da seguinte forma:

```
not_weights = [-2.]
not_bias = 1.

assert perceptron_output(not_weights, not_bias, [0]) == 1
assert perceptron_output(not_weights, not_bias, [1]) == 0
```

No entanto, alguns problemas não podem ser resolvidos por um só perceptron. Por exemplo, mesmo que você tente, não conseguirá usar um perceptron para construir uma *porta XOR* que gere a saída 1 se uma das entradas for 1 e 0. Aqui, começamos a pensar em redes neurais mais complexas.

Claro, não é necessário aproximar de um neurônio para criar uma porta lógica:

```
and_gate = min
or_gate = max
xor_gate = lambda x, y: 0 if x == y else 1
```

Como os neurônios reais, os artificiais ficam mais interessantes quando são conectados.

Redes Neurais Feed-Forward

Como a topologia do cérebro é muito complicada, geralmente a aproximamos de uma rede neural *feed-forward* idealizada, formada por *camadas* discretas de neurônios conectados em sequência. Em geral, há uma camada de entrada (que recebe as entradas e as transmite sem alterá-las), uma ou mais "camadas ocultas" (formadas por neurônios que captam as saídas da camada anterior, executam um cálculo e transmitem o resultado para a próxima camada) e uma camada de saída (que produz as saídas finais).

Como no perceptron, cada neurônio (sem entrada) tem um peso correspondente a cada uma das suas entradas e um viés. Para simplificar, vamos inserir o viés no final do vetor de pesos e atribuir a cada neurônio uma *entrada de viés* sempre igual a 1.

Da mesma forma que no perceptron, somaremos os produtos das entradas e pesos de cada neurônio. Mas, em vez de gerar a função `step_function` aplicada a esse produto, queremos uma aproximação mais suave. Aqui, usaremos a função `sigmoid` (Figura 18-2):

```
import math

def sigmoid(t: float) -> float:
    return 1 / (1 + math.exp(-t))
```

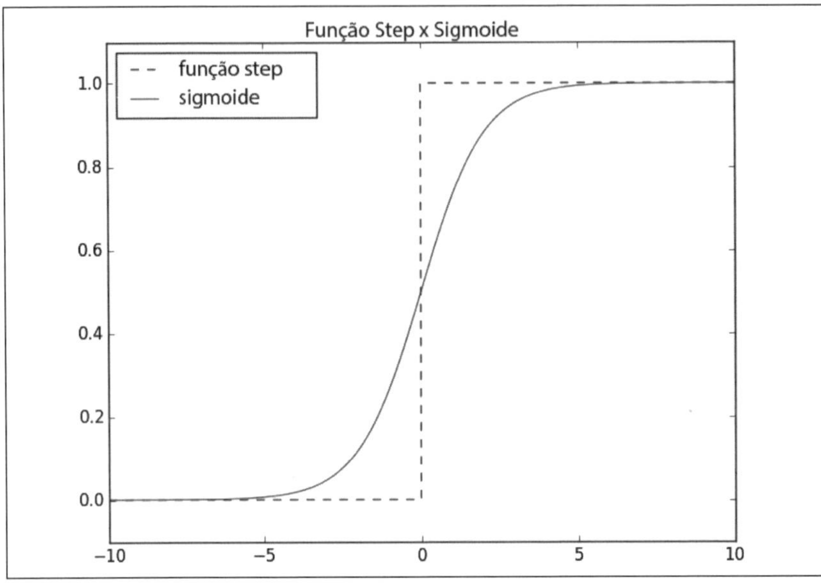

Figura 18-2. A função sigmoide

Por que usar a `sigmoid` e não a `step_function`, mais simples? Para treinar a rede neural, precisaremos fazer cálculos e, por isso, temos que gerar funções *suaves*. A `step_function` não é contínua, e a `sigmoid` tem uma aproximação boa e suave.

Talvez você se lembre da `sigmoid` do Capítulo 16, mas como o nome de `logistic`. Tecnicamente, o termo "sigmoide" indica o *formato* da função, e "logística" se refere a essa função específica, mas os termos são sinônimos no uso cotidiano.

Em seguida, calculamos a saída da seguinte forma:

```
def neuron_output(weights: Vector, inputs: Vector) -> float:
    # o weights inclui o termo de viés, as entradas incluem um 1
    return sigmoid(dot(weights, inputs))
```

Partindo dessa função, representamos um neurônio como um vetor de pesos cujo comprimento é um a mais do que seu número de entradas (devido ao peso de viés). Então, representamos a rede neural como uma lista de *camadas* (sem entrada) formadas individualmente por uma lista de neurônios.

Ou seja, representaremos a rede neural como uma lista (camadas) de listas (neurônios) de vetores (pesos).

Partindo dessa representação, fica bem simples usar a rede neural:

```
from typing import List

def feed_forward(neural_network: List[List[Vector]],
                 input_vector: Vector) -> List[Vector]:
    """
    Alimenta o vetor de entrada na rede neural.
    Retorna as saídas de todas as camadas (não só da última).
    """
    outputs: List[Vector] = []

    for layer in neural_network:
        input_with_bias = input_vector + [1]          # Adicione uma constante.
        output = [neuron_output(neuron, input_with_bias)  # Compute a saída
                  for neuron in layer]                    # para cada neurônio.
        outputs.append(output)                         # Adicione aos resultados.

        # Agora, a entrada da próxima camada é a saída desta
        input_vector = output

    return outputs
```

Agora, é fácil criar a porta XOR que não conseguimos construir com um perceptron. Só precisamos ampliar os pesos para que os `neuron_outputs` fiquem muito próximos de 0 ou de 1:

```
xor_network = [# camada oculta
               [[20., 20, -30],      # neurônio 'and'
                [20., 20, -10]],     # neurônio 'or'
               # camada de saída
               [[-60., 60, -30]]]    # neurônio de '2ª entrada, mas não a 1ª entrada'

# o feed_forward retorna as saídas de todas as camadas para que [-1] receba a
# saída final e para que [0] receba o valor do vetor resultante
assert 0.000 < feed_forward(xor_network, [0, 0])[-1][0] < 0.001
assert 0.999 < feed_forward(xor_network, [1, 0])[-1][0] < 1.000
assert 0.999 < feed_forward(xor_network, [0, 1])[-1][0] < 1.000
assert 0.000 < feed_forward(xor_network, [1, 1])[-1][0] < 0.001
```

Para uma determinada entrada (um vetor bidimensional), a camada oculta produz um vetor bidimensional formado pelo "and" dos dois valores de entrada e pelo "or" dos dois valores de entrada.

Além disso, a camada de saída recebe um vetor bidimensional e calcula o "segundo elemento, mas não o primeiro elemento". O resultado é uma rede que executa "or, but not and" [ou, mas não e], a definição exata da XOR (Figura 18-3).

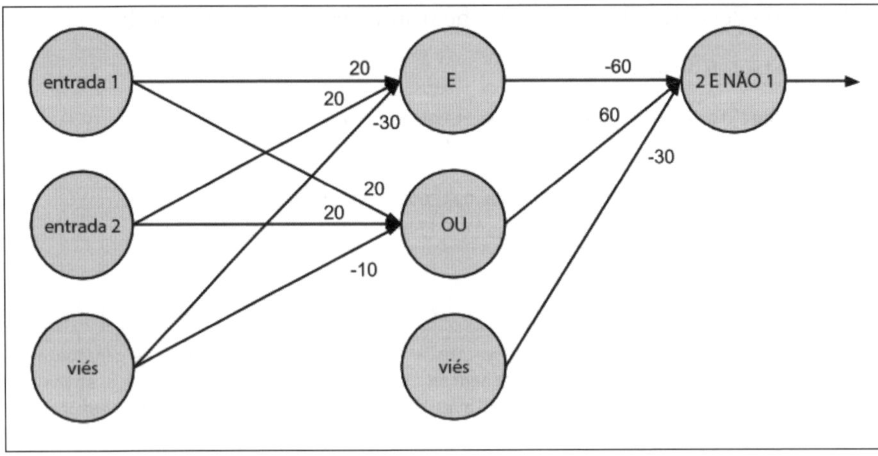

Figura 18-3. Rede neural de XOR

Uma forma interessante de pensar nesse tema é considerar que a camada oculta está computando *recursos* dos dados de entrada (nesse caso "and" e "or") e que a camada de saída está combinando esses recursos para gerar a saída desejada.

Retropropagação

Em geral, não construímos redes neurais manualmente. Isso ocorre, em parte, porque as usamos para resolver problemas muito grandes — um problema de reconhecimento de imagem exige centenas ou milhares de neurônios. Além disso, geralmente não conseguimos "identificar" os neurônios.

Na verdade, usamos (habitualmente) dados para *treinar* as redes neurais. A abordagem típica é executar o algoritmo da retropropagação [*backpropagation*], que aplica o gradiente descendente ou uma das suas variantes.

Imagine um conjunto de treinamento formado por vetores de entrada e de saída de destino correspondentes. Por exemplo, como vimos em `xor_network`, o vetor de entrada `[1, 0]` correspondia à saída de destino `[1]`. Agora, digamos que a rede tem uma série de pesos, que serão ajustados usando o seguinte algoritmo:

1. Execute `feed_forward` em um vetor de entrada para produzir as saídas de todos os neurônios da rede;
2. Como sabemos a saída de destino, computamos uma *perda* igual à soma dos erros quadráticos;
3. Compute o gradiente dessa perda como uma função dos pesos do neurônio de saída;

4. "Propague" os gradientes e os erros de volta para calcular os gradientes associados aos pesos dos neurônios ocultos;
5. Dê um passo no gradiente descendente.

Em geral, executamos esse algoritmo várias vezes no conjunto de treinamento até a rede convergir.

Para começar, escreveremos uma função para calcular os gradientes:

```
def sqerror_gradients(network: List[List[Vector]],
                      input_vector: Vector,
                      target_vector: Vector) -> List[List[Vector]]:
    """
    Quando houver uma rede neural, um vetor de entrada e um vetor de
    destino, faça uma previsão e compute o gradiente da perda dos erros
    quadráticos com relação aos pesos dos neurônios.
    """
    # passe para frente
    hidden_outputs, outputs = feed_forward(network, input_vector)

    # gradientes associados às saídas de pré-ativação dos neurônios de saída
    output_deltas = [output * (1 - output) * (output - target)
                     for output, target in zip(outputs, target_vector)]

    # gradientes associados aos pesos dos neurônios de saída
    output_grads = [[output_deltas[i] * hidden_output
                     for hidden_output in hidden_outputs + [1]]
                     for i, output_neuron in enumerate(network[-1])]

    # gradientes associados às saídas de pré-ativação dos neurônios ocultos
    hidden_deltas = [hidden_output * (1 - hidden_output) *
                         dot(output_deltas, [n[i] for n in network[-1]])
                     for i, hidden_output in enumerate(hidden_outputs)]

    # gradientes associados aos pesos dos neurônios ocultos
    hidden_grads = [[hidden_deltas[i] * input for input in input_vector +
                    [1]] for i, hidden_neuron in enumerate(network[0])]

    return [hidden_grads, output_grads]
```

Essas operações matemáticas não são muito difíceis, mas exigem cálculos entediantes e uma grande atenção aos detalhes. Então, isso fica como um exercício para você.

Agora que sabemos calcular gradientes, vamos treinar redes neurais. Tentaremos aprender a rede XOR que projetamos manualmente.

Para começar, geramos os dados de treinamento e inicializamos a rede neural com pesos aleatórios:

```
import random
random.seed(0)
```

```
# dados de treinamento
xs = [[0., 0], [0., 1], [1., 0], [1., 1]]
ys = [[0.], [1.], [1.], [0.]]

# comece com pesos aleatórios
network = [ # camada oculta: 2 entradas -> 2 saídas
            [[random.random() for _ in range(2 + 1)],   # 1º neurônio oculto
             [random.random() for _ in range(2 + 1)]],  # 2º neurônio oculto
            # camada de saída: 2 entradas -> 1 saída
            [[random.random() for _ in range(2 + 1)]]   # 1º neurônio de saída
          ]
```

Como de praxe, fazemos o treinamento usando o gradiente descendente. Diferente dos exemplos anteriores, aqui há muitos vetores de parâmetros, cada um com seu gradiente; logo, temos que chamar o `gradient_step` para cada um deles.

```
from scratch.gradient_descent import gradient_step
import tqdm

learning_rate = 1.0

for epoch in tqdm.trange(20000, desc="neural net for xor"):
    for x, y in zip(xs, ys):
        gradients = sqerror_gradients(network, x, y)

        # Dê um passo de gradiente para cada neurônio de cada camada
        network = [[gradient_step(neuron, grad, -learning_rate)
                    for neuron, grad in zip(layer, layer_grad)]
                   for layer, layer_grad in zip(network, gradients)]

# verifique se a rede aprendeu XOR
assert feed_forward(network, [0, 0])[-1][0] < 0.01
assert feed_forward(network, [0, 1])[-1][0] > 0.99
assert feed_forward(network, [1, 0])[-1][0] > 0.99
assert feed_forward(network, [1, 1])[-1][0] < 0.01
```

Para mim, a rede gerou estes pesos:

```
[   # camada oculta
    [[7, 7, -3],      # computa OR
     [5, 5, -8]],     # computa AND
    # camada de saída
    [[11, -12, -5]] # computa "o primeiro, mas não o segundo"
]
```

Conceitualmente, isso parece bastante com a rede personalizada anterior.

Exemplo: Fizz Buzz

Em suas entrevistas com técnicos, o vice-presidente de engenharia deseja propor o célebre desafio de programação "Fizz Buzz", expresso da seguinte forma:

```
Imprima os números de 1 a 100, mas, se o número for divisível por 3,
imprima "fizz"; se o número for divisível por 5, imprima "buzz"; e,
se o número for divisível por 15, imprima "fizzbuzz".
```

Para ele, resolver esse problema demonstra excelentes habilidades de programação. Já você pensa que esse problema é tão simples que uma rede neural pode resolvê-lo.

As redes neurais recebem vetores como entradas e produzem vetores como saídas. Na forma proposta, o problema de programação consiste em transformar um número inteiro em uma string. Portanto, o primeiro desafio é reformular o enunciado como um problema vetorial.

Quanto às saídas, a questão é fácil: existem quatro classes de saídas; logo, codificamos a saída como um vetor com quatro 0s e 1s:

```
def fizz_buzz_encode(x: int) -> Vector:
    if x % 15 == 0:
        return [0, 0, 0, 1]
    elif x % 5 == 0:
        return [0, 0, 1, 0]
    elif x % 3 == 0:
        return [0, 1, 0, 0]
    else:
        return [1, 0, 0, 0]

assert fizz_buzz_encode(2) == [1, 0, 0, 0]
assert fizz_buzz_encode(6) == [0, 1, 0, 0]
assert fizz_buzz_encode(10) == [0, 0, 1, 0]
assert fizz_buzz_encode(30) == [0, 0, 0, 1]
```

Usaremos isso para gerar os vetores de destino, já os de entrada são menos óbvios. Há alguns motivos para não aplicarmos apenas um vetor unidimensional com o número da entrada. Uma só entrada captura uma "intensidade", mas o fato de 2 ser o dobro de 1 e de 4 ser o dobro de 2 não parece relevante para o problema. Além disso, quando só há uma entrada, a camada oculta não calcula recursos muito interessantes e, provavelmente, não resolve o problema.

Mas um procedimento bastante eficiente é converter cada número em sua representação *binária* de 1s e 0s. (Não se preocupe, isso não é óbvio — pelo menos, não foi para mim.)

```
def binary_encode(x: int) -> Vector:
    binary: List[float] = []

    for i in range(10):
        binary.append(x % 2)
        x = x // 2

    return binary
```

```
#                               1 2 4 8 16 32 64 128 256 512
assert binary_encode(0)     == [0, 0, 0, 0, 0, 0, 0, 0, 0, 0]
assert binary_encode(1)     == [1, 0, 0, 0, 0, 0, 0, 0, 0, 0]
assert binary_encode(10)    == [0, 1, 0, 1, 0, 0, 0, 0, 0, 0]
assert binary_encode(101)   == [1, 0, 1, 0, 0, 1, 1, 0, 0, 0]
assert binary_encode(999)   == [1, 1, 1, 0, 0, 1, 1, 1, 1, 1]
```

Como o objetivo é construir as saídas para os números 1 a 100, usar esses números no treinamento é trapaça. Portanto, treinaremos com os números 101 a 1.023 (o maior número representável com 10 dígitos binários):

```
xs = [binary_encode(n) for n in range(101, 1024)]
ys = [fizz_buzz_encode(n) for n in range(101, 1024)]
```

Agora, criaremos uma rede neural com pesos iniciais aleatórios. Ela terá 10 neurônios de entrada (pois estamos representando as entradas como vetores de 10 dimensões) e 4 neurônios de saída (pois estamos representando os destinos como vetores de 4 dimensões). Aplicaremos 25 unidades ocultas, mas usaremos uma variável para facilitar as alterações:

```
NUM_HIDDEN = 25

network = [
    # camada oculta: 10 entradas -> NUM_HIDDEN saídas
    [[random.random() for _ in range(10 + 1)] for _ in range(NUM_HIDDEN)],

    # camada de saída: NUM_HIDDEN entradas -> 4 saídas
    [[random.random() for _ in range(NUM_HIDDEN + 1)] for _ in range(4)]
]
```

É isso aí. Tudo pronto para o treinamento. Como se trata de um problema complexo (e há muitos outros fatores de complicação), queremos acompanhar de perto o processo de treinamento. Especificamente, em cada época, vamos determinar e imprimir a soma dos erros quadráticos com o objetivo de confirmar sua redução:

```
from scratch.linear_algebra import squared_distance

learning_rate = 1.0

with tqdm.trange(500) as t:
    for epoch in t:
        epoch_loss = 0.0

        for x, y in zip(xs, ys):
            predicted = feed_forward(network, x)[-1]
            epoch_loss += squared_distance(predicted, y)
            gradients = sqerror_gradients(network, x, y)

            # Dê um passo de gradiente para cada neurônio de cada camada
            network = [[gradient_step(neuron, grad, -learning_rate)
```

```
                        for neuron, grad in zip(layer, layer_grad)]
                    for layer, layer_grad in zip(network, gradients)]

        t.set_description(f"fizz buzz (loss: {epoch_loss:.2f})")
```

O treinamento demora um pouco, mas, em algum ponto, a perda começa a melhorar.

Enfim, resolveremos o problema, porém temos uma questão pendente. A rede produzirá um vetor quadridimensional de números, mas queremos uma só previsão. Para isso, temos que usar o `argmax`, o índice do maior valor:

```
def argmax(xs: list) -> int:
    """Retorna o índice do maior valor"""
    return max(range(len(xs)), key=lambda i: xs[i])

assert argmax([0, -1]) == 0                # itens[0] é o maior
assert argmax([-1, 0]) == 1                # itens[1] é o maior assert arg-
max([-1, 10, 5, 20, -3]) == 3              # itens[3] é o maior
```

Agora sim, finalmente resolveremos o "FizzBuzz":

```
num_correct = 0

for n in range(1, 101):
    x = binary_encode(n)
    predicted = argmax(feed_forward(network, x)[-1])
    actual = argmax(fizz_buzz_encode(n))
    labels = [str(n), "fizz", "buzz", "fizzbuzz"]
    print(n, labels[predicted], labels[actual])

    if predicted == actual:
      num_correct += 1
print(num_correct, "/", 100)
```

Minha rede treinada tem uma taxa de acerto de 96/100, bem acima do limite de contratação definido pelo vice-presidente de engenharia. Diante das evidências, ele cede e muda o desafio da entrevista para "Inverta uma Árvore Binária".

Materiais Adicionais

- Continue lendo: no Capítulo 19, veremos muito mais informações sobre esses tópicos.
- No meu blog, há um texto muito bom sobre isso: "Fizz Buzz in Tensorflow" (*http://joelgrus.com/2016/05/23/fizz-buzz-in-tensorflow/*).

CAPÍTULO 19

Aprendizado Profundo

Mesmo pouco aprendizado é perigoso; beba profundamente se quiser provar da primavera de Pieria.

—Alexander Pope

Originalmente, o termo *aprendizado profundo* indicava a aplicação de redes neurais "profundas" (ou seja, redes com mais de uma camada oculta), mas, na prática, ele agora descreve uma ampla variedade de arquiteturas neurais (incluindo as redes neurais "simples", que vimos no Capítulo 18).

Neste capítulo, desenvolveremos a rede anterior e analisaremos mais redes neurais. Para isso, veremos uma série de abstrações que representam as redes neurais de forma mais geral.

O Tensor

Anteriormente, diferenciamos vetores (arrays unidimensionais) e matrizes (arrays bidimensionais). Agora, trabalhando com redes neurais mais complexas, usaremos matrizes com mais dimensões.

Em muitas bibliotecas de redes neurais, os arranjos n-dimensionais são chamados de *tensores*, um termo que usaremos daqui para frente. (Existem argumentos matemáticos sacais para matrizes n-dimensionais não serem definidas como tensores; se você é um desses camaradas, já tomei nota da sua opinião.)

Se este livro fosse só sobre aprendizado profundo, eu implementaria uma classe `Tensor` com muitos recursos para sobrecarregar os operadores aritméticos do Python e lidar com várias operações. Essa implementação exigiria um capítulo inteiro. Aqui, vamos trapacear e definir o `Tensor` como uma `list`. Isso é verdade em um aspecto — todos os nossos vetores, matrizes e análogos multidimensionais *são* listas. Mas, sem dúvida, não é verdade em outro aspecto — a maioria das `lists` Python não são matrizes n-dimensionais no sentido que adotamos aqui.

Idealmente, pensamos em algo como:

```
# Um Tensor é um float ou uma lista de Tensors
Tensor = Union[float, List[Tensor]]
```

No entanto, o Python não permite a definição desses tipos recursivos. E, mesmo que permitisse, essa definição não estaria correta, pois permitiria "tensores" ruins como:

```
[[1.0, 2.0],
 [3.0]]
```

Aqui, as linhas têm tamanhos diferentes, logo, esse não é um array *n*-dimensional.

Então, como eu disse, vamos trapacear:

```
Tensor = list
```

Além disso, escreveremos uma função auxiliar para encontrar a *forma* do tensor:

```
from typing import List

def shape(tensor: Tensor) -> List[int]:
    sizes: List[int] = []
    while isinstance(tensor, list):
        sizes.append(len(tensor))
        tensor = tensor[0]
    return sizes

assert shape([1, 2, 3]) == [3]
assert shape([[1, 2], [3, 4], [5, 6]]) == [3, 2]
```

Como os tensores têm várias dimensões, em geral trabalhamos com eles recursivamente. Faremos uma coisa no caso unidimensional e usaremos a recursão no caso multidimensional:

```
def is_1d(tensor: Tensor) -> bool:
    “““
    Se o tensor [0] é uma lista, é um tensor de ordem superior.
    Se não, o tensor é unidimensional (ou seja, um vetor).
    ”””
    return not isinstance(tensor[0], list)

assert is_1d([1, 2, 3])
assert not is_1d([[1, 2], [3, 4]])
```

Usamos isso para escrever uma função `tensor_sum` recursiva:

```
def tensor_sum(tensor: Tensor) -> float:
    “““Soma todos os valores do tensor”””
```

```
    if is_1d(tensor):
        return sum(tensor) # apenas uma lista de floats, use a soma do Python
    else:
        return sum(tensor_sum(tensor_i)      # Chame tensor_sum em cada linha
                   for tensor_i in tensor)   # e some esses resultados.

assert tensor_sum([1, 2, 3]) == 6
assert tensor_sum([[1, 2], [3, 4]]) == 10
```

Se você não estiver habituado a pensar recursivamente, analise isso até compreender o processo, porque usaremos essa lógica ao longo do capítulo. No entanto, criaremos funções auxiliares para não reescrever essa lógica sempre que necessário. A primeira aplica uma função elementwise a um tensor:

```
from typing import Callable

def tensor_apply(f: Callable[[float], float], tensor: Tensor) -> Tensor:
    """"Aplica f elementwise""""
    if is_1d(tensor):
        return [f(x) for x in tensor]
    else:
        return [tensor_apply(f, tensor_i) for tensor_i in tensor]

assert tensor_apply(lambda x: x + 1, [1, 2, 3]) == [2, 3, 4]
assert tensor_apply(lambda x: 2 * x, [[1, 2], [3, 4]]) == [[2, 4], [6, 8]]
```

Usamos isso para escrever uma função que cria um tensor zero com a forma de um determinado tensor:

```
def zeros_like(tensor: Tensor) -> Tensor:
    return tensor_apply(lambda _: 0.0, tensor)

assert zeros_like([1, 2, 3]) == [0, 0, 0]
assert zeros_like([[1, 2], [3, 4]]) == [[0, 0], [0, 0]]
```

Também aplicaremos uma função aos elementos correspondentes de dois tensores, que devem ter a mesma forma (mas não verificaremos isso):

```
def tensor_combine(f: Callable[[float, float], float],
                   t1: Tensor,
                   t2: Tensor) -> Tensor:
    """"Aplica f aos elementos correspondentes de t1 e t2""""
    if is_1d(t1):
        return [f(x, y) for x, y in zip(t1, t2)]
    else:
        return [tensor_combine(f, t1_i, t2_i)
                for t1_i, t2_i in zip(t1, t2)]

import operator
assert tensor_combine(operator.add, [1, 2, 3], [4, 5, 6]) == [5, 7, 9]
assert tensor_combine(operator.mul, [1, 2, 3], [4, 5, 6]) == [4, 10, 18]
```

A Abstração de Camadas

No capítulo anterior, construímos uma rede neural simples para empilhar duas camadas de neurônios que computavam `sigmoid(dot(weights, inputs))`.

Essa talvez seja uma representação idealizada das funções de um neurônio real, mas, na prática, queremos uma variedade maior de ações. Queremos que os neurônios lembrem de algo das informações anteriores. Queremos usar uma função de ativação diferente da `sigmoid`, e queremos usar mais de duas camadas, o que é bem comum. (A função `feed_forward` processa um grande número de camadas, mas os cálculos de gradiente não.)

Neste capítulo, construiremos máquinas para implementar essa grande variedade de redes neurais. A abstração fundamental será a `Layer`, um componente que sabe aplicar uma função nas entradas e retropropagar gradientes.

Pense nas redes neurais que construímos no Capítulo 18 da seguinte forma: uma camada "linear", seguida por uma camada "sigmoide", seguida por outra camada linear, seguida por outra camada sigmoide. Não fizemos essa distinção, mas assim podemos criar estruturas bem mais gerais:

```
from typing import Iterable, Tuple

class Layer:
    """
    Nossas redes neurais serão compostas por Layers que sabem
    computar as entradas "para frente" e propagar gradientes "para trás".
    """
    def forward(self, input):
        """
        Observe que não há tipos. Não indicaremos expressamente os tipos
        de entradas que serão recebidos pelas camadas nem os tipos de saí-
        das que elas retornarão.
        """
        raise NotImplementedError

    def backward(self, gradient):
        """
        Da mesma forma, não indicaremos expressamente o formato do gra-
        diente. Cabe ao usuário (você) avaliar se está fazendo as coisas
        de forma razoável.
        """
        raise NotImplementedError

    def params(self) -> Iterable[Tensor]:
        """
        Retorna os parâmetros dessa camada. Como a implementação padrão
        não retorna nada, se houver uma camada sem parâmetros, você não
        precisará implementar isso.
        """
        return ()
```

```
    def grads(self) -> Iterable[Tensor]:
        """
        Retorna os gradientes na mesma ordem dos params().
        """
        return ()
```

Os métodos forward e backward devem ser implementados nas subclasses concretas. Depois de construir a rede neural, vamos treiná-la usando o gradiente descendente; logo, teremos que atualizar cada parâmetro da rede com o respectivo gradiente. Aqui, exigimos que cada camada indique seus parâmetros e gradientes.

Como algumas camadas (por exemplo, a que aplica sigmoid em suas entradas) não têm parâmetros que precisem ser atualizados, criamos uma implementação padrão para processar esse caso.

Vamos analisar essa camada:

```
from scratch.neural_networks import sigmoid

class Sigmoid(Layer):
    def forward(self, input: Tensor) -> Tensor:
        """
        Aplique sigmoid em todos os elementos do tensor de
        entrada e salve os resultados para usar na retropropagação.
        """
        self.sigmoids = tensor_apply(sigmoid, input)
        return self.sigmoids

    def backward(self, gradient: Tensor) -> Tensor:
        return tensor_combine(lambda sig, grad: sig * (1 - sig) * grad,
                              self.sigmoids, gradient)
```

Aqui, há alguns pontos importantes. Primeiro, na transmissão para frente, salvamos os sigmoides computados para usá-los na transmissão para trás. As camadas normalmente devem fazer esse tipo de coisa.

Segundo, talvez você queira saber de onde vem o `sig * (1 - sig) * grad`. Essa é apenas a regra da cadeia do cálculo e corresponde ao termo `output * (1 - out put) * (output - target)` das redes neurais anteriores.

Finalmente, observe que usamos a `tensor_apply` e dez funções `sor_combine`. A maioria das camadas usará essas funções de maneira semelhante.

A Camada Linear

O outro componente que precisamos duplicar nas redes neurais do Capítulo 18 é a camada "linear" que representa a parte dos neurônios formada por `dot(weights, inputs)`.

Essa camada terá parâmetros que inicializaremos com valores aleatórios.

Os valores iniciais dos parâmetros fazem uma enorme diferença na velocidade (e, às vezes, na *ocorrência*) do treinamento da rede. Se os pesos forem muito grandes, produzirão saídas grandes no intervalo em que a função de ativação tem gradientes próximos de zero. E as partes da rede com zero gradiente não aprenderão nada com o gradiente descendente.

Portanto, implementaremos três esquemas diferentes para gerar aleatoriamente nossos tensores de peso. Primeiro, escolheremos cada valor da distribuição uniforme aleatória em [0, 1], ou seja, como um `random.random()`. Segundo (o esquema padrão), escolheremos cada valor aleatoriamente em uma distribuição normal padrão. Terceiro, usaremos a *inicialização de Xavier*, em que cada peso é inicializado com uma escolha aleatória em uma distribuição normal com média 0 e variação 2 / (`num_inputs` + `num_outputs`). Esse procedimento geralmente funciona bem com pesos de redes neurais. Esses esquemas serão implementados com as funções `random_uniform` e `random_normal`:

```
import random

from scratch.probability import inverse_normal_cdf

def random_uniform(*dims: int) -> Tensor:
    if len(dims) == 1:
        return [random.random() for _ in range(dims[0])]
    else:
        return [random_uniform(*dims[1:]) for _ in range(dims[0])]

def random_normal(*dims: int,
                  mean: float = 0.0,
                  variance: float = 1.0) -> Tensor:
    if len(dims) == 1:
        return [mean + variance * inverse_normal_cdf(random.random())
                for _ in range(dims[0])]
    else:
        return [random_normal(*dims[1:], mean=mean, variance=variance)
                for _ in range(dims[0])]

assert shape(random_uniform(2, 3, 4)) == [2, 3, 4]
assert shape(random_normal(5, 6, mean=10)) == [5, 6]
```

Agora, encapsulamos tudo isso em uma função `random_tensor`:

```
def random_tensor(*dims: int, init: str = 'normal') -> Tensor:
    if init == 'normal':
        return random_normal(*dims)
    elif init == 'uniform':
        return random_uniform(*dims)
    elif init == 'xavier':
        variance = len(dims) / sum(dims)
        return random_normal(*dims, variance=variance)
```

```
        else:
            raise ValueError(f“unknown init: {init}”)
```

Agora, definiremos a camada linear. Precisamos inicializá-la com a dimensão das entradas (que indica quantos pesos cada neurônio deve ter), a dimensão das saídas (que indica quantos neurônios são necessários) e o esquema de inicialização escolhido:

```
from scratch.linear_algebra import dot

class Linear(Layer):
    def __init__(self,
                 input_dim: int,
                 output_dim: int,
                 init: str = ‘xavier’) -> None:
        “““
        Uma camada de neurônios output_dim com pesos input_dim
        (e um viés).
        ”””
        self.input_dim = input_dim
        self.output_dim = output_dim

        # self.w[o] representa os pesos do neurônio o
        self.w = random_tensor(output_dim, input_dim, init=init)

        # self.b[o] representa o termo de viés do neurônio o
        self.b = random_tensor(output_dim, init=init)
```

> Se você está com dúvidas sobre a importância dos esquemas de inicialização, saiba que não consegui treinar algumas das redes citadas neste capítulo com inicializações diferentes das que usei.

O método `forward` é fácil de implementar. Produziremos uma saída por neurônio, que ficará em um vetor. A saída de cada neurônio é apenas o `dot` dos seus pesos com a entrada mais o respectivo viés:

```
    def forward(self, input: Tensor) -> Tensor:
        # Salve a entrada para usar na transmissão para trás.
        self.input = input

        # Retorne o vetor das saídas dos neurônios.
        return [dot(input, self.w[o]) + self.b[o]
                for o in range(self.output_dim)]
```

O método `backward` é mais complexo, mas, se você souber cálculo, não terá dificuldades:

```
    def backward(self, gradient: Tensor) -> Tensor:
```

```
        # Cada b[o] é adicionado ao output[o], indicando que
        # o gradiente de b é igual ao gradiente de saída.
        self.b_grad = gradient

        # Cada w[o][i] multiplica o input[i] e é adicionado ao output[o].
        # Portanto, seu gradiente é input[i] * gradient[o].
        self.w_grad = [[self.input[i] * gradient[o]
                        for i in range(self.input_dim)]
                       for o in range(self.output_dim)]

        # Cada input[i] multiplica o w[o][i] e é adicionado ao
        # output[o]. Portanto, seu gradiente é a soma de w[o][i] * gradient[o]
        # em todas as saídas.
        return [sum(self.w[o][i] * gradient[o] for o in range(self.output_dim))
                for i in range(self.input_dim)]
```

> Em uma biblioteca de tensores "de verdade", essas operações (e muitas outras) são representadas como multiplicações de matrizes ou tensores, que essas bibliotecas executam rapidamente. Nossa biblioteca é *muito* lenta.

Finalmente, implementaremos `params` e `grads`. Há dois parâmetros e dois gradientes correspondentes:

```
    def params(self) -> Iterable[Tensor]:
        return [self.w, self.b]

    def grads(self) -> Iterable[Tensor]:
        return [self.w_grad, self.b_grad]
```

Redes Neurais como Sequências de Camadas

Para nós, as redes neurais são sequências de camadas, então, encontraremos uma forma de combinar várias em uma rede. A rede neural resultante também é uma camada e implementa os métodos `Layer` de formas óbvias:

```
from typing import List

class Sequential(Layer):
    “““
    Uma camada é uma sequência de outras camadas.
    Cabe a você avaliar se há coerência entra a saída de uma camada
    e a entrada da próxima.
    ”””
    def_init_(self, layers: List[Layer]) -> None:
        self.layers = layers
```

```
    def forward(self, input):
        """Só avance a entrada pelas camadas em sequência."""
        for layer in self.layers:
            input = layer.forward(input)
        return input

    def backward(self, gradient):
        """Só retropropague o gradiente pelas camadas na sequência inversa."""
        for layer in reversed(self.layers):
            gradient = layer.backward(gradient)
        return gradient

    def params(self) -> Iterable[Tensor]:
        """Só retorne os params de cada camada."""
        return (param for layer in self.layers for param in layer.params())

    def grads(self) -> Iterable[Tensor]:
        """Só retorne os grads de cada camada."""
        return (grad for layer in self.layers for grad in layer.grads())
```

Agora, representamos a rede neural que usamos para o XOR da seguinte forma:

```
xor_net = Sequential([
    Linear(input_dim=2, output_dim=2),
    Sigmoid(),
    Linear(input_dim=2, output_dim=1),
    Sigmoid()
])
```

Mas ainda precisamos de mais máquinas para o treinamento.

Perda e Otimização

Anteriormente, escrevemos funções de perda e funções de gradiente para os modelos. Agora, aplicaremos outras funções de perda para (como de praxe) introduzir uma nova abstração `Loss` que encapsule os cálculos de perda e de gradiente:

```
class Loss:
    def loss(self, predicted: Tensor, actual: Tensor) -> float:
        """Qual é a qualidade das previsões? (Os números maiores são os piores.)"""
        raise NotImplementedError

    def gradient(self, predicted: Tensor, actual: Tensor) -> Tensor:
        """Como a perda muda à medida que mudam as previsões?"""
        raise NotImplementedError
```

Já vimos várias vezes que a perda é a soma dos erros quadráticos; logo, implementamos isso facilmente. Aqui, o único truque é usar o `tensor_combine`:

```
class SSE(Loss):
    """A função de perda que computa a soma dos erros quadráticos."""
    def loss(self, predicted: Tensor, actual: Tensor) -> float:
```

```
        # Compute o tensor das diferenças quadráticas
        squared_errors = tensor_combine(
            lambda predicted, actual: (predicted - actual) ** 2,
            predicted,
            actual)

        # E some tudo
        return tensor_sum(squared_errors)

    def gradient(self, predicted: Tensor, actual: Tensor) -> Tensor:
        return tensor_combine(
            lambda predicted, actual: 2 * (predicted - actual),
            predicted,
            actual)
```

(Logo veremos outra função de perda.)

Agora, só resta definir o gradiente descendente. Ao longo do livro, fizemos o gradiente descendente sempre de forma manual, com um loop de treinamento parecido com este:

```
theta = gradient_step(theta, grad, -learning_rate)
```

Aqui, isso não funcionará muito bem por alguns motivos. Primeiro, nossas redes neurais terão muitos parâmetros, e atualizaremos todos eles. Segundo, queremos usar variantes mais inteligentes de gradiente descendente sem precisar reescrevê-las a todo momento.

Portanto, introduzimos a abstração `Optimizer` (é isso aí), cujo gradiente descendente será uma instância específica:

```
class Optimizer:
    """
    O otimizador atualiza os pesos de uma camada (no local) usando
    informações conhecidas pela camada ou pelo otimizador (ou por ambos).
    """
    def step(self, layer: Layer) -> None:
        raise NotImplementedError
```

Agora, é fácil implementar o gradiente descendente usando novamente o `tensor_combine`:

```
class GradientDescent(Optimizer):
    def __init__(self, learning_rate: float = 0.1) -> None:
        self.lr = learning_rate

    def step(self, layer: Layer) -> None:
        for param, grad in zip(layer.params(), layer.grads()):
            # Atualize o param usando um passo de gradiente
            param[:] = tensor_combine(
                lambda param, grad: param - grad * self.lr,
                param,
                grad)
```

Aqui, a única possível surpresa é a "atribuição de fatia", um efeito de a reatribuição de uma lista não alterar seu valor original. Ou seja, ao inserir `param = tensor_combine(. . .)`, redefinimos a variável local `param`, mas sem afetar o tensor do parâmetro original armazenado na camada. Mas, quando atribuímos à fatia [:], alteramos os valores da lista.

Confira este exemplo simples:

```
tensor = [[1, 2], [3, 4]]

for row in tensor:
    row = [0, 0]
assert tensor == [[1, 2], [3, 4]], "a atribuição não atualiza a lista"

for row in tensor:
    row[:] = [0, 0]
assert tensor == [[0, 0], [0, 0]], "mas a atribuição de fatia sim"
```

Os novatos em Python acham esse comportamento surpreendente; portanto, analise o processo e faça experimentos até compreendê-lo.

Para demonstrar o valor dessa abstração, vamos implementar outro otimizador que use o *momentum*. Aqui, a ideia é não reagir exageradamente a cada novo gradiente. Portanto, queremos obter uma média móvel dos gradientes identificados, atualizá-la a cada novo gradiente e dar um passo na direção dessa média:

```
class Momentum(Optimizer):
    def_init_(self,
              learning_rate: float,
              momentum: float = 0.9) -> None:
        self.lr = learning_rate
        self.mo = momentum
        self.updates: List[Tensor] = [] # média móvel

    def step(self, layer: Layer) -> None:
        # Se não houver atualizações anteriores, comece com zeros
        if not self.updates:
            self.updates = [zeros_like(grad) for grad in layer.grads()]

        for update, param, grad in zip(self.updates,
                                       layer.params(),
                                       layer.grads()):
            # Aplique o momentum
            update[:] = tensor_combine(
                lambda u, g: self.mo * u + (1 - self.mo) * g,
                update,
                grad)

            # Em seguida, dê um passo de gradiente
            param[:] = tensor_combine(
                lambda p, u: p - self.lr * u,
                param,
                update)
```

Como usamos uma abstração `Optimizer`, alternamos facilmente entre os diferentes otimizadores.

Exemplo: Voltando ao XOR

Usaremos a nova estrutura para treinar uma rede que compute o XOR. Para começar, recriamos os dados do treinamento:

```
# dados de treinamento
xs = [[0., 0], [0., 1], [1., 0], [1., 1]]
ys = [[0.], [1.], [1.], [0.]]
```

Depois, definimos a rede, deixando de fora a última camada sigmoide por enquanto:

```
random.seed(0)

net = Sequential([
    Linear(input_dim=2, output_dim=2),
    Sigmoid(),
    Linear(input_dim=2, output_dim=1)
])
```

Agora, escrevemos um loop de treinamento simples, mas usando as abstrações de `Optimizer` e `Loss`. Assim, é mais fácil experimentar diferentes abordagens:

```
import tqdm

optimizer = GradientDescent(learning_rate=0.1)
loss = SSE()

with tqdm.trange(3000) as t:
    for epoch in t:
        epoch_loss = 0.0

        for x, y in zip(xs, ys):
            predicted = net.forward(x)
            epoch_loss += loss.loss(predicted, y)
            gradient = loss.gradient(predicted, y)
            net.backward(gradient)

            optimizer.step(net)

        t.set_description(f"xor loss {epoch_loss:.3f}")
```

Esse treinamento será bem rápido; observe a redução na perda. Agora, inspecionaremos os pesos:

```
for param in net.params():
    print(param)
```

Na minha rede, obtive estes valores aproximados:

```
hidden1 = -2.6 * x1 + -2.7 * x2 + 0.2   # NOR
hidden2 =  2.1 * x1 +  2.1 * x2 - 3.4   # AND
output =  -3.1 * h1 + -2.6 * h2 + 1.8   # NOR
```

Aqui, `hidden1` será ativado se nenhuma das entradas for 1, e `hidden2` será ativado se todas as entradas forem 1. Já o `output` será ativado se nenhuma das saídas ocultas for 1 — ou seja, se nenhuma entrada for 1 e se todas as entradas forem 1. Essa é exatamente a lógica do XOR.

Observe que essa rede aprendeu recursos diferentes da que treinamos no Capítulo 18, mas executa a mesma função.

Outras Funções de Ativação

A função `sigmoid` já não é popular por dois motivos. Primeiro, o `sigmoid(0)` é igual a 1/2, ou seja, um neurônio cuja soma das entradas seja 0 tem uma saída positiva. Segundo, seu gradiente está próximo demais de 0 para entradas muito grandes e muito pequenas, ou seja, seus gradientes ficam "saturados" e seus pesos travam.

Uma alternativa popular é a `tanh` ("tangente hiperbólica"), outra função em forma de sigmoide que varia de -1 a 1 e gera 0 se a entrada for 0. A derivada de `tanh(x)` é `1 - tanh(x) ** 2`, o que facilita a codificação da camada:

```
import math

def tanh(x: float) -> float:
    # Se x for muito grande ou muito pequeno, tanh será (essencialmente) 1 ou -1.
    # Verificamos isso porque, por exemplo, math.exp(1000) gera um erro.
    if x < -100: return -1
    elif x > 100: return 1

    em2x = math.exp(-2 * x)
    return (1 - em2x) / (1 + em2x)

class Tanh(Layer):
    def forward(self, input: Tensor) -> Tensor:
        # Salve a saída de tanh para usar na transmissão para trás.
        self.tanh = tensor_apply(tanh, input)
        return self.tanh

    def backward(self, gradient: Tensor) -> Tensor:
        return tensor_combine(
            lambda tanh, grad: (1 - tanh ** 2) * grad,
            self.tanh,
            gradient)
```

Em redes maiores, outra alternativa popular é o `Relu`, que indica 0 para entradas negativas e a identidade para entradas positivas:

```
class Relu(Layer):
    def forward(self, input: Tensor) -> Tensor:
        self.input = input
        return tensor_apply(lambda x: max(x, 0), input)

    def backward(self, gradient: Tensor) -> Tensor:
        return tensor_combine(lambda x, grad: grad if x > 0 else 0,
                              self.input,
                              gradient)
```

Há muitas opções. Recomendo que você brinque com elas nas suas redes.

Exemplo: Voltando ao FizzBuzz

Agora, usaremos nossa estrutura de "aprendizado profundo" para reproduzir a solução do desafio "Fizz Buzz". Vamos configurar os dados:

```
from scratch.neural_networks import binary_encode, fizz_buzz_encode, argmax

xs = [binary_encode(n) for n in range(101, 1024)]
ys = [fizz_buzz_encode(n) for n in range(101, 1024)]
```

Em seguida, criamos a rede:

```
NUM_HIDDEN = 25

random.seed(0)

net = Sequential([
    Linear(input_dim=10, output_dim=NUM_HIDDEN, init='uniform'),
    Tanh(),
    Linear(input_dim=NUM_HIDDEN, output_dim=4, init='uniform'),
    Sigmoid()
])
```

Enquanto treinamos, monitoraremos a precisão no conjunto de treinamento:

```
def fizzbuzz_accuracy(low: int, hi: int, net: Layer) -> float:
    num_correct = 0
    for n in range(low, hi):
        x = binary_encode(n)
        predicted = argmax(net.forward(x))
        actual = argmax(fizz_buzz_encode(n))
        if predicted == actual:
            num_correct += 1

    return num_correct / (hi - low)

optimizer = Momentum(learning_rate=0.1, momentum=0.9)
loss = SSE()

with tqdm.trange(1000) as t:
    for epoch in t:
```

```
        epoch_loss = 0.0

        for x, y in zip(xs, ys):
            predicted = net.forward(x)
            epoch_loss += loss.loss(predicted, y)
            gradient = loss.gradient(predicted, y)
            net.backward(gradient)

            optimizer.step(net)

        accuracy = fizzbuzz_accuracy(101, 1024, net)
        t.set_description(f“fb loss: {epoch_loss:.2f} acc: {accuracy:.2f}”)

# Agora, verifique os resultados no conjunto de teste
print(“test results”, fizzbuzz_accuracy(1, 101, net))
```

Depois de mil iterações de treinamento, o modelo obtém 90% de precisão no conjunto de testes; se você continuar treinando, o resultado será melhor. (Não acho viável treinar até 100% de precisão com apenas 25 unidades ocultas, mas, sem dúvida, é possível com 50 unidades ocultas.)

Softmaxes e Entropia Cruzada

A rede neural da seção anterior terminava em uma camada `Sigmoid`, ou seja, sua saída era um vetor de números entre 0 e 1. Especificamente, ela gerava um vetor só de 0s ou só de 1s. No entanto, para resolver problemas de classificação, queremos gerar um 1 para a classe correta e um 0 para todas as classes incorretas. No geral, as previsões não serão tão perfeitas, mas vamos prever a distribuição de probabilidade real nas classes.

Por exemplo, imagine que temos duas classes e o modelo gera `[0, 0]`; é difícil entender isso. Ele acha que a saída não pertence a nenhuma das classes?

Mas, quando o modelo gera `[0.4, 0.6]`, interpretamos esses dados como a previsão de que há uma probabilidade de 0.4 de a entrada pertencer à primeira classe e de 0.6 de ela pertencer à segunda classe.

Para isso, geralmente eliminamos a camada `Sigmoid` final e usamos a função `softmax`, que converte um vetor de números reais em um vetor de probabilidades. Computamos `exp(x)` para cada número no vetor, obtendo um vetor de números positivos. Depois, dividimos cada um desses números positivos pela soma, o que resulta em vários números positivos cuja soma é igual a 1 — ou seja, um vetor de probabilidades.

Quando tentamos computar, digamos, `exp(1000)`, geramos um erro do Python; portanto, antes de obter a `exp`, subtraímos o maior valor. Isso resulta nas mesmas probabilidades; é mais seguro computar no Python:

```
def softmax(tensor: Tensor) -> Tensor:
    """Softmax na última dimensão"""
    if is_1d(tensor):
        # Subtraia o maior valor para fins de estabilidade numérica.
        largest = max(tensor)
        exps = [math.exp(x - largest) for x in tensor]

        sum_of_exps = sum(exps)                 # Este é o "peso" total.
        return [exp_i / sum_of_exps            # A probabilidade é a fração
                for exp_i in exps]              # do peso total.
    else:
        return [softmax(tensor_i) for tensor_i in tensor]
```

Quando a rede produz probabilidades, geralmente usamos outra função de perda chamada *entropia cruzada* (cross-entropy ou "log de verossimilhança negativa").

Lembre-se de que, na seção "Estimativa por Máxima Verossimilhança", justificamos o uso dos mínimos quadrados na regressão linear porque (partindo de algumas premissas) os coeficientes dos mínimos quadrados maximizavam a probabilidade dos dados observados.

Aqui, faremos algo semelhante: se as saídas da rede são probabilidades, a perda da entropia cruzada representa o log de verossimilhança negativa dos dados observados; logo, minimizar essa perda é o mesmo que maximizar o log de verossimilhança (e, portanto, a verossimilhança) dos dados de treinamento.

Em geral, a função `softmax` não fará parte da rede neural. Isso porque, quando a `softmax` faz parte da função de perda sem integrar a rede, fica muito mais fácil computar os gradientes da perda em relação às saídas da rede.

```
class SoftmaxCrossEntropy(Loss):
    """
    Esse é o log de verossimilhança negativa dos valores observados neste
    modelo da rede neural. Portanto, se escolhermos os pesos para
    minimizá-lo, o modelo maximizará a verossimilhança dos dados
    observados.
    """
    def loss(self, predicted: Tensor, actual: Tensor) -> float:
        # Aplique o softmax para obter as probabilidades
        probabilities = softmax(predicted)

        # Este será o log p_i para a classe i real e 0 para as outras
        # classes. Adicionamos uma pequena quantidade a p para evitar o log (0).
        likelihoods = tensor_combine(lambda p, act: math.log(p + 1e-30) * act,
                                     probabilities,
                                     actual)

        # Em seguida, somamos os negativos.
        return -tensor_sum(likelihoods)
```

```
    def gradient(self, predicted: Tensor, actual: Tensor) -> Tensor:
        probabilities = softmax(predicted)

        # Uma bela equação agradável, não acha?
        return tensor_combine(lambda p, actual: p - actual,
                              probabilities,
                              actual)
```

Agora, quando treinamos a mesma rede Fizz Buzz usando a perda `SoftmaxCrossEntropy`, vemos que o treinamento é muito mais rápido (ou seja, demora bem menos épocas). Presumivelmente, isso ocorre porque é muito mais fácil encontrar pesos aplicados ao `softmax` para uma determinada distribuição do que encontrar pesos aplicados ao `sigmoid` para uma determinada distribuição.

Portanto, para prever a classe 0 (um vetor com 1 na primeira posição e 0s nas outras posições), no caso `linear` + `sigmoid`, a primeira saída deve ser um número positivo grande e as saídas restantes devem ser números negativos grandes. Mas, no caso do `softmax`, só é preciso que a primeira saída seja *maior do que* as demais. Sem dúvida, como existem muitas outras opções para o segundo caso, é mais fácil encontrar pesos por este método:

```
random.seed(0)

net = Sequential([
    Linear(input_dim=10, output_dim=NUM_HIDDEN, init='uniform'),
    Tanh(),
    Linear(input_dim=NUM_HIDDEN, output_dim=4, init='uniform')
    # Sem camada sigmoide final
])

optimizer = Momentum(learning_rate=0.1, momentum=0.9)
loss = SoftmaxCrossEntropy()

with tqdm.trange(100) as t:
    for epoch in t:
        epoch_loss = 0.0

        for x, y in zip(xs, ys):
            predicted = net.forward(x)
            epoch_loss += loss.loss(predicted, y)
            gradient = loss.gradient(predicted, y)
            net.backward(gradient)

            optimizer.step(net)

        accuracy = fizzbuzz_accuracy(101, 1024, net)
        t.set_description(f"fb loss: {epoch_loss:.3f} acc: {accuracy:.2f}")

# Verifique novamente os resultados no conjunto de teste
print("test results", fizzbuzz_accuracy(1, 101, net))
```

Dropout

Como a maioria dos modelos de aprendizado de máquina, as redes neurais tendem ao sobreajuste com relação aos dados de treinamento. Já vimos formas de atenuar isso; por exemplo, na seção "Regularização" penalizamos pesos grandes para evitar o sobreajuste.

Uma técnica comum para regularizar as redes neurais é o *dropout*. No tempo de treinamento, desligamos aleatoriamente cada neurônio (ou seja, substituímos sua saída por 0) com uma probabilidade fixa. Assim, a rede não aprende a depender de nenhum neurônio, o que aparentemente evita o sobreajuste.

No tempo da avaliação, não desligamos nenhum neurônio; portanto, a camada `Dropout` deve saber se está treinando ou não. Além disso, no tempo do treinamento, a camada `Dropout` só transmite uma fração aleatória da entrada. Para fins de comparação da saída durante a avaliação, reduziremos as saídas (uniformemente) usando a mesma fração:

```
class Dropout(Layer):
    def_init_(self, p: float) -> None:
        self.p = p
        self.train = True

    def forward(self, input: Tensor) -> Tensor:
        if self.train:
            # Crie uma máscara de 0s e 1s com o formato da entrada
            # usando a probabilidade especificada.
            self.mask = tensor_apply(
                lambda _: 0 if random.random() < self.p else 1,
                input)
            # Multiplique pela máscara para desligar as entradas
            return tensor_combine(operator.mul, input, self.mask)
        else:
            # Durante a avaliação, reduza as saídas uniformemente.
            return tensor_apply(lambda x: x * (1 - self.p), input)

    def backward(self, gradient: Tensor) -> Tensor:
        if self.train:
            # Propague apenas os gradientes em que a máscara == 1.
            return tensor_combine(operator.mul, gradient, self.mask)
        else:
            raise RuntimeError("don't call backward when not in train mode")
```

Usaremos essa técnica para impedir o sobreajuste nos modelos de aprendizado profundo.

Exemplo: MNIST

O MNIST (*http://yann.lecun.com/exdb/mnist/*) é um conjunto de dados de dígitos manuscritos muito popular no estudo do aprendizado profundo.

Como ele está em um formato binário bem complicado, instalaremos logo a biblioteca `mnist`. (Sim, essa parte não será, tecnicamente, "do zero".)

```
python -m pip install mnist
```

Agora, carregamos os dados:

```
import mnist

# Isso fará o download dos dados; mude o local para onde quiser.
# (Sim, é uma função com 0 argumentos, é o que a biblioteca espera.)
# (Sim, estou atribuindo um lambda a uma variável, como eu disse para nunca fazer.)
mnist.temporary_dir = lambda: '/tmp'

# Cada uma dessas funções baixa os dados e retorna um array numpy.
# Chamamos .tolist() porque os "tensores" são listas.
train_images = mnist.train_images().tolist()
train_labels = mnist.train_labels().tolist()

assert shape(train_images) == [60000, 28, 28]
assert shape(train_labels) == [60000]
```

Plotaremos as 100 primeiras imagens de treinamento para conferir o visual (Figura 19-1):

```
import matplotlib.pyplot as plt

fig, ax = plt.subplots(10, 10)

for i in range(10):
    for j in range(10):
        # Plote cada imagem em preto e branco e oculte os eixos.
        ax[i][j].imshow(train_images[10 * i + j], cmap='Greys')
        ax[i][j].xaxis.set_visible(False)
        ax[i][j].yaxis.set_visible(False)

plt.show()
```

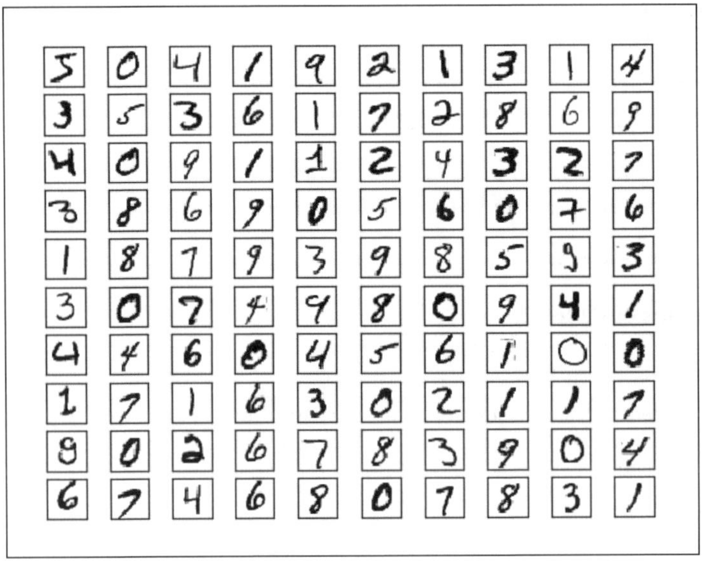

Figura 19-1. Imagens do MNIST

De fato, vemos algo parecido com dígitos manuscritos.

> Minha primeira tentativa de exibir as imagens resultou em números amarelos sobre um fundo preto. Não fui tão inteligente ou malandro para adicionar `cmap=Greys` e obter imagens em preto e branco; então, pesquisei no Google e encontrei a solução no Stack Overflow. Como cientista de dados, você logo será um especialista nesse fluxo de trabalho.

Também carregaremos as imagens de teste:

```
test_images = mnist.test_images().tolist()
test_labels = mnist.test_labels().tolist()

assert shape(test_images) == [10000, 28, 28] a
ssert shape(test_labels) == [10000]
```

Cada imagem tem 28×28 pixels, mas, como as camadas lineares só processam entradas unidimensionais, vamos mesclá-las (e dividi-las por 256 para obter um valor entre 0 e 1). Além disso, a rede neural treinará melhor se as entradas forem 0 em média; portanto, subtrairemos o valor médio:

```
# Compute o valor médio do pixel
avg = tensor_sum(train_images) / 60000 / 28 / 28

# Centralize novamente, redimensione e mescle
train_images = [[(pixel - avg) / 256 for row in image for pixel in row]
```

```
                for image in train_images]
test_images = [[(pixel - avg) / 256 for row in image for pixel in row]
               for image in test_images]

assert shape(train_images) == [60000, 784], "images should be flattened"
assert shape(test_images) == [10000, 784], "images should be flattened"

# Após a centralização, o pixel médio deve estar muito próximo de 0
assert -0.0001 < tensor_sum(train_images) < 0.0001
```

Também usaremos a codificação "one hot" para os destinos, pois há 10 saídas. Primeiro, escrevemos uma função one_hot_encode:

```
def one_hot_encode(i: int, num_labels: int = 10) -> List[float]:
    return [1.0 if j == i else 0.0 for j in range(num_labels)]

assert one_hot_encode(3) == [0, 0, 0, 1, 0, 0, 0, 0, 0, 0]
assert one_hot_encode(2, num_labels=5) == [0, 0, 1, 0, 0]
```

Depois, aplicamos a função aos dados:

```
train_labels = [one_hot_encode(label) for label in train_labels]
test_labels = [one_hot_encode(label) for label in test_labels]

assert shape(train_labels) == [60000, 10]
assert shape(test_labels) == [10000, 10]
```

Um dos pontos fortes das abstrações é a opção de usar o mesmo loop de treinamento/avaliação em vários modelos. Então, escreveremos uma. Incluiremos nesse componente o modelo, os dados, uma função de perda e (para o treinamento) um otimizador.

Ela fará uma passagem pelos dados, acompanhará o desempenho e (se incluirmos um otimizador) atualizará os parâmetros:

```
import tqdm

def loop(model: Layer,
         images: List[Tensor],
         labels: List[Tensor],
         loss: Loss,
         optimizer: Optimizer = None) -> None:
    correct = 0         # Monitore o número de previsões corretas.
    total_loss = 0.0    # Monitore a perda total.

    with tqdm.trange(len(images)) as t:
        for i in t:
            predicted = model.forward(images[i])             # Preveja.
            if argmax(predicted) == argmax(labels[i]):       # Verifique a
                correct += 1                                 # correção.
            total_loss += loss.loss(predicted, labels[i])    # Compute a perda.

            # Se estiver treinando, faça a retropropagação do gradiente e atualize os pesos.
            if optimizer is not None:
```

```
            gradient = loss.gradient(predicted, labels[i])
            model.backward(gradient)
            optimizer.step(model)

        # E atualize as métricas na barra de progresso.
        avg_loss = total_loss / (i + 1)
        acc = correct / (i + 1)
        t.set_description(f"mnist loss: {avg_loss:.3f} acc: {acc:.3f}")
```

Como linha de base, usaremos a biblioteca de aprendizado profundo para treinar um modelo de regressão logística (multiclasse) formado por uma camada linear seguida por um softmax. Esse modelo (em essência) procura por 10 funções lineares de modo que, se a entrada representar, digamos, um 5, a 5ª função linear produzirá a maior saída.

Uma passagem pelos 60 mil exemplos de treinamento será suficiente para aprender o modelo:

```
random.seed(0)

# A regressão logística é apenas uma camada linear seguida pelo softmax
model = Linear(784, 10)
loss = SoftmaxCrossEntropy()

# Este otimizador parece funcionar
optimizer = Momentum(learning_rate=0.01, momentum=0.99)

# Treine com os dados de treinamento
loop(model, train_images, train_labels, loss, optimizer)

# Teste com os dados de teste (se não houver nenhum otimizador, só avalie)
loop(model, test_images, test_labels, loss)
```

Obtivemos uma precisão de aproximadamente 89%. Veremos se melhoramos com uma rede neural profunda. Usaremos duas camadas ocultas, a primeira com 30 neurônios e a segunda com 10 neurônios, bem como a ativação `Tanh`:

```
random.seed(0)

# Atribua nomes para ativar e desativar o treinamento
dropout1 = Dropout(0.1)
dropout2 = Dropout(0.1)

model = Sequential([
    Linear(784, 30),  # Camada oculta 1: tamanho 30
    dropout1,
    Tanh(),
    Linear(30, 10),   # Camada oculta 2: tamanho 10
    dropout2,
    Tanh(),
    Linear(10, 10)    # Camada de saída: tamanho 10
])
```

Agora, usamos o mesmo loop de treinamento!

```
optimizer = Momentum(learning_rate=0.01, momentum=0.99)
loss = SoftmaxCrossEntropy()

# Ative o dropout e o treinamento (demorou mais de 20 minutos no meu laptop!)
dropout1.train = dropout2.train = True
loop(model, train_images, train_labels, loss, optimizer)

# Desative o dropout e avalie
dropout1.train = dropout2.train = False
loop(model, test_images, test_labels, loss)
```

O modelo profundo obteve uma precisão superior a 92% no conjunto de testes, uma boa vantagem em relação ao modelo logístico simples.

O site do MNIST (*http://yann.lecun.com/exdb/mnist/*) descreve vários modelos melhores do que esses. Muitos são implementados com as máquinas que desenvolvemos, mas demorariam muito tempo para treinar com esse framework de listas como tensores. Alguns dos melhores modelos contêm camadas *convolucionais*. Elas são importantes, mas, infelizmente, não cabem em livro de introdução ao data science.

Salvando e Carregando Modelos

Como o treinamento desses modelos exige muito tempo, é melhor salvá-los para não ter que treiná-los a cada trabalho. Felizmente, temos o módulo `json` para serializar facilmente os pesos do modelo em um arquivo.

Para salvar, usamos o `Layer.params` para coletar os pesos e colocá-los em uma lista e o `json.dump` para salvar essa lista em um arquivo:

```
import json

def save_weights(model: Layer, filename: str) -> None:
    weights = list(model.params())
    with open(filename, 'w') as f:
        json.dump(weights, f)
```

Carregar os pesos de volta é um pouco mais trabalhoso. Usamos o `json.load` para recuperar a lista de pesos do arquivo e a atribuição de fatia para definir os pesos do modelo.

(Especificamente, temos que instanciar o modelo e, *depois*, carregar os pesos. Uma alternativa é salvar uma representação da arquitetura e usá-la para instanciar o modelo. Essa não é uma péssima ideia, mas exige muito mais código e alterações em todas as `Layers`. Portanto, continuaremos com o método mais simples.)

Antes de carregar os pesos, verificamos se eles têm as mesmas formas dos params do modelo. (Esse procedimento evita, por exemplo, que você carregue pesos de uma rede profunda salva em uma rede superficial, bem como outros problemas semelhantes.)

```
def load_weights(model: Layer, filename: str) -> None:
    with open(filename) as f:
        weights = json.load(f)

    # Verifique a consistência
    assert all(shape(param) == shape(weight)
               for param, weight in zip(model.params(), weights))

    # Em seguida, carregue usando a atribuição de fatia
    for param, weight in zip(model.params(), weights):
        param[:] = weight
```

Como o JSON armazena os dados como texto, sua representação é muito ineficiente. Em aplicações reais, é melhor usar a biblioteca de serialização `pickle`, que serializa tudo em um formato binário mais eficiente. Aqui, optei pela simplicidade e legibilidade.

Você pode baixar os pesos para as redes que treinamos no repositório do livro no GitHub (*https://github.com/joelgrus/data-science-from-scratch*).

Materiais Adicionais

Hoje em dia, o aprendizado profundo está na crista da onda, e este capítulo mal aborda a superfície do tema. Existem bons livros e blogs (e muitos, muitos blogs ruins) sobre quase todos os aspectos imagináveis do aprendizado profundo.

- O livro canônico *Deep Learning* (*https://www.deeplearningbook.org/*), de Ian Goodfellow, Yoshua Bengio e Aaron Courville (MIT Press), está disponível online gratuitamente. É muito bom, mas exige algumas noções de matemática.
- O livro *Deep Learning with Python* (*https://www.manning.com/books/deep-learning-with-python*) (Manning), de Francois Chollet, é uma ótima introdução à biblioteca Keras, que serve de base para nossa biblioteca de aprendizado profundo.
- Para aprendizado profundo, costumo usar o PyTorch (*https://pytorch.org/*). No seu site, há muita documentação e tutoriais.

CAPÍTULO 20

Agrupamento

Quando estávamos em grupos,
não enlouquecíamos, só nos excedíamos como nobres.
—Robert Herrick

Em sua maioria, os algoritmos citados neste livro são algoritmos de aprendizado *supervisionado*, pois partem de um conjunto de dados rotulados para fazer previsões sobre novos dados não rotulados. Já o agrupamento é um exemplo de aprendizado *não supervisionado*, em que trabalhamos com dados totalmente não rotulados (ou que tenham rótulos que ignoramos).

A Ideia

Quando analisamos uma fonte de dados, quase sempre vemos que os dados formam *grupos* [clusters]. Um conjunto de dados com os endereços de milionários provavelmente tem grupos em locais como Beverly Hills e Manhattan. Um conjunto de dados com as horas de trabalho semanais das pessoas provavelmente tem um grupo em torno do número 40 (e, se esses dados forem de um estado com leis que atribuem benefícios especiais para pessoas que trabalham pelo menos 20 horas por semana, provavelmente haverá outro grupo em torno do número 19). Um conjunto de dados demográficos de eleitores provavelmente forma vários grupos (por exemplo: "mães corujas", "aposentados entediados", "millennials desempregados") que interessam a pesquisadores e consultores políticos.

Diferente dos problemas que examinamos antes, geralmente não há agrupamentos "corretos". Esquemas diferentes agrupam alguns dos "millennials desempregados" em "estudantes de pós-graduação" e em "inquilinos de quartos na casa dos pais". Nenhum dos esquemas é mais correto que outro — aqui, o critério é sua adequação em relação à métrica de "qualidade dos grupos".

Além disso, os grupos não produzem seus próprios rótulos. Você terá que fazer isso analisando os dados de cada um deles.

O Modelo

Para nós, cada `input` será um vetor no espaço d-dimensional, que, como sempre, representaremos como uma lista de números. Nosso objetivo será identificar grupos de entradas semelhantes e (às vezes) encontrar um valor representativo para cada grupo.

Por exemplo, as entradas serão vetores numéricos que representam títulos de postagens em blogs. Nesse caso, o objetivo será encontrar grupos de postagens semelhantes, talvez para definir os temas que interessam aos usuários. Outro exemplo: imagine que temos uma imagem com milhares de cores (`red`, `green`, `blue`) e queremos uma impressão de tela com apenas 10 cores. Com o agrupamento, escolhemos as 10 cores que minimizarão o total de "erro de cor".

Um dos métodos mais simples de agrupamento é o k-means; aqui, definimos previamente um número k de grupos, e o objetivo é particionar as entradas nos conjuntos $S_1, ..., S_k$, minimizando a soma total de distâncias quadráticas de cada ponto até a média do grupo atribuído.

Como existem várias formas de atribuir n pontos aos k grupos, encontrar um agrupamento ideal é um problema muito difícil. Então, aplicaremos um algoritmo iterativo que geralmente encontra um bom agrupamento:

1. Comece com um conjunto de k-means, que são pontos no espaço d-dimensional;
2. Atribua cada ponto à média mais próxima dele;
3. Se não for alterada a atribuição de nenhum ponto, pare e mantenha os grupos;
4. Se a atribuição de algum ponto for alterada, compute novamente as médias e retorne à etapa 2.

Com a função `vector_mean` que vimos no Capítulo 4, é bem simples criar uma classe para fazer isso.

Para começar, criaremos uma função auxiliar para determinar as coordenadas das diferenças entre dois vetores. Usaremos isso para acompanhar o progresso do treinamento:

```
from scratch.linear_algebra import Vector

def num_differences(v1: Vector, v2: Vector) -> int:
    assert len(v1) == len(v2)
    return len([x1 for x1, x2 in zip(v1, v2) if x1 != x2])

assert num_differences([1, 2, 3], [2, 1, 3]) == 2
assert num_differences([1, 2], [1, 2]) == 0
```

Também queremos uma função que, para determinados vetores e suas atribuições aos grupos, calcule as médias dos grupos. Talvez um grupo não tenha pontos atribuídos. Nesse caso, como é impossível calcular a média de uma coleção vazia, escolheremos aleatoriamente um dos pontos para servir como a "média" desse grupo:

```
from typing import List
from scratch.linear_algebra import vector_mean

def cluster_means(k: int,
                  inputs: List[Vector],
                  assignments: List[int]) -> List[Vector]:
    # clusters[i] contém as entradas cuja atribuição é i
    clusters = [[] for i in range(k)]
    for input, assignment in zip(inputs, assignments):
        clusters[assignment].append(input)

    # se um grupo estiver vazio, use um ponto aleatório
    return [vector_mean(cluster) if cluster else random.choice(inputs)
            for cluster in clusters]
```

Agora, codificaremos o agrupador [clusterer]. Como de praxe, usaremos o `tqdm` para acompanhar o progresso. Como não sabemos quantas iterações serão necessárias, usaremos o `itertools.count` para criar um iterável infinito e ao final chamaremos o `return`:

```
import itertools
import random
import tqdm
from scratch.linear_algebra import squared_distance

class KMeans:
    def_init_(self, k: int) -> None:
        self.k = k                      # número de grupos
        self.means = None

    def classify(self, input: Vector) -> int:
        """retorne o índice do grupo mais próximo da entrada"""
        return min(range(self.k),
                   key=lambda i: squared_distance(input, self.means[i]))

    def train(self, inputs: List[Vector]) -> None:
        # Comece com atribuições aleatórias
        assignments = [random.randrange(self.k) for _ in inputs]

        with tqdm.tqdm(itertools.count()) as t:
            for _ in t:
                # Compute as médias e encontre novas atribuições
                self.means = cluster_means(self.k, inputs, assignments)
                new_assignments = [self.classify(input) for input in inputs]

                # Verifique quantas atribuições foram alteradas e se já acabamos
                num_changed = num_differences(assignments, new_assignments)
```

```
        if num_changed == 0:
            return
        # Se não, mantenha as novas atribuições e compute novas médias
        assignments = new_assignments
        self.means = cluster_means(self.k, inputs, assignments)
        t.set_description(f"changed: {num_changed} / {len(inputs)}")
```

Vamos conferir como isso funciona.

Exemplo: Meetups

Para comemorar o crescimento da DataSciencester, a vice-presidente de Benefícios aos Usuários quer organizar vários meetups, encontros pessoais entre os usuários que residem na cidade da empresa; esses eventos terão cerveja, pizza e camisetas da DataSciencester. Com base nos endereços dos usuários (Figura 20-1), ela pede que você defina os locais mais convenientes para que todos compareçam aos meetups.

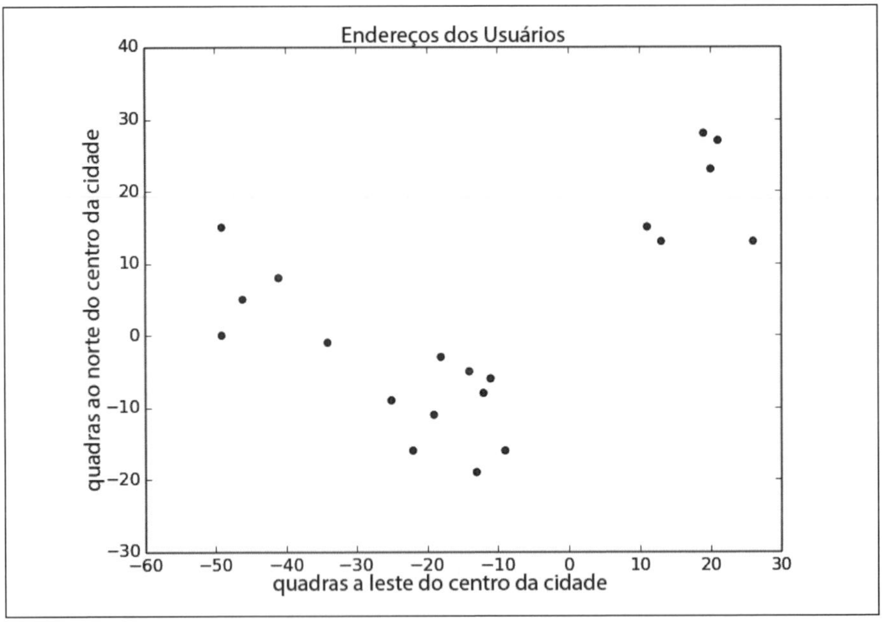

Figura 20-1. Os endereços dos usuários na cidade da empresa

Dependendo da sua abordagem, você provavelmente verá dois ou três grupos. (Isso é fácil porque os dados são bidimensionais. Com mais dimensões, é muito mais difícil identificar grupos visualmente.)

Primeiro, imagine que há orçamento para três meetups. Depois, vá ao seu computador e tente o seguinte procedimento:

```
random.seed(12)                      # para obter os mesmos resultados que eu
clusterer = KMeans(k=3)
clusterer.train(inputs)
means = sorted(clusterer.means)      # separe para o teste de unidade

assert len(means) == 3

# Verifique se as médias estão próximas do esperado
assert squared_distance(means[0], [-44, 5]) < 1
assert squared_distance(means[1], [-16, -10]) < 1
assert squared_distance(means[2], [18, 20]) < 1
```

Encontramos três grupos centralizados em [–44, 5], [–16, –10] e [18, 20]; agora, vamos procurar locais próximos dessas áreas (Figura 20-2).

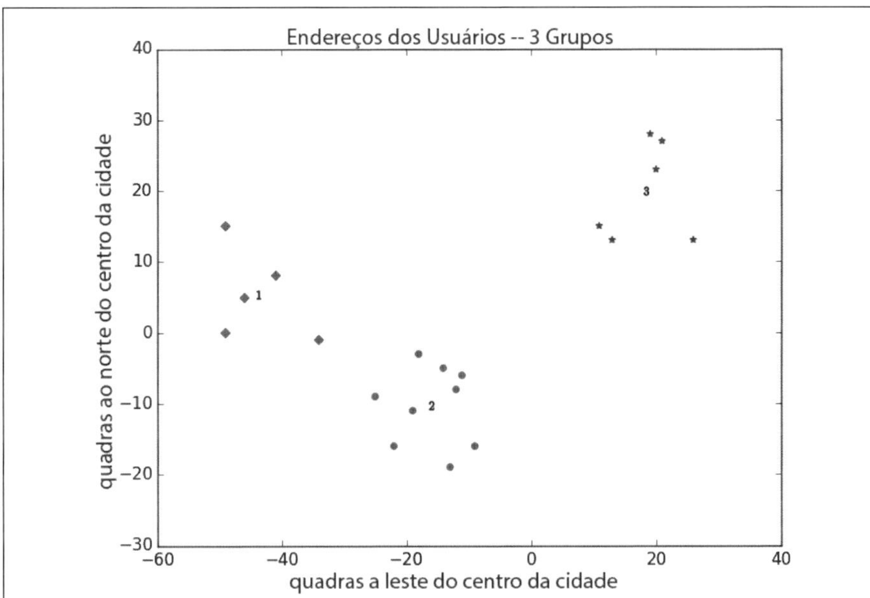

Figura 20-2. Endereços de usuários agrupados em três grupos

Quando você apresenta os resultados, a vice-presidente informa que agora o orçamento só cobre *dois* meetups.

"Tranquilo", você diz:

```
random.seed(0)
clusterer = KMeans(k=2)
clusterer.train(inputs)
means = sorted(clusterer.means)

assert len(means) == 2
assert squared_distance(means[0], [-26, -5]) < 1
assert squared_distance(means[1], [18, 20]) < 1
```

Como vemos na Figura 20-3, um meetup ainda deve ser próximo de [18, 20] e o outro deve ser próximo de [–26, –5].

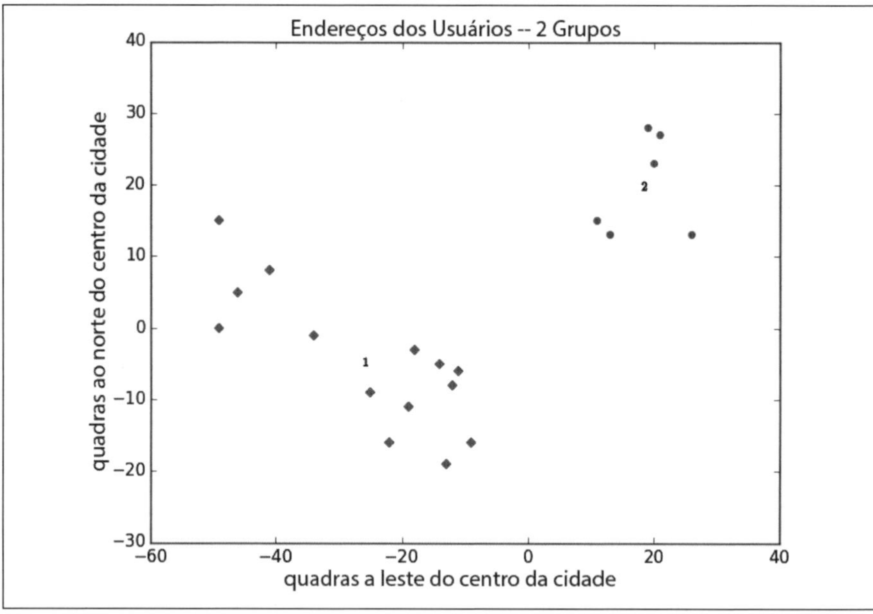

Figura 20-3. Endereços dos usuários agrupados em dois grupos

Escolhendo k

No exemplo anterior, a escolha de *k* foi orientada por fatores externos. Em geral, isso não ocorre, porém existem várias formas de escolher o *k*. Uma opção razoavelmente acessível consiste em plotar a soma dos erros quadráticos (entre cada ponto e a média do seu grupo) como uma função de *k* e observar onde o gráfico "dobra":

```
from matplotlib import pyplot as plt

def squared_clustering_errors(inputs: List[Vector], k: int) -> float:
    """encontra o erro quadrático total de k-means agrupando as entradas"""
    clusterer = KMeans(k)
    clusterer.train(inputs)
    means = clusterer.means
    assignments = [clusterer.classify(input) for input in inputs]

    return sum(squared_distance(input, means[cluster])
               for input, cluster in zip(inputs, assignments))
```

Aplicamos isso também ao exemplo anterior:

```
# agora plote os grupos de 1 até len(inputs)
```

```
ks = range(1, len(inputs) + 1)
errors = [squared_clustering_errors(inputs, k) for k in ks]

plt.plot(ks, errors)
plt.xticks(ks)
plt.xlabel("k")
plt.ylabel("total squared error")
plt.title("Total Error vs. # of Clusters")
plt.show()
```

Como vemos na Figura 20-4, esse método "confirma" a visualização inicial dos três grupos.

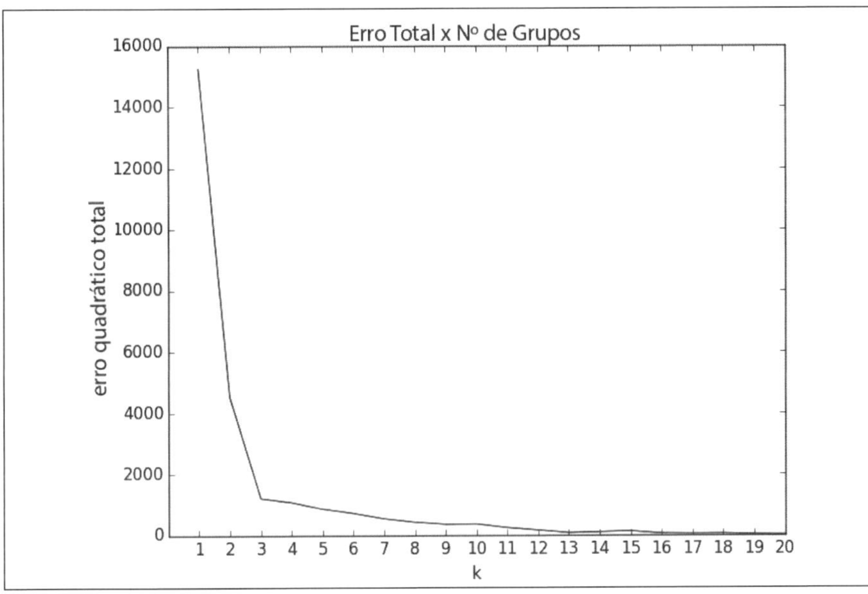

Figura 20-4. Escolhendo o k

Exemplo: Agrupando Cores

O vice-presidente de Tralhas criou ótimos adesivos da DataSciencester para distribuir nos meetups. Infelizmente, a impressora só reproduz até cinco cores por adesivo. E, como o vice-presidente de Arte está de licença, o vice-presidente de Tralhas pergunta se é possível modificar o design dos adesivos para que eles tenham apenas cinco cores.

As imagens de computador são representadas como matrizes bidimensionais de pixels, e cada pixel é um vetor tridimensional (`red, green, blue`) que indica sua cor.

Logo, para criar uma versão da imagem com cinco cores, devemos:

1. Escolher cinco cores;
2. Atribuir uma dessas cores a cada pixel.

Essa é uma ótima tarefa para o agrupamento *k*-means, que particionará os pixels em cinco grupos no espaço vermelho-verde-azul. Depois, só temos que colorir os pixels novamente em cada grupo com a cor média.

Para começar, precisamos carregar a imagem no Python. Podemos fazer isso com o matplotlib, mas antes devemos instalar a biblioteca pillow:

```
python -m pip install pillow
```

Agora, usamos `matplotlib.image.imread`:

```
image_path = r"girl_with_book.jpg"     # o local da imagem
import matplotlib.image as mpimg
img = mpimg.imread(image_path) / 256  # redimensione para um valor entre 0 e 1
```

Nos bastidores, `img` é um array NumPy, mas, aqui, vamos tratá-lo como uma lista de listas de listas.
`img[i][j]` é o pixel na linha *i* e coluna *j*; cada pixel é uma lista `[red, green, blue]` de números entre 0 e 1 que indicam sua cor (*http://en.wikipedia.org/wiki/RGB_color_model*):

```
top_row = img[0]
top_left_pixel = top_row[0]
red, green, blue = top_left_pixel
```

Aqui, obtemos uma lista mesclada com todos os pixels:

```
# .tolist() converte um array NumPy em uma lista Python
pixels = [pixel.tolist() for row in img for pixel in row]
```

Depois, inserimos esses dados no agrupador:

```
clusterer = KMeans(5)
clusterer.train(pixels)   # isso pode demorar um pouco
```

Ao final, construímos uma nova imagem com o mesmo formato:

```
def recolor(pixel: Vector) -> Vector:
    cluster = clusterer.classify(pixel)          # índice do grupo mais próxi-
    mo return clusterer.means[cluster]           # média do grupo mais próximo

new_img = [[recolor(pixel) for pixel in row]   # defina novamente a cor
                                                 desta linha de pixels
           for row in img]                       # para cada linha da imagem
```

Então, exibimos a imagem usando `plt.imshow`:

```
plt.imshow(new_img)
plt.axis('off')
plt.show()
```

É difícil mostrar resultados de cores em um livro em preto e branco, mas a Figura 20-5 mostra versões em escala de cinza de uma imagem colorida e o resultado gerado pelo processo de redução para cinco cores.

Figura 20-5. Imagem original e descoloração em 5 médias

Agrupamento Hierárquico de Baixo para Cima

Uma abordagem alternativa ao agrupamento é "formar" grupos de baixo para cima. Para isso, devemos:

1. Definir cada entrada como seu grupo unitário;
2. Se houver outros grupos, encontrar os dois mais próximos e mesclá-los.

Ao final, teremos um grupo imenso com todas as entradas. Seguindo a ordem de mesclagem, desfazemos o processo para recriar qualquer número de grupos. Por exemplo, para formar três grupos, basta desfazer as duas últimas mesclagens.

Usaremos uma representação muito simples para os grupos. Os valores ficarão em grupos *folha*, que representaremos como `NamedTuples`:

```
from typing import NamedTuple, Union

class Leaf(NamedTuple):
    value: Vector

leaf1 = Leaf([10, 20])
leaf2 = Leaf([30, -15])
```

Vamos usá-los para incrementar os grupos *mesclados*, que também representaremos como `NamedTuples`:

```
class Merged(NamedTuple):
    children: tuple
    order: int

merged = Merged((leaf1, leaf2), order=1)

Cluster = Union[Leaf, Merged]
```

Esse é outro vacilo das anotações de tipo do Python. Seria bom ter a dica de tipo `Merged.children` como `Tuple[Cluster, Cluster]`, mas o `mypy` não permite esses tipos recursivos.

Logo falaremos sobre a ordem de mesclagem, mas antes criaremos uma função auxiliar para retornar recursivamente todos os valores contidos em um grupo (possivelmente mesclado):

```
def get_values(cluster: Cluster) -> List[Vector]:
    if isinstance(cluster, Leaf):
        return [cluster.value]
    else:
        return [value
                for child in cluster.children
                for value in get_values(child)]

assert get_values(merged) == [[10, 20], [30, -15]]
```

Para mesclar os grupos mais próximos, precisamos de uma noção da distância entre eles. Usaremos a distância *mínima* entre os elementos dos dois grupos para mesclar os dois mais próximos (mesmo que, às vezes, esse método forme grupos grandes, semelhantes a correntes e sem muita precisão). Para obter grupos esféricos e precisos, é possível usar a distância *máxima*, que mescla os dois grupos que se encaixam na menor bola. As duas opções são comuns, bem como a distância *média*:

```
from typing import Callable
from scratch.linear_algebra import distance

def cluster_distance(cluster1: Cluster,
                     cluster2: Cluster,
                     distance_agg: Callable = min) -> float:
    """
    compute todas as distâncias entre os pares de cluster1 e cluster2
    e aplique a função de agregação _distance_agg_ à lista resultante
    """
    return distance_agg([distance(v1, v2)
                         for v1 in get_values(cluster1)
                         for v2 in get_values(cluster2)])
```

Usaremos o slot da ordem de mesclagem para acompanhar a sequência do procedimento. Os números menores representarão as mesclagens *posteriores*. Logo, para desfazer os grupos, teremos que ir de baixo para cima na ordem de mesclagem. Como os grupos `Leaf` não foram mesclados, receberão um valor infinito, o mais alto possível. E, como eles não têm uma propriedade `.order`, criaremos uma função auxiliar:

```
def get_merge_order(cluster: Cluster) -> float:
    if isinstance(cluster, Leaf):
        return float('inf') # não foi mesclado
    else:
        return cluster.order
```

Da mesma forma, como os grupos `Leaf` não têm filhos, criaremos e adicionaremos uma função auxiliar para isso:

```
from typing import Tuple

def get_children(cluster: Cluster):
    if isinstance(cluster, Leaf):
        raise TypeError("Leaf has no children")
    else:
        return cluster.children
```

Agora, criaremos o algoritmo de agrupamento:

```
def bottom_up_cluster(inputs: List[Vector],
                      distance_agg: Callable = min) -> Cluster:
    # Comece com todas as folhas
    clusters: List[Cluster] = [Leaf(input) for input in inputs]

    def pair_distance(pair: Tuple[Cluster, Cluster]) -> float:
        return cluster_distance(pair[0], pair[1], distance_agg)

    # enquanto ainda houver mais de um grupo...
    while len(clusters) > 1:
        # encontre os dois grupos mais próximos
        c1, c2 = min(((cluster1, cluster2)
                      for i, cluster1 in enumerate(clusters)
                      for cluster2 in clusters[:i]),
                      key=pair_distance)

        # remova-os da lista de grupos
        clusters = [c for c in clusters if c != c1 and c != c2]

        # mescle-os, usando merge_order = nº de grupos restantes
        merged_cluster = Merged((c1, c2), order=len(clusters))

        # e adicione seus grupos mesclados.
        clusters.append(merged_cluster)

    # quando restar apenas um grupo, retorne-o
    return clusters[0]
```

É muito simples usar esse procedimento:

```
base_cluster = bottom_up_cluster(inputs)
```

Aqui, produzimos um agrupamento parecido com este:

```
0 1 2 3 4 5 6 7 8 9 10 11 12 13 14 15 16 17 18
──┬──┬───┬──────────────────────────────────────┬─────────┬─ [19, 28]
│ │   │                                        │         └─ [21, 27]
│ │   │                                        └─ [20, 23]
│ │   └─ [26, 13]
│ └────────────────────────────────────────────────┬─ [11, 15]
│                                                  └─ [13, 13]
└─────┬────┬─┬──────────┬────┬─ [-49, 0]
      │    │ │          │    └─ [-46, 5]
      │    │ │          └─ [-41, 8]
      │    │ └─ [-49, 15]
      │    └─ [-34, 1]
      └─────────┬─┬─┬────────┬─ [-22, -16]
                │ │ │        └─ [-19, -11]
                │ │ └─ [-25, -9]
                │ └────────────────┬─────┬───────┬─ [-11, -6]
                │                  │     │       └─ [-12, -8]
                │                  │     └─ [-14, 5]
                │                  └─ [-18, -3]
                └──────────────────┬─ [-13, -19]
                                   └─ [-9, -16]
```

Os números na parte superior indicam a "ordem de mesclagem". Como havia 20 entradas, foram necessárias 19 mesclagens para chegar a um só grupo. A primeira mesclagem criou o grupo 18 combinando as folhas [19, 28] e [21, 27]. E a última mesclagem criou o grupo 0.

Para obter dois grupos, divida o conjunto na primeira bifurcação ("0"), criando um grupo com seis pontos e um segundo com os demais. Para obter três grupos, selecione a segunda bifurcação ("1"), que indica a divisão desse primeiro grupo no grupo com ([19, 28], [21, 27], [20, 23], [26 , 13]) e no com ([11, 15], [13, 13]). E assim por diante.

Entretanto, quase nunca queremos representações de texto desagradáveis como essa. Então, escreveremos uma função para gerar um número de grupos desfazendo o número correspondente de mesclagens:

```
def generate_clusters(base_cluster: Cluster,
                      num_clusters: int) -> List[Cluster]:
    # comece com uma lista com apenas o grupo base
    clusters = [base_cluster]

    # enquanto não houver grupos suficientes...
    while len(clusters) < num_clusters:
        # escolha o último grupo a ser mesclado
```

```
        next_cluster = min(clusters, key=get_merge_order)
        # remova-o da lista
        clusters = [c for c in clusters if c != next_cluster]

        # e adicione seus filhos à lista (ou seja, desfaça sua mesclagem)
        clusters.extend(get_children(next_cluster))

    # quando houver grupos suficientes...
    return clusters
```

Então, por exemplo, para gerar três grupos, fazemos isto:

```
three_clusters = [get_values(cluster)
                  for cluster in generate_clusters(base_cluster, 3)]
```

É fácil plotar esse código:

```
for i, cluster, marker, color in zip([1, 2, 3],
                                     three_clusters,
                                     ['D','o','*'],
                                     ['r','g','b']):
    xs, ys = zip(*cluster) # truque mágico de descompactação
    plt.scatter(xs, ys, color=color, marker=marker)

    # coloque um número na média do grupo
    x, y = vector_mean(cluster)
    plt.plot(x, y, marker='$' + str(i) + '$', color='black')

plt.title("User Locations -- 3 Bottom-Up Clusters, Min")
plt.xlabel("blocks east of city center")
plt.ylabel("blocks north of city center")
plt.show()
```

Obtemos resultados muito diferentes dos valores do *k*-means, como vemos na Figura 20-6.

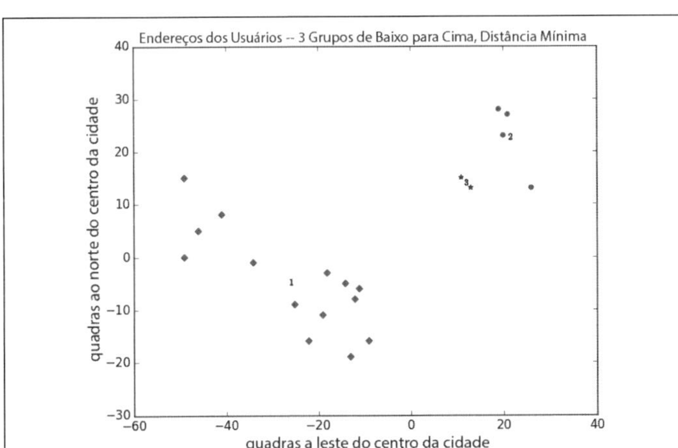

Figura 20-6. Três grupos formados de baixo para cima usando a distância mínima

Como vimos anteriormente, isso ocorre porque usar o `min` em `cluster_distance` tende a gerar grupos semelhantes a correntes. Quando usamos o `max` (que gera grupos mais precisos), o resultado é igual ao das 3 médias (Figura 20-7).

Essa implementação de `bottom_up_clustering` é relativamente simples, mas terrivelmente ineficiente. Especificamente, ela computa a distância entre os pares de entradas a cada etapa. Uma implementação mais eficiente deve pré-computar as distâncias entre os pares de entradas e, em seguida, executar uma pesquisa em `cluster_distance`. Uma implementação *muito* eficiente deve lembrar dos `cluster_distance` da etapa anterior.

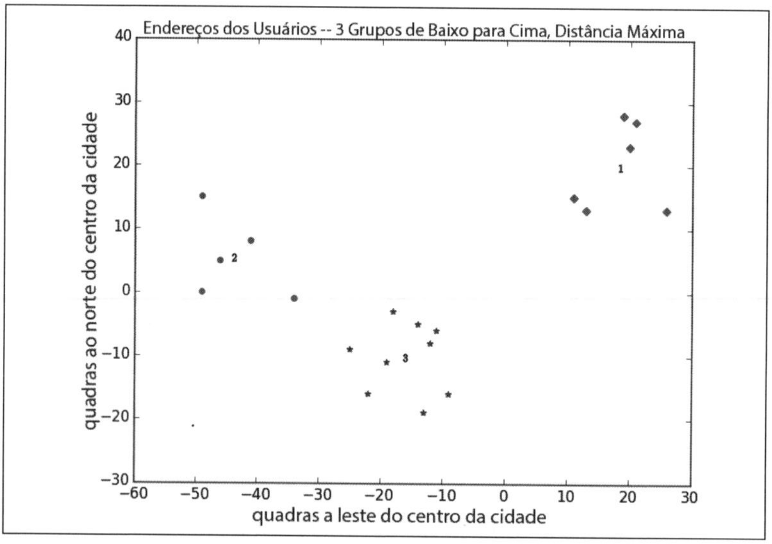

Figura 20-7. Três grupos formados de baixo para cima usando a distância máxima

Materiais Adicionais

- O scikit-learn tem o módulo `sklearn.cluster` (*http://scikit-learn.org/stable/modules/clustering.html*), que contém vários algoritmos de agrupamento, como o `KMeans` e o algoritmo de agrupamento hierárquico `Ward` (que aplica outro critério na mesclagem dos grupos);
- O SciPy (*http://www.scipy.org/*) tem dois modelos de agrupamento: o `scipy.cluster.vq`, que executa o k-means, e o `scipy.cluster.hierarchy`, que contém vários algoritmos de agrupamento hierárquico.

CAPÍTULO 21
Processamento de Linguagem Natural

Era a grande festa das línguas, e eles só roubaram os restos.
—William Shakespeare

O termo *processamento de linguagem natural* (PNL) indica as técnicas computacionais baseadas em linguagem. É um campo amplo, do qual veremos algumas técnicas simples e outras não tão simples.

Nuvens de Palavras

No Capítulo 1, computamos o número de palavras associadas aos interesses dos usuários. Outra abordagem para visualizar isso é por meio das *nuvens de palavras*, que representam visualmente as palavras em tamanhos proporcionais às suas contagens.

Porém, em geral, os cientistas de dados não curtem essas nuvens, em grande parte, porque o posicionamento das palavras não significa nada além de "esse foi o espaço em que eu consegui encaixar cada palavra".

Se você tiver que criar uma nuvem de palavras, imagine uma forma de transmitir uma informação com os eixos. Por exemplo, cada coleção de palavras-chave relacionadas ao data science corresponde a dois números entre 0 e 100 — o primeiro representa a frequência com que a palavra aparece nas ofertas de emprego, e o segundo a frequência com que ela aparece nos currículos:

```
data = [ ("big data", 100, 15), ("Hadoop", 95, 25), ("Python", 75, 50),
         ("R", 50, 40), ("machine learning", 80, 20), ("statistics", 20, 60),
         ("data science", 60, 70), ("analytics", 90, 3),
         ("team player", 85, 85), ("dynamic", 2, 90), ("synergies", 70, 0),
         ("actionable insights", 40, 30), ("think out of the box", 45, 10),
         ("self-starter", 30, 50), ("customer focus", 65, 15),
         ("thought leadership", 35, 35)]
```

A abordagem da nuvem organiza as palavras na página com uma fonte de visual legal (Figura 21-1).

Figura 21-1. Nuvem das palavras-chave

O visual é legal, mas não diz nada. Uma abordagem mais interessante é dispersar as palavras para que a posição horizontal indique a frequência nas ofertas e a vertical a frequência nos currículos, gerando uma visualização que transmita boas ideias (Figura 21-2):

```
from matplotlib import pyplot as plt

def text_size(total: int) -> float:
    """é igual a 8 se o total for 0, 28 se o total for 200"""
    return 8 + total / 200 * 20

for word, job_popularity, resume_popularity in data:
    plt.text(job_popularity, resume_popularity, word,
             ha='center', va='center',
             size=text_size(job_popularity + resume_popularity))
plt.xlabel("Popularity on Job Postings")
plt.ylabel("Popularity on Resumes")
plt.axis([0, 100, 0, 100])
plt.xticks([])
plt.yticks([])
plt.show()
```

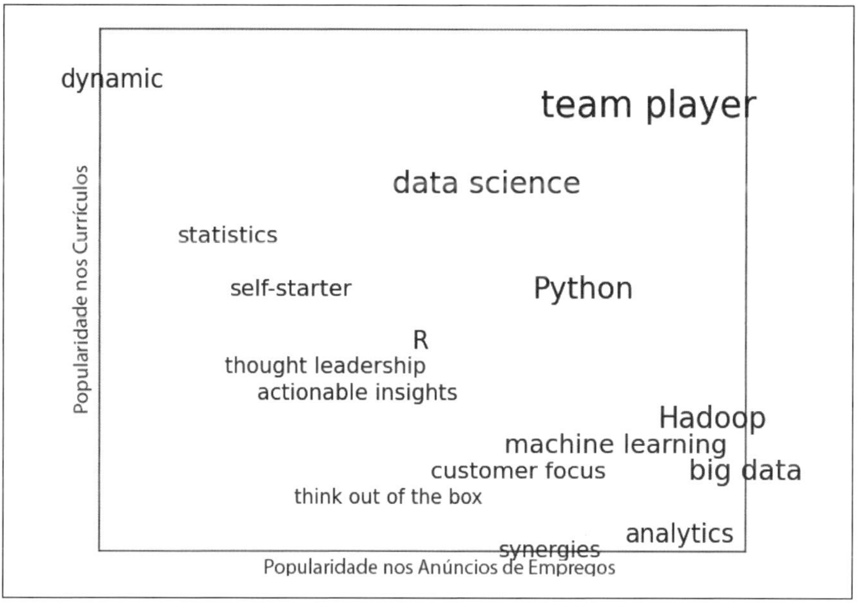

Figura 21-2. Uma nuvem de palavras mais informativa (mas menos atraente)

Modelos de Linguagem n-Gram

A vice-presidente de Marketing em Sites de Busca da DataSciencester quer criar milhares de páginas sobre data science para que o site tenha uma classificação mais alta nos resultados de buscas por termos relacionados à área. (Você explicou que isso não funcionará porque os algoritmos do mecanismo de pesquisa são inteligentes, mas ela se recusou a ouvir.)

Claro, ela não quer escrever milhares de páginas nem pagar uma tropa de "estrategistas de conteúdo". Em vez disso, ela pede para você gerar essas páginas da web de forma programática. Para isso, temos que modelar a linguagem.

Uma abordagem é começar com um corpus de documentos e aprender um modelo estatístico de linguagem. Nesse caso, pegaremos o ensaio "What Is Data Science?" (*http://oreil.ly/1Cd6ykN*), de Mike Loukides.

Como no Capítulo 9, usaremos as bibliotecas Requests e Beautiful Soup para recuperar os dados. Alguns pontos merecem atenção.

Primeiro, os apóstrofos no texto correspondem ao caractere Unicode `u"\u2019"`. Criaremos uma função auxiliar para substituí-los por apóstrofos normais:

```
def fix_unicode(text: str) -> str:
    return text.replace(u"\u2019", "'")
```

Segundo, quando extrairmos o texto da página da web, vamos dividi-lo em uma sequência de palavras e pontos (para determinar onde as frases terminam). Para isso, usamos o `re.findall`:

```
import re
from bs4 import BeautifulSoup
import requests

url = "https://www.oreilly.com/ideas/what-is-data-science"
html = requests.get(url).text
soup = BeautifulSoup(html, 'html5lib')

content = soup.find("div", "article-body")    # encontre o article-body div
regex = r"[\w']+|[\.]"                         # associa a uma palavra ou a um ponto

document = []

for paragraph in content("p"):
    words = re.findall(regex, fix_unicode(paragraph.text))
    document.extend(words)
```

Sem dúvida, é recomendável (e provavelmente necessário) limpar mais esses dados. Ainda há uma certa quantidade de texto irrelevante no documento (por exemplo, a primeira palavra é *Section*). Além disso, dividimos frases no meio (por exemplo, em *Web 2.0*)e há várias legendas e listas espalhadas. Mas trabalharemos com o documento assim mesmo.

Agora que o texto é uma sequência de palavras, modelaremos a linguagem da seguinte forma: a partir de uma palavra inicial (digamos, *book*), analisaremos todas as palavras subsequentes no documento de origem. Escolhemos aleatoriamente uma delas como a próxima palavra e repetimos o processo até chegar a um ponto, o final da frase. Esse é o *modelo bigram*, totalmente determinado pelas frequências dos bigrams (pares de palavras) nos dados originais.

E a palavra inicial? Escolhemos aleatoriamente as palavras que vêm *depois* de um ponto. Para começar, pré-computamos as possíveis transições de palavras. Lembre-se: como o `zip` para quando uma das entradas chega ao final, o `zip(document, document[1:])` indica precisamente os pares de elementos consecutivos do `document`:

```
from collections import defaultdict

transitions = defaultdict(list)
for prev, current in zip(document, document[1:]):
    transitions[prev].append(current)
```

Agora, geramos as frases:

```
def generate_using_bigrams() -> str:
    current = "."  # isso indica que a próxima palavra iniciará uma frase
```

```
    result = []
    while True:
        next_word_candidates = transitions[current]   # bigrams (current, _)
        current = random.choice(next_word_candidates) # escolha uma aleatoriamente
        result.append(current)                        # acrescente o valor aos resultados
        if current == ".": return " ".join(result)    # "." indica o fim
```

As frases geradas não têm sentido, mas são o tipo de besteira que você coloca no site para dar uma de quem manja de data science. Por exemplo:

> Se você conhece os dados que deseja classificar os feeds alimentam a web com tópicos populares pois os dados do Hadoop são o data science que requer um livro para demonstrar por que as visualizações são mas fazemos correlações massivas em muitas unidades de disco comerciais na linguagem Python e cria formas mais acessíveis fazendo conexões e depois usa e o uso de resolver os dados.
>
> —Modelo Bigram

Para gerar frases mais informativas, existe a opção dos *trigrams*, séries com três palavras consecutivas. (No geral, *n-grams* são *n* palavras consecutivas, mas três serão suficientes aqui.) Agora, as transições se basearão nas *duas* palavras anteriores:

```
trigram_transitions = defaultdict(list)
starts = []

for prev, current, next in zip(document, document[1:], document[2:]):

    if prev == ".":                 # se a "palavra" foi um ponto
        starts.append(current)      # então esta é uma palavra inicial

    trigram_transitions[(prev, current)].append(next)
```

Agora, precisamos acompanhar as palavras iniciais separadamente. Geramos frases da mesma maneira:

```
def generate_using_trigrams() -> str:
    current = random.choice(starts)     # escolha uma palavra inicial aleatória
    prev = "."                          # e coloque um '.' antes dela
    result = [current]
    while True:
        next_word_candidates = trigram_transitions[(prev, current)]
        next_word = random.choice(next_word_candidates)

        prev, current = current, next_word
        result.append(current)

        if current == ".":
            return " ".join(result)
```

Obtemos frases melhores como:

> Em retrospecto, o MapReduce parece uma epidemia e se isso acontecer vamos ter novas ideias sobre como as economias funcionam. Essa pergunta, que nem teríamos pensado há alguns anos, foi instrumentalizada.
>
> —Modelo Trigram

Claro, as frases soam melhor porque, a cada etapa, o processo de geração tem menos opções; em muitas etapas, ele só tem uma opção. Logo, geralmente produzimos frases (ou, pelo menos, locuções) na forma em que estavam nos dados originais. Seria ótimo ter mais dados e coletar *n*-grams de vários ensaios sobre data science.

Gramáticas

Outra abordagem à modelagem de linguagem são as *gramáticas*, regras que geram frases aceitáveis. No ensino fundamental, você provavelmente aprendeu a identificar e combinar as diferentes partes da oração. Por exemplo, seguindo péssimos professores, dizemos que toda oração é formada por um *substantivo* e um *verbo*. Então, com uma lista de substantivos e verbos, geramos frases (orações) com base nessa regra.

Definiremos uma gramática um pouco mais complexa:

```
from typing import List, Dict

# Digite o alias para se referir às gramáticas depois
Grammar = Dict[str, List[str]]

grammar = {
    "_S" : ["_NP _VP"],
    "_NP" : ["_N",
             "_A _NP _P _A _N"],
    "_VP" : ["_V",
             "_V _NP"],
    "_N" : ["data science", "Python", "regression"],
    "_A" : ["big", "linear", "logistic"],
    "_P" : ["about", "near"],
    "_V" : ["learns", "trains", "tests", "is"]
}
```

Pela minha convenção, os nomes que começam com sublinhados se referem às *regras* que devem ser expandidas e os outros nomes são *terminais* que não precisam de processamento adicional.

Então, por exemplo, "_S" é a regra de "frase" que produz uma regra "_NP" ("sujeito") seguida por uma regra "_VP" ("predicado").

A regra do predicado produz a regra "_V" ("verbo") ou a regra do verbo seguida pela regra do sujeito.

Observe que a regra "_NP" está contida em uma das suas produções. Como as gramáticas também são recursivas, até uma gramática finita como essa gera infinitas frases diferentes.

Como gerar frases com base nessa gramática? Começaremos com uma lista que contém a regra de frase ["_S"]. Em seguida, expandiremos repetidamente cada regra, substituindo-as aleatoriamente por uma das suas produções. Vamos parar quando tivermos uma lista só com terminais.

Por exemplo, essa progressão se expressa da seguinte forma:

```
['_S']
['_NP','_VP']
['_N','_VP']
['Python','_VP']
['Python','_V','_NP']
['Python','trains','_NP']
['Python','trains','_A','_NP','_P','_A','_N']
['Python','trains','logistic','_NP','_P','_A','_N']
['Python','trains','logistic','_N','_P','_A','_N']
['Python','trains','logistic','data science','_P','_A','_N']
['Python','trains','logistic','data science','about','_A', '_N']
['Python','trains','logistic','data science','about','logistic','_N']
['Python','trains','logistic','data science','about','logistic','Python']
```

Como implementar isso? Bem, para começar, criaremos uma função auxiliar simples para identificar os terminais:

```
def is_terminal(token: str) -> bool:
    return token[0] != "_"
```

Em seguida, vamos escrever uma função para transformar uma lista de tokens em uma frase, e procurar o primeiro token não terminal. Se não acharmos nenhum, então temos uma frase completa e terminamos.

Se encontrarmos um token não terminal, escolheremos aleatoriamente uma das suas produções. Se essa produção for um terminal (ou seja, uma palavra), substituiremos o token por ela. Caso contrário, será uma sequência de tokens não terminais separados por espaço que devem ser divididos com `split` e integrados aos tokens atuais. Em todo caso, repetiremos o processo com o novo conjunto de tokens.

Juntando tudo, obtemos a seguinte estrutura:

```
def expand(grammar: Grammar, tokens: List[str]) -> List[str]:
    for i, token in enumerate(tokens):
        # Se este for um token terminal, pule-o.
```

```
            if is_terminal(token): continue

            # Se não, é um token não terminal,
            # então escolheremos uma substituição aleatoriamente.
            replacement = random.choice(grammar[token])

            if is_terminal(replacement):
                tokens[i] = replacement
            else:
                # A substituição será, por exemplo, "_NP _VP", então temos que
                # dividi-la em espaços e integrá-la.
                tokens = tokens[:i] + replacement.split() + tokens[(i+1):]

            # Agora, chame expand na nova lista de tokens.
            return expand(grammar, tokens)

        # Quando chegarmos aqui, estaremos com todos os terminais e teremos concluído.
        return tokens
```

Agora, começamos a gerar frases:

```
def generate_sentence(grammar: Grammar) -> List[str]:
    return expand(grammar, ["_S"])
```

Tente alterar a gramática — adicione palavras, regras, outros elementos da oração — até gerar o número de páginas da web solicitado pela sua empresa.

Há usos bem mais interessantes para as gramáticas. Por exemplo: adotamos uma gramática para *analisar* uma frase, identificando sujeitos e verbos até deixá-la compreensível.

Gerar texto com data science é muito bom, mas usá-lo para compreender um texto é mágico. (Veja na seção "Materiais Adicionais" as bibliotecas adequadas para esse tipo de tarefa.)

Um Aparte: Amostragem de Gibbs

É fácil gerar amostras a partir de algumas distribuições. Para obter variáveis aleatórias uniformes, fazemos isto:

```
random.random()
```

Para obter variáveis aleatórias normais:

```
inverse_normal_cdf(random.random())
```

No entanto, é bem mais difícil obter amostras de certas distribuições. A técnica da *amostragem de Gibbs* gera amostras a partir de distribuições multidimensionais quando só conhecemos algumas das distribuições condicionais.

Por exemplo, imagine que jogamos dois dados: *x* é o valor do primeiro dado e *y* a soma dos dados; queremos gerar muitos pares (*x*, *y*). Nesse caso, é fácil gerar as amostras diretamente:

```
from typing import Tuple import random

def roll_a_die() -> int:
    return random.choice([1, 2, 3, 4, 5, 6])

def direct_sample() -> Tuple[int, int]:
    d1 = roll_a_die()
    d2 = roll_a_die()
    return d1, d1 + d2
```

Mas imagine que só conhecemos as distribuições condicionais. A distribuição de y condicionada a *x* é fácil — se você sabe o valor de *x*, é bem provável que *y* seja $x + 1$, $x + 2$, $x + 3$, $x + 4$, $x + 5$ ou $x + 6$:

```
def random_y_given_x(x: int) -> int:
    """"é bem provável que seja x + 1, x + 2, ... , x + 6"""""
    return x + roll_a_die()
```

A outra direção é mais complexa. Por exemplo, sabemos que *y* é 2, então necessariamente *x* é 1 (pois a única forma de dois dados somarem 2 é se ambos derem 1). Se você sabe que *y* é 3, é bem provável que *x* seja 1 ou 2. Da mesma forma, se *y* é 11, *x* deve ser 5 ou 6:

```
def random_x_given_y(y: int) -> int:
    if y <= 7:
        # se o total for menor ou igual a 7 ou menos, é provável que o primeiro dado seja
        # 1, 2, ..., (total - 1)
        return random.randrange(1, y)
    else:
        # se o total for maior ou igual a 7, é bem provável que o primeiro dado seja
        # (total - 6), (total - 5), ..., 6
        return random.randrange(y - 6, 7)
```

Na amostragem de Gibbs, começamos com valores (válidos) para *x* e *y* e, em seguida, substituímos repetidamente *x* por um valor aleatório condicionado a *y* e y por um valor aleatório condicionado a *x*. Após várias iterações, os valores resultantes de *x* e *y* representarão uma amostra da distribuição conjunta incondicional:

```
def gibbs_sample(num_iters: int = 100) -> Tuple[int, int]:
    x, y = 1, 2 # não importa
    for _ in range(num_iters):
        x = random_x_given_y(y)
        y = random_y_given_x(x)
    return x, y
```

Verifique se os resultados são semelhantes na amostra direta:

```python
def compare_distributions(num_samples: int = 1000) -> Dict[int, List[int]]:
    counts = defaultdict(lambda: [0, 0])
    for _ in range(num_samples):
        counts[gibbs_sample()][0] += 1
        counts[direct_sample()][1] += 1
    return counts
```

Aplicaremos essa técnica na próxima seção.

Modelagem de Tópicos

Quando criamos o recomendador "Cientistas de Dados Que Você Talvez Conheça" no Capítulo 1, só procuramos correspondências exatas entre os interesses declarados das pessoas.

Uma abordagem mais sofisticada para a compreensão dos interesses dos usuários consiste em identificar os *tópicos* associados a esses interesses. A técnica da *alocação latente de Dirichlet* (LDA) é bastante usada na identificação de tópicos comuns em um conjunto de documentos. Vamos aplicá-la nos documentos que representam os interesses de cada usuário.

A LDA tem algumas semelhanças com o classificador Naive Bayes que construímos no Capítulo 13, pois pressupõe um modelo probabilístico para os documentos. Pularemos os detalhes matemáticos mais específicos, mas, aqui, o modelo pressupõe que:

- Existe um número fixo K de tópicos;
- Existe uma variável aleatória que atribui a cada tópico uma distribuição de probabilidade associada sobre as palavras. Pense nessa distribuição como a probabilidade de ver a palavra w com relação ao tópico k;
- Existe outra variável aleatória que atribui a cada documento uma distribuição de probabilidade sobre os tópicos. Pense nessa distribuição como a mistura dos tópicos no documento d;
- Cada palavra de um documento é gerada, primeiro, pela escolha de um tópico aleatório (com base na distribuição de tópicos do documento) e, depois, pela escolha de uma palavra aleatória (com base na distribuição de palavras do tópico).

Nesse caso, temos uma coleção de `documents`, em que cada um deles contém uma `list` de palavras. Além disso, temos uma coleção correspondente de `document_topics` que atribui um tópico (aqui, um número entre 0 e $K - 1$) para cada palavra de cada documento.

Portanto, a quinta palavra no quarto documento é:

```
documents[3][4]
```

E o tópico da palavra escolhida é:

```
document_topics[3][4]
```

Isso define expressamente a distribuição de cada documento sobre os tópicos e define implicitamente a distribuição de cada tópico sobre as palavras.

Para estimar a probabilidade de o tópico 1 produzir uma determinada palavra, comparamos o número de vezes que o tópico 1 produz essa palavra com o número de vezes que o tópico 1 produz *qualquer* palavra. (Quando criamos um filtro de spam no Capítulo 13, também comparamos o número de ocorrências de cada palavra em spams com o número total de palavras dos spams.)

Embora sejam apenas números, atribuiremos nomes descritivos aos tópicos com base nas palavras mais importantes para eles. Só temos que gerar os `document_topics`. É aqui que a amostragem de Gibbs entra em cena.

Para começar, atribuímos a cada palavra de cada documento um tópico totalmente aleatório. Depois, examinamos cada palavra dos documentos. Para uma certa palavra e documento, construímos pesos para cada tópico associados à distribuição (atual) de tópicos no documento em questão e à distribuição (atual) das palavras no tópico em questão. Em seguida, usamos esses pesos para obter uma amostra de um novo tópico para a palavra em questão. Depois de iterar esse processo várias vezes, obtemos uma amostra conjunta da distribuição tópico-palavra e da documento-tópico.

Primeiro, precisamos de uma função para escolher aleatoriamente um índice com base em um conjunto arbitrário de pesos:

```
def sample_from(weights: List[float]) -> int:
    """retorna i com probabilidade weights[i] / sum(weights)"""
    total = sum(weights)
    rnd = total * random.random()      # uniforme entre 0 e total
    for i, w in enumerate(weights):
        rnd -= w                       # retorna o menor i tal que
        if rnd <= 0: return i          # weights[0] + ... + weights[i] >= rnd
```

Por exemplo, se você atribuir os pesos `[1, 1, 3]`, em um quinto das vezes a função retornará 0, em um quinto retornará 1 e em três quintos retornará 2. Escreveremos um teste:

```
from collections import Counter

# Execute mil vezes e conte
draws = Counter(sample_from([0.1, 0.1, 0.8]) for _ in range(1000))
assert 10 < draws[0] < 190 # deve ser ~10%, o teste é muito flexível
assert 10 < draws[1] < 190 # deve ser ~10%, o teste é muito flexível
```

```
assert 650 < draws[2] < 950 # deve ser ~80%, o teste é muito flexível
assert draws[0] + draws[1] + draws[2] == 1000
```

Os documentos são os interesses dos usuários e têm este visual:

```
documents = [
    ["Hadoop", "Big Data", "HBase", "Java", "Spark", "Storm", "Cassandra"],
    ["NoSQL", "MongoDB", "Cassandra", "HBase", "Postgres"],
    ["Python", "scikit-learn", "scipy", "numpy", "statsmodels", "pandas"],
    ["R", "Python", "statistics", "regression", "probability"],
    ["machine learning", "regression", "decision trees", "libsvm"],
    ["Python", "R", "Java", "C++", "Haskell", "programming languages"],
    ["statistics", "probability", "mathematics", "theory"],
    ["machine learning", "scikit-learn", "Mahout", "neural networks"],
    ["neural networks", "deep learning", "Big Data", "artificial intelligence"],
    ["Hadoop", "Java", "MapReduce", "Big Data"],
    ["statistics", "R", "statsmodels"],
    ["C++", "deep learning", "artificial intelligence", "probability"],
    ["pandas", "R", "Python"],
    ["databases", "HBase", "Postgres", "MySQL", "MongoDB"],
    ["libsvm", "regression", "support vector machines"]
]
```

Encontraremos:

```
K = 4
```

Esse é o número de tópicos. Para calcular os pesos de amostragem, precisamos acompanhar várias contagens. Primeiro, criaremos as respectivas estruturas de dados.

- Quantas vezes cada tópico é atribuído a cada documento:

  ```
  # uma lista de Counters, um para cada documento
  document_topic_counts = [Counter() for _ in documents]
  ```

- Quantas vezes cada palavra é atribuída a cada tópico:

  ```
  # uma lista de Counters, um para cada tópico
  topic_word_counts = [Counter() for _ in range(K)]
  ```

- O número total de palavras atribuídas a cada tópico:

  ```
  # uma lista de números, um para cada tópico
  topic_counts = [0 for _ in range(K)]
  ```

- O número total de palavras contidas em cada documento:

  ```
  # uma lista de números, um para cada documento
  document_lengths = [len(document) for document in documents]
  ```

- O número de palavras distintas:

```
distinct_words = set(word for document in documents for word in document)
W = len(distinct_words)
```

- E o número de documentos:

```
D = len(documents)
```

Depois de preencher esses campos, determinamos, por exemplo, o número de palavras nos `documents[3]` associado ao tópico 1 da seguinte forma:

```
document_topic_counts[3][1]
```

Por extensão, determinamos o número de vezes em que o termo *nlp* aparece associado ao tópico 2 da seguinte forma:

```
topic_word_counts[2]["nlp"]
```

Agora, definiremos as funções de probabilidade condicional. Como no Capítulo 13, cada função terá um termo de suavização para que cada tópico tenha uma probabilidade diferente de zero de ser escolhido em qualquer documento e para que cada palavra tenha uma probabilidade diferente de zero de ser escolhida para qualquer tópico:

```
def p_topic_given_document(topic: int, d: int, alpha: float = 0.1) -> float:
    """
    A fração de palavras no documento 'd'
    atribuídas ao 'tópico' (mais a suavização)
    """
    return ((document_topic_counts[d][topic] + alpha) /
            (document_lengths[d] + K * alpha))

def p_word_given_topic(word: str, topic: int, beta: float = 0.1) -> float:
    """
    A fração de palavras atribuídas ao 'tópico'
    iguais à 'palavra' (mais a suavização)
    """
    return ((topic_word_counts[topic][word] + beta) /
            (topic_counts[topic] + W * beta))
```

Usaremos essas funções para criar os pesos e atualizar os tópicos:

```
def topic_weight(d: int, word: str, k: int) -> float:
    """
    Para um certo documento e uma certa palavra
    nesse documento, retorne o peso do tópico k
    """
    return p_word_given_topic(word, k) * p_topic_given_document(k, d)

def choose_new_topic(d: int, word: str) -> int:
    return sample_from([topic_weight(d, word, k)
                        for k in range(K)])
```

Há uma explicação matemática bem consistente para a definição do `topic_weight`, mas esses detalhes não cabem aqui. Espero que essa operação seja compreendida de forma intuitiva: para uma certa palavra e seu documento, a probabilidade da escolha de um tópico depende da probabilidade da associação desse tópico ao documento e da associação da palavra ao tópico em questão.

Já temos tudo que precisamos. Para começar, vamos atribuir cada palavra a um tópico aleatório e preencher os respectivos contadores:

```
random.seed(0)
document_topics = [[random.randrange(K) for word in document]
                   for document in documents]

for d in range(D):
    for word, topic in zip(documents[d], document_topics[d]):
        document_topic_counts[d][topic] += 1
        topic_word_counts[topic][word] += 1
        topic_counts[topic] += 1
```

Aqui, o objetivo é obter uma amostra conjunta da distribuição palavras-tópicos e da documentos- tópicos. Para isso, usamos uma forma de amostragem de Gibbs que aplica as probabilidades condicionais definidas anteriormente:

```
import tqdm

for iter in tqdm.trange(1000):
    for d in range(D):
        for i, (word, topic) in enumerate(zip(documents[d],
                                              document_topics[d])):

            # remova esta palavra/tópico das contagens
            # para que não influencie os pesos
            document_topic_counts[d][topic] -= 1
            topic_word_counts[topic][word] -= 1
            topic_counts[topic] -= 1
            document_lengths[d] -= 1

            # escolha um novo tópico com base nos pesos
            new_topic = choose_new_topic(d, word)
            document_topics[d][i] = new_topic

            # e agora o adicione novamente às contagens
            document_topic_counts[d][new_topic] += 1
            topic_word_counts[new_topic][word] += 1
            topic_counts[new_topic] += 1
            document_lengths[d] += 1
```

Quais são os tópicos? São apenas os números 0, 1, 2 e 3. Para atribuir nomes a eles, teremos que fazer isso manualmente. Analisaremos as cinco palavras com maior peso em cada tópico (Tabela 21-1):

```
for k, word_counts in enumerate(topic_word_counts):
```

```
        for word, count in word_counts.most_common():
            if count > 0:
                print(k, word, count)
```

Tabela 21-1. Palavras mais comuns por tópico

Tópico 0	Tópico 1	Tópico 2	Tópico 3
Java	R	HBase	regression
Big Data	statistics	Postgres	libsvm
Hadoop	Python	MongoDB	scikit-learn
deep learning	probability	Cassandra	machine learning
artificial intelligence	pandas	NoSQL	neural networks

Com base nesses dados, atribuiremos os seguintes nomes aos tópicos:

```
topic_names = ["Big Data and programming languages",
               "Python and statistics",
               "databases",
               "machine learning"]
```

Nesse ponto, vemos como o modelo atribui tópicos aos interesses de cada usuário:

```
for document, topic_counts in zip(documents, document_topic_counts):
    print(document)
    for topic, count in topic_counts.most_common():
        if count > 0:
            print(topic_names[topic], count)
    print()
```

Então:

```
['Hadoop', 'Big Data', 'HBase', 'Java', 'Spark', 'Storm', 'Cassandra']
Big Data and programming languages 4 databases 3
['NoSQL', 'MongoDB', 'Cassandra', 'HBase', 'Postgres']
databases 5
['Python', 'scikit-learn', 'scipy', 'numpy', 'statsmodels', 'pandas']
Python and statistics 5 machine learning 1
```

E assim por diante. Devido aos "ands" em alguns nomes, seria melhor criar mais tópicos, mas provavelmente não há dados suficientes para aprendê-los de forma eficiente.

Vetores de Palavras

Recentemente, ocorreram muitos avanços em aprendizado profundo no NLP. Neste capítulo, veremos alguns deles com as máquinas que desenvolvemos no Capítulo 19.

Uma inovação importante é a representação de palavras como vetores de poucas dimensões. Esses vetores podem ser comparados, somados e inseridos em modelos de aprendizado de máquina, entre outras opções. Eles geralmente têm boas propriedades; por exemplo, palavras semelhantes tendem a ter vetores semelhantes. Ou seja, em geral, o vetor da palavra *grande* é muito próximo do vetor da palavra *amplo*. Logo, o modelo que opera com vetores de palavras processa (até certo ponto) casos de sinônimos.

Muitas vezes, os vetores também têm ótimas propriedades aritméticas. Por exemplo, em alguns modelos, se você pegar o vetor de *rei*, subtrair o vetor de *homem* e adicionar o vetor de *mulher*, obterá um vetor muito próximo do vetor de *rainha*. É interessante pensar no significado de "aprendizado" para os vetores de palavras, mas não abordaremos esse tema aqui.

Como criar vetores para um vocabulário extenso é uma tarefa difícil, geralmente os *aprendemos* a partir de um corpus de texto. Existem alguns esquemas diferentes, mas, em um nível elevado, a tarefa em geral fica assim:

1. Arranje um grande volume de texto;
2. Crie um conjunto de dados com o objetivo de prever uma palavra a partir das palavras próximas a ela (ou de prever as palavras próximas de uma determinada palavra);
3. Treine uma rede neural para executar bem essa tarefa;
4. Defina os estados internos da rede neural treinada como os vetores de palavras.

Nesse caso, como a tarefa é prever uma palavra com base nas palavras próximas, as palavras que ocorrem em contextos semelhantes (e que, portanto, têm palavras próximas semelhantes) devem ter estados internos semelhantes e, portanto, vetores de palavras semelhantes.

Aqui, vamos medir a "semelhança" usando a *semelhança dos cossenos*, um número entre -1 e 1 que determina a medida em que dois vetores apontam na mesma direção:

```
from scratch.linear_algebra import dot, Vector import math

def cosine_similarity(v1: Vector, v2: Vector) -> float:
    return dot(v1, v2) / math.sqrt(dot(v1, v1) * dot(v2, v2))

assert cosine_similarity([1., 1, 1], [2., 2, 2]) == 1, "mesma direção"
assert cosine_similarity([-1., -1], [2., 2]) == -1,    "direção oposta"
assert cosine_similarity([1., 0], [0., 1]) == 0,       "ortogonal"
```

Aprenderemos alguns vetores de palavras para conferir como isso funciona.

Para começar, precisamos de um conjunto de dados fake. Em geral, os vetores de palavras são derivados de um treinamento que mobiliza milhões ou até bilhões de palavras. Como nossa biblioteca fake não processa tantos dados, criaremos um conjunto de dados artificial com alguma estrutura:

```
colors = [“red”, “green”, “blue”, “yellow”, “black”, “”]
nouns = [“bed”, “car”, “boat”, “cat”]
verbs = [“is”, “was”, “seems”]
adverbs = [“very”, “quite”, “extremely”, “”]
adjectives = [“slow”, “fast”, “soft”, “hard”]

def make sentence() -> str:
    return “ ”.join([
        “The”,
        random.choice(colors),
        random.choice(nouns),
        random.choice(verbs),
        random.choice(adverbs),
        random.choice(adjectives),
        “.”
    ])

NUM_SENTENCES = 50

random.seed(0)
sentences = [make_sentence() for _ in range(NUM_SENTENCES)]
```

Vamos gerar muitas frases com uma estrutura semelhante, mas palavras diferentes; por exemplo: “O barco verde parece bastante lento.” Com essa configuração, as cores aparecerão, no geral, em contextos “semelhantes”, assim como os substantivos e outros elementos. Portanto, com uma boa atribuição de vetores de palavras, as cores terão vetores semelhantes etc.

Em um caso real, você teria um corpus com milhões de frases e extrairia um contexto “suficiente” desses dados. Aqui, como temos apenas 50 frases, o resultado será de certa forma artificial.

Como vimos antes, queremos aplicar a codificação “one hot” nas palavras. Logo, temos que convertê-las em IDs. Vamos introduzir uma classe `Vocabulary` para acompanhar esse mapeamento:

```
from scratch.deep_learning import Tensor

class Vocabulary:
    def__init__(self, words: List[str] = None) -> None:
        self.w2i: Dict[str, int] = {}  # mapeamento palavra -> word_id
        self.i2w: Dict[int, str] = {}  # mapeamento word_id -> palavra
```

```
        for word in (words or []):      # Se houver palavras,
            self.add(word)              # adicione-as.

    @property
    def size(self) -> int:
        """há quantas palavras no vocabulário"""
        return len(self.w2i)

    def add(self, word: str) -> None:
        if word not in self.w2i:          # Se a palavra for nova:
            word_id = len(self.w2i)       # Encontre o próximo ID.
            self.w2i[word] = word_id      # Adicione ao mapa palavra -> word_id.
            self.i2w[word_id] = word      # Adicione ao mapa word_id -> palavra.

    def get_id(self, word: str) -> int:
        """retorne o id da palavra (ou None)"""
        return self.w2i.get(word)

    def get_word(self, word_id: int) -> str:
        """retorne a palavra com o id fornecido (ou None)"""
        return self.i2w.get(word_id)

    def one_hot_encode(self, word: str) -> Tensor:
        word_id = self.get_id(word)
        assert word_id is not None, f"unknown word {word}"

        return [1.0 if i == word_id else 0.0 for i in range(self.size)]
```

Podemos fazer tudo isso manualmente, mas é sempre bom ter uma classe. Vamos fazer um teste:

```
vocab = Vocabulary(["a", "b", "c"])
assert vocab.size == 3,              "há 3 palavras no vocabulário"
assert vocab.get_id("b") == 1,       "b deve ter word_id 1"
assert vocab.one_hot_encode("b") == [0, 1, 0]
assert vocab.get_id("z") is None,    "z não está no vocabulário"
assert vocab.get_word(2) == "c",     "word_id 2 deve ser c"
vocab.add("z")
assert vocab.size == 4,              "agora há 4 palavras no vocabulário"
assert vocab.get_id("z") == 3,       "agora z deve ter o id 3"
assert vocab.one_hot_encode("z") == [0, 0, 0, 1]
```

Também escreveremos funções auxiliares simples para salvar e carregar um vocabulário, como fizemos nos modelos de aprendizado profundo:

```
import json

def save_vocab(vocab: Vocabulary, filename: str) -> None:
    with open(filename, 'w') as f:
        json.dump(vocab.w2i, f)        # É só salvar o w2i

def load_vocab(filename: str) -> Vocabulary:
    vocab = Vocabulary()
    with open(filename) as f:
        # Carregue o w2i e gere o i2w a partir dele
```

```
        vocab.w2i = json.load(f)
        vocab.i2w = {id: word for word, id in vocab.w2i.items()}
    return vocab
```

Usaremos o modelo de vetor de palavras *skip-gram*, que recebe como entrada uma palavra e gera probabilidades para as palavras próximas dela. Vamos alimentá-lo com pares de treinamento (`word, nearby_word`) e minimizaremos a perda do `SoftmaxCrossEntropy`.

> Outro modelo comum, o *saco contínuo de palavras* (CBOW), recebe as palavras próximas como entradas para prever uma determinada palavra.

Projetaremos a rede neural. No centro, haverá uma camada de incorporação que receberá como entrada um ID de palavra e retornará um vetor de palavra. Embaixo do capô, uma tabela de pesquisa fará isso.

Em seguida, o vetor de palavras será transmitido para uma camada `Linear`, cujo número de saídas será igual ao das palavras do vocabulário. Como antes, usaremos o `softmax` para converter essas saídas em probabilidades de palavras próximas. Usando o gradiente descendente para treinar o modelo, atualizaremos os vetores na tabela de pesquisa, que indicará os vetores de palavras ao final do treinamento.

Criaremos a camada de incorporação. Talvez seja uma boa ideia incorporar outras coisas além de palavras. Portanto, criaremos uma camada `Embedding` mais geral. (Depois, escreveremos uma subclasse `TextEmbedding` especificamente para vetores de palavras.)

No construtor, colocaremos o número e a dimensão dos vetores de incorporação para criar as incorporações (que, inicialmente, serão normais aleatórias padrão):

```
from typing import Iterable
from scratch.deep_learning import Layer, Tensor, random_tensor, zeros_like

class Embedding(Layer):
    def_init_(self, num_embeddings: int, embedding_dim: int) -> None:
        self.num_embeddings = num_embeddings
        self.embedding_dim = embedding_dim

        # Um vetor de tamanho embedding_dim para cada incorporação desejada
        self.embeddings = random_tensor(num_embeddings, embedding_dim)
        self.grad = zeros_like(self.embeddings)

        # Salve o ID da última entrada
        self.last_input_id = None
```

Nesse caso, vamos incorporar apenas uma palavra por vez. Em outros modelos, é possível incorporar uma sequência de palavras e recuperar uma sequência de vetores de palavras. (Por exemplo, com o treinamento do modelo CBOW, que vimos anteriormente.) Portanto, um design alternativo receberia sequências de IDs de palavras. Mas, para simplificar, pegaremos uma de cada vez.

```
    def forward(self, input_id: int) -> Tensor:
        """Basta selecionar o vetor de incorporação correspondente ao id da entrada"""
        self.input_id = input_id    # lembre-se para usar na retropropagação

        return self.embeddings[input_id]
```

Na transmissão para trás, teremos um gradiente correspondente ao vetor de incorporação escolhido e construiremos o gradiente correspondente para `self.embeddings`, que será igual a zero para toda incorporação que não seja a escolhida:

```
    def backward(self, gradient: Tensor) -> None:
        # Zere o gradiente correspondente à última entrada.
        # Isso é muito mais barato do que criar um tensor sempre que necessário.
        if self.last_input_id is not None:
            zero_row = [0 for _ in range(self.embedding_dim)]
            self.grad[self.last_input_id] = zero_row

        self.last_input_id = self.input_id
        self.grad[self.input_id] = gradient
```

Como temos parâmetros e gradientes, precisamos redefinir esses métodos:

```
    def params(self) -> Iterable[Tensor]:
        return [self.embeddings]

    def grads(self) -> Iterable[Tensor]:
        return [self.grad]
```

Como vimos antes, queremos uma subclasse específica para os vetores de palavras. Nesse caso, como o número de incorporações é determinado pelo vocabulário, transmitiremos isso:

```
class TextEmbedding(Embedding):
    def__init__(self, vocab: Vocabulary, embedding_dim: int) -> None:
        # Chame o construtor da superclasse
        super().__init__(vocab.size, embedding_dim)

        # E continue com o vocabulário
        self.vocab = vocab
```

Os demais métodos internos funcionarão na forma como estão, mas adicionaremos outros métodos específicos para trabalhar com o texto. Por exemplo, queremos recuperar o vetor de uma determinada palavra. (Essa função não está na interface Layer, mas sempre podemos adicionar mais métodos a camadas específicas.)

```
    def getitem (self, word: str) -> Tensor:
        word_id = self.vocab.get_id(word)
        if word_id is not None:
            return self.embeddings[word_id]
        else:
            return None
```

Com esse método dunder, recuperamos vetores de palavras usando a indexação:

```
word_vector = embedding["black"]
```

Além disso, queremos que a camada de incorporação indique as palavras mais próximas de uma determinada palavra:

```
    def closest(self, word: str, n: int = 5) -> List[Tuple[float, str]]:
        """Retorna as n palavras mais próximas com base na semelhança dos cossenos"""
        vector = self[word]

        # Compute os pares (semelhança, other_word) e indique o mais semelhante
        scores = [(cosine_similarity(vector, self.embeddings[i]), other_word)
                  for other_word, i in self.vocab.w2i.items()] scores.
        sort(reverse=True)

        return scores[:n]
```

A camada de incorporação só gera vetores, que alimentamos em uma camada Linear.

Agora, vamos coletar os dados de treinamento. Para cada palavra de entrada, escolheremos como palavras-chave as duas palavras à sua esquerda e as duas à sua direita.

Para começar, colocamos as frases em letras minúsculas e as dividimos em palavras:

```
import re

# Este não é um ótimo regex, mas funciona com esses dados.
tokenized_sentences = [re.findall("[a-z]+|[.]", sentence.lower())
                       for sentence in sentences]
```

Aqui, construímos o vocabulário:

```
# Crie um vocabulário (ou seja, um mapeamento palavra -> word_id) com base no texto.
vocab = Vocabulary(word
                   for sentence_words in tokenized_sentences
                   for word in sentence_words)
```

Agora, criamos os dados de treinamento:

```
from scratch.deep_learning import Tensor, one_hot_encode

inputs: List[int] = []
targets: List[Tensor] = []

for sentence in tokenized_sentences:
    for i, word in enumerate(sentence):           # Para cada palavra
        for j in [i - 2, i - 1, i + 1, i + 2]:    # analise os locais próximos
            if 0 <= j < len(sentence):            # que não estejam fora dos limites
                nearby_word = sentence[j]         # e obtenha essas palavras.

                # Adicione uma entrada com o word_id original
                inputs.append(vocab.get_id(word))

                # Adicione um destino que seja os destinos das palavras próximas
                # codificadas em "one hot".
                targets.append(vocab.one_hot_encode(nearby_word))
```

Com as máquinas que construímos, fica fácil criar o modelo:

```
from scratch.deep_learning import Sequential, Linear

random.seed(0)
EMBEDDING_DIM = 5 # parece um bom tamanho

# Defina a camada de incorporação separadamente para que ela seja referenciada depois.
embedding = TextEmbedding(vocab=vocab, embedding_dim=EMBEDDING_DIM)

model = Sequential([
    # Para uma determinada palavra (como um vetor de word_ids), procure sua incorporação.
    embedding,
    # E use uma camada linear para calcular as pontuações das "palavras próximas".
    Linear(input_dim=EMBEDDING_DIM, output_dim=vocab.size)
])
```

Com as máquinas do Capítulo 19, é fácil treinar o modelo:

```
from scratch.deep_learning import SoftmaxCrossEntropy, Momentum, GradientDescent

loss = SoftmaxCrossEntropy()
optimizer = GradientDescent(learning_rate=0.01)

for epoch in range(100):
    epoch_loss = 0.0
    for input, target in zip(inputs, targets):
        predicted = model.forward(input)
        epoch_loss += loss.loss(predicted, target)
        gradient = loss.gradient(predicted, target)
        model.backward(gradient)
        optimizer.step(model)
    print(epoch, epoch_loss)                # Imprima a perda
    print(embedding.closest("black"))       # e também algumas das palavras mais próximas
    print(embedding.closest("slow"))        # para verificar o que está sendo
    print(embedding.closest("car"))         # aprendido.
```

Durante o treinamento, observe as cores, os adjetivos e os substantivos se aproximando.

Ao final, brinque de encontrar palavras semelhantes:

```
pairs = [(cosine_similarity(embedding[w1], embedding[w2]), w1, w2)
         for w1 in vocab.w2i
         for w2 in vocab.w2i
         if w1 < w2]
pairs.sort(reverse=True)
print(pairs[:5])
```

Para mim, os resultados foram:

```
[(0.9980283554864815, 'boat', 'car'),
 (0.9975147744587706, 'bed', 'cat'),
 (0.9953153441218054, 'seems', 'was'),
 (0.9927107440377975, 'extremely', 'quite'),
 (0.9836183658415987, 'bed', 'car')]
```

(Claro, *bed* [cama] e *cat* [gato] não se parecem muito, mas, como nas frases de treinamento elas são parecidas, o modelo captura esses termos.)

Agora, vamos extrair os dois primeiros componentes principais e plotá-los:

```
from scratch.working_with_data import pca, transform
import matplotlib.pyplot as plt

# Faça a extração dos dois primeiros componentes principais e os transfor-
me em vetores de palavras
components = pca(embedding.embeddings, 2)
transformed = transform(embedding.embeddings, components)

# Disperse os pontos (e defina sua cor como branca para que eles fiquem "invisíveis")
fig, ax = plt.subplots()
ax.scatter(*zip(*transformed), marker='.', color='w')

# Adicione anotações para cada palavra em seu local transformado
for word, idx in vocab.w2i.items():
    ax.annotate(word, transformed[idx])

# E oculte os eixos
ax.get_xaxis().set_visible(False)
ax.get_yaxis().set_visible(False)

plt.show()
```

Aqui, vemos que as palavras semelhantes estão se agrupando (Figura 21-3):

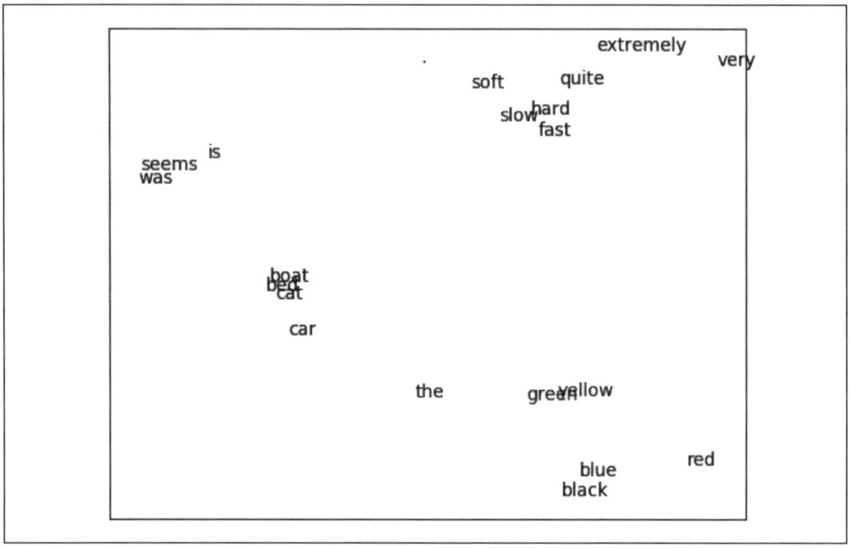

Figura 21-3. Vetores de palavras

Se você quiser, não é difícil treinar vetores de palavras CBOW. É só um pouco mais trabalhoso. Primeiro, modifique a camada `Embedding` para que ela receba como entrada uma *lista* de IDs e gere como saída uma *lista* de vetores de incorporação. Crie uma nova camada (`Sum`?) que receba uma lista de vetores e retorne a soma deles.

Cada palavra representa um exemplo de treinamento em que a entrada é o ID das palavras próximas e o destino é a codificação "one hot" da palavra em questão.

A camada `Embedding` modificada transforma as palavras ao redor em uma lista de vetores, a nova camada `Sum` recolhe a lista de vetores até formar um só vetor e, em seguida, uma camada `Linear` gera pontuações que passam por `softmax` e produzem uma distribuição das "palavras mais prováveis no contexto indicado".

Achei o modelo CBOW mais difícil de treinar do que o modelo skip-gram, mas recomendo que você tente.

Redes Neurais Recorrentes

Os vetores de palavras da seção anterior geralmente são usados como entradas em redes neurais. Aqui, o desafio é obter frases de comprimentos variados: pense em uma frase de três palavras como um tensor `[3, embedding_dim]` e em uma frase de 10 palavras como um tensor [10, embedding_dim]. Para transmitir isso a uma camada Linear, precisamos definir essa primeira dimensão de comprimento variável.

Uma opção é usar uma camada Sum (ou uma variante que receba a média); no entanto, a *ordem* das palavras na frase normalmente influencia seu significado. Um exemplo comum: "cachorro morde homem" e "homem morde cachorro" são duas histórias bem diferentes!

Outra abordagem são as *redes neurais recorrentes* (RNNs), que colocam um *estado oculto* entre as entradas. No caso mais simples, cada entrada é combinada com o estado oculto atual para produzir uma saída, que passa a ser o novo estado oculto. Assim, essas redes "lembram" (de certa forma) das entradas recebidas e geram uma saída final baseada em todas as entradas na ordem em que elas foram recebidas.

Criaremos a camada RNN mais simples possível, que receberá só uma entrada (por exemplo, uma palavra de uma frase ou um caractere de uma palavra) e colocará seu estado oculto entre as chamadas.

Lembre-se: nossa camada Linear tinha alguns pesos, w, e um viés, b. Ela recebia um vetor input e produzia um vetor diferente como output usando a lógica:

```
output[o] = dot(w[o], input) + b[o]
```

Aqui, para incorporar o estado oculto, precisamos de *dois* conjuntos de pesos — um para o input e outro para o estado hidden anterior:

```
output[o] = dot(w[o], input) + dot(u[o], hidden) + b[o]
```

Em seguida, usaremos o vetor output como o novo valor de hidden. Não é uma grande mudança, mas nossas redes farão coisas maravilhosas com isso.

```
from scratch.deep_learning import tensor_apply, tanh

class SimpleRnn(Layer):
    """Essa é a camada recorrente mais simples possível."""
    def __init__(self, input_dim: int, hidden_dim: int) -> None:
        self.input_dim = input_dim
        self.hidden_dim = hidden_dim

        self.w = random_tensor(hidden_dim, input_dim, init='xavier')
        self.u = random_tensor(hidden_dim, hidden_dim, init='xavier')
        self.b = random_tensor(hidden_dim)

        self.reset_hidden_state()

    def reset_hidden_state(self) -> None:
        self.hidden = [0 for _ in range(self.hidden_dim)]
```

Observe que iniciamos o estado oculto como um vetor de 0s e inserimos uma função para que os usuários da rede redefinam o estado oculto.

Nessa configuração, a função `forward` é razoavelmente simples (desde que você saiba como a camada `Linear` funciona):

```
def forward(self, input: Tensor) -> Tensor:
    self.input = input              # Salve a entrada e o estado
    self.prev_hidden = self.hidden  # oculto anterior para usar na retropropagação.

    a = [(dot(self.w[h], input) +           # pesos @ entrada
          dot(self.u[h], self.hidden) +     # pesos @ oculto
          self.b[h])                        # viés
         for h in range(self.hidden_dim)]

    self.hidden = tensor_apply(tanh, a)  # Aplique a ativação tanh
    return self.hidden                   # e retorne o resultado.
```

A transmissão `backward` parece com a da camada `Linear`, mas computa um conjunto adicional de gradientes para os pesos `u`:

```
def backward(self, gradient: Tensor):
    # Retropropague com a tanh
    a_grad = [gradient[h] * (1 - self.hidden[h] ** 2)
              for h in range(self.hidden_dim)]

    # b tem o mesmo gradiente que a
    self.b_grad = a_grad

    # Cada w[h][i] é multiplicado por input[i] e adicionado a a[h],
    # então cada w_grad[h][i] = a_grad[h] * input[i]
    self.w_grad = [[a_grad[h] * self.input[i]
                    for i in range(self.input_dim)]
                   for h in range(self.hidden_dim)]

    # Cada u[h][h2] é multiplicado por hidden[h2] e adicionado a a[h],
    # então cada u_grad[h][h2] = a_grad[h] * prev_hidden[h2]
    self.u_grad = [[a_grad[h] * self.prev_hidden[h2]
                    for h2 in range(self.hidden_dim)]
                   for h in range(self.hidden_dim)]

    # Cada input[i] é multiplicado por cada w[h][i] e adicionado a a[h],
    # então cada input_grad[i] = sum(a_grad[h] * w[h][i] for h in ...)
    return [sum(a_grad[h] * self.w[h][i] for h in range(self.hidden_dim))
            for i in range(self.input_dim)]
```

Por fim, precisamos redefinir os métodos `params` e `grads`:

```
def params(self) -> Iterable[Tensor]:
    return [self.w, self.u, self.b]

def grads(self) -> Iterable[Tensor]:
    return [self.w_grad, self.u_grad, self.b_grad]
```

Essa RNN é tão simples que não deve ser aplicada na prática.

No entanto, essa `SimpleRnn` tem recursos indesejáveis. Primeiro, o estado oculto inteiro é acionado para atualizar a entrada a cada chamada. Segundo, o estado oculto inteiro é substituído a cada chamada. Essas duas características dificultam o treinamento e, especialmente, o aprendizado de dependências de longo alcance.

Por isso, quase ninguém usa esse tipo de RNN simples. Na realidade, as pessoas preferem variantes mais complicadas, como a LSTM ("memória longa de curto prazo") e a GRU ("unidade recorrente fechada"), que têm mais parâmetros e usam "portas" parametrizadas para que apenas uma parte do estado seja atualizada (e apenas uma parte do estado seja acionada) a cada etapa.

Não há nada de *difícil* nessas variantes, mas elas exigem bem mais código, o que não é (na minha opinião) o mais ideal para este livro. O código deste capítulo no GitHub (*https://github.com/joelgrus/data-science-from-scratch*) contém uma implementação LSTM. Recomendo que você dê uma conferida, mas aviso: é um pouco chato e não falaremos mais disso aqui.

Outra peculiaridade é que nossa implementação ocorre por "etapas" e exige que o estado oculto seja redefinido manualmente. Uma implementação RNN mais prática receberia sequências de entradas, definiria seu estado oculto com 0s no início de cada sequência e produziria sequências de saídas. Podemos modificar a nossa para se comportar dessa forma, mas, novamente, isso exigiria mais código e complexidade e traria poucos benefícios pedagógicos.

Exemplo: Usando uma RNN em Nível de Caractere

Como não foi ele quem criou o nome *DataSciencester*, o novo vice-presidente de Branding acredita que outro nome trará mais sucesso para a empresa e pede que você use o data science para sugerir mais opções.

Uma aplicação "fofa" das RNNs é o uso de *caracteres* (em vez de palavras) como entradas; esse treinamento consiste em aprender padrões sutis de linguagem em conjuntos de dados parar gerar instâncias fictícias.

Por exemplo, é possível treinar uma RNN com nomes de bandas alternativas, usar o modelo treinado para gerar novos nomes para bandas alternativas fakes e selecionar manualmente as mais engraçadas para compartilhar no Twitter. Hilário!

Depois de ver esse mesmo truque várias vezes, ele perde o encanto. Aí você decide tentar.

Após algumas pesquisas, descobrimos que o acelerador Y Combinator publicou uma lista com as 100 (na verdade 101) startups mais bem-sucedidas (*https://www.ycombinator.com/topcompanies/*), o que parece um bom ponto de partida. Analisando a página, vemos que todos os nomes das empresas estão entre as tags `<b class="h4">`, uma ótima oportunidade para usar suas habilidades de extração de conteúdo da web:

```
from bs4 import BeautifulSoup
import requests

url = "https://www.ycombinator.com/topcompanies/"
soup = BeautifulSoup(requests.get(url).text, 'html5lib')

# Como baixamos as empresas duas vezes, use uma compreensão conjunto para
remover as duplicatas.
companies = list({b.text
                  for b in soup("b")
                  if "h4" in b.get("class", ())})
assert len(companies) == 101
```

Como sabemos, as páginas mudam (e desaparecem); nesse caso, o código não funcionará. Então, você pode usar suas habilidades de data science para bolar uma solução ou baixar a lista no site do livro no GitHub.

E agora, qual é o plano? Treinaremos um modelo para prever o próximo caractere de um nome com base no caractere atual *e* em um estado oculto que representa todos os caracteres que vimos até agora.

Como de praxe, vamos prever uma distribuição de probabilidade entre os caracteres e treinar o modelo para minimizar a perda do `SoftmaxCrossEntropy`.

Depois do treinamento, usaremos o modelo para gerar probabilidades, obter amostras aleatórias de um caractere com base nessas probabilidades e receber o caractere em questão como a próxima entrada. Assim, vamos *gerar* nomes de empresas usando os pesos aprendidos.

Para começar, criamos um `Vocabulary` com os caracteres dos nomes:

```
vocab = Vocabulary([c for company in companies for c in company])
```

Além disso, usaremos tokens especiais para indicar o início e o fim do nome de uma empresa. Assim, o modelo aprenderá os caracteres que devem *iniciar* e *fechar* cada nome.

Usaremos os caracteres regex no início e no fim dos nomes, pois eles (felizmente) não aparecem na lista de empresas.

```
START = "^"
STOP = "$"

# Também precisamos adicioná-los ao vocabulário.
vocab.add(START)
vocab.add(STOP)
```

No modelo, aplicaremos a codificação "one hot" em cada caractere, transmitiremos esses dados por dois `SimpleRnns` e usaremos uma camada `Linear` para gerar as pontuações dos próximos possíveis caracteres:

```
HIDDEN_DIM = 32 # Experimente tamanhos diferentes!

rnn1 = SimpleRnn(input_dim=vocab.size, hidden_dim=HIDDEN_DIM)
rnn2 = SimpleRnn(input_dim=HIDDEN_DIM, hidden_dim=HIDDEN_DIM)
linear = Linear(input_dim=HIDDEN_DIM, output_dim=vocab.size)

model = Sequential([
    rnn1,
    rnn2,
    linear
])
```

Imagine que concluímos o treinamento do modelo. Agora, vamos gerar novos nomes de empresas usando a função `sample_from`, que vimos na seção "Modelagem de Tópicos":

```
from scratch.deep_learning import softmax

def generate(seed: str = START, max_len: int = 50) -> str:
    rnn1.reset_hidden_state()  # Redefina todos os estados ocultos
    rnn2.reset_hidden_state()
    output = [seed]            # Inicie a saída com a semente especificada

    # Continue até o caractere STOP ou o comprimento máximo
    while output[-1] != STOP and len(output) < max_len:
        # Use o último caractere como entrada
        input = vocab.one_hot_encode(output[-1])

        # Produza as pontuações com o modelo
        predicted = model.forward(input)

        # Converta os dados em probabilidades e indique um char_id aleatório
        probabilities = softmax(predicted)
        next_char_id = sample_from(probabilities)

        # Adicione o caractere correspondente à saída
        output.append(vocab.get_word(next_char_id))

    # Elimine os caracteres START e STOP e retorne a palavra
    return ''.join(output[1:-1])
```

Enfim, treinaremos a RNN em nível de caractere. Vai demorar um pouco!

```
loss = SoftmaxCrossEntropy()
optimizer = Momentum(learning_rate=0.01, momentum=0.9)

for epoch in range(300):
    random.shuffle(companies)  # Treine em uma ordem diferente a cada época.
    epoch_loss = 0             # Acompanhe a perda.
    for company in tqdm.tqdm(companies):
        rnn1.reset_hidden_state() # Redefina os estados ocultos.
        rnn2.reset_hidden_state()
        company = START + company + STOP  # Adicione os caracteres START e STOP.

        # A partir daqui, segue o loop de treinamento habitual, porém as entradas
        # e o destino são os caracteres anteriores e seguintes em codificação "one hot".
        for prev, next in zip(company, company[1:]):
            input = vocab.one_hot_encode(prev)
            target = vocab.one_hot_encode(next)
            predicted = model.forward(input)
            epoch_loss += loss.loss(predicted, target)
            gradient = loss.gradient(predicted, target)
            model.backward(gradient)
            optimizer.step(model)

    # A cada época, imprima a perda e gere um nome.
    print(epoch, epoch_loss, generate())

    # Diminua a taxa de aprendizado nas últimas 100 épocas.
    # Não há uma explicação racional para isso, mas parece funcionar.
    if epoch == 200:
        optimizer.lr *= 0.1
```

Após o treinamento, o modelo gera alguns nomes da lista (naturalmente, pois o modelo tem um bom discernimento e poucos dados de treinamento), nomes ligeiramente diferentes dos dados de treinamento (Scripe, Loin-bare, Pozium), outros que parecem genuinamente criativos (Benuus, Cletpo, Equite, Vivest) e os inúteis, mas que, ainda assim, parecem palavras (SFitreasy, Sint ocanelp, GliyOx, Doorboronelhav).

Infelizmente, como a maioria das saídas de RNN em nível de caractere, esses resultados são apenas um pouco inteligentes e o vice-presidente de Branding não pode usá-los.

Quando aumentamos a dimensão oculta para 64, obtemos bem mais nomes da lista; em 8, os resultados são majoritariamente lixo. O vocabulário e os pesos finais de todos esses tamanhos estão disponíveis no site do livro no GitHub (*https://github.com/joelgrus/data-science-from-scratch*); use `load_weights` e `load_vocab` para aplicá-los.

Como vimos antes, o código deste capítulo no GitHub também contém uma implementação de LSTM; fique à vontade para usá-lo no lugar do `SimpleRnns` no modelo de nomes de empresas.

Materiais Adicionais

- O NLTK (*http://www.nltk.org/*) é uma biblioteca popular de ferramentas de PNL para Python. Sobre o tema, há um livro disponível no site da biblioteca (*http://www.nltk.org/book/*);
- O gensim (*http://radimrehurek.com/gensim/*) é uma biblioteca Python para modelagem de tópicos, uma opção melhor do que o nosso modelo criado do zero;
- O spaCy (*https://spacy.io/*) é uma biblioteca bastante popular voltada para o "Processamento de Linguagem Natural em Escala Industrial para Python".
- No blog de Andrej Karpathy, há um texto bem conhecido ("The Unreasonable Effectiveness of Recurrent Neural Networks", disponível em *http://karpathy.github.io/2015/05/21/rnn-effectiveness/*), que vale muito a pena ler;
- Trabalho na construção do AllenNLP (https://allennlp.org/), uma biblioteca Python que viabiliza pesquisas em PNL. (Pelo menos, era o que eu fazia quando escrevi este livro.) Essa biblioteca está muito além do escopo desta obra, mas, se você estiver interessado, ela contém demos interativas muito legais para vários modelos de PNL de última geração.

CAPÍTULO 22
Análise de Redes

Suas conexões com tudo ao seu redor definem quem você é.
—Aaron O'Connell

Muitos problemas de dados interessantes devem ser abordados como questões de *redes*, com os *nós* [nodes] e as *arestas* [edges] que os unem.

Por exemplo, seus amigos no Facebook são os nós de uma rede cujas arestas são as relações de amizade. Um exemplo menos óbvio é o da World Wide Web, em que cada página é um nó e cada hiperlink de uma página para outra é uma aresta.

A amizade no Facebook é um fenômeno mútuo — se eu sou seu amigo no Facebook, então você necessariamente é meu amigo também. Nesse caso, dizemos que as arestas são *não dirigidas*. Isso não ocorre com os hiperlinks — meu site tem links para *whitehouse.gov*, que (acredite se quiser) se recusa a colocar um link para o meu site na página. Essas arestas são as *dirigidas*. Analisaremos esses dois tipos de redes.

Centralidade de Intermediação

No Capítulo 1, computamos os principais conectores da rede da DataSciencester contando o número de amigos de cada usuário. Agora, temos máquinas suficientes para conferir outras abordagens. Usaremos a mesma rede, mas aplicaremos `NamedTuple`s nos dados.

Como vimos antes, a rede (Figura 22-1) é formada pelos usuários:

```
from typing import NamedTuple

class User(NamedTuple):
    id: int
    name: str
users = [User(0, "Hero"), User(1, "Dunn"), User(2, "Sue"), User(3, "Chi"),
         User(4, "Thor"), User(5, "Clive"), User(6, "Hicks"),
         User(7, "Devin"), User(8, "Kate"), User(9, "Klein")]
```

E pelas relações de amizade:

```
friend_pairs = [(0, 1), (0, 2), (1, 2), (1, 3), (2, 3), (3, 4),
                (4, 5), (5, 6), (5, 7), (6, 8), (7, 8), (8, 9)]
```

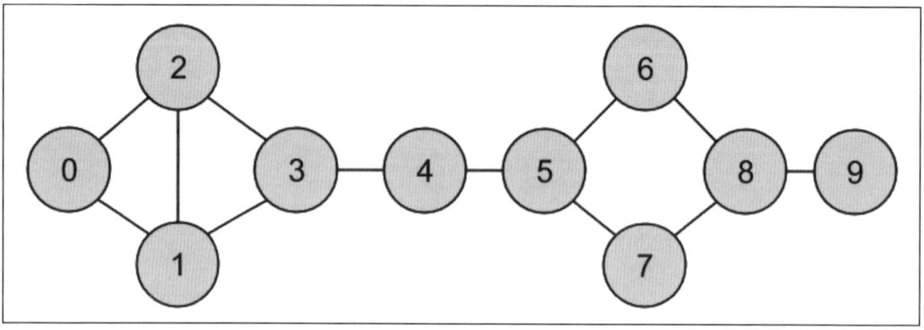

Figura 22-1. A rede da DataSciencester

Será mais fácil trabalhar com as amizades usando um `dict`:

```
from typing import Dict, List

# escreva o alias para acompanhar Friendships
Friendships = Dict[int, List[int]]

friendships: Friendships = {user.id: [] for user in users}

for i, j in friend_pairs:
     friendships[i].append(j)
     friendships[j].append(i)

assert friendships[4] == [3, 5]
assert friendships[8] == [6, 7, 9]
```

Quando paramos, não estávamos satisfeitos com a noção de *centralidade de grau*, que contrariava nossa intuição sobre quem eram os principais conectores da rede.

Outra métrica é a *centralidade de intermediação*, que identifica as pessoas que aparecem com mais frequência nos caminhos mais curtos entre pares de pessoas diferentes. Especificamente, a centralidade de intermediação do nó *i* é computada pela soma, para todos os outros pares de nós *j* e *k*, da proporção dos caminhos mais curtos entre o nó *j* e o nó *k* que passam por *i*.

Ou seja, para definir a centralidade de intermediação de Thor, computaremos todos os caminhos mais curtos entre os pares formados pelas outras pessoas. Em seguida, contaremos quantos desses caminhos mais curtos passam por Thor. Por exemplo, o único caminho mais curto entre Chi (`id` 3) e Clive (`id` 5) passa por

Thor, mas nenhum dos dois caminhos mais curtos entre Hero (`id` 0) e `id` (`id` 3) passa.

Portanto, primeiro definiremos os caminhos mais curtos entre todos os pares de pessoas. Alguns algoritmos bastante sofisticados fazem isso com eficiência, mas (como quase sempre), usaremos um algoritmo menos eficiente, porém mais fácil de entender.

Este algoritmo (uma implementação da busca em largura) é um dos mais complicados do livro. Então, vamos analisá-lo com atenção:

1. O objetivo é criar uma função que receba um `from_user` e encontre os caminhos mais curtos entre todos os outros usuários;
2. Representaremos um caminho como uma `list` de IDs de usuários. Como todo caminho começa em `from_user`, não incluiremos esse ID na lista. Logo, o comprimento da lista que representa o caminho será igual ao comprimento do caminho;
3. Manteremos o dicionário `shortest_paths_to`, em que as chaves são IDs de usuários e os valores são listas de caminhos que terminam no usuário com o ID especificado. Se houver um só caminho mais curto, a lista conterá somente ele. Se houver vários caminhos mais curtos, a lista conterá todos;
4. Também teremos a fila `frontier` com os usuários que serão analisados, já na ordem desejada. Vamos armazená-los como pares `(prev_user, user)` para saber como chegar a cada um deles. Inicializamos a fila com todos os vizinhos de `from_user`. (Ainda não falamos sobre filas, estruturas de dados otimizadas para operações de "adicionar até o fim" e "remover da frente". No Python, elas são implementadas como `collections.deque`, que, na verdade, é uma fila duplamente terminada.);
5. Durante a análise do grafo, sempre que encontrarmos novos vizinhos para os quais os caminhos mais curtos sejam desconhecidos, vamos adicioná-los ao final da fila para análise posterior, com o usuário atual como `prev_user`;
6. Quando tirarmos da fila um usuário que nunca tínhamos encontrado antes, já teremos encontrado um ou mais caminhos mais curtos até ele — cada um deles para `prev_user` com uma etapa extra adicionada;
7. Quando tirarmos da fila um usuário que já tínhamos *encontrado* antes, teremos encontrado outro caminho mais curto (e, nesse caso, devemos adicioná-lo) ou um caminho mais longo (quando não devemos adicioná-lo);

8. Quando não houver mais usuários na fila, analisaremos o grafo inteiro (ou, pelo menos, as partes acessíveis ao usuário inicial) e concluiremos a operação.

Juntamos tudo isso em uma função (grande):

```
from collections import deque
Path = List[int]

def shortest_paths_from(from_user_id: int,
                        friendships: Friendships) -> Dict[int, List[Path]]:
    # Um dicionário de user_id para *todos* os caminhos mais curtos até esse usuário.
    shortest_paths_to: Dict[int, List[Path]] = {from_user_id: [[]]}

    # Uma fila de (usuário anterior, próximo usuário) que precisamos verificar.
    # Começa com todos os pares (from_user, friend_of_from_user).
    frontier = deque((from_user_id, friend_id)
                     for friend_id in friendships[from_user_id])

    # Continue até esvaziarmos a fila.
    while frontier:
        # Remova o próximo par na fila.
        prev_user_id, user_id = frontier.popleft()

        # Devido à maneira como adicionamos os pares à fila,
        # já sabemos alguns caminhos mais curtos para prev_user.
        paths_to_prev_user = shortest_paths_to[prev_user_id]
        new_paths_to_user = [path + [user_id] for path in paths_to_prev_user]

        # Talvez já saibamos o caminho mais curto para o user_id.
        old_paths_to_user = shortest_paths_to.get(user_id, [])

        # Qual é o caminho mais curto para cá identificado até agora?
        if old_paths_to_user:
            min_path_length = len(old_paths_to_user[0])
        else:
            min_path_length = float('inf')

        # Mantenha apenas os caminhos não muito longos e efetivamente novos.
        new_paths_to_user = [path
                             for path in new_paths_to_user
                             if len(path) <= min_path_length
                             and path not in old_paths_to_user]

        shortest_paths_to[user_id] = old_paths_to_user + new_paths_to_user

        # Adicione vizinhos inéditos à fronteira.
        frontier.extend((user_id, friend_id)
                        for friend_id in friendships[user_id]
                         if friend_id not in shortest_paths_to)

    return shortest_paths_to
```

Agora, computaremos todos os caminhos mais curtos:

```
# Para cada from_user, para cada to_user, uma lista dos caminhos mais curtos.
shortest_paths = {user.id: shortest_paths_from(user.id, friendships)
                  for user in users}
```

Finalmente, calcularemos a centralidade de intermediação. Para cada par de nós *i* e *j*, conhecemos os *n* caminhos mais curtos de *i* a *j*. Então, para cada caminho, adicionamos 1/n à centralidade de cada nó existente:

```
betweenness_centrality = {user.id: 0.0 for user in users}

for source in users:
    for target_id, paths in shortest_paths[source.id].items():
        if source.id < target_id:      # não conte duas vezes
            num_paths = len(paths)     # quantos caminhos mais curtos?
            contrib = 1 / num_paths    # contribuição para a centralidade
            for path in paths:
                for between_id in path:
                    if between_id not in [source.id, target_id]:
                        betweenness_centrality[between_id] += contrib
```

Como pode ser visto na Figura 22-2, os usuários 0 e 9 têm centralidade 0 (pois nenhum deles está no caminho mais curto entre os outros usuários), mas os 3, 4 e 5 têm centralidades altas (todos estão em muitos caminhos mais curtos).

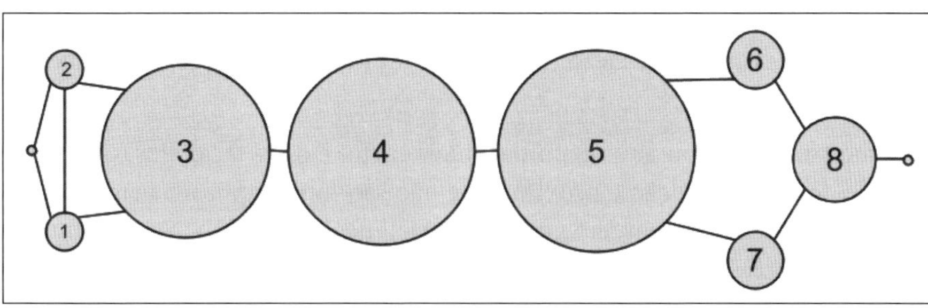

Figura 22-2. A rede da DataSciencester dimensionada com base na centralidade de intermediação

Em geral, os números da centralidade não são tão informativos. Aqui, queremos essencialmente comparar os números de cada nó com os números dos outros nós.

Outra medida interessante é a *centralidade de proximidade*. Primeiro, para cada usuário, computamos seu *afastamento* [farness], a soma dos comprimentos dos seus caminhos mais curtos até os outros usuários. Como já computamos os caminhos mais curtos entre os pares de nós, é fácil adicionar os comprimentos.

(Se houver vários caminhos mais curtos, todos terão o mesmo comprimento; então, basta pegar o primeiro.)

```
def farness(user_id: int) -> float:
    """A soma dos comprimentos dos caminhos mais curtos até os outros usuários"""
    return sum(len(paths[0])
               for paths in shortest_paths[user_id].values())
```

Agora, fica bem mais fácil computar a centralidade de proximidade (Figura 22-3):

```
closeness_centrality = {user.id: 1 / farness(user.id) for user in users}
```

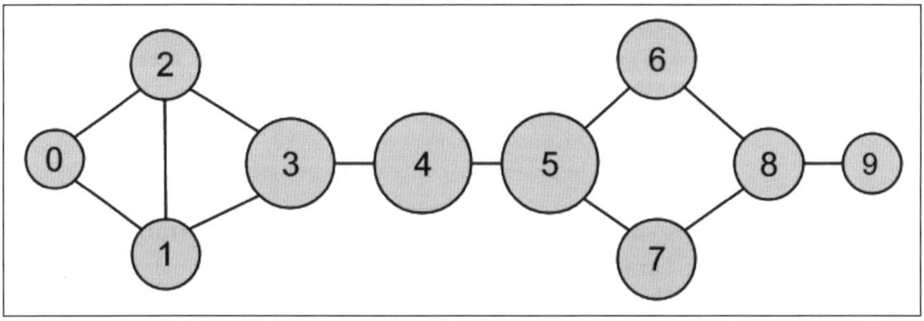

Figura 22-3. A rede da DataSciencester dimensionada com base na centralidade de proximidade

Aqui, há bem menos variação — até os nós muito centrais estão bem longe dos nós na periferia.

Como vimos, computar os caminhos mais curtos é meio sacal. Por isso, a centralidade de intermediação e proximidade não são muito aplicadas em grandes redes. Menos intuitiva (mas, em geral, mais fácil de computar), a *centralidade de autovetor* é a opção mais frequente.

Centralidade de Autovetor

Para abordar a centralidade de autovetor, precisamos falar sobre autovetores, mas, antes, temos que explicar a multiplicação de matrizes.

Multiplicação de Matrizes

Se A é uma matriz $n \times m$ e B é uma matriz $m \times k$ (observe que a segunda dimensão de A é igual à primeira dimensão de B), então o produto AB é a matriz $n \times k$ cuja entrada (i,j) é:

$$A_{i1}B_{1j} + A_{i2}B_{2j} + \cdots + A_{im}B_{mj}$$

Esse é o produto escalar da linha *i* de *A* (definida como um vetor) pela coluna *j* de *B* (também definida como um vetor).

Implementamos isso usando a função `make_matrix`, que vimos no Capítulo 4:

```
from scratch.linear_algebra import Matrix, make_matrix, shape

def matrix_times_matrix(m1: Matrix, m2: Matrix) -> Matrix:
    nr1, nc1 = shape(m1)
    nr2, nc2 = shape(m2)
    assert nc1 == nr2, "deve ter (nº de colunas em m1) == (nº de linhas em m2)"

    def entry_fn(i: int, j: int) -> float:
        """Produto escalar da linha i de m1 pela coluna j de m2"""
        return sum(m1[i][k] * m2[k][j] for k in range(nc1))

    return make_matrix(nr1, nc2, entry_fn)
```

Quando definimos um vetor *m*-dimensional como uma matriz `(m, 1)`, a multiplicamos por uma matriz `(n, m)` para obter outra `(n, 1)`, que definimos como um vetor *n*-dimensional.

Logo, outra forma de pensar sobre uma matriz `(n, m)` é como um mapeamento linear que transforma vetores *m*-dimensionais em vetores *n*-dimensionais:

```
from scratch.linear_algebra import Vector, dot

def matrix_times_vector(m: Matrix, v: Vector) -> Vector:
    nr, nc = shape(m)
    n = len(v)
    assert nc == n, "deve ter (nº de colunas em m) == (nº de elementos em v)"

    return [dot(row, v) for row in m] # a saída tem o comprimento nr
```

Quando *A* é uma matriz *quadrática*, essa operação mapeia os vetores *n*-dimensionais e forma outros vetores *n*-dimensionais. Logo, para uma determinada matriz *A* e vetor *v*, quando *A* operar em *v*, talvez seja gerado um múltiplo escalar de *v* — ou seja, o resultado será um vetor que apontará na mesma direção que *v*. Nesses casos (e sempre que *v* não for um vetor de zeros), dizemos que *v* é um *autovetor* de *A* e que o multiplicador é um *autovalor*.

Outra opção para encontrar um autovetor de *A* é escolher um vetor inicial *v*, aplicar o `matrix_times_vector`, redimensionar o resultado para a magnitude 1 e repetir tudo até o processo convergir:

```
from typing import Tuple
import random
from scratch.linear_algebra import magnitude, distance
```

```
def find_eigenvector(m: Matrix,
                     tolerance: float = 0.00001) -> Tuple[Vector, float]:
    guess = [random.random() for _ in m]

    while True:
        result = matrix_times_vector(m, guess)    # transforme o palpite
        norm = magnitude(result)                  # compute a norma
        next_guess = [x / norm for x in result]   # redimensione

        if distance(guess, next_guess) < tolerance:
            # convergência, então retorne (autovetor, autovalor)
            return next_guess, norm
        guess = next_guess
```

Por construção, o `guess` retornado é um vetor que, quando recebe o `matrix_times_vector` e tem seu comprimento redimensionado para 1, gera um vetor muito próximo dele mesmo — logo, é um autovetor.

Nem todas as matrizes de números reais têm autovetores e autovalores. Por exemplo, considere esta matriz:

```
rotate = [[ 0, 1],
          [-1, 0]]
```

Ela gira os vetores em um ângulo de 90 graus no sentido horário, logo, ela só gera um múltiplo escalar dela mesma quando mapeia um vetor de zeros. Se você aplicar o `find_eigenvector(rotate)`, ele será executado para sempre. Até as matrizes com autovetores às vezes ficam presas em ciclos. Considere esta matriz:

```
flip = [[0, 1],
        [1, 0]]
```

Ela mapeia qualquer vetor `[x, y]` para `[y, x]`. Por exemplo, `[1, 1]` é um autovetor com autovalor 1. No entanto, se você começar com um vetor aleatório com coordenadas desiguais, o `find_eigenvector` apenas ficará trocando as coordenadas repetidamente, para sempre. (As bibliotecas que não são criadas do zero, como o NumPy, usam métodos diferentes, aplicáveis nesse caso.) Contudo, quando o `find_eigenvector` retorna um resultado, esse é realmente um autovetor.

Centralidade

Mas como isso ajuda a entender a rede da DataSciencester? Para começar, precisamos representar as conexões na rede como uma `adjacency_matrix`, cuja entrada *(i,j)* será 1 (se o usuário *i* e o *j* forem amigos) ou 0 (se não forem):

```
def entry_fn(i: int, j: int):
    return 1 if (i, j) in friend_pairs or (j, i) in friend_pairs else 0
```

```
n = len(users)
adjacency_matrix = make_matrix(n, n, entry_fn)
```

Logo, a centralidade de autovetor para cada usuário é a entrada correspondente a esse usuário no autovetor retornado pelo `find_eigenvector` (Figura 22-4).

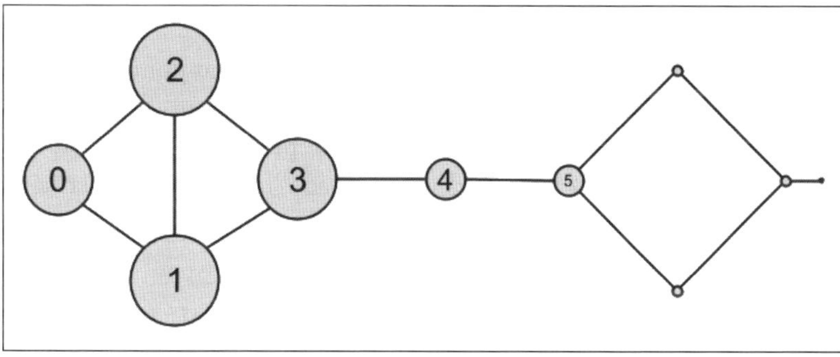

Figura 22-4. A rede da DataSciencester dimensionada com base na centralidade de autovetor

Por motivos técnicos que estão muito além do escopo deste livro, toda matriz de adjacência diferente de zero necessariamente tem um autovetor cujos valores não são negativos. Felizmente, é isso que a função `find_eigenvector` encontra nessa `adjacency_matrix`.

```
eigenvector_centralities, _ = find_eigenvector(adjacency_matrix)
```

Os usuários com alta centralidade de autovetor têm muitas conexões com usuários que também têm alta centralidade.

Aqui, os usuários 1 e 2 são os mais centrais, pois ambos têm três conexões com pessoas muito centrais. Quando nos afastamos deles, as centralidades diminuem de forma consistente.

Em uma rede pequena como essa, a centralidade de autovetor tem um comportamento bizarro. Se você tentar adicionar ou subtrair links, verá que pequenas alterações na rede mudam drasticamente os números da centralidade. Em uma rede bem maior, isso não ocorre.

Ainda não explicamos por que o autovetor gera uma noção razoável de centralidade. Para compreender um autovetor, compute isto:

```
matrix_times_vector(adjacency_matrix, eigenvector_centralities)
```

Aqui, o resultado é um múltiplo escalar de `eigenvector_centralities`.

Se você analisar a multiplicação de matrizes, verá que o `matrix_times_vector` produz um vetor cujo elemento *i* é:

```
dot(adjacency_matrix[i], eigenvector_centralities)
```

Essa é exatamente a soma das centralidades de autovetor dos usuários conectados ao usuário *i*.

Ou seja, as centralidades de autovetor são números, um valor por usuário que corresponde a um múltiplo constante da soma dos valores dos seus vizinhos. Nesse caso, a centralidade está associada às conexões com pessoas centrais. Quanto mais você estiver diretamente conectado à centralidade, mais central você será. Naturalmente, essa é uma definição circular — os autovetores são uma forma de sair da circularidade.

Outra forma de entender isso é determinar o papel do `find_eigenvector`, que começa atribuindo a cada nó uma centralidade aleatória e, em seguida, repete as duas etapas abaixo até o processo convergir:

1. Atribua a cada nó uma nova pontuação de centralidade igual à soma das pontuações de centralidade (anteriores) dos seus vizinhos;
2. Redimensione o vetor de centralidades para a magnitude 1.

Embora esse raciocínio matemático pareça um pouco obscuro no início, o cálculo é relativamente simples (ao contrário, digamos, da centralidade de intermediação) e bem fácil de executar até em grafos muito maiores. (Mas você deve usar uma biblioteca de álgebra linear de verdade para executar esse cálculo em grafos grandes. Com essa implementação de matrizes como listas, será difícil.)

Grafos Dirigidos e PageRank

Como a DataSciencester não está decolando, o vice-presidente de Receita pensa em trocar o modelo de amizade por um modelo de recomendação. Ao que parece, ninguém se importa com as relações de *amizade* entre os cientistas de dados, mas os recrutadores do setor de tecnologia se interessam muito pelo *respeito* atribuído aos cientistas de dados por outros cientistas de dados.

No novo modelo, rastrearemos a recomendação `(source, target)`, um relacionamento que não é necessariamente recíproco, mas indica que a `source` recomenda o `target` como um cientista de dados incrível (Figura 22-5).

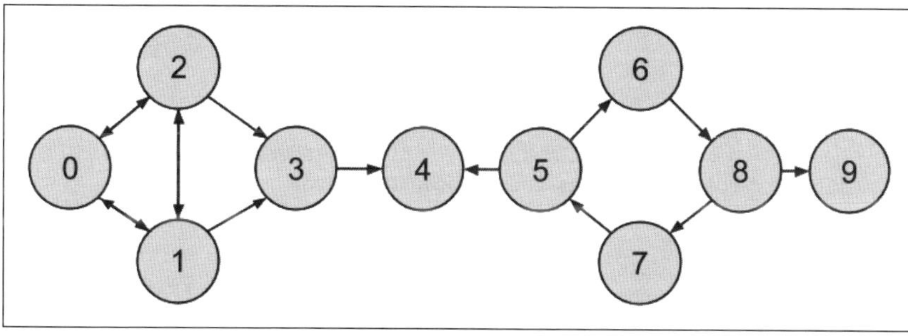

Figura 22-5. A rede de recomendações da DataSciencester

Temos que resolver essa assimetria:

```
endorsements = [(0, 1), (1, 0), (0, 2), (2, 0), (1, 2),
                (2, 1), (1, 3), (2, 3), (3, 4), (5, 4),
                (5, 6), (7, 5), (6, 8), (8, 7), (8, 9)]
```

Agora, encontramos facilmente os cientistas de dados `most_endorsed` e podemos vender essas informações para os recrutadores:

```
from collections import Counter

endorsement_counts = Counter(target for source, target in endorsements)
```

Porém, o "número de recomendações" é uma métrica fácil de burlar. Você só precisa criar contas falsas e fazer recomendações com elas na sua conta, ou combinar com seus amigos uma troca de recomendações. (Como parece ter sido o caso dos usuários 0, 1 e 2.)

Uma métrica melhor deve analisar *quem* faz a recomendação. As recomendações de pessoas muito recomendadas devem contar mais do que as de pessoas com poucas recomendações. Essa é a essência do algoritmo PageRank, usado pelo Google para classificar sites com base nos sites com links para eles, nos sites com links para esses outros sites e assim por diante.

(Lembrou da ideia de centralidade de autovetor? Acertou.) Confira esta versão simplificada:

1. Existe um total de 1.0 (ou 100%) PageRank na rede;
2. Inicialmente, esse PageRank está igualmente distribuído entre os nós;
3. A cada etapa, uma grande fração do PageRank de cada nó é distribuída igualmente entre seus links de saída;
4. A cada etapa, o valor restante do PageRank de cada nó é distribuído igualmente entre todos os nós.

```
import tqdm

def page_rank(users: List[User],
              endorsements: List[Tuple[int, int]],
              damping: float = 0.85,
              num_iters: int = 100) -> Dict[int, float]:
  # Compute quantas pessoas cada pessoa recomenda
  outgoing_counts = Counter(target for source, target in endorsements)

  # Inicialmente, distribua o PageRank uniformemente
  num_users = len(users)
  pr = {user.id : 1 / num_users for user in users}

  # A pequena fração do PageRank que cada nó obtém a cada iteração
  base_pr = (1 - damping) / num_users

  for iter in tqdm.trange(num_iters):
      next_pr = {user.id : base_pr for user in users} # comece com base_pr

      for source, target in endorsements:
          # Adicione uma fração amortecida do pr da origem ao destino
          next_pr[target] += damping * pr[source] / outgoing_counts[source]

      pr = next_pr

  return pr
```

Quando computamos as classificações de página:

```
pr = page_rank(users, endorsements)

# Thor (user_id 4) tem uma classificação de página mais alta do que os demais
assert pr[4] > max(page_rank
                   for user_id, page_rank in pr.items()
                   if user_id != 4)
```

O PageRank (Figura 22-6) identifica o usuário 4 (Thor) como o cientista de dados mais bem classificado.

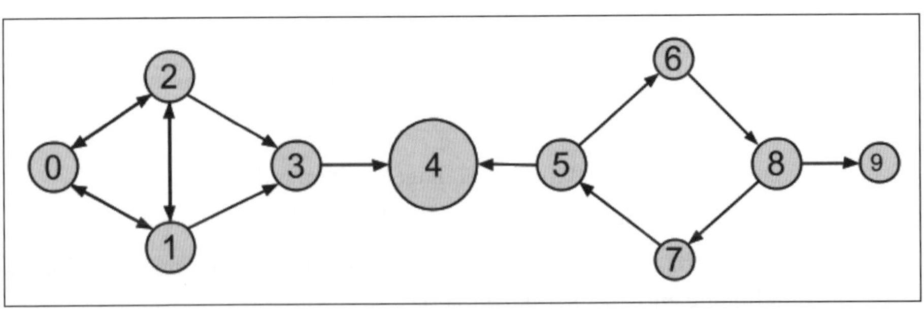

Figura 22-6. A rede da DataSciencester dimensionada com base no PageRank

Embora Thor tenha menos recomendações (duas) do que os usuários 0, 1 e 2, as dele têm uma boa classificação. Além disso, seus dois apoiadores só deram recomendações a ele, que, portanto, não precisa dividir essa classificação com outras pessoas.

Materiais Adicionais

- Há muitas noções de centralidade (*http://en.wikipedia.org/wiki/Centrality*) além das que usamos aqui (mas essas são as mais populares);
- O NetworkX (*http://networkx.github.io/*) é uma biblioteca Python para análise de rede. Ele tem funções para centralidades de computação e visualização de grafos;
- O Gephi (*https://gephi.org/*) é uma ferramenta de visualização de rede baseada em GUI que muitos amam (ou odeiam).

CAPÍTULO 23

Sistemas Recomendadores

Ó natureza, natureza, por que tu és tão desonesta, sempre enviando homens com tuas falsas recomendações ao mundo!

—Henry Fielding

Outro problema de dados comum é produzir *recomendações* de um tipo específico. A Netflix faz recomendações de filmes, a Amazon recomenda produtos, e o Twitter recomenda outros usuários. Neste capítulo, analisaremos várias formas de usar os dados para fazer recomendações.

Aqui, analisaremos o conjunto de dados `users_interests`, que já usamos antes:

```
users_interests = [
    ["Hadoop", "Big Data", "HBase", "Java", "Spark", "Storm", "Cassandra"],
    ["NoSQL", "MongoDB", "Cassandra", "HBase", "Postgres"],
    ["Python", "scikit-learn", "scipy", "numpy", "statsmodels", "pandas"],
    ["R", "Python", "statistics", "regression", "probability"],
    ["machine learning", "regression", "decision trees", "libsvm"],
    ["Python", "R", "Java", "C++", "Haskell", "programming languages"],
    ["statistics", "probability", "mathematics", "theory"],
    ["machine learning", "scikit-learn", "Mahout", "neural networks"],
    ["neural networks", "deep learning", "Big Data", "artificial intelligence"],
    ["Hadoop", "Java", "MapReduce", "Big Data"],
    ["statistics", "R", "statsmodels"],
    ["C++", "deep learning", "artificial intelligence", "probability"],
    ["pandas", "R", "Python"],
    ["databases", "HBase", "Postgres", "MySQL", "MongoDB"],
    ["libsvm", "regression", "support vector machines"]
]
```

Além disso, abordaremos o problema de recomendar novos interesses a um usuário com base nos seus interesses especificados.

Curadoria Manual

Antes da internet, para obter recomendações de livros, você ia à biblioteca, onde um bibliotecário fazia sugestões compatíveis com seus interesses ou similares aos seus livros favoritos.

Devido ao número limitado de usuários e interesses, seria fácil passar uma tarde fazendo recomendações manualmente aos clientes da DataSciencester, porém é difícil ampliar o alcance desse método sempre limitado ao seu conhecimento e imaginação. (Não que eu esteja sugerindo que seu conhecimento e imaginação são limitados.) Então, buscaremos outra opção para processar esses *dados*.

Recomendando as Opções Mais Populares

Uma abordagem fácil consiste em recomendar as opções mais populares:

```
from collections import Counter

popular_interests = Counter(interest
                            for user_interests in users_interests
                            for interest in user_interests)
```

Aqui, temos:

```
[('Python', 4),
 ('R', 4),
 ('Java', 3),
 ('regression', 3),
 ('statistics', 3),
 ('probability', 3),
 # ...
]
```

Depois de computar isso, sugerimos ao usuário os interesses mais populares além dos que ele já especificou:

```
from typing import List, Tuple

def most_popular_new_interests(
        user_interests: List[str],
        max_results: int = 5) -> List[Tuple[str, int]]:
    suggestions = [(interest, frequency)
                   for interest, frequency in popular_interests.most_common()
                   if interest not in user_interests]
    return suggestions[:max_results]
```

Logo, os interesses do usuário 1 são:

```
["NoSQL", "MongoDB", "Cassandra", "HBase", "Postgres"]
```

Para ele, recomendamos:

```
[('Python', 4), ('R', 4), ('Java', 3), ('regression', 3), ('statistics', 3)]
```

Por outro lado, o usuário 3, que já especificou muitos desses itens, recebe estas recomendações:

```
[('Java', 3), ('HBase', 3), ('Big Data', 3),
 ('neural networks', 2), ('Hadoop', 2)]
```

Claro, o argumento "como muitos estão interessados em Python, talvez esse seja o seu caso" não é muito bom para fechar vendas. Para um novo usuário do site, sobre quem não sabemos nada, essa é possivelmente a melhor opção. Agora, melhoraremos o processo baseando as recomendações de cada usuário nos interesses especificados.

Filtragem Colaborativa Baseada no Usuário

Uma forma de valorizar os interesses do usuário é procurar usuários *semelhantes* e sugerir opções que interessam a eles.

Para isso, temos que medir a semelhança entre dois usuários. Aqui, usaremos a semelhança dos cossenos, que vimos no Capítulo 21, para medir a semelhança entre dois vetores de palavras.

Aplicaremos isso a vetores de 0s e 1s; cada vetor `v` representará os interesses de um usuário: `v[i]` será 1 se o usuário especificar o interesse *i*, e 0 nos demais casos. Dessa forma, os "usuários semelhantes" serão os "usuários cujos vetores de interesse apontam quase na mesma direção". Os usuários com interesses idênticos terão semelhança 1, e os sem nenhum interesse idêntico terão semelhança 0. Nos outros casos, a semelhança ficará entre esses dois valores; os números próximos de 1 indicarão "muito semelhantes" e os próximos de 0 indicarão "sem muita semelhança".

Um bom ponto de partida é coletar os interesses conhecidos e (expressamente) atribuir índices a eles. Aqui, usamos uma compreensão de conjunto para encontrar os interesses e, em seguida, classificá-los em uma lista. O primeiro interesse na lista resultante será o interesse 0 e assim por diante:

```
unique_interests = sorted({interest
                           for user_interests in users_interests
                           for interest in user_interests})
```

Obtemos uma lista que começa da seguinte forma:

```
assert unique_interests[:6] == [
    'Big Data',
```

```
        'C++',
        'Cassandra',
        'HBase',
        'Hadoop',
        'Haskell',
        # ...
    ]
```

Em seguida, devemos produzir um vetor de "interesses" com 0s e 1s para cada usuário. Só precisamos iterar na lista `unique_interests`, inserindo 1 onde o usuário tiver especificado o interesse em questão e 0 nos demais casos:

```
def make_user_interest_vector(user_interests: List[str]) -> List[int]:
    """
    Ao receber uma lista de interesses, produza um vetor cujo elemento i seja 1,
    se unique_interests[i] estiver na lista, ou 0, nos outros casos
    """
    return [1 if interest in user_interests else 0
            for interest in unique_interests]
```

Agora, faremos uma lista com os vetores de interesse dos usuários:

```
user_interest_vectors = [make_user_interest_vector(user_interests)
                         for user_interests in users_interests]
```

Aqui, `user_interest_vectors[i][j]` será igual a 1 se o usuário `i` tiver especificado o interesse `j` e 0 nos outros casos.

Em um conjunto de dados pequeno como esse, é fácil computar as semelhanças entre esses pares com relação a todos os usuários:

```
from scratch.nlp import cosine_similarity

user_similarities = [[cosine_similarity(interest_vector_i, interest_vector_j)
                      for interest_vector_j in user_interest_vectors]
                      for interest_vector_i in user_interest_vectors]
```

Em seguida, o `user_similarities[i][j]` indica a semelhança entre os usuários `i` e `j`:

```
# Os usuários 0 e 9 compartilham interesses em Hadoop, Java e Big Data
assert 0.56 < user_similarities[0][9] < 0.58, "vários interesses compartilhados"

# Os usuários 0 e 8 compartilham apenas um interesse: Big Data
assert 0.18 < user_similarities[0][8] < 0.20, "apenas um interesse compartilhado"
```

Nesse caso, `user_similarities[i]` é o vetor de semelhanças entre o usuário `i` e todos os outros usuários. Com base nele, escrevemos uma função para encontrar os usuários mais semelhantes a um determinado usuário. Não vamos considerar o usuário de referência nem aqueles com semelhança zero. Em seguida, classificaremos os resultados do mais semelhante para o menos:

```
def most_similar_users_to(user_id: int) -> List[Tuple[int, float]]:
    pairs = [(other_user_id, similarity)                      # Encontre outros
             for other_user_id, similarity in                 # usuários com
                enumerate(user_similarities[user_id])         # semelhança
             if user_id != other_user_id and similarity > 0]  # diferente de zero.

    return sorted(pairs,                                      # Classifique-os
                  key=lambda pair: pair[-1],                  # a partir do
                  reverse=True)                               # mais semelhante.
```

Por exemplo, quando chamamos `most_similar_users_to(0)`, obtemos:

```
[(9, 0.5669467095138409),
 (1, 0.3380617018914066),
 (8, 0.1889822365046136),
 (13, 0.1690308509457033),
 (5, 0.1543033499620919)]
```

Como usar isso para sugerir novos interesses para um usuário? Para cada interesse, somaremos as semelhanças entre os usuários que também especificaram o interesse em questão:

```
from collections import defaultdict

def user_based_suggestions(user_id: int,
                           include_current_interests: bool = False):
    # Some as semelhanças
    suggestions: Dict[str, float] = defaultdict(float)
    for other_user_id, similarity in most_similar_users_to(user_id):
        for interest in users_interests[other_user_id]:
            suggestions[interest] += similarity

    # Converta-as em uma lista classificada
    suggestions = sorted(suggestions.items(),
                         key=lambda pair: pair[-1], # weight
                         reverse=True)

    # E (talvez) exclua interesses existentes
    if include_current_interests:
        return suggestions
    else:
        return [(suggestion, weight)
                for suggestion, weight in suggestions
                if suggestion not in users_interests[user_id]]
```

Se chamarmos `user_based_suggestions(0)`, os primeiros interesses sugeridos serão:

```
[('MapReduce', 0.5669467095138409),
 ('MongoDB', 0.50709255283711),
 ('Postgres', 0.50709255283711),
 ('NoSQL', 0.3380617018914066),
 ('neural networks', 0.1889822365046136),
 ('deep learning', 0.1889822365046136),
```

```
  ('artificial intelligence', 0.1889822365046136),
  #...
 ]
```

Essas sugestões parecem bastante razoáveis para alguém cujos interesses declarados são "Big Data" e coisas relacionadas a banco de dados. (Os pesos não têm um significado absoluto; só os usamos para fazer a classificação.)

Essa abordagem não funciona muito bem com um grande número de itens. Lembre-se da maldição da dimensionalidade que vimos no Capítulo 12 — em espaços vetoriais com várias dimensões, a maioria dos vetores está muito distante (e aponta em direções bem diferentes). Ou seja, quando há um grande número de interesses, os "usuários mais semelhantes" a um determinado usuário talvez não tenham tanta semelhança assim.

Imagine um site como a Amazon.com, em que comprei milhares de itens nas últimas duas décadas. Se você tentar identificar usuários semelhantes a mim com base nos padrões de compra, provavelmente verá que, no mundo todo, não há ninguém com um histórico de compras minimamente parecido com o meu. Esse improvável comprador "mais parecido" comigo provavelmente não parece nem um pouco comigo, e suas compras certamente gerarão recomendações ruins.

Filtragem Colaborativa Baseada em Itens

Uma alternativa é computar diretamente as semelhanças entre os interesses. Em seguida, vamos gerar sugestões para cada usuário agregando interesses semelhantes aos seus interesses atuais.

Para começar, vamos *transpor* a matriz de interesses-usuários para que as linhas correspondam aos interesses e as colunas aos usuários:

```
interest_user_matrix = [[user_interest_vector[j]
                         for user_interest_vector in user_interest_vectors]
                        for j, _ in enumerate(unique_interests)]
```

Como ficou? A linha `j` de `interest_user_matrix` é a coluna `j` de `user_interest_matrix`. Ou seja, ela marca um 1 para cada usuário com esse interesse e um 0 para cada usuário sem esse interesse.

Por exemplo, considerando que `unique_interests[0]` é Big Data, `interest_user_matrix[0]` corresponde a:

```
[1, 0, 0, 0, 0, 0, 0, 0, 1, 1, 0, 0, 0, 0, 0]
```

Logo, os usuários 0, 8 e 9 declararam interesse por Big Data.

Agora, usamos novamente a semelhança dos cossenos. Se dois usuários estiverem interessados nos mesmos dois tópicos, a semelhança será 1 e, se não estiverem, a semelhança será 0:

```
interest_similarities = [[cosine_similarity(user_vector_i, user_vector_j)
                          for user_vector_j in interest_user_matrix]
                         for user_vector_i in interest_user_matrix]
```

Por exemplo, para encontrar os interesses mais semelhantes ao Big Data (interesse 0), faça isto:

```
def most_similar_interests_to(interest_id: int):
    similarities = interest_similarities[interest_id]
    pairs = [(unique_interests[other_interest_id], similarity)
             for other_interest_id, similarity in enumerate(similarities)
             if interest_id != other_interest_id and similarity > 0]
    return sorted(pairs,
                  key=lambda pair: pair[-1],
                  reverse=True)
```

Isso sugere os seguintes interesses semelhantes:

```
[('Hadoop', 0.8164965809277261),
 ('Java', 0.6666666666666666),
 ('MapReduce', 0.5773502691896258),
 ('Spark', 0.5773502691896258),
 ('Storm', 0.5773502691896258),
 ('Cassandra', 0.4082482904638631),
 ('artificial intelligence', 0.4082482904638631),
 ('deep learning', 0.4082482904638631),
 ('neural networks', 0.4082482904638631),
 ('HBase', 0.3333333333333333)]
```

Agora, criaremos recomendações para um usuário somando as semelhanças dos interesses parecidos com os dele:

```
def item_based_suggestions(user_id: int,
                           include_current_interests: bool = False):
    # Some os interesses semelhantes
    suggestions = defaultdict(float)
    user_interest_vector = user_interest_vectors[user_id]
    for interest_id, is_interested in enumerate(user_interest_vector):
        if is_interested == 1:
            similar_interests = most_similar_interests_to(interest_id)
            for interest, similarity in similar_interests:
                suggestions[interest] += similarity

    # Classifique-os pelo peso
    suggestions = sorted(suggestions.items(),
                         key=lambda pair: pair[-1],
                         reverse=True)
```

```
    if include_current_interests:
        return suggestions
    else:
        return [(suggestion, weight)
                for suggestion, weight in suggestions
                if suggestion not in users_interests[user_id]]
```

Para o usuário 0, isso gera as seguintes recomendações (aparentemente razoáveis):

```
[('MapReduce', 1.861807319565799),
 ('Postgres', 1.3164965809277263),
 ('MongoDB', 1.3164965809277263),
 ('NoSQL', 1.2844570503761732),
 ('programming languages', 0.5773502691896258),
 ('MySQL', 0.5773502691896258),
 ('Haskell', 0.5773502691896258),
 ('databases', 0.5773502691896258),
 ('neural networks', 0.4082482904638631),
 ('deep learning', 0.4082482904638631),
 ('C++', 0.4082482904638631),
 ('artificial intelligence', 0.4082482904638631),
 ('Python', 0.2886751345948129),
 ('R', 0.2886751345948129)]
```

Fatoração de Matrizes

Como vimos, representamos as preferências dos usuários como uma matriz `[num_users, num_items]` de 0s e 1s, em que os 1s representam itens de interesse e os 0s representam itens sem interesse especificado.

Às vezes, é possível fazer *classificações* numéricas; por exemplo, quando você escreve uma avaliação na Amazon e atribui ao item comprado uma pontuação que varia entre 1 e 5 estrelas. Isso também pode ser representado por números em uma matriz `[num_users, num_items]` (mas, até agora, não abordamos o problema dos itens sem pontuação).

Nesta seção, imaginaremos que temos esses dados de classificação e tentaremos aprender um modelo para prever a classificação para um determinado usuário e item.

Uma forma de abordar o problema é pressupor que todo usuário tem um "tipo" latente, representado como um vetor de números, e que, similarmente, todo item também tem um "tipo" latente.

Se os tipos de usuário são representados como uma matriz `[num_users, dim]` e se a transposição dos tipos de item é representada como uma matriz `[dim, num_items]`, o produto delas corresponde à matriz `[num_users, num_items]`. Logo, para construir esse modelo, basta "fatorar" a matriz de preferências no produto da matriz de usuários e da matriz de itens.

(Talvez a ideia de tipos latentes lembre as incorporações de palavras que desenvolvemos no Capítulo 21. É por aí.)

Em vez de trabalhar com os dados de 10 usuários, pegaremos o conjunto de dados Movie-Lens 100k, que contém classificações entre 0 e 5 feitas por muitos usuários, que avaliaram individualmente um pequeno subconjunto de filmes. Com base nisso, criaremos um sistema que preveja a classificação de qualquer par (usuário, filme). Vamos treiná lo para fazer boas previsões sobre os filmes avaliados pelos usuários; se tudo der certo, o modelo generalizará e processará filmes não avaliados.

Para começar, obteremos o conjunto de dados. Faça o download em *http:// files.group- lens.org/datasets/movielens/ml-100k.zip.*

Descompacte e extraia os arquivos; só usaremos dois deles:

```
# Esse campo aponta para o diretório atual, modifique-o se os arquivos estiverem em outro local.
MOVIES = "u.item"  # delimitado por barras verticais: movie_id|title|...
RATINGS = "u.data" # delimitado por tabulações: user_id, movie_id, rating, timestamp
```

Como de praxe, incluímos um `NamedTuple` para facilitar o trabalho:

```
from typing import NamedTuple

class Rating(NamedTuple):
    user_id: str
    movie_id: str
    rating: float
```

Os IDs dos filmes e os IDs dos usuários são números inteiros, mas não consecutivos; logo, se trabalharmos com esses números, teremos muitas dimensões inúteis (a menos que todas sejam renumeradas). Portanto, para simplificar, vamos tratá-los como strings.

Agora vamos ler e explorar os dados. O arquivo de filmes é delimitado por barras verticais e tem muitas colunas. Só pegaremos as duas primeiras, o ID e o título:

```
import csv
# Especificamos essa codificação para evitar um UnicodeDecodeError.
# Veja: https://stackoverflow.com/a/53136168/1076346.
with open(MOVIES, encoding="iso-8859-1") as f:
    reader = csv.reader(f, delimiter="|")
    movies = {movie_id: title for movie_id, title, *_ in reader}
```

O arquivo de classificações é delimitado por tabulações e contém quatro colunas: `user_id`, `movie_id`, `rating` (de 1 a 5) e `timestamp`. Não precisamos do timestamp:

```
# Crie uma lista de [Classificação]
with open(RATINGS, encoding="iso-8859-1") as f:
    reader = csv.reader(f, delimiter="\t")
    ratings = [Rating(user_id, movie_id, float(rating))
               for user_id, movie_id, rating, _ in reader]

# 1682 filmes avaliados por 943 usuários
assert len(movies) == 1682
assert len(list({rating.user_id for rating in ratings})) == 943
```

Esses dados permitem muitas análises interessantes. Por exemplo, queremos saber as classificações médias dos filmes da série *Star Wars* (o conjunto de dados é de 1998, um ano antes do lançamento de *A Ameaça Fantasma*):

```
import re

# Estrutura de dados da acumulação de classificações por movie_id
star_wars_ratings = {movie_id: []
                     for movie_id, title in movies.items()
                     if re.search("Star Wars|Empire Strikes|Jedi", title)}

# Itere nas classificações, acumulando as de Star Wars
for rating in ratings:
    if rating.movie_id in star_wars_ratings:
        star_wars_ratings[rating.movie_id].append(rating.rating)
# Compute a classificação média de cada filme
avg_ratings = [(sum(title_ratings) / len(title_ratings), movie_id)
               for movie_id, title_ratings in star_wars_ratings.items()]

# Em seguida, imprima os dados na sequência
for avg_rating, movie_id in sorted(avg_ratings, reverse=True):
    print(f"{avg_rating:.2f} {movies[movie_id]}")
```

Os filmes são muito bem classificados:

```
4.36 Star Wars (1977)
4.20 Empire Strikes Back, The (1980)
4.01 Return of the Jedi (1983)
```

Agora, criaremos um modelo para prever essas classificações. Na primeira etapa, dividimos os dados das classificações em conjuntos de treinamento, validação e teste:

```
import random
random.seed(0)
random.shuffle(ratings)

split1 = int(len(ratings) * 0.7)
split2 = int(len(ratings) * 0.85)
```

```
train = ratings[:split1]                # 70% dos dados
validation = ratings[split1:split2]     # 15% dos dados
test = ratings[split2:]                 # 15% dos dados
```

É sempre bom criar um modelo base simples para, depois, gerar um modelo melhor do que ele. Aqui, o modelo simples deve "prever a classificação média". O erro quadrático médio será a métrica dele; portanto, vamos conferir como esse modelo base se comporta no conjunto de testes:

```
avg_rating = sum(rating.rating for rating in train) / len(train)
baseline_error = sum((rating.rating - avg_rating) ** 2
                     for rating in test) / len(test)

# É isso que faremos melhor
assert 1.26 < baseline_error < 1.27
```

Com base nas incorporações, as classificações previstas são indicadas pelo produto da matriz das incorporações dos usuários e dos filmes. Para um determinado usuário e filme, esse valor é o produto escalar das incorporações correspondentes.

Então, começaremos criando as incorporações, que serão representadas como `dicts`, com IDs como chaves e vetores como valores; assim, será fácil recuperar a incorporação de um determinado ID:

```
from scratch.deep_learning import random_tensor

EMBEDDING_DIM = 2

# Encontre ids individuais
user_ids = {rating.user_id for rating in ratings}
movie_ids = {rating.movie_id for rating in ratings}

# Em seguida, crie um vetor aleatório para cada id
user_vectors = {user_id: random_tensor(EMBEDDING_DIM)
                for user_id in user_ids}
movie_vectors = {movie_id: random_tensor(EMBEDDING_DIM)
                 for movie_id in movie_ids}
```

A essa altura, já somos especialistas em escrever loops de treinamento:

```
from typing import List
import tqdm
from scratch.linear_algebra import dot

def loop(dataset: List[Rating],
         learning_rate: float = None) -> None:
    with tqdm.tqdm(dataset) as t:
        loss = 0.0
        for i, rating in enumerate(t):
            movie_vector = movie_vectors[rating.movie_id]
            user_vector = user_vectors[rating.user_id]
```

```
predicted = dot(user_vector, movie_vector)
error = predicted - rating.rating
loss += error ** 2

if learning_rate is not None:
    #     previsto = m_0 * u_0 + ... + m_k * u_k
    # Então cada u_j insere a saída com o coeficiente m_j
    # e cada m_j insere a saída com o coeficiente u_j
    user_gradient = [error * m_j for m_j in movie_vector]
    movie_gradient = [error * u_j for u_j in user_vector]

    # Dê passos de gradiente
    for j in range(EMBEDDING_DIM):
        user_vector[j] -= learning_rate * user_gradient[j]
        movie_vector[j] -= learning_rate * movie_gradient[j]

t.set_description(f"avg loss: {loss / (i + 1)}")
```

Agora, treinaremos o modelo (ou seja, encontrar as incorporações ideais). Para mim, funcionou melhor quando diminuí um pouco a taxa de aprendizado a cada época:

```
learning_rate = 0.05
for epoch in range(20):
    learning_rate *= 0.9
    print(epoch, learning_rate)
    loop(train, learning_rate=learning_rate)
    loop(validation)
loop(test)
```

Esse modelo é bastante propenso a sobreajuste no conjunto de treinamento. Obtive os melhores resultados com `EMBEDDING_DIM=2`, que gerou uma perda média de cerca de 0.89 no conjunto de testes.

> Para obter incorporações com mais dimensões, aplique a regularização, que vimos na seção "Regularização". Especificamente, a cada atualização de gradiente, você deve reduzir os pesos para 0. Aqui, não consegui melhorar os resultados dessa forma.

Agora, inspecione os vetores aprendidos. Como não esperamos que haja dois componentes muito informativos, usaremos a análise de componentes principais:

```
from scratch.working_with_data import pca, transform

original_vectors = [vector for vector in movie_vectors.values()]
components = pca(original_vectors, 2)
```

Transformaremos os vetores para representar os principais componentes e agregá-los aos IDs dos filmes e às classificações médias:

```
ratings_by_movie = defaultdict(list)
for rating in ratings:
    ratings_by_movie[rating.movie_id].append(rating.rating)

vectors = [
    (movie_id,
     sum(ratings_by_movie[movie_id]) / len(ratings_by_movie[movie_id]),
     movies[movie_id],
     vector)
    for movie_id, vector in zip(movie_vectors.keys(),
                                transform(original_vectors, components))
]

# Imprima os 25 primeiros e os 25 últimos com base no primeiro componente principal
print(sorted(vectors, key=lambda v: v[-1][0])[:25])
print(sorted(vectors, key=lambda v: v[-1][0])[-25:])
```

Os 25 primeiros têm altas classificações e os 25 últimos receberam, na sua maioria, classificações baixas (ou estavam sem pontuação nos dados de treinamento); isso sugere que o primeiro componente principal está capturando a questão da "qualidade" de cada filme.

Não consigo compreender muito bem o segundo componente; de fato, as incorporações bidimensionais tiveram um desempenho apenas ligeiramente melhor do que as incorporações unidimensionais; sugerindo que, qualquer que seja, o segundo componente capturado é bem sutil. (Presumivelmente, os conjuntos de dados maiores do MovieLens contêm informações bem mais interessantes.)

Materiais Adicionais

- Voltada para a "criação e análise de sistemas recomendadores", o Surprise (*http://surpriselib.com/*) é uma biblioteca Python razoavelmente popular e atualizada;
- O Netflix Prize (*http://www.netflixprize.com*) foi uma competição famosa que premiou os desenvolvedores do melhor sistema de recomendação de filmes para os usuários do Netflix.

CAPÍTULO 24

Bancos de Dados e SQL

A memória é o melhor amigo do homem e seu pior inimigo.

—Gilbert Parker

Geralmente, os dados ficam em *bancos de dados*, sistemas eficientes de armazenamento e consulta. Em sua maior parte, esses bancos são *relacionais*, como o PostgreSQL, o MySQL e o SQL Server, que armazenam dados em *tabelas* e, em geral, fazem consultas usando a Structured Query Language (SQL), uma linguagem declarativa voltada para a manipulação de dados.

O SQL é um item essencial do kit de ferramentas do cientista de dados. Neste capítulo, criaremos o NotQuiteABase, uma implementação Python de algo parecido com um "banco de dados". Também veremos as noções básicas de SQL e aplicaremos essas lições no nosso "banco de dados", a abordagem mais "do zero" que formulei para explicar essa dinâmica. Espero que, com a resolução dos problemas no NotQuiteABase, você aprenda a encarar essas situações usando o SQL.

CREATE TABLE e INSERT

Um banco de dados relacional é uma coleção de tabelas e das relações entre elas. Uma tabela é uma coleção de linhas, não muito diferente de algumas das matrizes que já vimos até aqui. No entanto, também está associada a um *esquema* fixo de nomes e tipos de colunas.

Por exemplo, imagine um conjunto de dados `users` que contém, para cada usuário, seus `user_id`, `name` e `num_friends`:

```
users = [[0, "Hero", 0],
         [1, "Dunn", 2],
         [2, "Sue", 3],
         [3, "Chi", 3]]
```

No SQL, criamos esta tabela da seguinte forma:

```
CREATE TABLE users (
    user_id INT NOT NULL,
    name VARCHAR(200),
    num_friends INT);
```

Observe que especificamos que o `user_id` e o `num_friends` devem ser números inteiros (e que o `user_id` não deve ser `NULL`, um valor ausente parecido com o `None`) e que o nome deve ser uma string de comprimento 200 ou menor. Usaremos tipos Python de maneira semelhante.

> O SQL é praticamente insensível a recuos e capitalização. O estilo de capitalização e recuo aplicado aqui é o meu preferido. Em seus estudos de SQL, você certamente encontrará estilos diferentes.

Para inserir linhas, use instruções `INSERT`:

```
INSERT INTO users (user_id, name, num_friends) VALUES (0, ‘Hero’, 0);
```

Observe também que as instruções SQL devem terminar com ponto e vírgula e que o SQL exige aspas simples nas strings.

No NotQuiteABase, você criará uma `Table` especificando um esquema semelhante. Em seguida, para inserir uma linha, use o método `insert` da tabela, que recebe uma lista de valores de linha que devem estar na mesma ordem que os nomes das colunas.

Nos bastidores, armazenaremos cada linha como um `dict` de nomes de colunas e valores. Um banco de dados real nunca adotaria essa representação porque ela desperdiça muito espaço, mas, assim, ficará bem mais fácil de trabalhar com o NotQuiteABase.

Implementaremos a `Table` NotQuiteABase como uma classe gigante, um método por vez. Começaremos eliminando importações e aliases de tipo:

```
from typing import Tuple, Sequence, List, Any, Callable, Dict, Iterator
from collections import defaultdict

# Usaremos alguns aliases de tipo mais tarde
Row = Dict[str, Any]                        # Uma linha do banco de dados
WhereClause = Callable[[Row], bool]         # Predicado para uma linha
HavingClause = Callable[[List[Row]], bool]  # Predicado para várias linhas
```

Iniciaremos pelo construtor. Para criar uma tabela NotQuiteABase, temos que transmitir uma lista de nomes de colunas e uma de tipos de colunas, como se estivéssemos criando uma tabela em um banco de dados SQL:

```
class Table:
    def __init__(self, columns: List[str], types: List[type]) -> None:
        assert len(columns) == len(types), "nº de colunas == nº de tipos"

        self.columns = columns          # Nomes de colunas
        self.types = types              # Tipos de dados de colunas
        self.rows: List[Row] = []       # (sem dados ainda)
```

Adicionaremos um método auxiliar para obter o tipo de coluna:

```
    def col2type(self, col: str) -> type:
        idx = self.columns.index(col)      # Encontre o índice da coluna
        return self.types[idx]             # e retorne seu tipo.
```

Além disso, adicionaremos um método `insert` para verificar a validade dos valores inseridos. Nesse caso, você deve indicar o número correto de valores e todos têm que ser do tipo correto (ou `None`):

```
    def insert(self, values: list) -> None:
        # Verifique o número de valores
        if len(values) != len(self.types):
            raise ValueError(f"You need to provide {len(self.types)} values")

        # Verifique os tipos dos valores
        for value, typ3 in zip(values, self.types):
            if not isinstance(value, typ3) and value is not None:
                raise TypeError(f"Expected type {typ3} but got {value}")

        # Adicione o dict correspondente como uma "linha"
        self.rows.append(dict(zip(self.columns, values)))
```

Em um banco de dados SQL de verdade, especificamos expressamente se uma determinada coluna pode conter valores nulos (`None`); mas, para simplificar, indicamos aqui que todas as colunas podem fazer isso.

Também introduzimos alguns métodos dunder para definir uma tabela como um `List[Row]`, que usaremos principalmente para testar o código:

```
    def __getitem__(self, idx: int) -> Row:
        return self.rows[idx]

    def __iter__(self) -> Iterator[Row]:
        return iter(self.rows)

    def __len__(self) -> int:
        return len(self.rows)
```

E adicionamos um método para gerar uma boa impressão da tabela:

```
    def __repr__(self):
        """Boa representação da tabela: colunas e linhas"""
        rows = "\n".join(str(row) for row in self.rows)
        return f"{self.columns}\n{rows}"
```

Agora, criamos a tabela `Users`:

```
# O construtor exige os nomes e tipos das colunas
users = Table(['user_id', 'name', 'num_friends'], [int, str, int])
users.insert([0, "Hero", 0])
users.insert([1, "Dunn", 2])
users.insert([2, "Sue", 3])
users.insert([3, "Chi", 3])
users.insert([4, "Thor", 3])
users.insert([5, "Clive", 2])
users.insert([6, "Hicks", 3])
users.insert([7, "Devin", 2])
users.insert([8, "Kate", 2])
users.insert([9, "Klein", 3])
users.insert([10, "Jen", 1])
```

Aqui, se você executar `print(users)`, verá:

```
['user_id', 'name', 'num_friends']
{'user_id': 0, 'name': 'Hero', 'num_friends': 0}
{'user_id': 1, 'name': 'Dunn', 'num_friends': 2}
{'user_id': 2, 'name': 'Sue', 'num_friends': 3}
...
```

A API do tipo lista facilita a escrita dos testes:

```
assert len(users) == 11
assert users[1]['name'] == 'Dunn'
```

Mas ainda temos que adicionar mais funcionalidades.

UPDATE

Às vezes, temos que atualizar os dados que estão no banco de dados. Por exemplo, se Dunn fizer outro amigo, talvez seja necessário:

```
UPDATE users
SET num_friends = 3
WHERE user_id = 1;
```

Os principais recursos são:

- A tabela que será atualizada;
- As linhas que serão atualizadas;
- Os campos que serão atualizados;
- Os novos valores.

Adicionaremos ao NotQuiteABase um método `update` parecido com esse. Seu primeiro argumento será um `dict` com chaves para as colunas que serão atualizadas e valores para os novos valores que preencherão esses campos. Seu segundo argumento (opcional) será um `predicate` para retornar `True` nas linhas que serão atualizadas e `False` nos outros casos:

```
def update(self,
           updates: Dict[str, Any],
           predicate: WhereClause = lambda row: True):
    # Primeiro, verifique se as atualizações têm nomes e tipos válidos
    for column, new_value in updates.items():
        if column not in self.columns:
            raise ValueError(f"invalid column: {column}")

        typ3 = self.col2type(column)
        if not isinstance(new_value, typ3) and new_value is not None:
            raise TypeError(f"expected type {typ3}, but got {new_value}")

    # Agora, atualize
    for row in self.rows:
        if predicate(row):
            for column, new_value in updates.items():
                row[column] = new_value
```

Então, basta fazer isto:

```
assert users[1]['num_friends'] == 2             # Valor original

users.update({'num_friends' : 3},               # Defina num_friends = 3
             lambda row: row['user_id'] == 1)   # nas linhas em que user_id == 1

assert users[1]['num_friends'] == 3             # Valor original
```

DELETE

Existem duas formas de excluir linhas de uma tabela no SQL. A opção mais arriscada é excluir todas as linhas da tabela:

```
DELETE FROM users;
```

E a menos arriscada é adicionar uma cláusula `WHERE` para excluir só as linhas que correspondem a uma determinada condição:

```
DELETE FROM users WHERE user_id = 1;
```

É fácil adicionar essa funcionalidade à nossa `Table`:

```
def delete(self, predicate: WhereClause = lambda row: True) -> None:
    """Exclua todas as linhas correspondentes ao predicado"""
    self.rows = [row for row in self.rows if not predicate(row)]
```

Se você inserir uma função `predicate` (ou seja, uma cláusula `WHERE`), excluirá apenas as linhas compatíveis. Sem isso, o `predicate` padrão sempre retornará `True` e você excluirá todas as linhas.

Por exemplo:

```
# Não executaremos estes aqui
users.delete(lambda row: row["user_id"] == 1)  # Exclui as linhas com user_id == 1
users.delete()                                 # Exclui todas as linhas
```

SELECT

Não costumamos inspecionar as tabelas SQL diretamente. Na verdade, fazemos consultas nelas com uma instrução SELECT:

```
SELECT * FROM users;                            -- obtenha todo o conteúdo
SELECT * FROM users LIMIT 2;                    -- obtenha as duas primeiras linhas
SELECT user_id FROM users;                      -- obtenha colunas específicas
SELECT user_id FROM users WHERE name = 'Dunn';  -- obtenha linhas específicas
```

Também usamos as instruções SELECT para calcular campos:

```
SELECT LENGTH(name) AS name_length FROM users;
```

Incluiremos na classe Table um método select para retornar uma nova tabela. O método aceita dois argumentos opcionais:

- O keep_columns especifica os nomes das colunas que estarão no resultado. Sem ele, o resultado trará todas as colunas;
- O additional_columns é um dicionário com chaves para novos nomes de colunas e valores para funções que especificam o cálculo dos valores das novas colunas. Como as anotações de tipo dessas funções identificam os tipos das novas colunas, as funções terão tipos de retorno anotados.

Sem nenhum desses argumentos, só obtemos uma cópia da tabela:

```
def select(self,
           keep_columns: List[str] = None,
           additional_columns: Dict[str, Callable] = None) -> 'Table':

    if keep_columns is None:         # Se nenhuma coluna for especificada,
        keep_columns = self.columns  # retorne todas as colunas

    if additional_columns is None:
        additional_columns = {}

    # Nomes e tipos das novas colunas
    new_columns = keep_columns + list(additional_columns.keys())
    keep_types = [self.col2type(col) for col in keep_columns]
    # É assim que obtemos o tipo de retorno de uma anotação de tipo.
    # Ocorrerá uma falha se o 'cálculo' não tiver um tipo de retorno.
    add_types = [calculation.__annotations__['return']
                 for calculation in additional_columns.values()]
```

```
        # Crie uma nova tabela para os resultados
        new_table = Table(new_columns, keep_types + add_types)

        for row in self.rows:
            new_row = [row[column] for column in keep_columns]
            for column_name, calculation in additional_columns.items():
                new_row.append(calculation(row))
            new_table.insert(new_row)

        return new_table
```

> Você lembra do Capítulo 2, quando dissemos que as anotações de tipo não fazem nada? Bem, esse caso é uma exceção. Mas analise o procedimento complexo que tivemos que executar para fazer isso.

Aqui, o `select` retorna uma nova `Table`, mas o SELECT típico do SQL só produz um conjunto de resultados temporários (a menos que você insira expressamente os resultados em uma tabela).

Também precisamos dos métodos `where` e `limit`. Os dois são bem simples:

```
    def where(self, predicate: WhereClause = lambda row: True) -> 'Table':
        """Retorne apenas as linhas compatíveis com o predicado indicado"""
        where_table = Table(self.columns, self.types)
        for row in self.rows:
            if predicate(row):
                values = [row[column] for column in self.columns]
                where_table.insert(values)
        return where_table

    def limit(self, num_rows: int) -> 'Table':
        """Retorne apenas as primeiras linhas `num_rows`"""
        limit_table = Table(self.columns, self.types)
        for i, row in enumerate(self.rows):
            if i >= num_rows:
                break
            values = [row[column] for column in self.columns]
            limit_table.insert(values)
        return limit_table
```

Aqui, construímos facilmente instruções para o NotQuiteABase equivalentes as do SQL:

```
# SELECT * FROM users;
all_users = users.select()

assert len(all_users) == 11

# SELECT * FROM users LIMIT 2;
two_users = users.limit(2)
assert len(two_users) == 2
```

```
# SELECT user_id FROM users;
just_ids = users.select(keep_columns=["user_id"])
assert just_ids.columns == ['user_id']

# SELECT user_id FROM users WHERE name = 'Dunn';
dunn_ids = (
    users
    .where(lambda row: row["name"] == "Dunn")
    .select(keep_columns=["user_id"])
)
assert len(dunn_ids) == 1
assert dunn_ids[0] == {"user_id": 1}

# SELECT LENGTH(name) AS name_length FROM users;
def name_length(row) -> int: return len(row["name"])

name_lengths = users.select(keep_columns=[],
                            additional_columns = {"name_length": name_length})
assert name_lengths[0]['name_length'] == len("Hero")
```

Observe que, para fazer consultas "fluentes" em várias linhas, temos que encapsular a consulta entre parênteses.

GROUP BY

Outra operação SQL bem comum é a `GROUP BY`, que agrupa linhas com valores idênticos em colunas especificadas e produz valores agregados como `MIN` e `MAX` e `COUNT` e `SUM`.

Por exemplo, para determinar o número de usuários e o menor `user_id` para cada comprimento de nome possível:

```
SELECT LENGTH(name) as name_length,
 MIN(user_id) AS min_user_id,
 COUNT(*) AS num_users
FROM users
GROUP BY LENGTH(name);
```

Cada campo em que aplicamos `SELECT` deve estar na cláusula `GROUP BY` (como `name_length`) ou em uma computação agregada (como `min_user_id` e `num_users`). O SQL também processa a cláusula `HAVING`, que tem um comportamento semelhante ao da cláusula `WHERE`, mas cujo filtro é aplicado aos valores agregados (a `WHERE` filtra as linhas antes da agregação).

Imagine que você pretende determinar o número médio de amigos dos usuários cujos nomes começam com letras específicas, mas só quer os resultados das letras cuja média correspondente seja maior do que 1. (Sim, esse é um dos exemplos bem complicados.)

```
SELECT SUBSTR(name, 1, 1) AS first_letter,
```

```
 AVG(num_friends) AS avg_num_friends
FROM users
GROUP BY SUBSTR(name, 1, 1)
HAVING AVG(num_friends) > 1;
```

> As funções que processam as strings variam nas implementações do SQL; alguns bancos de dados usam a `SUBSTRING`, outros têm funções diferentes.

Também é possível computar valores agregados gerais. Nesse caso, saímos do `GROUP BY`:

```
SELECT SUM(user_id) as user_id_sum
FROM users
WHERE user_id > 1;
```

Para adicionar essa funcionalidade às `Tables` do NotQuiteABase, incluímos um método `group_by`. Ele recebe os nomes das colunas que serão agrupadas, um dicionário com as funções de agregação que serão executadas em cada grupo e um predicado opcional chamado `having` que opera em várias linhas.

Em seguida, o método executa as seguintes etapas:

1. Cria um `defaultdict` para mapear `tuples` (dos valores agrupados) em linhas (com os valores agrupados). Lembre-se: não é possível usar listas como chaves de `dict`; temos que usar tuplas;
2. Itera nas linhas da tabela, preenchendo o `defaultdict`;
3. Cria uma nova tabela com as colunas de saída corretas;
4. Itera no `defaultdict` e preenche a tabela de saída, aplicando o filtro `having`, se houver.

```
def group_by(self,
             group_by_columns: List[str],
             aggregates: Dict[str, Callable],
             having: HavingClause = lambda group: True) -> 'Table':

    grouped_rows = defaultdict(list)

    # Preencha os grupos
    for row in self.rows:
        key = tuple(row[column] for column in group_by_columns)
        grouped_rows[key].append(row)

    # A tabela de resultados contém as colunas group_by e os valores agregados
    new_columns = group_by_columns + list(aggregates.keys())
    group_by_types = [self.col2type(col) for col in group_by_columns]
    aggregate_types = [agg.__annotations__['return']
```

```
                                for agg in aggregates.values()]
        result_table = Table(new_columns, group_by_types + aggregate_types)

        for key, rows in grouped_rows.items():
            if having(rows):
                new_row = list(key)
                for aggregate_name, aggregate_fn in aggregates.items():
                    new_row.append(aggregate_fn(rows))
                result_table.insert(new_row)

        return result_table
```

Um banco de dados de verdade certamente seria mais eficiente.

Novamente, construiremos instruções equivalentes a essas do SQL. As métricas de name_length são:

```
def min_user_id(rows) -> int:
    return min(row[“user_id”] for row in rows)

def length(rows) -> int:
    return len(rows)

stats_by_length = (
    users
    .select(additional_columns={“name_length” : name_length})
    .group_by(group_by_columns=[“name_length”],
              aggregates={“min_user_id” : min_user_id,
                          “num_users” : length})
)
```

As métricas de first_letter:

```
def first_letter_of_name(row: Row) -> str:
    return row[“name”][0] if row[“name”] else “”

def average_num_friends(rows: List[Row]) -> float:
    return sum(row[“num_friends”] for row in rows) / len(rows)

def enough_friends(rows: List[Row]) -> bool:
    return average_num_friends(rows) > 1

avg_friends_by_letter = (
    users
    .select(additional_columns={‘first_letter’ : first_letter_of_name})
    .group_by(group_by_columns=[‘first_letter’],
              aggregates={“avg_num_friends” : average_num_friends},
              having=enough_friends)
)
```

E `user_id_sum` é:

```
def sum_user_ids(rows: List[Row]) -> int:
    return sum(row["user_id"] for row in rows)

user_id_sum = (
    users
    .where(lambda row: row["user_id"] > 1)
    .group_by(group_by_columns=[],
              aggregates={ "user_id_sum" : sum_user_ids })
)
```

ORDER BY

Muitas vezes, queremos classificar os resultados. Por exemplo, imagine que você deseja obter os dois primeiros nomes dos usuários (em ordem alfabética):

```
SELECT * FROM users
ORDER BY name
LIMIT 2;
```

Isso é fácil de implementar. Basta colocar na `Table` um método `order_by` que receba uma função `order`:

```
    def order_by(self, order: Callable[[Row], Any]) -> 'Table':
        new_table = self.select()       # faça uma cópia
        new_table.rows.sort(key=order)
        return new_table
```

Aplicamos isso da seguinte forma:

```
friendliest_letters = (
    avg_friends_by_letter
    .order_by(lambda row: -row["avg_num_friends"])
    .limit(4)
)
```

O `ORDER BY` do SQL permite especificar `ASC` (crescente) ou `DESC` (decrescente) para cada campo de classificação; aqui, teremos que incluir isso na função `order`.

JOIN

As tabelas de bancos de dados relacionais geralmente são *normalizadas*, ou seja, organizadas para minimizar a redundância. Por exemplo, quando trabalhamos com os interesses dos usuários no Python, atribuímos a cada usuário uma `list` com seus interesses.

No geral, como as tabelas SQL não operam com listas, a solução típica é criar uma segunda tabela chamada `user_interests` contendo uma relação do tipo um para muitos entre `user_ids` e `interests`. No SQL, faça isto:

```
CREATE TABLE user_interests (
    user_id INT NOT NULL,
    interest VARCHAR(100) NOT NULL
);
```

Aqui, no NotQuiteABase, criamos a tabela da seguinte forma:

```
user_interests = Table(['user_id', 'interest'], [int, str])
user_interests.insert([0, "SQL"])
user_interests.insert([0, "NoSQL"])
user_interests.insert([2, "SQL"])
user_interests.insert([2, "MySQL"])
```

> Ainda há muita redundância — o interesse "SQL" está armazenado em dois locais. Em um banco de dados real, armazenaríamos `user_id` e `interest_id` na tabela `user_interests` e, em seguida, criaríamos uma terceira tabela, `interests`, mapeando `interest_id` em `interest` para armazenar os nomes dos interesses apenas uma vez. Entretanto, aqui, isso só complicaria desnecessariamente os exemplos.

Como analisar dados em tabelas diferentes? Temos que aplicar o `JOIN`. O `JOIN` combina as linhas na tabela da esquerda com as linhas correspondentes na tabela da direita; essa "correspondência" se baseia na forma como especificamos a junção.

Por exemplo, para encontrar os usuários interessados em SQL, faça esta consulta:

```
SELECT users.name
FROM users
JOIN user_interests
ON users.user_id = user_interests.user_id
WHERE user_interests.interest = 'SQL'
```

No `JOIN`, para cada linha de `users`, temos que examinar o `user_id` e associá-la a todas as linhas de `user_id` que contenham o mesmo `user_id`.

Observe que foi preciso especificar as tabelas em que seriam aplicados o `JOIN` e o `ON`. Esse `INNER JOIN` retorna as combinações de linhas, mas apenas as que correspondem aos critérios de junção especificados.

Também há um `LEFT JOIN`, que — além das combinações de linhas correspondentes — retorna uma linha para cada linha da tabela da esquerda sem linhas correspondentes (nesse caso, todos os campos que vêm da tabela da direita são `NULL`).

Usando o LEFT JOIN, é fácil contar o número de interesses de cada usuário:

```
SELECT users.id, COUNT(user_interests.interest) AS num_interests
FROM users
LEFT JOIN user_interests
ON users.user_id = user_interests.user_id
```

O LEFT JOIN atribui linhas no conjunto de dados combinado (com valores NULL para os campos que vêm de user_interests) aos usuários sem interesses, e COUNT conta apenas os valores diferentes de NULL.

A implementação de join no NotQuiteABase será mais restrita — ela combinará duas tabelas nas suas colunas em comum. Ainda assim, não é tão fácil escrever isso:

```
    def join(self, other_table: 'Table', left_join: bool = False) -> 'Table':

        join_on_columns = [c for c in self.columns           # colunas nas
                           if c in other_table.columns]      # duas tabelas

        additional_columns = [c for c in other_table.columns # apenas colunas
                              if c not in join_on_columns]    # na tabela da direita

        # todas as colunas da tabela da esquerda + additional_columns da tabela da direita
        new_columns = self.columns + additional_columns
        new_types = self.types + [other_table.col2type(col)
                                  for col in additional_columns]

        join_table = Table(new_columns, new_types)

        for row in self.rows:
            def is_join(other_row):
                return all(other_row[c] == row[c] for c in join_on_columns)

            other_rows = other_table.where(is_join).rows

            # Toda linha que corresponde a esta produz uma linha de resultado.
            for other_row in other_rows:
                join_table.insert([row[c] for c in self.columns] +
                                  [other_row[c] for c in additional_columns])

            # Se nenhuma linha corresponder e for uma junção esquerda, produza Nones.
            if left_join and not other_rows:
                join_table.insert([row[c] for c in self.columns] +
                                  [None for c in additional_columns])

        return join_table
```

Agora, encontramos os usuários interessados em SQL da seguinte forma:

```
sql_users = (
    users
    .join(user_interests)
    .where(lambda row: row["interest"] == "SQL")
```

```
        .select(keep_columns=["name"])
)
```

E obtemos as contagens de interesses:

```
def count_interests(rows: List[Row]) -> int:
    """conta quantas linhas contêm interesses diferentes de None"""
    return len([row for row in rows if row["interest"] is not None])

user_interest_counts = (
    users
    .join(user_interests, left_join=True)
    .group_by(group_by_columns=["user_id"],
              aggregates={"num_interests" : count_interests })
)
```

No SQL, também há o `RIGHT JOIN`, que retém as linhas sem correspondências da tabela da direita, e o `FULL OUTER JOIN`, que retém as linhas sem correspondências das duas tabelas. Aqui, não implementaremos nenhum deles.

Subconsultas

No SQL, é possível aplicar o `SELECT` (e o `JOIN`) nos resultados das consultas como se eles fossem tabelas. Logo, para encontrar o menor `user_id` entre os interessados em SQL, faça uma subconsulta. (Obviamente, esse mesmo cálculo pode ser feito com o `JOIN`, mas aí não veríamos as subconsultas.)

```
SELECT MIN(user_id) AS min_user_id FROM
(SELECT user_id FROM user_interests WHERE interest = 'SQL') sql_interests;
```

Com o design do NotQuiteABase, isso é moleza. (Os resultados da consulta são tabelas.)

```
likes_sql_user_ids = (
    user_interests
    .where(lambda row: row["interest"] == "SQL")
    .select(keep_columns=['user_id'])
)

likes_sql_user_ids.group_by(group_by_columns=[],
                            aggregates={ "min_user_id" : min_user_id })
```

Índices

Para encontrar as linhas que contêm um valor específico (por exemplo, o nome "Hero"), o NotQuiteABase inspeciona todas as linhas da tabela. O que vai demorar demais se a tabela tiver muitas linhas.

Nosso algoritmo `join` também é muito ineficiente. Para cada linha da tabela da esquerda, ele inspeciona todas as linhas da tabela da direita a fim de confirmar a correspondência. Com tabelas grandes, isso demora quase uma eternidade.

Além disso, é comum aplicar restrições em algumas colunas. Por exemplo, na tabela `users` não devemos permitir que dois usuários tenham o mesmo `user_id`.

Os índices resolvem todos esses problemas. Se a tabela `user_interests` tiver um índice em `user_id`, um algoritmo de `join` inteligente encontrará as correspondências diretamente sem percorrer a tabela inteira. Se a tabela `users` tiver um índice "individual" de `user_id`, será gerado um erro em caso de duplicatas.

Cada tabela de um banco de dados pode ter um ou mais índices que possibilitam buscas rápidas de linhas em colunas-chave, junção eficiente de tabelas e aplicação de restrições específicas em colunas ou combinações de colunas.

Aprender a arte de desenvolver e usar os índices com eficiência é quase uma mágica (e varia com cada banco de dados), mas, se você for trabalhar bastante com bancos de dados, vale a pena estudar isso.

Otimização de Consulta

Relembre a consulta para encontrar todos os usuários interessados em SQL:

```
SELECT users.name
FROM users
JOIN user_interests
ON users.user_id = user_interests.user_id
WHERE user_interests.interest = 'SQL'
```

No NotQuiteABase, há (pelo menos) duas formas de escrever essa consulta. É possível filtrar a tabela `user_interests` antes de executar a junção:

```
(
    user_interests
    .where(lambda row: row["interest"] == "SQL")
    .join(users)
    .select(["name"])
)
```

Ou filtrar os resultados da junção:

```
(
    user_interests
    .join(users)
    .where(lambda row: row["interest"] == "SQL")
    .select(["name"])
)
```

Os resultados são os mesmos nas duas formas, mas aplicar o filtro antes da junção é certamente a opção mais eficiente, pois, nesse caso, o `join` opera em bem menos linhas.

No SQL, isso é muito mais fácil. Basta "declarar" os resultados desejados e deixar que o mecanismo de consulta execute a tarefa (e use os índices com eficiência).

NoSQL

Uma tendência recente na área é a dos bancos de dados não relacionais "NoSQL", que não representam dados em tabelas. Por exemplo, o MongoDB é um popular banco de dados sem esquema, cujos elementos são documentos JSON arbitrariamente complexos e não linhas.

Há bancos de dados de colunas que armazenam dados em colunas em vez de linhas (isso é bom quando os dados têm muitas colunas, mas as consultas só processam poucas), armazenamentos de chave/valor otimizados para recuperar valores únicos (e complexos) com base nas respectivas chaves, bancos de dados voltados para o armazenamento e exploração de grafos, bancos de dados otimizados para rodar em vários datacenters, bancos de dados projetados para rodar na memória, bancos de dados dedicados ao armazenamento de dados de séries temporais e centenas de outros.

A grande novidade de amanhã talvez ainda nem exista; então, só posso informar que o NoSQL é um tópico. É isso aí. Um tópico.

Materiais Adicionais

- Se você quiser baixar um banco de dados relacional para brincar um pouco, o SQLite (*http://www.sqlite.org*) é pequeno e rápido, e o MySQL (*http://www.mysql.com*) e o Post-greSQL (*http://www.postgresql.org*) são maiores e cheios de recursos. Todos são gratuitos e têm muita documentação;
- Se quiser explorar o NoSQL, o MongoDB (*http://www.mongodb.org*) é muito acessível para iniciantes, o que pode ser bom ou ruim. Ele também tem uma documentação muito boa;
- Agora, o artigo da Wikipédia sobre o NoSQL (*http://en.wikipedia.org/wiki/NoSQL*) muito provavelmente contém links para bancos de dados que não existiam quando este livro foi escrito.

CAPÍTULO 25

MapReduce

O futuro já está aqui. Mas sua distribuição é desigual.
—William Gibson

O MapReduce é um modelo de programação dedicado ao processamento paralelo de grandes conjuntos de dados. Embora seja uma técnica muito eficaz, seus princípios são relativamente simples.

Imagine uma coleção de itens que queremos processar. São, por exemplo, logs de sites, textos de livros, arquivos de imagem ou qualquer outra coisa. A versão básica do algoritmo MapReduce consiste nas seguintes etapas:

1. Use uma função `mapper` para transformar cada item em zero ou mais pares de chave/valor. (Essa função geralmente é a `map`, mas já existe uma função `map` no Python e não queremos confundir as duas.);
2. Agrupe todos os pares com chaves idênticas;
3. Aplique uma função `reducer` em cada coleção de valores agrupados para produzir valores de saída para a chave correspondente.

> O MapReduce está meio ultrapassado. Na verdade, eu até pensei em tirar este capítulo da segunda edição, mas avaliei que esse tópico ainda é interessante e o deixei aqui (obviamente).

Isso é muito abstrato; vamos a um exemplo específico. Existem poucas regras absolutas no data science, porém uma delas é que seu primeiro exemplo de aplicação do MapReduce deve abordar a contagem de palavras.

Exemplo: Contagem de Palavras

O DataSciencester cresceu e agora tem milhões de usuários! Isso é ótimo para estabilidade do seu emprego, mas dificulta um pouco as análises de rotina.

Por exemplo, o vice-presidente de Conteúdo quer saber do que as pessoas estão falando nas atualizações de status. Então, na primeira tentativa, você resolve contar as palavras para preparar um relatório sobre as mais frequentes.

Com poucas centenas de usuários, isso era simples:

```
from typing import List
from collections import Counter

def tokenize(document: str) -> List[str]:
    """Basta dividir no espaço em branco"""
    return document.split()

def word_count_old(documents: List[str]):
    """Contagem de palavras sem o MapReduce"""
    return Counter(word
        for document in documents
        for word in tokenize(document))
```

Com milhões de usuários, o conjunto de `documents` (atualizações de status) agora é grande demais para caber no seu computador. Se você conseguir ajustar isso no modelo MapReduce, poderá usar a infraestrutura de "big data" implementada pelos seus engenheiros.

Primeiro, precisamos de uma função para transformar um documento em uma sequência de pares de chave/valor. Queremos que a saída seja agrupada por palavra, logo, as chaves devem ser palavras. E, para cada palavra, emitiremos o valor 1 para indicar o par corresponde a uma ocorrência da palavra em questão:

```
from typing import Iterator, Tuple

def wc_mapper(document: str) -> Iterator[Tuple[str, int]]:
    """Para cada palavra no documento, emita (word, 1)"""
    for word in tokenize(document):
        yield (word, 1)
```

Pulando os serviços "braçais" da etapa 2, imagine que coletamos a lista das contagens emitidas para uma palavra. Para produzir a contagem geral dessa palavra, só temos que fazer isto:

```
from typing import Iterable

def wc_reducer(word: str,
               counts: Iterable[int]) -> Iterator[Tuple[str, int]]:
```

```
        """Some as contagens da palavra"""
        yield (word, sum(counts))
```

Voltando à etapa 2, agora precisamos coletar os resultados de wc_mapper e alimentá-los em wc_reducer. Vamos pensar em como fazíamos isso usando apenas um computador:

```
from collections import defaultdict

def word_count(documents: List[str]) -> List[Tuple[str, int]]:
    """Conte as palavras nos documentos de entrada usando o MapReduce"""

    collector = defaultdict(list) # Para armazenar os valores agrupados

    for document in documents:
        for word, count in wc_mapper(document):
            collector[word].append(count)

    return [output
            for word, counts in collector.items()
            for output in wc_reducer(word, counts)]
```

Imagine que temos três documentos ["data science", "big data", "science fiction"].

O wc_mapper aplicado ao primeiro documento produz os dois pares ("data", 1) e ("science", 1). Depois de examinar os três documentos, vemos que o collector contém:

```
{"data" : [1, 1],
 "science" : [1, 1],
 "big" : [1],
 "fiction" : [1]}
```

Então, o wc_reducer produz as contagens para cada palavra:

```
[("data", 2), ("science", 2), ("big", 1), ("fiction", 1)]
```

Por que o MapReduce?

Como vimos antes, o principal benefício do MapReduce é a possibilidade de distribuir as computações movendo o processamento para os dados. Imagine a contagem de palavras em bilhões de documentos.

Na nossa abordagem original (sem o MapReduce), a máquina de processamento precisava ter acesso a todos os documentos. Logo, todos eles deviam estar na máquina ou seriam transferidos para ela durante o processamento. Mais importante, a máquina só podia processar um documento por vez.

> A máquina processará alguns documentos por vez se tiver vários núcleos e se o código for reescrito para otimizar essa configuração. Entretanto, ainda assim, todos os documentos precisam *ir* para a máquina.

Agora, imagine que há bilhões de documentos espalhados por 100 máquinas. Com a infraestrutura certa (e pulando alguns detalhes), o procedimento é o seguinte:

- Oriente cada máquina a executar o mapper nos respectivos documentos, produzindo muitos pares de chave/valor;
- Distribua esses pares de chave/valor para um número de máquinas "redutoras" de modo que todos os pares correspondentes a uma mesma chave fiquem na mesma máquina;
- Oriente cada máquina redutora a agrupar os pares por chave e executar o reducer em todos os conjuntos de valores;
- Retorne todo os pares (chave, saída).

Surpreendentemente, a expansão desse procedimento é horizontal. Se dobrarmos o número de máquinas (ignorando os custos fixos com a execução do sistema MapReduce), o cálculo será executado aproximadamente duas vezes mais rápido. Cada máquina mapeadora só realizará metade do trabalho (supondo que haja chaves distintas suficientes para distribuir as atividades de redução), e o mesmo se aplica às máquinas redutoras.

Uma Visão Mais Geral do MapReduce

Se você pensar um pouco, perceberá que todo o código da contagem de palavras do exemplo anterior está nas funções `wc_mapper` e `wc_reducer`. Logo, com algumas mudanças, criamos um framework muito mais geral (ainda executado em uma só máquina).

Podemos usar tipos genéricos para anotar totalmente a função `map_reduce`, mas isso acabaria com a pedagogia desta obra. Portanto, neste capítulo, seremos mais desleixados com as anotações de tipo:

```
from typing import Callable, Iterable, Any, Tuple

# Um par de chave/valor é apenas uma tupla de 2 elementos
KV = Tuple[Any, Any]

# Um Mapper é uma função que retorna um iterável de pares de chave/valor
Mapper = Callable[..., Iterable[KV]]
```

```
# Um Reducer é uma função que recebe uma chave e um iterável de valores
# e retorna um par de chave/valor
Reducer = Callable[[Any, Iterable], KV]
```

Agora, escreveremos uma função geral `map_reduce`:

```
def map_reduce(inputs: Iterable,
               mapper: Mapper,
               reducer: Reducer) -> List[KV]:
    """"Execute o MapReduce nas entradas usando o mapper e o reducer""""
    collector = defaultdict(list)

    for input in inputs:
        for key, value in mapper(input):
            collector[key].append(value)

    return [output
            for key, values in collector.items()
            for output in reducer(key, values)]
```

Então, para contar as palavras, basta fazer isto:

```
word_counts = map_reduce(documents, wc_mapper, wc_reducer)
```

Agora, temos flexibilidade para resolver vários problemas.

Antes de prosseguir, observe que o `wc_reducer` só está somando os valores correspondentes a cada chave. Esse tipo de agregação é bastante comum e vale a pena abstraí-lo:

```
def values_reducer(values_fn: Callable) -> Reducer:
    """"Retorne um reducer que aplique o values_fn em seus valores"""" def
    reduce(key, values: Iterable) -> KV:
        return (key, values_fn(values))

    return reduce
```

Então, criamos facilmente:

```
sum_reducer = values_reducer(sum)
max_reducer = values_reducer(max)
min_reducer = values_reducer(min)
count_distinct_reducer = values_reducer(lambda values: len(set(values)))

assert sum_reducer("key", [1, 2, 3, 3]) == ("key", 9)
assert min_reducer("key", [1, 2, 3, 3]) == ("key", 1)
assert max_reducer("key", [1, 2, 3, 3]) == ("key", 3)
assert count_distinct_reducer("key", [1, 2, 3, 3]) == ("key", 3)
```

E assim por diante.

Exemplo: Analisando as Atualizações de Status

O vice-presidente de Conteúdo ficou impressionado com a contagem de palavras e perguntou se há mais informações nas atualizações de status. Então, você extrai um conjunto de dados de atualizações de status parecido com este:

```
status_updates = [
    {"id": 2,
     "username" : "joelgrus",
     "text" : "Should I write a second edition of my data science book?",
     "created_at" : datetime.datetime(2018, 2, 21, 11, 47, 0),
     "liked_by" : ["data_guy", "data_gal", "mike"] },
     # ...
]
```

Imagine que queremos definir o dia da semana em que as pessoas mais falam sobre data science. Para isso, contaremos as atualizações que mencionam data science em cada dia da semana. Formaremos grupos por dia da semana; essa será a chave. E, se emitirmos o valor 1 para cada atualização que contém "data science", obteremos o número total usando `sum`:

```
def data_science_day_mapper(status_update: dict) -> Iterable:
    """Gera (day_of_week, 1) se o status_update mencionar "data science" """
    if "data science" in status_update["text"].lower():
        day_of_week = status_update["created_at"].weekday()
        yield (day_of_week, 1)

data_science_days = map_reduce(status_updates,
                               data_science_day_mapper,
                               sum_reducer)
```

Em um exemplo um pouco mais complicado, imagine que queremos descobrir a palavra que cada usuário mais menciona nas suas atualizações de status. Até onde eu sei, existem três abordagens possíveis para o `mapper`:

- Coloque o nome de usuário na chave; coloque as palavras e contagens nos valores;
- Coloque a palavra na chave; coloque os nomes de usuário e as contagens nos valores;
- Coloque o nome de usuário e a palavra na chave; coloque as contagens nos valores.

Pensando bem, definitivamente é uma boa ideia agrupar por `username`, porque queremos analisar as palavras de cada pessoa separadamente. E não devemos agrupar por `word`, pois o reducer terá que ver todas as palavras de cada pessoa até definir a mais comum. Logo, a primeira opção é a certa:

```
def words_per_user_mapper(status_update: dict):
    user = status_update["username"]
    for word in tokenize(status_update["text"]):
        yield (user, (word, 1))

def most_popular_word_reducer(user: str,
                              words_and_counts: Iterable[KV]):
    """
    Para uma sequência de pares (word, count),
    retorne a palavra com a maior contagem total
    """
    word_counts = Counter()
    for word, count in words_and_counts:
        word_counts[word] += count
    word, count = word_counts.most_common(1)[0]

    yield (user, (word, count))

user_words = map_reduce(status_updates,
                        words_per_user_mapper,
                        most_popular_word_reducer)
```

Ou podemos determinar o número de pessoas que curtem os status de cada usuário:

```
def liker_mapper(status_update: dict):
    user = status_update["username"]
    for liker in status_update["liked_by"]:
        yield (user, liker)

distinct_likers_per_user = map_reduce(status_updates,
                                      liker_mapper,
                                      count_distinct_reducer)
```

Exemplo: Multiplicação de Matrizes

Lembre-se da seção "Multiplicação de Matrizes": quando multiplicamos uma matriz `A [n, m]` e uma matriz `B [m, k]`, formamos uma matriz `C [n, k]`, e o elemento de `C` na linha `i` e na coluna `j` é obtido da seguinte forma:

```
C[i][j] = sum(A[i][x] * B[x][j] for x in range(m))
```

Isso funciona quando representamos as matrizes como listas de listas, como fizemos ao longo do livro.

No entanto, algumas matrizes grandes são *esparsas*, ou seja, a maioria dos seus elementos é igual a 0. Em matrizes esparsas e grandes, uma lista de listas é uma representação bastante ineficiente. Uma representação mais compacta deve armazenar apenas os locais com valores diferentes de zero:

```
from typing import NamedTuple

class Entry(NamedTuple):
    name: str
    i: int
    j: int
    value: float
```

Por exemplo, uma matriz de 1 bilhão × 1 bilhão tem 1 *quintilhão* de entradas, o que não é fácil de armazenar em um computador. Porém, se houver apenas algumas entradas diferentes de zero em cada linha, essa representação alternativa será muitas ordens de magnitude menor.

Com esse tipo de representação, podemos usar o MapReduce para realizar a multiplicação de matrizes de forma distribuída.

Analisando o algoritmo, observe que cada elemento `A[i][j]` só é usado para calcular os elementos de `C` na linha `i` e que cada elemento `B[i][j]` só é usado para calcular os elementos de `C` na coluna `j`. Aqui, o objetivo é gerar cada saída do `reducer` como uma entrada de `C`. Logo, o mapper deve emitir chaves identificando uma só entrada de `C`. Aqui, obtemos a seguinte estrutura:

```
def matrix_multiply_mapper(num_rows_a: int, num_cols_b: int) -> Mapper:
    # C[x][y] = A[x][0] * B[0][y] + ... + A[x][m] * B[m][y]
    #
    # então, um elemento A[i][j] entra em todos os C[i][y] com o coef B[j][y]
    # e um elemento B[i][j] entra em todos os C[x][j] com o coef A[x][i]
    def mapper(entry: Entry):
        if entry.name == “A”:
            for y in range(num_cols_b):
                key = (entry.i, y)              # qual elemento de C value
                = (entry.j, entry.value)        # qual entrada na soma
                yield (key, value)
        else:
            for x in range(num_rows_a):
                key = (x, entry.j)              # qual elemento de C
                value = (entry.i, entry.value)  # qual entrada na soma
                yield (key, value)

    return mapper
```

Em seguida:

```
def matrix_multiply_reducer(key: Tuple[int, int],
                            indexed_values: Iterable[Tuple[int, int]]):
    results_by_index = defaultdict(list)

    for index, value in indexed_values:
        results_by_index[index].append(value)

    # Multiplique os valores das posições por dois valores
    # (um de A e outro de B) e some todos.
```

```
        sumproduct = sum(values[0] * values[1]
                         for values in results_by_index.values()
                         if len(values) == 2)

        if sumproduct != 0.0:
            yield (key, sumproduct)
```

Por exemplo, considere estas duas matrizes:

```
A = [[3, 2, 0],
     [0, 0, 0]]

B = [[4,  1, 0],
     [10, 0, 0],
     [0, 0, 0]]
```

Você pode reescrevê-las como tuplas:

```
entries = [Entry("A", 0, 0, 3), Entry("A", 0, 1, 2), Entry("B", 0, 0, 4),
           Entry("B", 0, 1, -1), Entry("B", 1, 0, 10)]
mapper = matrix_multiply_mapper(num_rows_a=2, num_cols_b=3)
reducer = matrix_multiply_reducer

# O produto deve ser [[32, -3, 0], [0, 0, 0]].
# Portanto, deve ter duas entradas.
assert (set(map_reduce(entries, mapper, reducer)) ==
        {((0, 1), -3), ((0, 0), 32)})
```

Esse procedimento não é muito interessante em matrizes pequenas, mas, com milhões de linhas e de colunas, ele é de grande ajuda.

Um Aparte: Combiners

Você deve ter notado que muitos dos nossos mappers contêm um monte de informações extras. Por exemplo, na contagem de palavras, em vez de emitir `(word, 1)` e somar os valores, bastava ter emitido `(word, None)` e obtido o comprimento.

Não fizemos isso porque, na configuração distribuída, às vezes é preciso usar *combiners* para reduzir a quantidade de dados transferidos de uma máquina para outra. Se uma máquina mapeadora visualizar a palavra *data* 500 vezes, podemos programá-la para combinar as 500 instâncias de `("data", 1)` em uma única `("data", 500)` antes de transmitir os dados para a máquina redutora. Assim, reduzimos muito a movimentação de dados, aumentando expressivamente a velocidade do algoritmo.

Com sua codificação atual, nosso reducer lidaria corretamente com esses dados combinados. (Se ele tivesse sido escrito com `len`, não lidaria.)

Materiais Adicionais

- Como eu disse, o MapReduce é bem menos popular agora do que na época da primeira edição. Provavelmente, não vale a pena investir muito tempo nele;
- Dito isso, o sistema MapReduce mais usado é o Hadoop (*http://hadoop.apache.org*). Existem várias distribuições comerciais e não comerciais e um imenso ecossistema de ferramentas relacionadas ao Hadoop;
- A Amazon.com oferece o serviço Elastic MapReduce (*http://aws.amazon.com/elasticmapreduce/*), que provavelmente é mais fácil do que configurar um cluster próprio;
- Como os projetos do Hadoop geralmente têm alta latência, são uma opção ruim para análises em tempo real. Uma opção popular para esses serviços é o Spark, que pode dar uma de MapReduce.

CAPÍTULO 26

Ética de Dados

Primeiro o rango, depois a ética.

—Bertolt Brecht

O Que É a Ética de Dados?

O uso de dados também está associado ao mau uso dos dados. Isso sempre ocorreu, mas recentemente a ideia de "ética de dados" vem ganhando mais destaque na imprensa.

Por exemplo, nas eleições de 2016, a empresa Cambridge Analytica acessou indevidamente os dados do Facebook (*https://en.wikipedia.org/wiki/Facebook%E2%80%93Cam bridge_Analytica_data_scandal*) e usou essas informações para direcionar propaganda política.

Em 2018, durante um teste realizado pelo Uber, um carro autônomo atropelou e matou um pedestre (*https://www.nytimes.com/2018/05/24/technology/uber-autonomous-car-ntsb-investigation.html*) (havia uma "motorista de segurança" no carro, mas aparentemente ela não estava prestando atenção no momento).

Os algoritmos estão sendo usados para prever o risco de reincidência dos criminosos (*https://www.themarshallproject.org/2015/08/04/the-new-science-of-sentencing*) e gerar condenações proporcionais. Isso é mais ou menos justo do que as deliberações dos juízes?

Algumas companhias aéreas colocam famílias em diferentes locais do avião (*https://twitter.com/ShelkeGaneshB/status/1066161967105216512*) e depois cobram uma taxa extra para a mudança de assento. O cientista de dados deve combater esse tipo de situação? (Muitos cientistas de dados no thread citado acreditam nisso.)

A "ética de dados" tem como missão oferecer respostas para essas perguntas ou, pelo menos, criar uma plataforma de debate. Não sou tão arrogante a ponto de dizer *como* você deve pensar sobre essas coisas (que, na verdade, estão mudando rapidamente); portanto, neste capítulo, faremos um rápido tour por algumas das questões mais relevantes para (com sorte) inspirá-lo a pensar mais sobre elas. (Infelizmente não sou um filósofo bom o suficiente para desenvolver uma estrutura ética *do zero*.)

Agora, vamos lá: O Que É a Ética de Dados?

Bem, começaremos perguntando: "O que é ética?" Pela média das definições disponíveis, concluímos que a *ética* é um framework para pensar sobre comportamentos "certos" e "errados". Logo, a ética de *dados* é um framework para pensar sobre comportamentos certos e errados em questões que envolvam dados.

Alguns se referem à "ética de dados" como um conjunto de mandamentos (talvez implícitos) sobre o que se pode fazer ou não na área. Há pessoas que se dedicam arduamente a criar manifestos e a elaborar juramentos e compromissos obrigatórios para os profissionais. Outras defendem que a ética de dados passe a integrar de forma definitiva o currículo do data science — portanto, este capítulo já antecipa o tópico para o caso de essas reivindicações serem bem-sucedidas.

> Curiosamente, não há muitos dados indicando que os cursos de ética geram comportamentos éticos (*https://www.washingtonpost.com/news/on-leadership/wp/2014/01/13/can-you-teach-businessmen-to-be-ethical*); nesse caso, talvez esse movimento seja antiético!

Outros profissionais (como este humilde autor) pensam que pessoas razoáveis sempre discordarão sobre pontos sutis em questões de certo e errado, e que a meta mais importante da ética de dados é inspirar a *reflexão* sobre as consequências éticas dos nossos comportamentos. Aqui, temos que *compreender* situações que muitos ativistas da "ética de dados" não aprovam, mas sem a obrigação de concordar com essa desaprovação.

Por Que a Ética de Dados É Importante?

Seja qual for o seu trabalho, a ética sempre é importante. Se você trabalha com dados, defina essa reflexão como "ética de dados", mas a ética também está presente nos aspectos da sua vida profissional que não têm relação com dados.

Talvez o diferencial do setor de tecnologia seja a *escalabilidade* e a grande abrangência dos efeitos das decisões tomadas por profissionais que lidam com problemas de tecnologia (relacionados ou não a dados).

Uma pequena alteração no algoritmo de descoberta de notícias leva milhões de pessoas a lerem um artigo que antes ninguém havia lido.

Um algoritmo com falha aplicado à concessão de liberdade condicional prejudica sistematicamente milhões de pessoas em todo o país, enquanto um comitê tendencioso só prejudica as pessoas que solicitam liberdade condicional a esse órgão específico.

Então, no geral, você deve refletir sobre os efeitos do seu trabalho no mundo. E, quanto mais abrangentes forem esses efeitos, mais importantes serão essas questões.

Infelizmente, algumas pessoas ligadas ao movimento da ética de dados só se ocupam de impor suas próprias conclusões sobre o assunto. Mas a decisão é *sua*.

Criando Produtos Ruins com Dados

Algumas questões de "ética de dados" estão ligadas à criação de *produtos ruins*.

Por exemplo, quando a Microsoft lançou o chat bot Tay (*https://en.wikipedia.org/wiki/ Tay_(bot)*), que repetia tuítes, a internet logo descobriu que o Tay podia tuitar todo tipo de coisas ofensivas. É improvável que alguém na Microsoft tenha questionado se era ético lançar um bot "racista"; a equipe provavelmente criou um bot sem pensar nos possíveis usos indevidos. Talvez esse seja um referencial muito baixo, porém é só para mostrar que você deve sempre pensar nos possíveis abusos dos produtos.

Outro exemplo: em um momento, o Google Photos usou um algoritmo de reconhecimento de imagem que, às vezes, classificava fotos de pessoas negras como "gorilas" (*https://www.theverge.com/2018/1/12/16882408/google-racist-gorillas-photo-recognition- algorithm-ai*). Novamente, é muito improvável que alguém no Google tenha *decidido expressamente* lançar esse recurso (ou questionado suas consequências "éticas"). Aqui, provavelmente o problema foi uma combinação de dados de treinamento ruins, imprecisão do modelo e ofensividade terrível da falha (se o modelo só categorizasse caixas de correio como caminhões de bombeiros, provavelmente ninguém teria ligado).

Nesse caso, a solução é menos óbvia: como afirmar que o modelo treinado não fará previsões ofensivas? Claro, devemos treiná-lo (e testá-lo) com várias entradas, mas é possível afirmar que não há nenhuma entrada, em algum local, que faça o modelo se comportar de forma constrangedora? Esse é um problema difícil. (Aparentemente, o Google "resolveu" a falha eliminando a previsão de "gorila".)

Equilibrando Precisão e Justiça

Imagine que você está construindo um modelo para prever a probabilidade de as pessoas executarem alguma ação. O projeto tem um bom resultado (Tabela 26-1).

Tabela 26-1. Um ótimo projeto

Previsão	Pessoas	Ações	%
Improvável	125	25	20%
Provável	125	75	60%

Das pessoas que receberam a previsão de improvável, só 20% executaram a ação. Das pessoas que receberam a previsão de provável, 60% executaram a ação. Nada mal.

Agora, imagine que as pessoas formam dois grupos: A e B. Seus colegas estão preocupados, pois acham que o modelo é *injusto* com um dos grupos. Embora não processe o fator de associação ao grupo, o modelo analisa vários outros fatores que mantêm relações complexas com a associação ao grupo.

De fato, ao analisar as previsões por grupo, você descobre estatísticas surpreendentes (Tabela 26-2).

Tabela 26-2. Estatísticas surpreendentes

Grupo	Previsão	Previsão	Ações	%
A	Improvável	100	20	20%
A	Provável	25	15	60%
B	Improvável	25	5	20%
B	Provável	100	60	60%

O modelo é injusto? Os cientistas de dados da equipe apresentam vários argumentos:

Argumento 1

> O modelo classifica 80% do grupo A como "improvável", mas 80% do grupo B como "provável". Esse cientista de dados aponta que o modelo está tratando os dois grupos de maneira injusta, pois gera previsões muito diferentes para ambos.

Argumento 2

> Qualquer que seja seu grupo, quando prevemos "improvável", o indivíduo tem 20% de probabilidade de executar a ação e, quando prevemos "provável", 60%. Esse cientista de dados insiste que o modelo é "preciso", pois suas previsões têm o mesmo efeito quando o indivíduo pertence a qualquer um dos grupos.

Argumento 3

> 40/125 = 32% das pessoas do grupo B foram erroneamente classificadas como "prováveis", mas apenas 10/125 = 8% do grupo A. Esse cientista de dados (que atribui à previsão "provável" um significado negativo) aponta que o modelo estigmatiza injustamente o grupo B.

Argumento 4

> 20/125 = 16% das pessoas do grupo A foram erroneamente classificadas como "improváveis", mas apenas 5/125 = 4% do grupo B. Esse cientista de dados (que atribui à previsão "improvável" um significado negativo) aponta que o modelo estigmatiza injustamente o grupo A.

Qual desses cientistas de dados tem razão? Algum deles está correto? Talvez isso dependa do contexto.

Possivelmente, você terá uma opinião se os dois grupos forem "homens" e "mulheres" e outra opinião se eles forem "usuários de R" e "usuários de Python". E se o grupo de Python tiver uma tendência para usuários masculinos e o grupo de R para usuários femininos?

Possivelmente, você terá uma opinião se o modelo prever a probabilidade de um usuário da DataSciencester se *candidatar* a um emprego por meio dos anúncios do site e terá outra se o modelo prever a probabilidade de um usuário ser *aprovado* em uma entrevista de emprego.

Possivelmente, sua opinião depende do modelo como um todo, dos recursos analisados e dos dados de treinamento.

Em todo caso, o objetivo aqui é destacar que deve haver um equilíbrio entre "precisão"e "justiça" (que, claro, dependem da sua definição em cada caso) e que esse procedimento nem sempre tem uma solução "correta" e óbvia.

Colaboração

Finalmente, os governantes de um país autoritário (pelos seus padrões) permitiram que seus cidadãos se associem à DataSciencester, com a condição de que eles não participem de discussões sobre aprendizado profundo. Além disso, o governo quer que o site informe os nomes dos usuários desse país que *procuram* informações sobre o tema.

É justo oferecer aos cientistas de dados do país um acesso com tópicos limitados (e monitorado) à DataSciencester? Ou essas restrições são tão terríveis que talvez seja melhor não oferecer nenhum acesso?

Interpretabilidade

O departamento de RH da DataSciencester solicita um modelo para prever os funcionários com maior risco de deixar a empresa a fim de intervir e tentar melhorar a situação deles. (A taxa de atrito tem um peso importante no artigo "As 10 Empresas Mais Felizes Para Trabalhar" da revista que é o sonho de consumo do CEO.)

Depois de coletar muitos dados históricos, você definiu três opções de modelo:

- Uma árvore de decisão;
- Uma rede neural;
- Um "especialista em retenção" de alto custo.

Um dos cientistas de dados recomenda o modelo com melhor desempenho.

Outro desaconselha o modelo de rede neural, pois só os outros dois explicam suas previsões; para ele, apenas a explicação das previsões orientará o RH a promover mudanças estruturais (em vez de intervenções pontuais).

O terceiro diz que, mesmo que o "especialista" *explique* suas previsões, não há *motivos* para acreditar nas suas justificativas.

Como nos outros exemplos, aqui não há uma opção absoluta. Em algumas circunstâncias (possivelmente por razões legais ou se as previsões forem muito radicais), optamos por um modelo com desempenho inferior, mas que ofereça explicações para as previsões. Em outros casos, optamos pelo modelo com as melhores previsões. Também há cenários em que não existe um modelo interpretável com bom desempenho.

Recomendações

Como vimos no Capítulo 23, uma aplicação comum do data science são as recomendações. Sempre que alguém assiste a um vídeo do YouTube, o site recomenda mais vídeos para assistir depois.

Como ganha dinheiro com publicidade, o YouTube recomenda os vídeos com maior probabilidade de visualização para veicular mais anúncios. Mas as pessoas gostam de assistir a vídeos sobre teorias da conspiração, que tendem a aparecer nas recomendações.

> Na época da escrita deste capítulo, quando você pesquisava "saturno" no YouTube, o terceiro resultado era: "Algo Está Acontecendo em Saturno... O Que ELES Estão Escondendo?" Acho que isso dá uma ideia dos tipos de vídeos que estou abordando.

O YouTube tem a obrigação de não recomendar vídeos conspiratórios? Mesmo se muitas pessoas quiserem assisti-los?

Outro exemplo: se você acessar o google.com (ou o bing.com) e começar a digitar uma pesquisa, o mecanismo de pesquisa oferecerá sugestões de preenchimento automático. Essas sugestões são baseadas (em parte, pelo menos) nas pesquisas das outras pessoas; especificamente, se as outras pessoas estiverem procurando coisas desagradáveis, isso talvez influencie as suas sugestões.

O mecanismo de pesquisa deve filtrar ativamente as sugestões que acha inadequadas? O Google (por algum motivo) parece estar determinado a não sugerir nada relacionado à religião das pessoas. Por exemplo, se você digitar "mitt romney m" no Bing, a primeira sugestão é "mitt romney mormon" (o que eu esperava), mas o Google se recusa a oferecer essa sugestão.

De fato, o Google filtra expressamente as sugestões automáticas que considera "ofensivas ou depreciativas" (*https://blog.google/products/search/google-search-autocomplete/*). (O critério para a definição de ofensivo ou depreciativo não é explicado.) Mas, às vezes, a verdade é ofensiva. Proteger as pessoas dessas sugestões é ético? Ou antiético? Ou isso não é uma questão de ética?

Dados Tendenciosos

Na seção "Vetores de Palavras", usamos um corpus de documentos para aprender as incorporações dos vetores de palavras, que tinham *semelhança distributiva*. Ou seja, as palavras que apareciam em contextos semelhantes tinham vetores semelhantes. Logo, os vieses presentes nos dados de treinamento ficaram expressos nos vetores de palavras.

Por exemplo, se os documentos abordarem como os usuários de R são réprobos e como os usuários de Python são virtuosos, provavelmente o modelo aprenderá essas associações para "Python" e "R".

Quase sempre, os vetores de palavras são formados a partir de uma combinação de artigos do Google News e da Wikipédia, livros e páginas da web rastreadas. Logo, eles aprendem os padrões de distribuição presentes nessas fontes.

Por exemplo, se a maioria dos artigos de notícias sobre engenheiros de software abordar profissionais *homens*, o vetor de "software" talvez fique mais próximo dos vetores de outras palavras "masculinas" do que dos vetores de palavras "femininas".

Portanto, todos os aplicativos derivados desses vetores talvez apresentem essa proximidade. Dependendo do caso, isso pode não ser um problema. Há várias técnicas para "remover" vieses específicos, embora seja muito difícil eliminar todos. Contudo, tenha essa característica sempre em mente.

Como vimos no exemplo das "fotos" da seção "Construindo Produtos Ruins com Dados", se você treinar um modelo com dados não representativos, muito provavelmente ele terá um péssimo comportamento na realidade, gerando resultados ofensivos ou constrangedores.

Por outro lado, também é possível codificar vieses do mundo real nos algoritmos. Por exemplo, seu modelo de concessão de liberdade condicional faz previsões perfeitas sobre os criminosos libertados que são presos novamente, mas, se essas prisões resultam de processos tendenciosos do mundo real, então o modelo talvez esteja perpetuando o viés em questão.

Proteção de Dados

Você tem muitas informações sobre os usuários da DataSciencester. Sabe as tecnologias que eles mais gostam, quem são seus amigos na comunidade dos cientistas de dados, onde eles trabalham, quanto ganham, quanto tempo passam no site, em quais anúncios de emprego eles clicam e assim por diante.

O vice-presidente de Monetização planeja vender esses dados para os anunciantes muito interessados em oferecer soluções de "big data" para os usuários. O diretor de Tecnologia pretende compartilhar esses dados com pesquisadores interessados em publicar artigos sobre o perfil dos cientistas de dados. O vice-presidente de Relações Políticas planeja fornecer esses dados para campanhas de políticos geralmente interessados em formar suas próprias organizações de data science. E o vice-presidente de Relações Governamentais pretende usar esses dados para responder a questionamentos oficiais das autoridades.

Graças à visão do vice-presidente de Contratos, os usuários que concordaram com os termos de serviço concederam ao site o direito de fazer praticamente qualquer coisa com os dados deles.

No entanto (como você já previa), vários cientistas de dados da equipe criticaram esses usos. Um profissional acha errado repassar os dados para os anunciantes; outro não confia na responsabilidade dos pesquisadores para proteger os dados adequadamente. O terceiro pensa que a empresa não deve se meter com política, e o último aponta que a polícia não é confiável e que essa colaboração com as autoridades prejudicará pessoas inocentes.

Algum desses cientistas de dados tem razão?

Resumindo

Esse tópico cobre muitos pontos importantes! E há muitos que não mencionamos e outros que surgirão no futuro, mas que hoje nem conseguimos imaginar.

Materiais Adicionais

- Não faltam excelentes pensadores no campo da ética de dados. Pesquisar no Twitter (ou no seu site de notícias favorito) provavelmente é a melhor forma de descobrir a última polêmica nessa área;
- Se você quiser um material um pouco mais prático, Mike Loukides, Hilary Mason e DJ Patil escreveram o pequeno e-book *Ethics and Data Science* (*https:// www.oreilly.com/library/view/ethics-and-data/9781492043898/*), que trata da aplicação prática da ética de dados. Aqui, tenho a honra de recomendar essa obra em retribuição a Mike, que concordou em publicar o *Data Science do Zero* em 2014. (Exercício: esse meu gesto é ético?)

CAPÍTULO 27

Vá em Frente e Pratique o Data Science

E agora, mais uma vez, rogo que minha cria hedionda siga em frente e prospere.

—Mary Shelley

Não sabe para onde ir agora? Supondo que eu não tenha eliminado seu interesse por data science, há ótimos temas para estudar em seguida.

IPython

Já mencionei o IPython (*http://ipython.org/*) neste livro. Ele oferece um shell com bem mais funcionalidades do que o shell padrão do Python e adiciona "funções mágicas" para (entre outras ações) copiar e colar facilmente o código (o que geralmente é complicado devido à combinação de linhas em branco e formatação com espaços em branco) e executar scripts no shell.

Dominar o IPython facilita muito as coisas. (Até aprender um pouco de IPython facilita muito a sua vida.)

> Na primeira edição, também recomendei o estudo do IPython Notebook (agora Jupyter Notebook), um ambiente computacional que permite combinar texto, live coding em Python e visualizações.
>
> Agora, sou cético em relação a esses ambientes (*https://twitter.com/joelgrus/status/1033035196428378113*), pois acho que eles confundem os iniciantes e incentivam práticas ruins de codificação. (Também tenho muitos outros motivos.) Como você será bastante incentivado por outras pessoas a usar esses notebooks, lembre-se: sou contra.

Matemática

Ao longo deste livro, abordamos álgebra linear (Capítulo 4), estatística (Capítulo 5), probabilidade (Capítulo 6) e vários aspectos do aprendizado de máquina.

Para ser um bom cientista de dados, você deve estudar mais esses tópicos. Recomendo um estudo mais aprofundado de todos eles, com base nos livros recomendados ao final dos capítulos, nos seus livros preferidos e em cursos online e presenciais.

Sem Partir do Zero

Implementar as coisas "do zero" é ótimo para entender como elas funcionam. Mas, geralmente, isso prejudica o desempenho (a menos que a implementação vise diretamente o desempenho), a acessibilidade, a prototipagem rápida e o tratamento de erros.

Nos seus projetos, você deve usar bibliotecas bem projetadas que implementem os fundamentos de forma consistente. Na minha proposta original para este livro, havia uma segunda parte chamada "agora, estudaremos as bibliotecas". Felizmente, a O'Reilly vetou essa ideia. Depois do lançamento da primeira edição, Jake VanderPlas escreveu o *Python Data Science Handbook* (*http://shop.oreilly.com/product/0636920034919.do*) (O'Reilly), uma boa introdução para as principais bibliotecas e um bom livro para ler depois deste.

NumPy

O NumPy (de "Numeric Python") (*http://www.numpy.org*) oferece estruturas para atividades de computação científica "de verdade". Ele tem arrays com um desempenho melhor do que o dos nossos vetores de `lists`, matrizes com um desempenho melhor do que o das nossas matrizes de `lists` das `lists` e muitas funções numéricas para processar isso tudo.

Como o NumPy é a base de muitas bibliotecas, é especialmente importante estudá-lo.

pandas

O pandas (*http://pandas.pydata.org*) oferece estruturas de dados adicionais para trabalhar com conjuntos de dados em Python. Sua abstração principal é o `DataFrame`, conceitualmente semelhante à classe `Table` do NotQuiteABase que construímos no Capítulo 24, mas com muito mais funcionalidades e um desempenho melhor.

Quando usamos o Python para transformar, dividir, agrupar e manipular conjuntos de dados, o pandas é uma ferramenta inestimável.

scikit-learn

O scikit-learn (*http://scikit-learn.org*) provavelmente é a biblioteca mais popular de aprendizado de máquina no Python, e contém todos os modelos que implementamos e muitos outros. Diante de um problema real, você não constrói uma árvore de decisão do zero; deixe o trabalho pesado para o scikit-learn. Diante de um problema real, você não escreve um algoritmo de otimização manualmente; recorra ao scikit-learn para escolher um algoritmo muito bom.

A documentação contém muitos exemplos (*http://scikit-learn.org/stable/auto_examples/*) das suas capacidades (e, de maneira mais geral, das capacidades do aprendizado de máquina).

Visualização

Os gráficos matplotlib que criamos eram limpos e funcionais, mas não elegantes (nem interativos). Para se aprofundar na visualização de dados há várias opções.

Primeiro, ainda é possível explorar mais o matplotlib, pois só vimos poucos recursos dele. O site contém muitos exemplos (*http://matplotlib.org/examples/*) de funcionalidades e uma galeria (*http://matplotlib.org/gallery.html*) com algumas das mais interessantes. Para criar visualizações estáticas (por exemplo, uma figura em um livro), esse provavelmente deve ser seu próximo passo.

Confira também o seaborn (*https://seaborn.pydata.org/*), uma biblioteca que (entre outras coisas) deixa o matplotlib mais atraente.

Para criar visualizações interativas, e compartilhá-las na web, a opção mais óbvia provavelmente é o D3.js (*http://d3js.org*), uma biblioteca JavaScript para criar "documentos orientados a dados" [data-driven documents, daí os três Ds]. Até sem dominar o JavaScript, é possível pegar exemplos da galeria D3 (*https://github.com/mbostock/d3/wiki/Gallery*) e ajustá-los para trabalhar com seus dados. (Bons cientistas de dados copiam da galeria D3; grandes cientistas de dados roubam da galeria D3.)

Se você não tiver interesse no D3, basta navegar pela galeria para obter informações incríveis sobre a visualização de dados.

O Bokeh (*http://bokeh.pydata.org*) é um projeto que adiciona funcionalidades no estilo do D3 ao Python.

R

Você pode muito bem dispensar o estudo de R (*http://www.r-project.org*), mas, como muitos cientistas de dados e projetos de data science usam essa linguagem, vale a pena conhecê-la.

Em parte, isso serve para entender os textos de blogs, exemplos e código escritos em R; mas também pode ajudá-lo a apreciar melhor a elegância (comparativamente) limpa do Python, além de servir como preparação para as intermináveis guerras "R versus Python".

Aprendizado Profundo

É possível ser um cientista de dados sem lidar com aprendizado profundo, mas aí você não estará antenado com o momento.

Os dois frameworks de aprendizado profundo mais populares para Python são o TensorFlow (*https://www.tensorflow.org/*) (criado pelo Google) e o PyTorch (*https://pytorch.org/*) (criado pelo Facebook). A internet está cheia de tutoriais para eles, variando de maravilhosos a terríveis.

O TensorFlow é mais antigo e mais utilizado, porém o PyTorch é (na minha opinião) muito mais fácil de usar e (especificamente) muito mais acessível para iniciantes. Prefiro (e recomendo) o PyTorch, mas — como dizem — ninguém nunca foi demitido por escolher o TensorFlow.

Encontre Dados

Se você trabalha com data science, provavelmente obtém os dados nas suas rotinas profissionais (ou não). E quem pratica o data science só por diversão? Os dados estão em toda parte, mas confira estes pontos de partida:

- O site Data.gov (*http://www.data.gov*) é um portal de dados abertos do governo norte-americano. Para obter dados sobre algo relacionado ao governo (como a maioria das coisas atualmente), esse é um bom lugar para começar;
- No Reddit, os fóruns r/datasets (*http://www.reddit.com/r/datasets*) e r/data (*http://www.reddit.com/r/data*) são bons locais para pedir e descobrir dados;
- A Amazon.com tem uma coleção de conjuntos de dados públicos (*http://aws.amazon.com/public-data-sets/*) e recomenda seus produtos para quem deseja analisá-los (mas você pode fazer a análise com qualquer produto);

- Robb Seaton tem uma lista peculiar de conjuntos de dados selecionados no seu blog (*http://rs.io/100-interesting-data-sets-for-statistics/*);
- O Kaggle (*https://www.kaggle.com/*) é um site que realiza competições de data science. Nunca participei (não sou muito competitivo quando o assunto é data science), mas você pode. O site hospeda muitos conjuntos de dados;
- O Google agora tem o novo recurso Dataset Search (*https://toolbox.google.com/datasetsearch*) voltado para (é isso aí) a pesquisa de conjuntos de dados.

Pratique o Data Science

Examinar catálogos de dados é bom, mas os melhores projetos (e produtos) são os que seguem um interesse específico. Estes são alguns dos meus.

Hacker News

O Hacker News (*https://news.ycombinator.com/news*) é um site de agregação e discussão de notícias relacionadas à tecnologia. Ele coleta muitos artigos, mas um grande número deles não é interessante para mim.

Portanto, há muitos anos, criei um classificador de artigos do Hacker News (*https://github.com/joelgrus/hackernews*) para prever se eu me interessaria ou não por uma determinada matéria. Esse recurso não foi bem recebido pelos usuários do Hacker News, que não gostaram da ideia de que alguém não estava interessado em todos os artigos do site.

Para isso, tive que rotular manualmente muitas matérias (até formar um conjunto de treinamento), escolher os recursos dos artigos (por exemplo, as palavras dos títulos e os domínios dos links) e treinar um classificador Naive Bayes não muito diferente do que usamos no nosso filtro de spam.

Por motivos agora esquecidos, eu construí isso em Ruby. Aprenda com os meus erros.

Caminhões de Bombeiros

Por muitos anos, morei em uma rua movimentada no centro de Seattle, em um ponto entre um quartel de bombeiros e a maioria dos incêndios da cidade (a impressão era essa). Portanto, desenvolvi um interesse lúdico pelo Corpo de Bombeiros de Seattle.

Felizmente (para quem gosta de dados), a corporação tem um site (*http://www2.seattle.gov/fire/realtime911/getDatePubTab.asp*) atualizado em tempo real com a lista dos alarmes de incêndio acionados e dos caminhões de bombeiros mobilizados.

Logo, seguindo esse meu interesse, extraí dados de vários anos sobre alarmes de incêndio e fiz uma análise de rede social (*https://github.com/joelgrus/fire*) da atividade dos caminhões. Entre outras coisas, tive que inventar uma noção de centralidade específica para caminhões de bombeiros, que chamei de TruckRank.

Camisetas

Tenho uma filha pequena, e uma fonte incessante de frustração para mim ao longo da infância dela tem sido o fato de que a maioria das "camisetas de meninas" é muito maçante, mas muitas "camisetas de meninos" são bem divertidas.

Especificamente, percebi que havia uma diferença marcante entre as camisetas para meninos e meninas. Então, pensei se poderia treinar um modelo para reconhecê-las

Spoiler: eu fiz isso (*https://github.com/joelgrus/shirts*).

Foi necessário baixar imagens de centenas de camisetas, diminuir todas para o mesmo tamanho, transformá-las em vetores de cores de pixel e usar a regressão logística para criar um classificador.

A primeira abordagem só analisava as cores presentes em cada camiseta; a segunda encontrava os 10 primeiros componentes principais dos vetores de imagem e classificava cada camiseta com base nas suas projeções no espaço de 10 dimensões criado pelas "autocamisetas" (Figura 27-1).

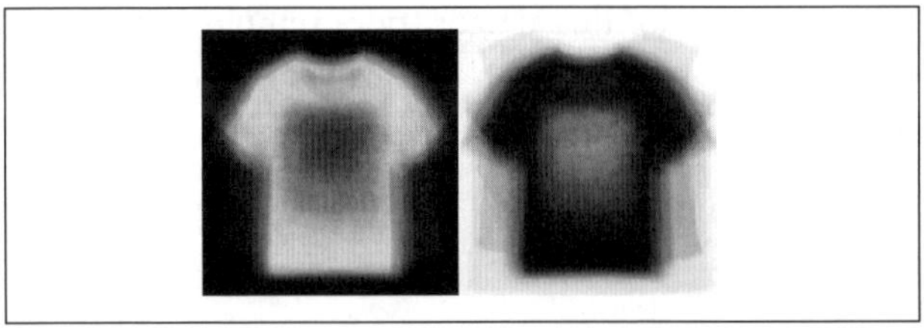

Figura 27-1. As autocamisetas correspondentes ao primeiro componente principal

Tuítes em um Globo

Durante muitos anos, eu quis criar uma visualização de "globo giratório". Então, na eleição de 2016, desenvolvi um pequeno aplicativo web (*https://twitter.com/voxdotcom/status/1069427256580284416*) que buscava tuítes com tags geográficas correspondentes a alguns termos de pesquisa (como "Trump", muito frequente na época), exibia esses tuítes e girava um globo até o local indicado pela tag.

Esse projeto de dados foi feito totalmente no JavaScript, então talvez seja uma boa ideia aprender um pouco de JavaScript.

E Você?

Quais são os seus interesses? Que perguntas tiram seu sono? Procure um conjunto de dados (ou faça uma extração em alguns sites) e pratique o data science.

Quando descobrir algo, mande notícias! Envie um e-mail para *joelgrus@gmail.com* ou me encontre no Twitter em *@joelgrus* (*https://twitter.com/joelgrus/*).

Índice

A

Abstração Optimizer, 250, 251
Agregação de bootstrap, 226
Algoritmo
  da retropropagação, 234
  ganancioso, 221
  ID3, 221
Alocação latente de Dirichlet (LDA), 288
Ambientes virtuais, 17
Amostragem de Gibbs, 286, 289, 292
Anaconda, 17
Análise de componente principal (PCA), 147
API pública, 33
Aprendizado, 265, 378
  de máquina, 1, 153, 167, 257, 293
  não supervisionado, 265
  por agrupamento, 226
  profundo, 229, 241, 378
  supervisionado, 265
Arestas, 311
Args, 39
Arrays, 22, 241
  bidimensionais, 241
  unidimensionais, 241
Árvore de decisão, 154, 215, 219
  de classificação, 216, 226
  de regressão, 216, 226
Atribuições múltiplas, 24
Autovalor, 317
Autovetor, 317, 320

B

Bagging, 226
Biblioteca
  externa, 16
  JavaScript, 54
  matplotlib, 16, 45
  NumPy, 59
  Python, 54
  tqdm, 145
  Twython, 126
Big Data, 8
Bootstrap, 197, 226
Buckets, 10

C

Caractere de pipe, 114
Centralidade, 312
  de autovetor, 316
  de grau, 6, 312
  de intermediação, 312
  de proximidade, 316
Chaves ausentes, 26
Classes de equivalência, 183
Classificador Naive Bayes, 163, 288

Clusterer, 267
Clusters, 265
Coeficiente de determinação, 188
Combinação precisão e sensibilidade, 159
Combiners, 363
Compreensão
de gerador, 35
de listas, 31
Conjunto, 208
de dados unidimensionais, 131
de testes, 208
de treinamento, 208
de validação, 158
Correlação, 72
Covariância, 71

D

Dados
de teste, 156
de treinamento, 155, 211
sujos, 139
Dataclasses, 138
Data dump, 3
Definir classes, 32
Descompactação de argumento, 38
Desvio-padrão, 70
da média, 144
Diagrama de Venn, xxi
Dilema Viés-Variância, 161
Dispersão, 69
Distribuição
Anaconda, 16
Beta, 98
contínua, 82
discreta, 82
normal, 86, 90
posterior, 98
uniforme, 82, 98
Dropout, 257

E

Elementos distintos, 27
Encapsular dados, 32
Ensaio de Bernoulli, 90
Entropia, 217
alta, 217
baixa, 217
cruzada, 255
Erro quadrático, 109, 186, 207, 234, 270, 335
médio, 109, 335
Escalares, 55
Espaços vetoriais, 55
Estimativa por máxima verossimilhança, 189
Estouro negativo, 177
Estrutura de dados, 27
set (conjunto), 27
Eventos, 77
dependentes, 77
independentes, 77
Exceção, 22
Explorar dados, 131
Expressão regular, 37, 121

F

Fizz Buzz, 237, 256
Florestas aleatórias, 226
F-string, 22
Função, 20
anônima, 20
lambdas, 20
de densidade de probabilidade (PDF), 82
de distribuição cumulativa (CDF), 82
de membro, 33
de perda, 108
de primeira classe, 20

elementwise, 243
forward, 304
logística, 206
sigmoide, 232, 252
stemmer, 183
tanh, 252

G

Gradiente descendente, 103, 108, 149, 188, 207, 234
estocástico, 111
por minibatch, 110
Gráfico
de barras, 47
de dispersão, 51
de linha, 50
Gramáticas, 284

H

Hiperplano, 211, 230
Histograma, 131

I

Inferência
Bayesiana, 101
estatística, 96
Inicialização de Xavier, 246
Interfaces de programação de aplicativos (APIs), 123
IPython, 17, 375

J

Java, xxii, 8
JavaScript Object Notation (JSON), 124

K

K-means, 266
Kwargs, 39

L

Linguagem
tipada dinamicamente, 40
tipada estaticamente, 40
Lista, 22
Log, 255
de verossimilhança, 255
Log da probabilidade, 207
negativo, 207
total, 207

M

Magnitude (ou comprimento), 59
Maldição da dimensionalidade, 170, 330
Manipular dados, 141
MapReduce, 355, 364
Máquina de vetores de suporte, 211
Matplotlib, 377
Matriz, 59
de confusão, 159
de correlação, 134
de gráfico de dispersão, 135
de identidade, 61
esparsa, 361
quadrática, 317
Média harmônica, 160
Mediana, 67
Método
backward, 247
dunder, 33
forward, 247

Métodos
  não Pythonic, 15
  Pythonic, 15, 31
Mineração de dados, 154
MNIST, 258, 262
Moda, 69
Modelagem preditiva, 154, 215
Modelo, 282
  bigram, 282
  de reforço, 154
  de regressão, 163
  linear, 191, 205
  não supervisionados, 154
  online, 154
  preditivo, 2, 165
  semissupervisionados, 154
  supervisionados, 154
Módulo
  random, 36
  typing, 42

N

Nós, 221, 311
  de decisão, 221
  folha, 221
NumPy, xxii, 376
Nuvens de palavras, 279

O

Objeto de arquivo, 115

P

Pandas, xxii
Paradoxo de Simpson, 73
Perceptron, 229, 231
Pesquisa binária, 85
P-hacking, 96
Probabilidade condicional, 79
Problemas de otimização, 103
Processamento de linguagem natural (PNL), 279
Produto escalar, 58
P-values, 92
Python, xv
  2.7, 16
  3, 16
  3.6, 16, 22, 40

Q

Quantil, 68

R

R, xxii
Recursos, 162
Redes neurais, 248, 303
  profunda, 261
  recorrentes (RNNs), 303
Redes neurais artificiais, 229
  feed-forward, 231
Redimensionar dados, 144
Redução de dimensionalidade, 147
Regressão
  lasso, 202
  linear, 203, 255
    simples, 185
  logística, 206, 214, 380
  múltipla, 191, 196
  ridge, 200

S

Scala, xxii
Scikit-learn, xxii, 13, 377
Semelhança, 371
  distributiva, 371
  dos cossenos, 294, 327
Significância, 91
Sobreajuste, 155

Solução dos mínimos quadrados, 186, 193
Soma dos quadrados, 58
Stride, 23
Strings (Cadeias de Caracteres), 21
  brutas, 21
Structured Query Language (SQL), 339, 346, 354
Subajuste, 155

T

Teorema
  de Bayes, 80, 98, 175, 176, 179
  do limite central, 86, 87, 94
Teoria da probabilidade, 176
  , 77, 154
Ternário, 28
Testes automatizados, 31
Transformar os dados, 151
Truque
  do kernel, 214
Tuplas, 24, 38

V

Valor esperado, 81
Variância, 69
Variável, 203
  aleatória, 81, 89
    Bernoulli, 87
    Binomial, 86, 90
  categórica, 203
  dependente, 203
  dummy, 191
Vetores, 55
  quadridimensionais, 55
  tridimensionais, 55
Visualização de dados, 377

Z

Zipar (compactar), 38

Posfácio

O animal na capa da segunda edição do *Data Science do Zero* é um lagópode-branco (*Lagopus muta*). Esse membro robusto da família dos tetrazes habita as tundras do hemisfério norte, nas regiões ártica e subártica da Eurásia e da América do Norte. Galiforme, o lagópode-branco cisca pelos campos com seus pés emplumados e se alimenta de brotos de bétula e salgueiro, sementes, flores, folhas e frutos. Os filhotes também comem insetos.

O lagópode-branco é mais conhecido pelas marcantes mudanças na sua camuflagem enigmática, alternando entre penas brancas e amarronzadas algumas vezes ao longo do ano, de acordo com a variação das cores do habitat nas diferentes estações. No inverno, a ave tem penas brancas; na primavera e no outono, quando a neve e os campos se combinam, suas penas ganham um tom misto de branco e marrom; e, no verão, suas penas marrons estilizadas correspondem à coloração mais variada da tundra. Com essa camuflagem, as fêmeas incubam seus ovos, quase invisivelmente, em ninhos no solo.

Os lagópodes-brancos machos têm uma franja vermelha sobre os olhos. Na época de reprodução, essa estrutura serve para atrair parceiras e sinalizar rivalidade entre machos (estudos apontam que há uma correlação entre o tamanho da franja e os níveis de testosterona).

As populações de lagópodes-brancos vêm diminuindo, mas ainda são comuns nos seus habitats (embora seja difícil detectá-los). A ave tem muitos predadores, como raposas-do-ártico, falcões-gerifalte, gaivotas e mandriões. Além disso, com as mudanças climáticas, suas trocas de coloração sazonais podem se tornar um fator de risco.

Muitos dos animais representados nas capas dos livros da O'Reilly estão em perigo de extinção, mas todos são importantes para o mundo.

A imagem da capa vem da obra *Cassell's Book of Birds* (1875), de Thomas Rymer Jones. As fontes utilizadas na capa são Gilroy e Guardian Sans. A fonte do texto é a Adobe Minion Pro; a fonte dos títulos é a Adobe Myriad Condensed; e a fonte do código é a Ubuntu Mono, de Dalton Maag.

Este livro foi impresso nas oficinas gráficas da Editora Vozes Ltda.,
Rua Frei Luís, 100 – Petrópolis, RJ.